Peter Joraschky, Hedda Lausberg, Karin Pöhlmann (Hg.)
Körperorientierte Diagnostik und Psychotherapie bei Essstörungen

Forschung Psychosozial

Peter Joraschky,
Hedda Lausberg, Karin Pöhlmann (Hg.)

Körperorientierte Diagnostik und Psychotherapie bei Essstörungen

Mit Beiträgen von Angela von Arnim,
Dieter Benninghoven, Wolfgang Beudels,
Martina de Zwaan, Marianne Eberhard-Kaechele,
Wolfgang Herzog, Gerd Hölter, Peter Joraschky,
Birgit Kluck-Puttendörfer, Hedda Lausberg,
Tanja Legenbauer, Rudolf Maaser, Christoph Nikendei,
Karin Pöhlmann, Frank Röhricht,
Michel Probst, Paul Thiel, Svenja Troska,
Brunna Tuschen-Caffier und Ralf Vogt

Psychosozial-Verlag

Bibliografische Information der Deutschen Nationalbibliothek
Die Deutsche Nationalbibliothek verzeichnet diese Publikation in der Deutschen
Nationalbibliografie; detaillierte bibliografische Daten sind im Internet über
<http://dnb.d-nb.de> abrufbar.

Originalausgabe
© 2008 Psychosozial-Verlag
E-Mail: info@psychosozial-verlag.de
www.psychosozial-verlag.de
Alle Rechte vorbehalten. Kein Teil des Werkes darf in irgendeiner Form (durch
Fotografie, Mikrofilm oder andere Verfahren) ohne schriftliche Genehmigung des
Verlages reproduziert oder unter Verwendung elektronischer Systeme verarbeitet,
vervielfältigt oder verbreitet werden.
Umschlagabbildung: © Elena Luksch-Makowsky: »Adolescence«, 1903.
Umschlaggestaltung & Satz: Hanspeter Ludwig, Gießen
Printed in Germany
ISBN 978-3-89806-813-0

Inhalt

Anorexia Nervosa und Bulimia Nervosa –
Einführung in die Krankheitsbilder   9
Christoph Nikendei, Wolfgang Herzog & Peter Joraschky

Theorien zum Körpererleben und ihre Bedeutung
für das Körpererleben von Patienten mit Essstörungen   25
Peter Joraschky & Karin Pöhlmann

Körperbildstörungen bei Essstörungen:
Theoretische Konzeptionen, empirische Befunde
und deren Implikationen für die Psychotherapie   35
Brunna Tuschen-Caffier

Klinisches Management und Psychotherapie
bei Essstörungen: Evidence base –
eine kurze narrative Literaturübersicht   49
Frank Röhricht

Entwicklung und Validierung
des Dresdner Körperbildfragebogens (DKB–35)   57
Karin Pöhlmann, Paul Thiel & Peter Joraschky

Körperbilder essgestörter Patientinnen und ihrer Väter   73
Dieter Benninghoven

Körper- und bewegungsbezogenes Verhalten
und Erleben von anorektischen jungen Frauen –
ausgewählte Befunde zur Gleichgewichtsregulation
und zum Körpererleben   89
Gerd Hölter, Svenja Troska & Wolfgang Beudels

Bewegungsdiagnostik und -therapie
in der Behandlung von Körperbild-Störungen
bei Patienten/-innen mit Essstörungen   109
Hedda Lausberg

Der Körper und die Bewegung:
eine psychotherapeutische Annäherung
in der Behandlung von Essstörungen   129
Michel Probst

Diagnostik und Körpertherapie
bei Essstörungen auf der Grundlage
der Konzentrativen Bewegungstherapie (KBT)   149
Birgit Kluck-Puttendörfer

Tanz- und Ausdruckstherapeutische Diagnostik
und Therapie bei Essstörungen   175
Marianne Eberhard-Kaechele

Analytische Körperpsychotherapie
der Anorexia Nervosa   193
Rudolf Maaser

Funktionelle Entspannung bei Patientinnen
mit Anorexia Nervosa   229
Angela von Arnim

Praxis einer körper- und
traumaorientierten Psychotherapie
unter Berücksichtigung besonderer Settings
für Anorexia-Nervosa-Patienten 255
Ralf Vogt

Die Rolle körperorientierter Strategien
in der verhaltenstherapeutischen Behandlung
bulimischer Patientinnen 271
Martina de Zwaan & Tanja Legenbauer

Die multimodale, körperorientierte Psychotherapie
(KPT) der Essstörungen – theoretische
und erfahrungsbezogene Ansätze
für eine Manualisierung 281
Frank Röhricht

Anorexia Nervosa und Bulimia Nervosa – Einführung in die Krankheitsbilder

Christoph Nikendei, Wolfgang Herzog & Peter Joraschky

Anorexia Nervosa

Einführung in das Krankheitsbild

Die Anorexia Nervosa ist eine seit langem bekannte Krankheitsentität: Eine erste medizinische Beschreibung erfolgte durch Morton 1689, die Definition als psychosomatische Krankheit im heutigen Sinne durch Lasegue und Gull um 1870. Das Krankheitsbild ist durch ein ausgeprägtes selbst induziertes Untergewicht (Body Mass Index < $17,5 kg/m^2$) charakterisiert. Die Gewichtsreduktion wird willentlich durch Fasten, selbst induziertes Erbrechen, eine übertriebene körperliche Aktivität oder den Gebrauch von Appetitzüglern oder Diuretika herbeigeführt. Es besteht eine sogenannte »Gewichtsphobie«, die durch eine intensive Angst gekennzeichnet ist, an Gewicht zuzunehmen. Begleitend finden sich typischerweise eine intensive Beschäftigung mit dem eigenen Gewicht sowie eine Verleugnung des niedrigen Körpergewichts und seiner negativen Folgen für die eigene Gesundheit. Trotz der Kachexie empfinden die Patient(inn)en den eigenen Körper – vorzugsweise an Bauch, Hüften und Oberschenkeln – als zu voluminös. Diese Verzerrung der Wahrnehmung eigener Körperproportionen wird unter dem Begriff der *Körperschemastörung* gefasst. Durch die Mangelernährung entsteht zudem eine Dysbalance, die sich bei den Patient(inn)en als primäre oder sekundäre Amenorrhoe äußert. Als Subtypen können eine ausschließlich durch Fasten induzierte *restriktive* (oder asketische) Form der Anorexia Nervosa sowie eine *bulimische* Form (auch binge/purge type) unterschieden werden. Letztere ist durch auftretende Essanfälle mit nachfolgenden kompensatorischen Maßnahmen, wie selbst induziertes Erbrechen oder den Gebrauch von Abführmitteln, gekennzeichnet

(APA 1994; Übersicht über die Operationalisierte Diagnostik im ICD–10 und DSM-IV siehe bei Tuschen-Caffier in diesem Band.)

Häufigkeit, Verlauf und Prognose

Bei populationsbasierten Studien findet sich für die Anorexia Nervosa eine Inzidenz (Neuerkrankungsziffer innerhalb eines bestimmten Zeitraumes) von 19 neu erkrankten Frauen und zwei neu erkrankten Männern pro 100.000 Einwohner und Jahr. Bei Mädchen in der Altersgruppe von 13 bis 19 Jahren erkranken jährlich 51 pro 100.000 Einwohner erstmals an einer Anorexia Nervosa. Die Prävalenz (Gesamtzahl vorhandener Erkrankungen zu einem bestimmten Zeitpunkt oder innerhalb einer bestimmten Zeitperiode) der Magersucht wird mit 0,7% bei Mädchen und 0,1% bei Jungen angegeben (Löwe et al. 2004). Die Anorexia Nervosa ist nach wie vor ein Krankheitsbild mit hoher Mortalität und offener Prognose (Nielson et al. 1998; Fichter/ Quadflieg 1999; Steinhausen 2002).

Es ergaben sich in zahlreichen Untersuchungen keine nachhaltigen Beweise dafür, dass sich die Prognose der Erkrankung in den letzten 50 Jahren essentiell verbessert hätte. Die durchschnittliche jährliche Mortalität pro Beobachtungsjahr beträgt 0,5–0,6%. Untersuchungen von Herzog et al. (1997) mit elf- bzw. 20-jähriger Beobachtungszeit zeigten ein zehnfach erhöhtes Sterberisiko nachuntersuchter Patient(inn)en gegenüber der Normalbevölkerung (Deter/Herzog 1995; Herzog et al. 1997; Zipfel et al. 2000). Dabei wurde eine Heilung im umfassenden bio-psycho-sozialen Sinne von etwa der Hälfte der Patient(inn)en erreicht. Zu einer ersten Vollremission kam es im Durchschnitt nach einer Dauer von sechs Jahren nach Erstaufnahme. Bei etwa einem Viertel der Patient(inn)en trat eine klinische Besserung ein, und das Vollbild einer Anorexia Nervosa lag hier nicht mehr vor. Chronische Verläufe mit dem Vollbild einer Anorexia Nervosa traten bei etwa 10% der Patient(inn)en auf. Diese waren mit schwersten psychischen und somatischen Komplikationen belastet. Bemerkenswert in den durchgeführten Untersuchungen war, dass zwar die Hälfte der Patient(inn)en im Prozess ihrer Gesundung eine bulimische Phase durchmachte, dass aber eine Bulimia Nervosa (mit Normalgewicht) als Langzeitverlaufsergebnis nur selten (3–4%) vorkam. Auffällig war, dass alle chronisch anorektischen Patient(inn)en bei Behandlungsbeginn dem Binge/ Purging-Typ angehörten. Als ungünstige prognostische Faktoren erwiesen sich in den Untersuchungen von Zipfel et al. (2000) dementsprechend eine bulimische Symptomatik bei Behandlungsbeginn, eine bereits vor der Behandlung für längere Zeit bestehende Symptomatik, schwere psychische und soziale Auffälligkeiten bei Behandlungsbeginn, ein niedriges Gewicht bei Aufnahme und eine geringe Gewichtszunahme während der initialen Behandlung.

Komorbidität

Die psychische Komorbidität umfasst bei der Anorexia Nervosa häufig affektive Störungen, Angststörungen, Persönlichkeitsstörungen und Suchterkrankungen. Die Einschätzung einer etwaigen latenten oder manifesten Suizidalität sollte bei allen Patient(inn)en erfolgen. Züge von *Perfektionismus* und ausgeprägte *Zwangssymptome* werden z. T. auch als prämorbide Symptomatik gefunden. Differenzialdiagnostisch sind depressive Esshemmungen, eine verminderte Nahrungsaufnahme bei Borderline-Störungen oder Wahnbildungen im Rahmen einer Schizophrenie abzugrenzen.

Somatische Komplikationen

Die somatische Komorbidität entsteht oft als unmittelbare Folge von pathologischem Essverhalten, selbst induziertem Erbrechen, Laxanzien- oder Diuretikaabusus. Erniedrigte Kaliumwerte im Serum, angeschwollene Speicheldrüsen, ein Anstieg der Speicheldrüsen-Amylase im Serum und Erosionen der Zähne infolge Magensäureexposition sind häufige Folgen des selbst induzierten Erbrechens. Hormonstörungen (erniedrigte Östrogene, Amenorrhoe) sind obligat, verminderte Zellzahlen in allen Blutzellreihen (Anämie, Leukopenie, Thrombopenie), eine erniedrigte Herzfrequenz und niedriger Blutdruck sind häufig. Aus internistischer Indikation sind Notfallaufnahmen bei rapidem Gewichtsverlust in kurzer Zeit (> 30% in drei Monaten), niedrigem Gewicht (< 60% des Erwartungsgewichtes), ausgeprägten Elektrolytstörungen, ventrikulären Herzrhythmusstörungen, hämodynamischen Störungen (Schwindel, verwaschener Sprache) angezeigt (Zipfel et al. 1998, 2003). Auch akute (Infekte) oder chronische Zweiterkrankungen (Diabetes, entzündliche Darmerkrankungen) erhöhen das Komplikations- und Mortalitätsrisiko unter Umständen beträchtlich (Zipfel et al. 2004). Differenzialdiagnostisch sind chronisch konsumierende Erkrankungen wie Malabsorptionssyndrome (chronisch entzündliche Darmerkrankungen wie Colitius ulcerosa und M. Crohn), Infekte (Tuberkulose etc.), Malignome (insbesondere Hirntumore) und endokrinologische Erkrankungen auszuschließen.

Ätiopathogenese und Psychodynamik

Die Entstehung und Aufrechterhaltung einer Magersucht werden als ein multifaktorielles Geschehen angesehen, bei dem psychische Faktoren im Zusammenspiel mit soziokulturellen und familiären Bedingungen eine Rolle spielen (Herzog et al. 2004a). Vor dem Hintergrund der Zunahme der Adipositas in den Industrieländern hat sich ein erheblicher soziokultureller Druck vor allem auf Mädchen und junge Frauen im Kontext von Schönheits- und Schlankheitsidealen ausgebildet, die mit normalem Essen nicht erreichbar sind. Angesichts der unveränderten Inzidenz der Anorexia Nervosa in den letzten 50 Jahren dürfte dieser soziokulturelle Druck aber wohl eher zur Entstehung der anderen Essstörungen – Bulimia Nervosa, Binge Eating Disorder, EDNOS (Eating Disorder Not Otherwise Specified) – beitragen und allenfalls zu spezifischen Ausgestaltungen einer Anorexia Nervosa – weniger zu ihrer Entstehung – führen.

In zahlreichen Zwillingsstudien ergaben sich Hinweise darauf, dass eine erbliche Komponente bei der Entstehung der Anorexia Nervosa eine Rolle spielt. Eineiige Zwillingspaare zeigen eine höhere Konkordanz beim Auftreten einer Magersucht als zweieiige. Während eine genetische Prädisposition für die Entwicklung einer Anorexia Nervosa aufgrund populationsgenetischer Studien wahrscheinlich ist und allgemein angenommen wird, konnten genaue Mechanismen der Vererbung sowie quantitative Aussagen zum relativen Beitrag genetischer und umweltbedingter Faktoren zur Krankheitsentstehung bislang nicht gesichert werden (Winchester/Collier 2003).

Psychodynamisch wurde traditionell eine triebtheoretische Position vertreten, die eine Verschiebung vom Bereich der genitalen Sexualität auf den der Oralität annahm. Sexuelle Wünsche und eine genitale Sexualität werden von den Patient(inn)en vermieden. Körperliche Veränderungen der sexuellen Reifung, wie z.B. die Entwicklung der sekundären Geschlechtsmerkmale oder die Menstruation, treten verzögert auf oder bleiben sogar ganz aus. Sexuelle Beziehungen sind bei den Patient(inn)en selten. Die Ablösung vom Elternhaus verzögert sich oft. Die magersüchtige Patientin »hält die Zeit an«, sie wird zu einer »ewigen Tochter«. Sie kann damit in der Fantasie für ihren Vater und ihre Mutter das wichtigste Objekt sein. Thomä (1961) betont demgegenüber die eigenständige Bedeutsamkeit der oralen Phase.

Objektbeziehungstheoretisch wurde das Ringen um Autonomie vor dem Hintergrund früher Erfahrungen von erlebter mangelnder Verlässlichkeit und der hieraus folgenden Hilflosigkeit als zentrales Thema angesehen (Boris 1984a, 1984b; Sperling 1985; Küchenhoff 1996; Schneider 2004). Gerade überangepasste magersüchtige Patient(inn)en entdecken und erleben in der Erkrankung eine Möglichkeit, den in der Pubertät auftretenden Überwältigungserfahrungen zu entgehen und hier die Macht der Krankheit zu entfalten. Die eigene Selbstbehauptung reduziert sich in der Folge sowohl intrapsychisch als auch interpersonell auf die durchaus erfolgreiche Kontrolle von Hunger und Gewicht.

Die Verselbstständigung des Abnehmens und der damit verbundenen Verhaltensweisen und Rituale kann auch lerntheoretisch verstanden werden: Automatisierungen und psychische Folgen exzessiven Hungerns wurden in der Starvationsliteratur ausführlich beschrieben: Hier wurden – vor allem im und unmittelbar nach dem Zweiten Weltkrieg – umfangreiche Hungerexperimente bei körperlich und psychisch Gesunden durchgeführt, um die günstigsten Strategien zur Bekämpfung von Folgen der Unterernährung zu entwickeln. Analog zum selbstverständlichen Einbezug verhaltenstherapeutischer Therapieelemente in die Therapie primär psychodynamisch orientierter Zentren (siehe Nikendei et al. 2004; Schors/Huber 2004) nennt auch die jüngere, verhaltenstherapeutisch orientierte Literatur unter den psychologischen Ursachen der Anorexia Nervosa Konfliktfelder mit langer psychodynamischer Rezeption wie die Autonomieentwicklung, die Auseinandersetzung mit der Sexualität und die Selbstwertproblematik.

Da der pubertäre Loslösungsprozess eng gekoppelt an das Feld der aktuellen familiären Beziehungen stattfindet, wird die gesamte Familie von der Erkrankung erfasst. Familiendynamisch sind die Pubertät und die Verselbstständigung eines Kindes als eine Schwellensituation für die gesamte Familie zu verstehen. Die Ablösung der Jugendlichen mit all ihren Ambivalenzen, Launen und rasch wechselnden Bedürfnissen stellt für das System Familie eine große Herausforderung dar und verlangt nicht zuletzt eine Vorstellung davon, wie sich einzelne Familienmitglieder, aber auch die Familie als Ganzes ohne den sich lösenden Jugendlichen neu organisieren. Dabei ist von besonderer Bedeutung, welche Erfahrungen von den Eltern bei der eigenen Loslösung (oder Nicht-Loslösung) und welche Erfolge, Misserfolge und Ängste in diesem Zusammenhang durchgemacht wurden. Bilder und Vorstellungen von der eigenen Zukunft als Elternpaar bilden wichtige Rahmenbedingungen für diesen Prozess. Die direkte Familienorientierung in Familiengesprächen und ggf. therapeutische Interventionen haben damit vor allem für junge Patient(inn)en eine große Bedeutung (Kröger et al. 1991, 2004; Petzold et al. 1991; Herzog 2000).

Auslösesituationen sind häufig die reale oder fantasierte Trennung vom Elternhaus (Ende der Schulzeit, Schüleraustausch oder Au-pair-Aufenthalte,

Tod naher Angehöriger wie der Großeltern) oder alterstypische Verunsicherungen im Rahmen erster sexueller Kontakte oder Enttäuschungen.

Bulimia Nervosa

Einführung in das Krankheitsbild

Obwohl »bulimisches Verhalten« (griechisch: bous = Ochse, limos = Hunger) bereits seit der Antike bekannt zu sein scheint (Nasser 1993; Vandereyken 2002), wurde die klinische Symptomatologie der Bulimia Nervosa erstmals 1944 von Ludwig Binswanger beschrieben. Ihre heutige Bezeichnung erhielt die Bulimia Nervosa 1979 durch Geraid Russel (Russel 1979) und ging als »Bulimia« ein Jahr später erstmals in das DSM-Klassifikationssystem für psychische Störungen ein (DSM-III; APA 1980, vgl. Kapitel 3).

Das Hauptmerkmal der Erkrankung ist die andauernde Beschäftigung mit Nahrungsaufnahme, -beschaffung und -zubereitung sowie das wiederholte Auftreten von Essattacken, während derer es typischerweise zu einem Kontrollverlust kommt (Krüger et al. 2001). Bei einem solchen Essanfall können innerhalb kurzer Zeit mehrere 1000 kcal verschlungen werden (Lacey 1992), was der Erkrankung Beinamen wie »Fresssucht«, »Hyperphagie« oder »Hyperorexia Nervosa« einbrachte (Payk 1998).

Zeitgleich allerdings besteht eine starke Furcht vor einer Gewichtszunahme, so dass sich die Patient(inn)en kompensatorischer Maßnahmen bedienen. Deren häufigste Form stellt das direkt nach der Nahrungsaufnahme selbst induzierte Erbrechen dar. Der Würgereflex wird dabei mit dem Finger ausgelöst, im Falle chronischer Krankheitsverläufe kann das Erbrechen unter Umständen jedoch völlig automatisiert und reflexartig ablaufen (Löwe/Herzog 1998). Weitere gebräuchliche und der befürchteten Gewichtszunahme entgegensteuernde Verhaltensweisen sind Fasten, eine exzessive sportliche Betätigung oder die Einnahme von Laxanzien, Diuretika, Appetitzüglern und Schilddrüsenhormonen (Krüger et al. 2001). Die beschriebene Symptomatik ist häufig von starken Schuld- und Schamgefühlen begleitet, weshalb die Erkrankung nicht selten über Jahre verheimlicht wird (Löwe et al. 2004).

Häufigkeit, Verlauf und Prognose

Bei der Bulimia Nervosa sind wie bei der Anorexia Nervosa über 90% der Betroffenen weiblichen Geschlechts. Lediglich etwa 3,5–4,5% der Betroffenen sind Männer (Fairburn/Harrison 2003; Ziolko 1985). Die Prävalenz in der Gruppe der Frauen zwischen 18 und 35 Jahren beträgt 2–4% (Fichter 1989), die Lebenszeitprävalenz für das Vollbild der Erkrankung zwischen 1 und 3% (Walsh/Devlin 1998). Die Erkrankung zeichnet sich durch ein späteres Manifestationsalter, das meist zwischen dem 14. und 18. Lebensjahr liegt, und durch eine deutlich höhere Prävalenz als die Anorexia Nervosa aus. Während Anorexiepatient(inn)en den Krankheitswert ihrer meist offensichtlichen Krankheitssymptome zu verleugnen versuchen, neigen Bulimiepatient(inn)en häufig zum Verbergen ihrer Essstörung (Krüger et al. 2001). Das durch Scham- und Schuldgefühle bedingte Verschweigen der »heimlichen Schwester der Anorexie« lässt eine hohe Dunkelziffer an Erkrankungen vermuten. So vergehen durchschnittlich etwa fünf bis sieben Jahre, bis sich die Patient(inn)en in Behandlung begeben (Hoek 2002; Bergmann/Herzog 2004). Ob die in den vergangenen 20 Jahren beobachtete Zunahme an Behandlungsfällen eine tatsächliche Zunahme an Erkrankungsfällen widerspiegelt, wird vor dem Hintergrund dieser Beobachtungen kontrovers diskutiert (Fombonne 1996; de Zwaan 1999).

Während Übergänge der Erkrankung in eine Anorexia Nervosa lediglich in 0–7% der Fälle auftreten (Quadflieg/Fichter 2003), weist ein Viertel der Bulimiepatient(inn)en vor der bulimischen Erkrankung eine anorektische Phase auf (Sullivan et al. 1996; Bulik et al. 1997). Betrachtet man den Verlauf der Bulimia Nervosa, so sind ca. 50% der Patient(inn)en nach einem Zeitraum von zehn Jahren symptomfrei. Dem gegenüber stehen ca. 20% der Patient(inn)en mit weitgehender Symptomkonstanz und weitere 30% mit einem Wechsel zwischen symptomfreien Intervallen und Rückfällen oder einer subklinischen bulimischen Symptomatik (Keel/Mitchel 1997; Fairburn et al. 2000). Auch nach einer Vollremission kommt es bei ca. einem Drittel der Patient(inn)en zu Rezidiven (Olmsted et al. 1994). Die mit einer Bulimia Nervosa assoziierte Mortalität scheint hingegen eher gering zu sein (Walsh/Devlin 1998).

Als prognostisch ungünstig für den Verlauf der Bulimia Nervosa gelten laut Krüger et al. (2001) unter anderem eine stark ausgeprägte Krankheitssymptomatik, ein chronischer Verlauf, Therapieabbrüche und fehlgeschlagene Vorbehandlungen, sexueller Missbrauch in der Vorgeschichte sowie das Vorliegen einer Borderline-Persönlichkeitsstörung. Zu der Annahme, dass eine frühzeitige therapeutische Intervention einen günstigeren Langzeitverlauf nach sich ziehen würde, existieren hingegen widersprüchliche Aussagen (Reas et al. 2000, 2001).

Komorbidität

Unter dem Gesichtspunkt der Komorbidität stehen depressive Erkrankungen bei der Bulimia Nervosa im Vordergrund. Eine Major Depression oder Dysthymia findet sich in 50–75% der Fälle (APA 2000). Entgegen den früheren Vermutungen, dass Essstörungen eine Variante depressiver Erkrankungen seien, lässt sich heute zwischen beiden Störungsbildern keine spezifische ätiologische Beziehung herstellen (Cooper/Fairburn 1986). Von besonderer Relevanz sind darüber hinaus Angststörungen, von denen bis zu 91% der Bulimiepatient(inn)en betroffen sind (Mitchell et al. 1991). Hierbei stehen Agoraphobien und soziale Phobien im Vordergrund, wobei letztere oft der Entwicklung einer Bulimia Nervosa vorausgehen (Brewerton et al. 1993). Auch posttraumatische Belastungsstörungen treten bei der Bulimia Nervosa gehäuft auf (Lilenfeld et al. 1998).

Persönlichkeitsstörungen zeigen bei den Bulimiepatient(inn)en eine Prävalenz von 10–13%, wobei Borderline-Persönlichkeitsstörungen in etwa in 1–5% der Fälle angetroffen werden (Fiedler 1994). Wenngleich Persönlichkeitsstörungen keinen Einfluss auf die Stärke der Essstörungssymptomatik haben, so zeigt sich vor allem bei der Borderline-Persönlichkeitsstörung ein deutlicher Einfluss auf den Verlauf im Sinne einer ungünstigeren Prognose (Herzog et al. 1995).

Somatische Komplikationen

Aufgrund des rezidivierenden Erbrechens der Bulimiepatient(inn)en sind häufig Zahnschmelzschäden zu beobachten, die mit einer sichtbaren Parotisschwellung und einer Erhöhung der Serumamylase einhergehen können (Philipp et al. 1991). Auftretende Laryngitis, Ösophagitis und Dysphagie sind ebenfalls Ausdruck einer Reizung des oberen Gastrointestinaltraktes durch die Magensäure (Feiereis 1989). Verätzungen der Hände und Kratzspuren der Zähne durch die Selbstinduktion des Erbrechens sind häufig, wohingegen eine gastrale Dilatation und Ruptur des Magens zu den Raritäten gehören (Scobie 1973; Abdu et al. 1987).

Von großer diagnostischer und therapeutischer Bedeutung sind Störungen des Wasser/Elektrolythaushaltes. Hypokaliämien treten bei durch Erbrechen gekennzeichneten Essstörungen signifikant häufiger auf (Herzog et al. 1992; Wolfe et al. 2001) und können als ein Leitsymptom verheimlichten Erbrechens gelten. Flüssigkeitsverluste entstehen ebenfalls vor allem durch das Erbrechen sowie einen gleichzeitigen Laxanzien- und Diuretikaabusus, die ebenfalls Elektrolytentgleisungen begünstigen bzw. bereits bestehende Elektrolytstörungen verschärfen können. Es ist möglich, dass die pathologischen Auffälligkeiten im weiteren Verlauf zu Schwindel- und Kollapszuständen, bedrohlichen Herzrhythmusstörungen, atonen Darmlähmungen und Nierenfunktionsstörungen führen sowie zerebrale Krampfanfälle fördern (Köpp et al. 2004). Von Zipfel et al. (1998) wird eine internistische Basisdiagnostik empfohlen, bestehend aus Laborparametern (inklusive Blutbild, CRP, Nierenretentionswerten, Leberwerten, Amylase und evtl. Blutgasanalyse), EKG, Ermittlung des Zahnstatus, Oberbauchsonografie (bei gegebener Indikation auch Ösophagogastroduodenoskopie) sowie Osteodensitometrie (bei einer Amenorrhoe seit mehr als drei Jahren).

Ätiopathogenese und Psychodynamik

Ätiopathogenetisch wird bei der Bulimia Nervosa ebenfalls eine multifaktorielle Pathogenese angenommen. Es spielen dabei sowohl genetische, neurobiologische, psychosoziale und gesellschaftlich-kulturelle Bedingungen eine wichtige Rolle (Feiereis 1996; Herpertz 2001; Fairburn/Harrison 2003). Wenngleich Zwillingsstudien und groß angelegte epidemiologische Untersuchungen auf eine Erblichkeit der Bulimia Nervosa hinweisen, liegen bisher noch keine eindeutigen und endgültigen Befunde vor. Soziokulturelle Einflüsse haben infolge einer Überidentifizierung mit gängigen Schönheitsvorstellungen eine prädisponierende Bedeutung für die Bulimia Nervosa. Die Medien prägen nachhaltig das negative Körpererleben der Gesellschaft (Pike/Wilfley 1996): 40% der normal- und untergewichtigen Mädchen und jungen Frauen zwischen elf und 19 Jahren fühlen sich zu dick (Kabera 1999). Das Ideal des natürlich schlanken Körpers wird in unserer Gesellschaft mit Attraktivität, Stärke und Erfolg gleichgesetzt. Praktiken der selbst auferlegten Nahrungsbeschränkung und Gewichtskontrolle sind in Verlängerung dieses Schönheitsideals und -paradigmenwechsels zu sehen (Habermas 1990). Bulimiepatient(inn)en weisen dementsprechend eine starke Unzufriedenheit in der Bewertung ihres Körpers und verzerrte Wahrnehmungen bezüglich ihres Körperumfangs und der Körpergröße auf (Cash/Deagle 1997). So geht der Entwicklung einer Bulimia Nervosa in der Mehrzahl der Fälle ein Diätversuch mit dem Ziel einer Gewichtsreduktion voraus (Tuschl et al. 1988).

Als weitere Risiken, an einer Bulimia Nervosa zu erkranken, lassen sich generelle und individualspezifische Faktoren unterscheiden (Fairburn et al. 1997; Fairburn/Harrison 2003). Allgemein gilt, dass ein weibliches Geschlecht, die Phase der Adoleszenz sowie ein Leben in der westlichen Zivilisation eine erhöhte Erkrankungswahrscheinlichkeit mit sich bringen. Daneben existieren zahlreiche individual-spezifische Risikofaktoren wie Auffälligkeiten in der Familienanamnese (Essstörungen, Diätverhalten, Übergewicht, Alkoholismus oder depressive Erkrankungen), prämorbide Persönlichkeitsmerkmale (Mangel an Selbstwertgefühl, Perfektionismus mit hohen Leistungserwartungen, Ängstlichkeit, Übergewicht und frühe Menarche) sowie spezifische prämorbide Erlebnisse (erfahrene Kritik an der eigenen Figur, am Gewicht und am Essverhalten, sozial bestimmter Druck, dünn sein zu müssen, geringe emotionale Unterstützung durch die primären Bezugspersonen sowie sexueller Missbrauch).

Unter psychodynamischen Gesichtspunkten gibt es keine spezielle Entwicklungsphase, die als symptomauslösend gilt (Köpp 2000). Wie bei einem Teil der Anorexiepatient(inn)en, kann auch bei der Bulimie häufig von einer Passungsstörung, also einer Störung des affektiven Dialogs in der Primärfamilie ausgegangen werden. Es entsteht die Vorstellung eines grundlegenden Makels, letztlich nicht wertgeschätzt und ausreichend »gesehen« zu werden. Dieser basale Makel bildet einen Pol eines weitreichenden *Identitätskonfliktes*, verbunden mit der Vorstellung von Bedürftigkeit, Schwäche und Unkontrollierbarkeit – dem defizitären Selbst. Dem gegenüber steht ein Selbstanteil der Aktivität, des Funktionierens, der Selbstkontrolle und Autonomie – das ideale Selbst. Dieser Identitätskonflikt ist in seiner doppelten Realität typisch für Bulimiepatient(inn)en. Je stärker der Identitätskonflikt ausgeprägt ist, umso schwerer ist die Symptomatik (Reich 2001).

Aus *triebtheoretischer* Sicht werden vor allem die zunächst oral lustvollen Aspekte des Essens betont, die sich in der Vorfreude auf das Essen, der zelebrierten Auswahl und Zubereitung der Speisen sowie der Vorstellung »sich etwas Gutes zu tun« ausdrücken. Der Triebdurchbruch des Essanfalls kann als hypoman erlebt werden. Die Patient(inn)en fühlen sich in »Festeslaune«, unter Umständen als unbezähmbares Tier, bereit, die Welt zu verschlingen. Auch sexuelle Inhalte drücken sich in dem Essanfall aus, wenn das Essen unbewusst mit oraler Schwängerung gleichgesetzt wird. Neben diesen oralen Aspekten sind auch anale Willkürimpulse wie das Verschmieren von Nahrung und das Sichbeschmutzen von Bedeutung. Es findet eine Regression und Verschiebung analer und genitaler Triebimpulse auf die orale Ebene statt. Gleichzeitig bedeutet der Essanfall jedoch, die orale Gier nicht unter Kontrolle gehabt zu haben und somit von Triebimpulsen abhängig zu sein. Die Größenideen und mehr oder weniger bewussten sexuellen Fantasien verlieren ihren lustvollen Charakter. Es folgen Gefühle starker Scham und Unterlegenheit sowie eine Über-Ich-Angst mit dem Empfinden, dem eigenen Ideal nicht entsprochen zu haben. Es kommt zu einem Wechsel der Erlebnisperspektive vom Täter hin zum Opfer. Die bulimische Sequenz kann als stetiger Kampf der Auflehnung gegen strenge Über-Ich-Anteile und als eine sich anschließende Unterwerfung verstanden werden. Dieser Autonomieverlust wird durch das induzierte Erbrechen im Sinne einer Umkehr vom Passiven ins Aktive ungeschehen gemacht (Hußmann 2000; Löwe et al. 2004).

Aus objektbeziehungstheoretischer Perspektive ist vor allem zentral, die verachtete Abhängigkeit zu projizieren und auf Objekte gerichtete Bedürfnisse zu verleugnen, um das gefährdete Gefühl der Selbstkohärenz immer wiederherzustellen. Nahrung kann als ein Übergangsobjekt verstanden werden, das die Verarbeitung der Beziehung des Kindes zu seinen primären Bezugspersonen widerspiegelt (Willenberg 1998). Die Nahrung erhält in diesem Zusammenhang die Bedeutung eines anscheinend dem eigenen Selbst total verfügbaren und so verlässlichen Objektes mit tröstender und antidepressiver Wirkung. Es lässt sich auf der einen Seite wie ein unbegrenzt zur Verfügung stehendes »gutes Objekt« zuführen und sich andererseits wie als verfügendes »böses Objekt« aus dem kontaminierten Inneren des Körpers wieder willkürlich entfernen. Die Nahrung als ursprünglich gutes, auch mütterliches Objekt wandelt sich durch zunehmende oral-aggressive Gier, die ihre Entsprechung in Anklammerungswünschen und Enttäuschungswut hat, in ein schlechtes, nicht mehr kontrollierbares und beherrschendes Objekt, mit dem unter keinen Umständen eine Verschmelzung eingegangen werden darf (Hirsch 1998). Es besteht offenbar eine Diffusion darüber, »wer wen verdaut« (Willenberg 1998).

Aus familiendynamischer Sicht beschreibt Wurmser (1986) ein »Familienklima zwischen körperlicher Exhibition und emotionaler Verschwiegenheit«. Es wird gehäuft von sexuellem Missbrauch, Grenzüberschreitungen und Überstimulationen sowie impulshaftem Handeln der primären Bezugspersonen berichtet (Reich 2001). Ein Gefühl der Macht- und Hilflosigkeit, des Kontrollverlustes, verbunden mit großer Scham und vernichtender Selbstabwertung kann die Folge sein. Das Ideal-Ich dieser Patient(inn)en ist meist geprägt von starker Selbstkontrolle und Autonomie, gepaart mit dem Wunsch nach Perfektion und Gefallenwollen. Durch angepasstes Verhalten und äußerlich ansprechender, d. h. vor allem schlanker und makelloser Erscheinung, wird der Versuch unternommen, diesen Wunschvorstellungen zu entsprechen. Durch die Notwendigkeit des Angenommenwerdens durch andere werden jedoch narzisstische Allmachtsfantasien immer wieder der Realität unterworfen, und die damit verbundene Abhängigkeit wird als unerträglich erlebt. Der eigene Körper wird dann zum Austragungsort von Selbstwert-, Autonomie- und Abhängigkeitskonflikten und die Sorge angesichts des selbstschädigenden Verhaltens projektiv identifikatorisch abgewehrt (Löwe et al. 2004).

Als Auslösesituation finden sich konfliktreich-verunsichernde Lebenssituationen wie Au-pair-Aufenthalte, der Auszug aus dem Elternhaus, Trennung der Eltern, das erste Verliebtsein, körperliche Veränderungen während der Pubertät, Unzufriedenheit mit dem eigenen Körper, Krisen, Kränkungen, Partnerschaftsprobleme. Es handelt sich um Momente des Beobachtet- und Beurteiltwerdens in der inneren und äußeren Realität der Patient(inn)en. Situationen, in denen die Betroffenen sich exponiert fühlen und der Überzeugung sind, sich bewähren zu müssen, sich jedoch als ungenügend erleben oder zurückgewiesen fühlen. Trotz empfundener Kränkung werden aufgrund des Autonomie-Ideals Auseinandersetzungen vermieden, und es kommt zum äußeren und inneren Rückzug. Das Essen wird zum Garant für innere Sicherheit und innere Befriedung (Wurmser 1986; Hußmann 2000).

Aufrechterhaltende Faktoren lassen sich auf pathophysiologischer und symptomdynamischer Ebene in Form eines Circulus vitiosus veranschaulichen. Jedem Kontrollverlust begegnen die Bulimiepatient(inn)en mit einer erneuten Gegenregulation in Form einer Nahrungsrestriktion. Diese unterhält auf physiologischer Ebene den Heißhunger und senkt damit wiederum die Schwelle für erneute Essanfälle (Fairburn et al. 2003). Unter symptomdynamischen Gesichtspunkten wird durch Gefühle von Ärger, Langeweile, Alleinsein oder Enttäuschung ein Prozess in Gang gesetzt, in dessen Mittelpunkt eine »Ich-Spaltung« steht. Dies bedeutet, dass der hiermit ausgelöste Heißhungeranfall mit Kontrollverlust und einer »Verselbstständigung des Körpers« bei vollem Bewusstsein »wie von außen« erlebt wird. Mit dem Erbrechen kommt es zu Verzweiflung, Leere, Scham, Schuldgefühlen, Selbsthass und Depression; Emotionen, die das Ende der Spaltung signalisieren und wiederum Impulse zu kontrolliertem Essverhalten auslösen (Feiereis 1996). Die Essstörung kann auf diese Weise zu einem Teil der Identität und Selbstdefinition werden, die nur noch schwer aufzugeben ist (Bulik/Kendler 2000).[1]

---

[1] Ausführliche Fassung des Beitrages von Christoph Nikendei, Wolfgang Herzog: Psychodynamische Therapie bei Essstörungen. In: Psychotherapie in Psychiatrie, Psychotherapeutischer Medizin und Klinischer Psychologie, CIP-Medien, München (2005), S. 116-128.

Literatur

Abdu, R.; Garritano, D. & Culver, O. (1987): Acute gastric necrosis in anorexia nervosa and bulimia. Two case reports. Arch Surg 122, 830–832.
Bergmann, G. & Herzog, W. (2004): Die Dimension der Zeit und Behandlungsziele bei Essstörungen – Zeit- und Krisenerleben. In: Herzog, W.; Munz, D. & Kächele, H. (Hg.): Essstörungen – Therapieführer und psychodynamische Behandlungskonzepte. Stuttgart (Schattauer Verlag), S. 287–296.
Boris, H. (1984a): The Problem of Anorexia Nervosa. Int J Psychoanal 65, 315–322.
Boris, H. (1984b): On the Treatment of Anorexia Nervosa. Int J Psychoanal 65, 435–442.
Brewerton, T. D.; Lydiard, R. B.; Ballenger, J. C. & Herzog, D. B. (1993): Eating Disorders and Social Phobia. Arch Gen Psychiatry 50, 70.
Bulik, C. M.; Sullivan, P. F.; Fear, J. L. & Pickering, A. (1997): Predictors of the development of bulimia nervosa in women with anorexia nervosa. J Nerv Ment Dis 185, 704–707.
Bulik, C. M. & Kendler, K. S. (2000):»I am what I (dont't) eat«: establishing an identity independent of an eating disorder. Am J Psychiatry 157, 1755–1760.
Cash, T. F. & Deagle, E. A. (1997): The nature and extent of body-image disturbances in anorexia nervosa and bulimia nervosa: A meta-analysis. Int J Eat Disord 22, 107–125.
Cooper, P. F. & Fairburn, C. G. (1986): The depressive symptoms of bulimia nervosa. Br J Psychiatry 148, 268.
Deter, H. C. & Herzog, W. (1995): Der Langzeitverlauf der Anorexia nervosa. Göttingen (Vandenhoeck und Ruprecht).
De Zwaan, M. (1999): Anorexia and bulimia – limits and options in clinical practice. Wien Med Wochenschr 149, 326–330.
Fairburn, C. G.; Doll, H. A.; Welch, S. L.; Hay, P. J.; Davies, B. A. & O'Connor, M. E. (1997): Risk factors for bulimia nervosa. A community-based case-control study. Arch Gen Psychiatry 54, 509–517.
Fairburn, C. G.; Cooper, Z.; Doll, H.; Norman, P. & O'Connor, M. (2000): The natural course of bulimia nervosa and binge eating disorder in young women. Ach Gen Psychiatry 57, 659–665.
Fairburn, C. G. & Harrison, P. J. (2003): Eating disorders. Lancet 361, 407–416.
Fairburn, C. G.; Stice, E.; Cooper, H.; Doll, H.; Norman, P. & O'Conner, M. (2003): Understanding persistence in bulimia nervosa: a 5-year naturalistic study. J Consult Clin Psychol 71, 103–109.
Feiereis, H. (1989): Diagnostik und Therapie der Magersucht und Bulimie. München (Marseille).
Feiereis, H. (1996): Bulimia nervosa. In: Adler, R. H.; Hermann, J. M.; Köhle, K.; Schonecke, O. W.; von Uexküll, T. & Wesiack, W. (Hg.): Psychosomatische Medizin. München (Urban & Schwarzenberg), S. 616–636.
Fichter, M. M. (1989): Bulimia nervosa. Stuttgart (Enke).
Fichter, M. M. & Quadflieg, N. (1999): Sex-year course and outcome of Anorexia Nervosa. Int J Eat Disord 26, 359–385.
Fiedler, P. (1994): Persönlichkeitsstörungen. Weinheim (Beltz Psychologie Verlags Union).
Fombonne, E. (1996): Is bulimia nervosa increasing in frequency? Int J Eat Disord 19, 287–296.
Habermas, T. (1990): Heißhunger. Historische Bedingungen der Bulimia nervosa. Frankfurt/Main (Fischer).
Herpertz, S. (2001): Bulimia nervosa. Psychotherapie im Dialog 2, 139–153.
Herzog, T., Stiewe, M., Sandholz, A. & Hartmann, A. (1995): Borderline-Syndrom und Ess-Störungen. Pschother Psych Med 45, 97–108.

Herzog, T. & Sandholz, A. (1997): Störungsspezifische konflikt- und symptomzentrierte Kurzpsychotherapie der Bulimia nervosa. Psychotherapeut 42, 106–155.
Herzog, W. (2000): Essstörungen: Anorexia nervosa. In: Studt, H.H. & Petzold; E.R. (Hg.): Psychotherapeutische Medizin. Berlin (de Gruyter), S. 169–173.
Herzog, W.; Deter, H.-C. & Vandereycken, W. (1992): The Course of Eating Disorders, Longterm Follow-up Studies of Anorexia and Bulimia Nervosa. Berlin (Springer).
Herzog, W.; Munz, D. & Kächele, H. (Hg.) (2004a): Essstörungen – Therapieführer und psychodynamische Behandlungskonzepte. Stuttgart (Schattauer Verlag).
Hirsch, M. (1998): Der eigene Körper als Objekt. Gießen (Psychosozial-Verlag).
Hoek, H.W. (2002): Distribution of eating disorders. In: Fairburn, C.; Brownell, K.D. (eds.): Eating disorders and obesity. New York (Guilford Press), S. 233–237.
Hußmann, A. (2000): Essstörungen: Anorexia und Bulimia nervosa. In: Rudolf, G. (Hg.): Psychotherapeutische Medizin und Psychosomatik. Stuttgart (Georg Thieme), S. 247–265.
Kabera (1999): Essstörungen in Europa – Erhebung zum Präventionsbedarf. Abschlussbericht einer von der Europäischen Kommission geförderten Studie. Kassel (Kabera).
Keel, P.K. & Mitchell, J.E. (1997): Outcome in bulimia nervosa. Am J Psychiatry 154, 313–321.
Köpp, W. (2000): Bulimia nervosa. Berlin (de Gruyter).
Köpp, W.; Friederich, H.C.; Zipfel, S. & Herzog, W. (2004): Medizinische Probleme bei der Behandlung von Essstörungen. In: Herzog, W.; Munz, D. & Kächele, H. (Hg.): Essstörungen – Therapieführer und psychodynamische Behandlungskonzepte. Stuttgart (Schattauer Verlag), S. 128–144.
Kröger, F.; Drinkmann, A.; Herzog, W. & Petzold, E. (1991): Family diagnostics: Object representation in families with eating disorders. Small Group Research 22, 99–114.
Kröger, F.; Bergmann, G.; Herzog, W. & Petzold, E. (2004): Familienorientierung und Familientherapie. In: Herzog, W.; Munz, D. & Kächele, H. (Hg.): Essstörungen – Therapieführer und psychodynamische Behandlungskonzepte. Stuttgart (Schattauer Verlag), S. 147–161.
Krüger, C.; Reich, G.; Buchheim, P. & Cierpka, M. (2001): Essstörungen und Adipositas: Epidemiologie – Diagnostik – Verläufe. In: Reich, G. & Cierpka, M. (Hg.): Psychotherapie der Essstörungen. Stuttgart (Thieme), S. 24–42.
Küchenhoff, J. (1996): Die psychodynamische Behandlung der Anorexia nervosa. In: Herzog, W.; Bergmann, G.; Munz, D. & Vandereycken, W. (Hg.): Anorexia und Bulimia nervosa. Ergebnisse und Perspektiven in Forschung und Therapie. Frankfurt/Main (Verlag Akademischer Schriften), S. 7–13.
Lacey, J.H. (1992): The treatment demand for Bulimia: a Catchment area report of referral rates and demografy. Psychiatr Bull Br J Psychiatry 16, 203–205.
Lilenfeld, L.R.; Kaye, W.H.; Greeno, C.G.; Marikangas, K.R.; Plotnicov, K.; Pollice, C.; Rao, R.; Strober, M.; Bulik, C.M. & Nagy, L. (1998): A controlled family study of anorexia nervosa and bulimia nervosa. Psychiatric disorders in first-degree relatives and effects of proband comorbidity. Ach Gen Psychiatry 55, 603–610.
Löwe, B. & Herzog, W. (1998): Anorexia und Bulimia nervosa – Essstörungen aus internistisch-psychosomatischer Sicht. Klinikarzt 27, 295–299.
Löwe, B.; Quenter, A.; Wilke, S. & Nikendei, C. (2004): Diagnosekriterien und Psychodynamik. In: Herzog, W.; Munz, D. & Kächele, H. (Hg.): Essstörungen – Therapieführer und psychodynamische Behandlungskonzepte. Stuttgart (Schattauer Verlag), S. 16–30.
Mitchell, J.E.; Specker, S.M. & de Zwaan, M. (1991): Comorbidity and Medical Complications of Bulimia Nervosa. J Clin Psychiatry 2, 13–20.
Nasser, M. (1993): A prescription of vomiting: historical footnotes. Int J Eat Disord 134, 129–131.

Nielsen, S.; Möller-Madsen, S.; Isager, T.; Jörgensen, J.; Pagsberg, K. & Theander, S. (1998): Standardized mortality in eating disorders – a quantitative summary of previously published and new evidence. J Psychosom Res 44, 413–434.
Nikendei, C.; Munz, D. & Herzog, W. (2004): Wegweiser für die stationäre psychodynamische Therapie von Essstörungen. In: Herzog, W.; Munz, D. & Kächele, H. (Hg.): Essstörungen – Therapieführer und psychodynamische Behandlungskonzepte. Stuttgart (Schattauer Verlag), S. 305–419.
Olmsted, M.; Kaplan, A.S. & Rockert, W. (1994): Rate and prediction of relapse in bulimia nervosa. Am J Psychiatry 151, 738–743.
Payk, T.R. (1998): Checkliste Psychiatrie und Psychotherapie. Stuttgart (Thieme).
Petzold, E.; Kröger, F.; Deter, H.-C. & Herzog, W. (1991): 20 Jahre Familienkonfrontationstherapie bei Anorexia nervosa. System Familie 4, 158–167.
Philipp, E.; Willershausen-Zönnchen, B.; Hamm, G. & Pirke, K. (1991): Oral and Dental Characteristics in Bulimic and Anorectic Patients. Int J Eat Disord 10, 423–431.
Pike, K.M. & Wilfley, D.E. (1996): The changing context of treatment. In: Smolak, L.; Levine, M.P. & Striegel-Moore, R. (eds.): The developmental psychopatholgy of eating disorders. Indications for research, prevention and treatment. New York (Mahwah, Lawrence Erlbaum Associates), S. 365–397.
Quadflieg, N. & Fichter, M. (2003): The course and outcome of bulimia nervosa. Eur Child Adolesc Psychiatry 1, 99–109.
Reas, D.L.; Williamson, D.A.; Martin, C.K. & Zucker, N.L. (2000): Duration of illness predicts outcome for bulimia nervosa: a long-term follow-up study. Int J Eat Disord 27, 428–434.
Reas, D.L.; Schoemaker, C.; Zipfel, S. & Williamson, D.A. (2001): Prognostic value of duration of illness and early intervention in bulimia nervosa: a systematic review of the outcome literature. Int J Eat Disord 30, 1–10.
Reich, G. (2001): Psychodynamische Aspekte der Bulimie und Anorexie. In: Reich, G. & Cierpka, M. (Hg.): Psychotherapie der Essstörungen. Stuttgart (Thieme), S. 51–67.
Russel, G.F.M. (1979): Bulimia nervosa: an ominous variant of anorexia nervosa. Psychol Med. 9, 429–448.
Schneider, G. (2004): Die psychoanalytisch fundierte Behandlung anorektischer Patient(inn)en – ein Zwei-Phasen-Modell. In: Herzog, W.; Munz, D. & Kächele, H. (Hg.): Essstörungen – Therapieführer und psychodynamische Behandlungskonzepte. Stuttgart (Schattauer Verlag), S. 94–106.
Schors, R. & Huber, D. (2004): Psychoanalytisch denken, verhaltenstherapeutisch handeln? Zur symptomisierten stationären Therapie der Anorexie und Bulimie. In: Herzog, W.; Munz, D. & Kächele, H. (Hg.): Essstörungen – Therapieführer und psychodynamische Behandlungskonzepte. Stuttgart (Schattauer Verlag), S. 60–81.
Scobie, B. (1973): Acute gastric dilatation and duodenal ileus in anorexia nervosa. Med J Aust 2, 932–934.
Sperling, M. (1985): A Reevaluation of Classification, Concepts, and Treatment. In: Wilson, C. (ed.): Fear of Being Fat. The Treatment of Anorexia Nervosa and Bulimia. New York (Jason Aronson), S. 51–82.
Steinhausen, H.C. (2002): The outcome of anorexia nervosa in the 20th century. Am J Psychiatry 159, 1284–1293.
Sullivan, P.F.; Bulik, C.M.; Carter, F.A.; Gendall, K.A. & Joyce, P.R. (1996): The significance of a prior history of anorexia in bulimia nervosa. Int J Eat Disord 20, 253–261.
Thomä, H. (1961): Anorexia nervosa: Geschichte, Klinik und Theorien der Pubertätsmagersucht. Stuttgart (Huber und Klett).

Tuschl, R.J.; Laessle, R.G.; Kotthaus, B.C. & Pirke, K.M. (1988): Vom Schlankheitsideal zur Bulimie: Ursachen und Folgen willkürlicher Einschränkungen der Nahrungsaufnahme bei jungen Frauen. Verhaltensmodifikation und Verhaltensmedizin 9, 195–216.
Vandereyken, W. (2002): History of anorexia nervosa and bulimia nervosa. In: Fairburn, C. & Brownell, K.D. (eds.): Eating disorders and obesity. New York (The Guilford Press), S. 151–154.
Walsh, B. & Devlin, M. (1998): Eating disorders: progress and problems. Science 280, 1387–1390.
Willenberg, H. (1998): »Mit Leib und Seel' und Mund und Händen.« Der Umgang mit Nahrung, dem Körper und seinen Funktionen bei Patienten mit Anorexia nervosa und Bulimia nervosa. In: Hirsch, M. (Hg.): Der eigene Körper als Objekt. Gießen (Psychosozial-Verlag), S. 170–221.
Winchester, E. & Collier, D. (2003): Genetic aetiology of eating disorders and obesity. In: Treasure, J.; Schmidt, U. & van Furth, E. (eds.): Handbook of eating disorders, Chichester (John Wiley & Sons), S. 35–62.
Wolfe, B.; Metzger, E.; Levine, J. & Jimmerson, D. (2001): Laboratory screening for electrolyte abnormalities and anemia in bulimia nervosa: a controlled study. Int J Eat Disord 30, 288–293.
Wurmser, L. (1986): Die schwere Last von tausend unbarmherzigen Augen. Zur Psychoanalyse der Scham und der Schamkonflikte. Forum der Psychoanalyse 2, 111–133.
Ziolko, H. (1985): Bulimie. Z Psychosom Med. Psychoanal 31, 235–246.
Zipfel, S.; Sprecht, T. & Herzog, W. (1998): Medical complications of eating disorders. In: Hoeck, H.W.; Treasure, J.L. & Katzman, M.A. (eds.): Neurobiology In The Treatment Of Eating Disorders. Chichester (John Wiley & Sons Ltd.), S. 457–484.
Zipfel, S.; Löwe, B.; Reas, D.L.; Deter, H.C. & Herzog, W. (2000): Long-term prognosis in anorexia nervosa: Lessons from a 21-year- follow-up study. Lancet 355, 721–722.
Zipfel, S.; Löwe, B. & Herzog, W. (2003): Medical Complications. In: Treasure, J.; Schmidt, U. & van Furth, E. (eds.): Handbook of eating disorders. Chichester (John Wiley & Sons), S. 169–190.
Zipfel, S.; Löwe, B.; Deter, H.C. & Herzog, W. (2004): Verlauf und Prognose der Anorexia nervosa. In: Herzog, W.; Munz, D. & Kächele, H. (Hg.): Essstörungen – Therapieführer und psychodynamische Behandlungskonzepte. Stuttgart (Schattauer Verlag), S. 297–301.

Theorien zum Körpererleben und ihre Bedeutung für das Körpererleben von Patienten mit Essstörungen

Peter Joraschky & Karin Pöhlmann

Das Körpererleben als komplexe Dimension wird heute vor allem unter sozialpsychologischen, neurobiologischen, entwicklungspsychologischen und psychoanalytischen Gesichtspunkten erforscht. Aufgrund der neuen Erkenntnisse zur Affekt- und Selbstregulation wird dem Körpererleben heute endlich die ihm gerecht werdende Bedeutung zuteil (Übersichtsmonografie: »Lebensbewegungen«, hrsg. von Geißler/Heisterkamp/ 2007). Schrittmacher für die Entwicklung moderner Konzepte zum Körperbild waren klinische und empirische Studien im Zusammenhang mit der Diagnostik und Therapie von Essstörungen. Die Zusammenhänge zwischen Körper- und Selbsterleben, Selbstwertentwicklung und Essverhalten vor allem in der Adoleszenz stellten dar, wie hier Determinanten der frühen Selbstregulation der ersten drei Lebensjahre und spätere Konfliktbereiche und Persönlichkeitsentwicklungsfaktoren im Zusammenspiel mit sozialpsychologisch definierten Körperidealbildern die Krankheitsvulnerabilität definieren.

In der Übersicht sollen die historische Entwicklung der Konzepte sowie die einzelnen Aspekte der Körperzufriedenheit, des bewussten und des unbewussten Körperselbst sowie Dissoziationen im Körperselbst berücksichtigt werden.

Das Konzept »Körperbild«

Konzepte zur Beschreibung der Körpererfahrung

Traditionell liegt in der Ambivalenz des »Körper-Seins« und »Körper-Habens« die Besonderheit, dass der Körper des Menschen sowohl Ausgangspunkt als auch Gegenstand der Erfahrung ist. Die Körperlichkeit tritt dann im Sinne der Aufmerksamkeitslenkung in das Bewusstsein, wenn der Körper in Situationen der Störung selektiv aus der Ganzheit des Selbstgefühls herausgelöst wird. Die Differenzierung von Körpererleben, Körperwahrnehmung und Körperfantasien ist schwierig, weshalb aus Definitionsgründen zunächst einige Konstrukte dargestellt werden sollen, um zu klären, von welchen Prozessen hier die Rede ist (Joraschky 1983; Röhricht et al. 2005).

Wir verfügen über relativ zielsichere *Bewegungsschemata*, durch die es uns möglich ist, die räumliche Einschätzung des Körpers, Orientierung und Bewegung im Raum auf stabile und verlässliche Standards zu beziehen. Diese Wahrnehmungs- und Bewegungsschemata werden im Konzept des »Körper-Schemas« sowohl von neurophysiologischer wie neuropsychologischer Seite untersucht. Mittels der Schemata können insbesondere Körperpositionen und -bewegungen und die auf den Körper einwirkenden haptischen Reize in Beziehung gesetzt werden. Abzugrenzen davon sind *perzeptiv-kognitive Schemata*, die es ermöglichen, den Körper als räumlich ausgedehntes Objekt unter Raumobjekten zu lokalisieren. Durch diese kognitive Struktur ist es uns zum Beispiel möglich, die Orientierungsfähigkeit am Körper, etwa die Rechts-Links-Unterscheidung, durchzuführen.

Demgegenüber beschreibt das »Körper-Bild« den subjektiv phänomenalen Funktionsbereich, alle körperbezogenen Vorstellungen und Gefühle, die in unterschiedlichem Maß bewusstseinsfähig sind (Dolto 1987). Mit dem Begriff der *»Körper-Bewusstheit«* wird dargestellt, wie das Individuum seinem Körper generell oder bestimmten Regionen und Funktionen Aufmerksamkeit und Interesse zuwendet.

Mit der *»Körper-Zufriedenheit«* wird ein Persönlichkeitsmaß dargestellt, in welcher Form die »Einstellung zum eigenen Körper« etwa durch Attribute und Eigenschaften, die Personen ihrem Körper zuschreiben, klassifizierbar ist. Ob Menschen ihren Körper als positiv, angenehm, attraktiv, sportlich usw. oder als negativ, kränklich, schwach empfinden, ist eng mit den Funktionen der Selbstakzeptanz verbunden. Unter sozial-psychologischen Aspekten wird die Einstellung zum Körper in Beziehung gesetzt zu bestimmten Attraktivitätsnormen, die gesellschaftlich geprägt sind.

Unter das psychoanalytische Konstrukt des *»Körper-Selbst«*, welches ein Teilaspekt des Selbst-Konzeptes ist, werden Körpererfahrungen und -fantasien subsumiert. Hierunter fallen vorwiegend unbewusste Überzeugungen, Vorstellungen, Gefühle und Fantasien über den Körper.

Die *»Körpergrenzen«*, die sich etwa auf Kleidungsstücke, Prothesen etc. ausdehnen können, werden als Persönlichkeitsvariable verstanden und mit dem Selbstgrenzen-Konzept verbunden.

Das Psychoanalytische Konzept des Körperbildes

Das Konzept des Körperbildes ist von Schilder (1923, 1935) als eine umfassende Theorie des Körpererlebens entworfen worden. Das Bewusstsein der Körperlichkeit, das dreidimensionale Bild unseres Selbst, wird nach Schilder aus den taktilen, kinästhetischen und optischen Rohmaterialien konstruiert. »Das erlebte Körperbild wird so zur Landkarte der Triebregungen« (Schilder 1935). Die beständige Wechselwirkung zwischen dem eigenen Körperbild und dem anderer Personen geht selbstverständlich weit über das Vergleichen nach ästhetischen Gesichtspunkten hinaus. Wegen seiner vielen Schichten kann man das Körperbild mit einem Gemälde vergleichen, das mehrmals übermalt wurde, so dass sich auf derselben Leinwand Bilder befinden können, die zueinander passen – oder auch nicht. Zwischen Idee und Abbild kann also eine produktive oder eine destruktive Spannung herrschen. Der Leib bleibt während des ganzen Lebens – darauf haben vor allem phänomenologische Forschungen (Merleau-Ponty 1966) immer wieder hingewiesen – auf den anderen bezogen. In diesem Sinne spricht die französische Phänomenologie von »Intercorporeité«, der Zwischenleiblichkeit.

Das Körperbild ist auch aus psychoanalytischer Sicht nicht monadisch, sondern nur intersubjektiv rekonstruierbar. Das Bild des eigenen Leibes entsteht von Anfang an aus frühen Interaktionsmustern und durch die Identifikation mit dem Körper des anderen und den Formen körperlicher Begegnung. Beispiel: Der Mund des Säuglings ist nicht nur Mund, sondern Mund in Verbindung z. B. zur Brust. Die Repräsentation des Mundes bewahrt nach psychoanalytischer Sicht diese Erfahrungen in sich auf. Zu diesen interaktionellen Theorien gehören Kestenbergs Analysen der Organ-Objekt-Bilder (1971).

Das Körperbild als Struktur ist also eine »lebendige Synthese unserer emotionalen Erfahrungen« (Dolto 1987); es spiegelt die Integration unseres Körpererlebens während der Individuation, bis es schließlich in eine gefestigte Identität als Körper-Selbst »eingezeichnet« ist. Die Ganzheitlichkeit des Körper- und Selbsterlebens finden wir bei den Schizophrenen auffallend desintegriert. Dies kommt vor allem in bildnerischen Gestaltungen als Fragmentierung, Abspaltung von Körperteilen, Maskenhaftigkeit des Gesichtes wie auch in Gestaltzeichnungen von »Kopffüßlern«, wie sie in Kinderzeichnungen üblich sind, zum Ausdruck. Diese bizarre Körpergestaltung spiegelt das Selbstgefühl und Körpererleben Schizophrener, wobei interessanterweise auch bei psychopathologisch weitgehend remittierten Patienten hier Desintegrationsvorgänge in sehr feiner Form diagnostiziert werden können. Dies weist darauf hin, dass die Gestaltung einer komplexen Struktur – zumal wenn unter starker affektiver Beteiligung, wie durch ein projektives Verfahren aktiviert – diagnostisch ein interessantes Messinstrument für die Einschätzung der Selbstkonstanz darstellen kann.

Aktuelle Entwicklungen

Die Körperbilddiagnostik, angestoßen durch Hilde Bruchs Beschreibung der Körperschemastörung als Grundstörung bei der Anorexia Nervosa (1962), wird in der Mehrheit der empirischen Studien vor allem von zwei Richtungen bestimmt: In der angloamerikanischen Literatur dominieren vor allem sozialpsychologische Untersuchungen über kulturelle Einflussfaktoren auf das Körperbild. Hierher gehören gesellschaftlich akzentuierte Körperideale, der mediale Körper, die Möglichkeit des »Bodyshaping« durch Fitness oder plastische Operationen. Mit verschiedenen Untersuchungsinstrumenten kann die Diskrepanz zwischen dem äußeren körperlichen Erscheinungsbild und subjektivem Selbsterleben erfasst werden.

Die Differenzierung von Körperkonzepten als Teil des Selbstkonzeptes wird insbesondere durch Selbsteinschätzungsverfahren in für das Bewusstsein zugänglichen Kategorien erfasst. Das z. B. bei Traumatisierten häufig vorzufindende schwer beschädigte Körpererleben kann dann auf bewusster Ebene z. B. mithilfe von Screeninginstrumenten heute besser auf verschiedenen Ebenen diagnostisch erfasst werden. Diese »Oberflächenstruktur« des Körpererlebens spiegelt dann die Summe der positiven und negativen Erfahrungen, die das Körperselbst im Rahmen eines intersubjektiven Konstruktions- und Integrationsprozesses konstituieren.

Das Körperselbst als entwicklungspsychologisch bedeutsame Komponente der Selbstkonzepte und Identitätsbildung

Der Prozess der Konstituierung des Körperselbst wird seit ca. 30 Jahren vor allem von der empirischen Säuglingsforschung und Entwicklungspsychologie untersucht (Müller-Braunschweig 1986; Lichtenberg 1989; Stern 1992). Psychodynamische Theorien zeigen im Rahmen der Identitätsentwicklung die verschiedenen Ebenen der Integration vor allem unter entwicklungspsychologischen Aspekten auf: die Bedeutung der Emotionsregulation für die Entwicklung des Selbst im Zusammenhang mit dem Bindungserleben; die

Bedeutung der Motivationssysteme »Erkundungsverhalten« und »Sexualität«, die sich alle im impliziten Gedächtnis niederschlagen und Grundschemata für das Verständnis von Handlungsdialogen sind.

Die entwicklungspsychopathologische Stressforschung zeigt, dass die meisten frühkindlichen Belastungen direkt Beschädigungen des Körpererlebens in Form von körperlicher Vernachlässigung und Gewalt, taktiler Deprivation und/oder Überstimulation, Verletzung der körperlichen Schamgrenzen u. a. m. sind, die mit frühen emotionalen Vernachlässigungen meist Hand in Hand gehen. Die Modulation negativer Affekte wie Angst oder Schmerz findet in der frühen Entwicklung durch Beruhigung oder Überstimulation am Körper statt. Die Emotionsregulation, die intersubjektiv im körperlichen Austausch zwischen Eltern und Kind vermittelt wird, steht im engen Zusammenhang mit der Etablierung eines integrierten Körperselbstgefühls. Das beschädigte Körpererleben stellt in diesem Sinne eine Grundstörung, d. h. eine basale Vulnerabilität für spätere Selbstgefühlstörungen, dar.

Traumatische Erlebnisse wie Gewalterfahrungen und Verluste in der Frühkindheit beeinträchtigen die Herausbildung eines integrierten Körperbildes; z. B. später in der Pubertät stattfindende körperbezogene Hänseleien in der Schule mit Ausgrenzungserfahrungen in Gruppen »testen« den Grad der erreichten Affekttoleranz, wie dieser in der frühen Kindheit entwickelt wurde. Johnson et al. (2005) geben, abgeleitet aus ihren prospektiven Untersuchungen, folgende Kriterien für entwertende Umgebungen an: sie seien gekennzeichnet durch Hauptbezugspersonen, die

➢ unberechenbar und inadäquat auf persönliche emotionale Erfahrungen reagieren,
➢ unsensibel für emotionale Zustände ihrer Mitmenschen sind,
➢ dazu neigen, auf emotionale Erfahrungen über- oder unterzureagieren,
➢ negative Emotionen besonders kontrollieren müssen und
➢ dazu neigen, schmerzhafte Erfahrungen zu trivialisieren und/oder solche Erfahrungen negativen Einstellungen (z. B. Mangel an Motivation oder Disziplin) zuzuschreiben.

Die Wechselwirkung zwischen emotionaler Vulnerabilität und entwertender Umwelt führt dazu, dass Emotionen nicht benannt und moduliert werden können, emotionaler oder interpersoneller Distress nicht toleriert und persönliche Erfahrung nicht als zutreffend erkannt werden kann. Alle diese Entwertungen belasten durch stressreiche Körpererfahrungen die Entwicklung eines kohärenten, stabilen Körperbildes.

Sozialpsychologische Untersuchungen zu den Körperidealen

Generelle soziokulturelle Entwicklungstrends, wie die Überzeugung, dass der Körper grundsätzlich gestaltbar ist, oder das in den Medien repräsentierte unrealistische Schlankheitsideal sind Faktoren, die von außen auf das individuelle Körperbild wirken. Negative Einstellungen zum eigenen Körper und Unzufriedenheit sind nicht nur kennzeichnend für klinische Phänomene, sondern betreffen heute regelhaft relativ große Teile der Bevölkerung, v.a. Frauen.

Mit der Verbreitung der Massenmedien kam es zu einer Vereinheitlichung des Schönheitsideals (Mazur 1986). Innerhalb einer Gesellschaft herrscht ein globaler Trend im Körperideal (Johnston 1993; Thiel 1997). In westlichen Kulturen gilt Schlankheit als Standard. Seit den 60er-Jahren werden in den Medien zunehmend schlankere Frauen dargestellt, das gilt für Models, Playmates, Filmschauspielerinnen und Schaufensterpuppen (Garner et al. 1980; Silverstein et al. 1986; Rintala/Mustajoki 1992; Wiseman et al. 1992). Der reale Entwicklungstrend zeigt aber, dass die Körpergröße und das Körpergewicht von Frauen in den letzten Jahrzehnten stetig zugenommen haben (Rodin et al. 1985). Gleichzeitig bestehen aber auch mehrere – schlanke – Schönheitsideale nebeneinander.

Eco (2004) charakterisiert das Zeitalter der Massenmedien als totalen Synkretismus und spricht vom absoluten und unaufhaltsamen Polytheismus der Schönheit (ebd., S. 428). Ein weiterer genereller Trend besteht darin, dass die Mode immer mehr vom Körper sichtbar macht und immer weniger Möglichkeiten lässt, Mängel und Unvollkommenheiten zu verstecken.

Die Übereinstimmung mit dem geltenden Körperideal stellt eine Art von kulturellem Kapital dar, das für den Einzelnen ein Zugang zu Aufstiegschancen und eine Quelle von Prestige sein kann. In Anlehnung an »racism« und »ageism« spricht van den Broek (1988) vom sog. Bodyismus unserer Kultur, was heißt, dass der Körper zur generellen Bewertungsgrundlage wird, an der der Wert der Person gemessen wird – von ihr selbst und von anderen. Die körperliche Erscheinung wird als Ausdruck der inneren Qualitäten eines Menschen interpretiert. Das Körperideal wird damit zum moralischen Ideal. Schlankheit wird zum Ausdrucksmittel für positive Eigenschaften wie Attraktivität, Selbstkontrolle, Leistungsfähigkeit und Erfolg. Dicksein wird als Ausdruck von Faulheit, Charakterschwäche und Versagen interpretiert und der persönlichen Verantwortung des Betroffenen zugeschrieben (Brownell 1991).

Die in den Medien präsentierten unrealistischen Bilder vom idealen Körper lösen bei vielen Mädchen und Frauen Unzufriedenheit mit dem eigenen Körper aus. Experimentelle Studien (z. B. Hargreaves/Tiggemann 2003) konnten kumulative und langfristige negative Effekte dieser Medienbilder auf das eigene Körperbild zeigen. Repräsentative Untersuchungen aus den USA (Cash/Henry 1995) zeigen, dass fast die Hälfte (48%) der befragten Frauen ihr Aussehen negativ bewerteten und sich zu dick fanden. Im Vergleich zu einer zehn Jahre zuvor durchgeführten Untersuchung (Cash et al. 1986) zeigt sich ein deutlicher Anstieg dieser negativen Körperbewertung (Tab. 1).

negativ bewertete Merkmale des Köpers	1972 survey		1985 survey		1996 survey	
	Männer	Frauen	Männer	Frauen	Männer	Frauen
Taille	36%	50%	50%	57%	63%	71%
Unterkörper	12%	49%	21%	50%	29%	61%
Oberkörper	18%	27%	28%	32%	38%	34%
Gewicht	35%	48%	41%	55%	52%	66%
Muskeltonus	25%	30%	32%	45%	45%	57%
Größe	13%	13%	20%	17%	16%	16%
Gesicht	8%	11%	20%	20%	k. A.	k. A.
Gesamterscheinung	15%	23%	34%	38%	43%	56%

Tabelle 1: Ergebnisse aus drei U.S. surveys zum Körperbild: Unzufriedenheit mit bestimmten körperlichen Merkmalen (Prozentsatz der Befragten)

Frauen, die sich zu dick finden – ohne es objektiv zu sein – zeigen ein auffälligeres Essverhalten (mehr Diät halten, mehr »binge eating«) und ein niedrigeres subjektives Wohlbefinden (z. B. Cash/Hicks 1990). Die erlebte Diskrepanz zu unrealistischen Idealen kann als Folge von dysfunktionalen Regulationsmechanismen zum Risikofaktor für die Entwicklung von Essstörungen werden. Weitere individuelle Risikofaktoren für die Entwicklung eines negativen Körperbilds sind: Gehänselt werden, soziale Vergleiche mit Geschwistern und das Vorbild der Mutter sowohl hinsichtlich der Einstellung zum eigenen Körper als auch in Verhaltensweisen wie Gewichtskontrolle und Diät halten. Auch Kritik der Mutter an der äußeren Erscheinung der Tochter wirkt sich negativ auf die Einstellungen der Tochter zu ihrem Körper aus (Rieves/Cash 1996). Auch wenn die Bedeutung von Schlankheit und Attraktivität für Frauen größer ist als für Männer und sie häufiger unzufrieden mit ihrem Körper sind, betrifft der generelle Entwicklungstrend inzwischen auch zunehmend Männer, für die bestimmte Muskelprofile das Ideal darstellen (z. B. Pope et al. 2000).

Zusammengefasst kann festgestellt werden, dass zwischen äußerer Attraktivität, sozialer Resonanz und innerer positiver Körperakzeptanz kein einfacher Zusammenhang besteht. Dies macht es für die therapeutische Arbeit wichtig, den Blick nach innen zu richten, d. h. die Möglichkeiten der Menschen mit negativer Körperakzeptanz zu erfassen und deren Fähigkeit, Attraktivitätsfaktoren für sich nutzbringend einzusetzen. Dies gelingt den meisten Menschen jedoch nur begrenzt, sodass die Psychotherapie für den intrapsychischen Verarbeitungsprozess erforderlich ist.

Literatur

van den Broek, L. (1988): Am Ende der Weißheit – Vorurteile überwinden. Berlin (Orlanda Frauen Verlag).
Brownell, K. D. (1991): Personal responsibility and control over our bodies: When expectation exceeds reality. Health Psychology 10, 303–310.
Bruch, H. (1962): Falsification of bodily needs and body concept in schizophrenia. Arch Gen Psychiat 6, 18–24.
Cash, T. F. & Henry, P. E. (1995): Women's body images: The results of a national survey in the U. S. A. Sex Roles 33, 19–28.
Cash, T. F. & Hicks, K. L. (1990): Being fat versus thinking fat: Relationships with body image, eating behaviours, and well-being. Cognitive Therapy and Research 14, 327–341.
Cash, T. F.; Winstead, B. W. & Janda, L. H. (1986): The great American shape up: Body image survey report. Psychology Today 20, 30–37.
Dolto, F. (1987): Das unbewusste Bild des Körpers. Weinheim Berlin (Quadriga).
Eco, U. (2004): Die Geschichte der Schönheit. München (Carl Hanser Verlag).
Garner, D. M.; Garfinkel, P. E.; Schwartz, D. & Thompson, M. (1980): Cultural expectations of thinness in women. Psychological Reports 47, 483–491.
Geißler, P. & Heisterkamp, G. (Hg.) (2007): Psychoanalyse der Lebensbewegungen. Zum körperlichen Geschehen in der psychoanalytischen Therapie – Ein Lehrbuch. Wien (Springer).
Hargreaves, D. & Tiggemann, M. (2003): Longer-term implications of responsiveness to »thin--

ideal« television: Support for a cumulative hypothesis of body image disturbances. Eur. Eat. Dis. Rev. 11, 465–477.
Johnson, J.G.; McGeoch, P.G.; Caskey, V.; Abhary, S.G. & Sneed, J.R. (2005): Persönlichkeitsstörungen und frühe Stresserfahrungen. In: Egle, U.T.; Hoffmann, S.O. & Joraschky, P. (Hg.): Sexueller Missbrauch, Misshandlung, Vernachlässigung. Stuttgart (Schattauer), S. 445–469.
Johnston, J.E. (1993): Appearance Obsession. Deerfield Beach, Florida (Health Communications Inc.)
Joraschky, P. (1983): Das Körperschema und das Körper-Selbst als Regulationsprinzipien der Organismus-Umwelt-Interaktion. München (Minerva Publikation Sauer GmbH).
Kestenberg, J.S. (1971): From organ-object-imagery to self and object representations. In: McDevitt, J.B. & Metcalf, D.R. (Eds.) Separation-Individuation: Essays in honor of Margaret S. Mahler. New York, NY (International Universities Press).
Lichtenberg, J.D. (1989): Psychoanalysis and Motivation. Hillsdale, NJ (The Analytic Press).
Merleau-Ponty, M. (1966): Phänomenologie der Wahrnehmung (1945). Berlin (De Gruyter).
Müller-Braunschweig, H. (1986): Psychoanalyse und Körper. In: Brähler, E. (Hg.): Körpererleben. Berlin (Springer Verlag).
Pope, H.G.; Phillips, K.A. & Olivardia, R. (2000): The Adonis complex: The secret crisis of male body obsession. New York (Free Press).
Rieves, L. & Cash, T.F. (1996): Social developmental factors and women's body-image attitudes. Journal of Social Behavior and Personality 11, 63–78.
Rintala, M. & Mustajoki, P. (1992): Could mannequins menstruate? BMJ 305, 1575–1576.
Rodin, J.; Silberstein, L. & Striegel-Moore, R. (1985): Women and weight: A normative discontent. In: Sonderegger, T.B. (Ed.), Psychology and gender: Nebraska Symposium on Motivation. Lincoln (University of Nebraska Press), S. 267–307.
Röhricht, F.; Seidler, K.-P.; Joraschky, P.; Borkenhagen, A.; Lausberg, H.; Lemche, E.; Loew, T.; Porsch, U.; Schreiber-Willnow K. & Tritt, K. (2005): Konsensuspapier zur terminologischen Abgrenzung von Teilaspekten des Körpererlebens in Forschung und Praxis. Psychotherapie Psychosomatik Medizinische Psychologie 55, 183–190.
Schilder, P. (1923): Das Körperschema. Ein Beitrag zur Lehre vom Bewusstsein des eigenen Körpers. Berlin (Springer Verlag).
Schilder, P. (1935): The image and appearance of the human body. London (Kegan Paul).
Silverstein, B.; Perdue, L.; Peterson, B. & Kelly, E. (1986): The role of the mass media in promoting a thin standard of bodily attractiveness for women. Sex Roles 14, 519–532.
Stirn, A. (2002): Gegenübertragung. Psychotherapeut 47, 48–58.
Stern, D.N. (1992): Die Lebenserfahrung des Säuglings. Stuttgart (Klett-Cotta). (Orig. 1985).
Thiel, E. (1997): Geschichte des Kostüms – Die europäische Mode von den Anfängen bis zur Gegenwart. Berlin (Henschel).
Wiseman, C.V.; Gray, J.J.; Mosiman, J.E. & Ahrens, A.H. (1992): Cultural expectations of thinness in women: An update. IJED 11, 85–89

Körperbildstörungen bei Essstörungen: Theoretische Konzeptionen, empirische Befunde und deren Implikationen für die Psychotherapie

Brunna Tuschen-Caffier

Körperbildprobleme als Diagnosekriterien für Essstörungen

Körperbildprobleme sind ein zentrales Symptom der Essstörungen Anorexia (AN) und Bulimia Nervosa (BN). So stellt die Körperbildstörung für die Essstörungen (AN; BN) ein notwendiges Diagnosekriterium nach dem derzeit gültigen Klassifikationssystem (DSM-IV-TR) der American Psychiatric Association (APA) dar (2000; dt. Bearbeitung Saß et al. 2003). Unter einer Körperbildstörung werden der DSM-Klassifikation entsprechend bei der AN ausgeprägte Ängste vor einer Gewichtszunahme, Störungen in der Wahrnehmung der Figur/des Gewichts, übertriebener Einfluss des Gewichts/der Figur auf die Selbstbewertung und Leugnung des Schweregrades des niedrigen Körpergewichtes verstanden. Demgegenüber beschränkt sich die Definition einer Körperbildstörung bei der BN darauf, dass das Körpergewicht/die Figur übermäßigen Einfluss auf die Selbstbewertung hat (vgl. Diagnosekriterien nach DSM-IV-TR in Tabelle 1).

Anorexia Nervosa 307.1 (F50.00, F50.01)

A. Weigerung, das Minimum des für Alter und Körpergröße normalen Körpergewichts zu halten (z. B. der Gewichtsverlust führt dauerhaft zu einem Körpergewicht von weniger als 85% des zu erwartenden Gewichts; oder das Ausbleiben einer während der Wachstumsperiode zu erwartenden Gewichtszunahme führt zu

einem Körpergewicht von weniger als 85% des zu erwartenden Gewichts).
B. Ausgeprägte Ängste vor einer Gewichtszunahme oder davor, dick zu werden, trotz bestehenden Untergewichts.
C. Störung in der Wahrnehmung der eigenen Figur und des Körpergewichts, übertriebener Einfluss des Körpergewichts oder der Figur auf die Selbstbewertung, oder Leugnen des Schweregrades des gegenwärtigen geringen Körpergewichts.
D. Bei postmenarchalen Frauen das Vorliegen einer Amenorrhoe, d.h. das Ausbleiben von mindestens drei aufeinanderfolgenden Menstruationszyklen (Amenorrhoe wird auch dann angenommen, wenn bei einer Frau die Periode nur nach Verabreichung von Hormonen, z.B. Östrogen, eintritt).

Bestimme den Typus:
Restriktiver Typus (F50.00): Während der aktuellen Episode der Anorexia Nervosa hat die Person keine regelmäßigen »Fressanfälle« gehabt oder hat kein »Purging«-Verhalten (das heißt selbst-induziertes Erbrechen oder Missbrauch von Laxantien, Diuretika oder Klistieren) gezeigt.
»Binge-Eating/Purging«-Typus (F50.01): Während der aktuellen Episode der Anorexia Nervosa hat die Person regelmäßig Fressanfälle gehabt und hat Purging-Verhalten (das heißt selbst-induziertes Erbrechen oder Missbrauch von Laxantien, Diuretika oder Klistieren) gezeigt.

Bulimia Nervosa 307.51 (F50.2)

A. Wiederholte Episoden von »Fressattacken«. Eine »Fressattacken«-Episode ist gekennzeichnet durch beide der folgenden Merkmale:
  1) Verzehr einer Nahrungsmenge in einem bestimmten Zeitraum (z.B. innerhalb eines Zeitraums von zwei Stunden), wobei diese Nahrungsmenge erheblich größer ist, als die Menge, die die meisten Menschen in einem vergleichbaren Zeitraum und unter vergleichbaren Bedingungen essen würden.
  2) Das Gefühl, während der Episode die Kontrolle über das

Essverhalten zu verlieren (z.B. das Gefühl, weder mit dem Essen aufhören zu können, noch Kontrolle über Art und Menge der Nahrung zu haben).
B. Wiederholte Anwendung von unangemessenen, einer Gewichtszunahmen gegensteuernden Maßnahmen, wie z.B. selbstinduziertes Erbrechen, Missbrauch von Laxantien, Diuretika, Klistieren oder anderen Arzneimitteln, Fasten oder übermäßiger körperlicher Betätigung.
C. Die »Fressattacken« und das unangemessene Kompensationsverhalten kommen drei Monate lang im Durchschnitt mindestens zweimal pro Woche vor.
D. *Figur und Gewicht haben einen übermäßigen Einfluss auf die Selbstbewertung.*
E. Die Störung tritt nicht ausschließlich im Verlauf von Episoden einer Anorexia Nervosa auf.

Bestimme den Typus:
»Purging«-Typus: Die Person induziert während der aktuellen Episode der Bulimia Nervosa regelmäßig Erbrechen oder missbraucht Laxanien, Diuretika oder Klistiere.
»Nicht-Purging«-Typus: Die Person hat während der aktuellen Episode der Bulimia Nervosa andere unangemessene, einer Gewichtszunahme gegensteuernde Maßnahmen gezeigt, wie beispielsweise Fasten oder übermäßige körperliche Betätigung, hat aber nicht regelmäßig Erbrechen induziert oder Laxantien, Diuretika oder Klistiere missbraucht.

Tabelle 1: Diagnostische Kriterien der Anorexia Nervosa und Bulimia Nervosa nach DSM-IV-TR (APA 2000; dt. Bearbeitung Saß et al. 2003, S. 651f., S. 657)

Bezüglich der Symptome der Körperbildstörung ergibt sich für das in Deutschland im klinisch-psychologischen Anwendungskontext gebräuchlichere Klassifikationssystem ICD–10 (Weltgesundheitsorganisation WHO 1991) eine gegenüber dem DSM eingeschränkte Definition. Es werden sowohl bei der AN als auch bei der BN lediglich die Wahrnehmungsverzerrung, sowie die Angst davor, zu dick zu werden, genannt, nicht jedoch der übermäßige Einfluss von Gewicht und Figur auf die Selbstbewertung (vgl. WHO 1991).

Das klinische Bild der »Binge-Eating«-Störung (BED) als spezifischem Subtypus der nicht näher bezeichneten Essstörungen (EDNOS, seit 1994 Bestandteil der Forschungskriterien des DSM [APA 1994]) beinhaltet wiederholte Essanfälle, denen in Abgrenzung zur BN in der Regel keine kompensatorischen Maßnahmen folgen, die jedoch mit einem bedeutsamen subjektiven Leiden und verschiedenen Verhaltensindikatoren eines Kontrollverlustes (z. B. übermäßig schnelles Essen) einhergehen müssen (DSM-IV-TR; APA 2000; dt. Bearbeitung Saß et al. 2003). Im ICD–10 (WHO 1991) ist für dieses Störungsbild noch keine eigene (Forschungs-) Diagnose vorgesehen. Innerhalb des DSM-IV-TR (APA 2000) ist eine wie auch immer geartete Form der Körperbildstörung für die BED bislang nicht vorgesehen. Allerdings sprechen bereits zahlreiche Befunde dafür, dass auch im Rahmen der BED die Relevanz einer Körperbildstörung gegeben ist (z. B. Eldredge/Agras 1996; Striegel-Moore et al. 1998; Ramacciotti et al. 2000; Wilfley et al. 2000; Wilfley/Wilson/Agras 2003; Tuschen-Caffier/Schlüssel 2005). Erste Anhaltspunkte für eine mögliche Entsprechung klinisch-manifester Körperbildstörungen bei BED und BN bieten Untersuchungen, die sowohl bei der BED als auch bei der BN ausgeprägte Sorgen um Figur und Gewicht fanden bzw. bei denen sich keine Unterschiede zwischen BED- und BN-Patientinnen im Hinblick auf Symptome einer kognitiv-affektiven Körperbildstörung fanden (z. B. Striegel-Moore et al. 2001; Hilbert/Tuschen-Caffier 2004).

Körperbildstörungen oder verschiedene Facetten eines Problems im Umgang mit dem eigenen Körper

In der Forschungsliteratur zum Körperbild und zu Körperbildproblemen finden sich zahlreiche Bezeichnungen und Definitionen einer Körperbildstörung (z. B. Körperschemastörung; Körperunzufriedenheit). So berichten Thompson und Kollegen (Thompson et al. 1999) von über 16 Definitionen verschiedener Aspekte des Konstruktes Körperbild aus einschlägigen Untersuchungen. Ihrer Bewertung zufolge besteht allerdings kein Konsens bzgl. der genauen Definition über verschiedene Studien hinweg. Als allgemein anerkannt gilt jedoch die multidimensionale Konzeptualisierung einer Körperbildstörung durch (a) *eine perzeptive Komponente des Körperbildes,* (b) *eine kognitiv-affektive bzw. kognitiv-evaluative Komponente* und (c) *eine verhaltensbezogene Komponente* (vgl. Rosen 1990, 1992; Thompson et al. 1999). Die *perzeptive Komponente* beschreibt in den bisher durchgeführten einschlägigen Studien den Aspekt der Wahrnehmungsgenauigkeit (zum Überblick vgl. z. B. Cash/Deagle 1997).

Demnach sollte sich eine *Körperwahrnehmungsstörung* im klinisch-psychologischen Kontext als *Überschätzung* der Maße des Körpers bzw. der Maße von Körperteilen äußern. Allerdings ist die bisherige Auffassung einer perzeptiven Körperbildstörung im Sinne einer ungenauen/fehlerhaften visuellen Körperbreiteneinschätzung zu eng und letztlich nicht zielführend (vgl. dazu auch Hsu/Sobkiewicz 1991). So sind m. E. neben der *perzeptiven Komponente* (Wahrnehmungskomponente) einer Körperbildstörung auch andere kognitive Prozesse, wie z. B. die *Aufmerksamkeitsverteilung* (z. B. Zuwendung vs. Abwendung) gegenüber dem eigenen Körper (z. B. Blickbewegungen bei der Körperbetrachtung im Spiegel) oder auch Gedächtnisprozesse für die Charakterisierung einer Körperbildstörung notwendig. In welchem Ausmaß diese kognitiven Prozesse die Wahrnehmung des eigenen Körpers vermitteln und wie willentlich bzw. unwillentlich sie ablaufen, ist derzeit nicht bekannt.

Negative Gefühle (z. B. Ekel, Ablehnung) gegenüber dem Körper und entsprechende dysfunktionale Gedanken und Bewertungen bzgl. des äußeren Erscheinungsbildes beziehen sich auf die *kognitiv-affektive bzw. kognitiv-evaluative Komponente* einer Körperbildstörung. In der einschlägigen Forschungsliteratur zu diesem Aspekt einer Körperbildstörung wurden bisher zumeist Befunde aufgezeigt, die auf der Befragung der Betroffenen basieren (zum Überblick vgl. Eldredge/Agras 1996; Cash/Deagle 1997). Dem liegt die Annahme zugrunde, dass die Betroffenen über kognitiv-affektive bzw. kognitiv-evaluative Aspekte der Körperbildstörung durch Selbstreflexion Auskunft geben können. Dies trifft aber nur dann zu, wenn die entsprechenden Prozesse tatsächlich bewusstseinsfähig sind, was beim derzeitigen Forschungsstand als nicht sicher gelten kann. Insbesondere stellt sich die Frage, ob auch unwillentlich ablaufende kognitiv-affektive bzw. kognitiv-evaluative Aspekte durch Selbstauskünfte immer erfasst werden können.

Dasselbe gilt für die *verhaltensbezogene Komponente*. Zum einen kann sich die verhaltensbezogene Komponente einer Körperbildstörung in Form von *willentlich* gesteuertem Vermeidungsverhalten manifestieren, indem die Betroffenen z. B. negativ bewertete Körperzonen durch das Tragen weiter Kleidung zu kaschieren versuchen. Die verhaltensbezogene Komponente kann sich aber auch darin zeigen, dass die Betrachtung des eigenen Körpers möglichst vermieden wird, und dieses Vermeidungsverhalten kann wiederum bewusst und willentlich sein (z. B. keine Spiegel in der Wohnung haben), oder auch mehr oder weniger unwillentlich ablaufen (z. B. Blickzuwendung bzw. -abwendung gegenüber dem eigenen Körper). Des Weiteren kann sich ein Körperbildproblem auf der Verhaltensebene auch in entgegengesetzter Richtung als *übertriebene Beschäftigung* mit dem eigenen Körper bzw. der

Figur äußern (Rosen 1990). Auch hier können die Verhaltensweisen in unterschiedlichem Ausmaß der bewussten Steuerung unterliegen (z.B. mehrmaliges Wiegen pro Tag; häufiges Überprüfen relevanter Körperteile [body checking]; Verweildauer bei der Betrachtung von Körperzonen).
Zusammenfassend sind Körperbildstörungen m. E. zu konzeptualisieren als *kognitiv-affektive Störungen*, die sich in verschiedenen *Phasen der körperbezogenen Informationsverarbeitung* manifestieren können (z.B. Aufmerksamkeit, Gedächtnis, schlussfolgerndes Denken), in unterschiedlichem Ausmaß unwillentlich bzw. willentlich gesteuert ablaufen und mit ausgeprägten negativen Affekten (z.B. Angst, Ekel, Abscheu) sowie entsprechenden Verhaltenstendenzen (z.B. Vermeidungsverhalten) einhergehen können.

Körperbildstörungen als Symptome bei Essstörungen: Empirische Befunde

Bisher hat sich die Forschung zu Körperbildstörungen im Bereich der Essstörungen vor allem auf den Aspekt der *visuellen Körperbreiteneinschätzung* bzw. auf die Erforschung von *Verzerrungen in der Körperwahrnehmung* konzentriert. Hierzu wurden verschiedene Verfahren entwickelt und eingesetzt (z.B. die Videoverzerrtechnik; die Image Marking Procedure; zum Überblick vgl. Thompson et al. 1999).

Im Rahmen einer Metaanalyse konnten Cash und Deagle (1997) nachweisen, dass Essgestörte deutlich häufiger *Wahrnehmungsverzerrungen* aufweisen als gesunde Kontrollpersonen. Kontrollbedingungen zur Einschätzung neutraler Objekte machten deutlich, dass die gefundenen Unterschiede in der perzeptiven Komponente der Körperbildstörung (i. S. der visuellen Körperbreiteneinschätzung) kein allgemeines sensorisch-perzeptives Defizit bei Patienten mit Essstörungen widerspiegeln, sondern sich speziell im Hinblick auf die Wahrnehmung des eigenen Körpers zeigen.

Das Ausmaß, in dem sich Essgestörte von nicht-klinischen Kontrollpersonen in der *Körperunzufriedenheit* (kognitiv-affektiver Aspekt einer Körperbildstörung) unterschieden, war allerdings deutlich größer als der Unterschied in der Wahrnehmungsverzerrung (Essgestörte waren unzufriedener als 87% der Gesunden; Cash/Deagle 1997). Eine Überblicksarbeit von Skrzypek, Wehmeier und Remschmidt (2001) zeigt ebenfalls, dass sich bei essgestörten Patientinnen nicht durchgängig ein Defizit in der Einschätzung der eigenen Körperbreite (perzeptuelles Defizit) nachweisen lässt; auch hier erzielten Einstellungsmaße die größeren Effekte.

Es scheint also so zu sein, dass der kognitiv-affektive Aspekt der Körperbildstörung im Hinblick auf die klinische Relevanz eine Vorrangstellung gegenüber der perzeptiven Komponente (i. S. einer visuellen Körperbreiteneinschätzung) einnimmt (vgl. Hsu/Sobkiewicz 1991). Das belegen auch Therapiestudien, in denen sich Patientinnen mit BN und AN weder vor noch nach der Therapie bzgl. der Einschätzung ihres Körperumfanges unterscheiden (z. B. Fernández-Aranda et al. 1999). Allerdings hat sich auch gezeigt, dass gewisse Einstellungsmaße (z. B. Unzufriedenheit mit der Figur) nicht durchgängig zwischen klinischen Gruppen und gesunden Kontrollgruppen differenzieren, da z. B. die Unzufriedenheit mit der Figur bei weiblichen, normalgesunden Stichproben ebenso weit verbreitet sein kann wie in klinischen Gruppen (z. B. Goldfein et al. 2000). Dies gilt insbesondere für Fragebogenstudien, während in experimentellen Untersuchungen deutliche Unterschiede in den Körper betreffenden Gedanken und Affekten zwischen essgestörten Frauen und normalgesunden Frauen gefunden wurden (z. B. Hilbert/Tuschen-Caffier 2005). Experimentalpsychologische Methoden erscheinen daher sensitiver für den Nachweis einiger der in Frage stehenden Unterschiede zu sein als Selbstberichtverfahren.

Folgerichtig konzentriert sich in neuerer Zeit die Forschung zu *kognitiv-affektiven bzw. kognitiv-evaluativen Aspekten* einer Körperbildstörung auf experimentalpsychologische Untersuchungsmethoden, die Verhaltensmaße sehr direkt erfassen, indem z. B. selektive Aufmerksamkeitsprozesse gegenüber dem Körper und den damit einhergehenden Gefühlen (z. B. Angst, Ekel) untersucht werden (z. B. zum Überblick vgl. Cash/Deagle 1997; Hilbert/Tuschen-Caffier/Vögele 2002; Tuschen-Caffier et al. 2003; Jansen/Nederkoorn/Mulkens 2005; Hilbert/Tuschen-Caffier 2005). So hat sich bei Untersuchungen zur experimentellen Figurexposition, die zum einen als Videoexposition und zum anderen als geleitete Imaginationsaufgabe durchgeführt wurde, gezeigt, dass insbesondere anhand einer Videoexposition gegenüber dem Körper ausgeprägte, negativ getönte affektive Reaktionen evoziert werden und dass Bulimikerinnen für die Beschreibung von sogenannten »Problemzonen« (Bauch, Hüfte, Po) weniger Zeit brauchten als die gesunden Frauen der Kontrollgruppe (Tuschen-Caffier et al. 2003). Die auffällig geringere Verweildauer der klinischen Gruppe bei diesen sogenannten Problemzonen kann als ein Indiz für Vermeidungsverhalten gegenüber der Betrachtung des eigenen Körpers bzw. insbesondere der als wenig attraktiv erlebten Körperzonen, interpretiert werden. Es könnte allerdings auch der Fall sein, dass die BN-Patientinnen nicht aktiv vermeiden, diese Körperzonen zu betrachten, sondern dass sie sich im Labor – weniger als gesunde Frauen trauen – diese Körperzonen zu betrachten. Folglich ist es wichtig, systematisch zu erforschen, was genau bei einer Körperbildexposition passiert. Mit diesem Ziel haben Jansen, Nederkoorn und Mulkens (2005) in einer experimentellen Studie die Blickbewegungen als Indikator für Aufmerksamkeit gegenüber den betrachteten Körperzonen unter zwei Bedingungen gemessen: während die Probandinnen Fotos ihrer eigenen Körper (ausschließlich Ober- und Unterkörper) betrachteten sowie bei der Betrachtung entsprechender Körperzonen anderer Personenbilder. Es zeigte sich, dass Frauen, die Symptome einer Essstörung aufwiesen, jene Zonen ihres eigenen Körpers länger fixierten, die sie als wenig attraktiv empfanden, wohingegen sie bei Fotos von anderen Personen genau jene Körperbereiche länger betrachteten, die sie bei der betreffenden Person als attraktiv einschätzten. Demgegenüber zeigte sich bei Frauen ohne Symptome einer Essstörung ein entgegengesetztes Muster: Sie fixierten bei Fotos von ihrem eigenen Körper länger jene Bereiche, die sie als attraktiv einschätzten, während sie bei Fotos anderer Personen insbesondere jene Zonen betrachteten, die sie weniger attraktiv fanden. Diese Daten können als Beleg für unterschiedliche Blickstrategien von Frauen mit und Frauen ohne Essstörungssymptome (u. a. mit bzw. ohne Körperbildprobleme) betrachtet werden. Die Daten könnten aber auch auf die bevorzugte Betrachtung der als attraktiver bewerteten Körperzonen (unabhängig davon ob es sich um Selbst- oder Fremdbilder handelte) durch alle Probandinnen zurückgehen.

Hinsichtlich der *verhaltensbezogenen Dimensionen* der Körperbildstörung im Kontext der Essstörungen (»body avoidance«, »body checking«) konnten aktuelle Ergebnisse zeigen, dass diese Verhaltensweisen bei Patienten mit AN und BN deutlich ausgeprägt sind und sich in ihrer Häufigkeit und Ausprägung signifikant von entsprechenden Manifestationen bei nicht-klinischen Personengruppen unterscheiden. Während der Vergleich des eigenen Körpers mit dem von anderen, das Berühren des Bauches und der Oberschenkel sowie deren Inspektion im Spiegel als die häufigsten Kontrollverhaltensweisen genannt wurden, stand bei möglichem Kontrollverhalten der nicht-klinischen Stichprobe das Gesicht im Fokus der Aufmerksamkeit. Vermeidungsverhalten, von dem 57 % der Essgestörten berichteten (am häufigsten das Vermeiden des Wiegens), gaben hingegen nur wenige der Kontrollpersonen an (Shafran et al. 2003). Die deutliche Korrelation von Vermeidungs- und Kontrollverhaltensweisen mit der übermäßigen Bewertung von Figur und Gewicht bei Essstörungspatienten konnte sowohl für die AN und BN als auch für die BED nachgewiesen werden (Shafran et al. 2003; Reas et al. 2005). Beide Autorengruppen interpretieren diese Verhaltensweisen folglich in Übereinstimmung mit der Annahme von Fairburn, Cooper und Shafran

(2003) als direkte Ausdrucksweise der übermäßigen Bewertung von Figur und Gewicht, die als die Kernpsychopathologie von Essstörungen im Sinne der AN und der BN gelten und für die BED bei zukünftigen Revisionen des DSM ggf. als Diagnosekriterium aufgenommen werden sollte (Tuschen-Caffier/Schlüssel 2005).

Beim derzeitigen Stand der Forschung ist demnach noch ungeklärt, welche psychischen Mechanismen an der Aufrechterhaltung klinisch bedeutsamer Körperbildstörungen bei Essstörungen beteiligt sind. Unklar ist auch, inwiefern BED-Patienten an einer Körperbildstörung leiden und ob Körperbildprobleme bei der BED durch ähnliche Mechanismen aufrechterhalten werden wie bei anderen Essstörungen. Erkenntnisse zur Psychopathologie von Körperbildstörungen dürften mittelfristig wichtige Implikationen für die Behandlung von Körperbildstörungen haben. Des Weiteren könnten im Hinblick auf die BED wissenschaftliche Befunde, die für das Vorkommen von Körperbildproblemen sprechen (vgl. z. B. Hilbert/Tuschen-Caffier 2005), dazu beitragen, dass die bisher lediglich als Forschungsdiagnose beschriebene BED-Diagnose bei zukünftigen Revisionen des DSM ggf. um den Aspekt der Körperbildstörung erweitert wird.

Implikationen für die Psychotherapie

Allgemeines Ziel für die psychotherapeutische Behandlung von Körperbildstörungen bei essgestörten Patientinnen ist es, die Patientinnen anzuregen, ihr als negativ empfundenes Körperbild im Hinblick auf ein mehr realitätsorientiertes Körperbild zu korrigieren. Das heißt, dass die Patientinnen dazu angeleitet werden, sich nicht nur einseitig in Bewertungskategorien wie »dick« oder »dünn« zu bewerten, sondern ein umfassenderes Konzept körperlicher Attraktivität zu erlernen bzw. wieder zu entdecken (vgl. z. B. Tuschen-Caffier/Florin 2002; Tuschen-Caffier 2005; Vocks/Legenbauer 2005).

In neuerer Zeit sind verschiedene Konzepte der Körperbildtherapie bzw. Körperbildexposition entwickelt worden (vgl. z. B. Fernandez/Vandereycken 1994; Rosen/Orosan/Reiter 1995; Geissner/Bauer/Fichter 1997; Rushford/Ostermeyer 1997; Ramirez/Rosen 2001; Böse 2002; Tuschen-Caffier/Florin 2002). In einigen Ansätzen geht es vor allem um eine kognitiv-behaviorale Therapie, während die Körperbildexposition nur eine untergeordnete Rolle spielt (z. B. Böse 2002). In anderen Ansätzen wird insbesondere durch Exposition versucht, Körperbildstörungen zu verändern, wobei begleitend zu den durch Exposition aktualisierten negativen Gedanken und Gefühlen zumeist auch kognitive Interventionen eingesetzt werden (vgl. Tuschen-Caffier/Florin 2002; Vocks/Legenbauer 2005). Das Gemeinsame der verschiedenen Ansätze, innerhalb derer Exposition als zentrale Methode der Körperbildtherapie eingesetzt wird, ist die Nutzung des visuellen Feedbacks, um die Patientinnen anzuregen, ihr subjektiv empfundenes Körperbild im Hinblick auf ein mehr realitätsorientiertes (intersubjektiv wahrgenommenes) Körperbild zu korrigieren. Zumeist beabsichtigen die Ansätze eine Veränderung im Hinblick auf eine Körperbildstörung im Sinne einer adäquateren Einschätzung des Körperumfangs, während erst in neuerer Zeit der Focus der Expositionstherapie verstärkt auf der Veränderung einer kognitiv-affektiven Körperbildstörung liegt (vgl. Ramirez/Rosen 2001; Tuschen-Caffier/Florin 2002). Dabei liegt der Figurexposition folgendes Rationale zugrunde: Durch die wiederholte und lang andauernde Exposition gegenüber der Figur werden negative Gedanken und Gefühle gegenüber dem Körper bzw. der Figur aktualisiert und einer Form von Realitätstestung unterzogen (z. B. »Ich bin übergewichtig, aber bin ich deshalb tatsächlich hässlich?«). Der Prozess der Realitätstestung wird auch dadurch unterstützt, dass der Therapeut bzw. die Therapeutin (Thn) die Patientinnen auffordert, ihr äußeres Erscheinungsbild möglichst detailliert zu beschreiben. Dies soll den Patienten helfen, ihren Körper nicht nur im Hinblick auf die Kategorien »dick« oder »dünn« zu beurteilen, sondern stattdessen bei der Beurteilung des eigenen Körpers ein erweitertes Konzept von Attraktivität zugrunde zu legen. Darüber hinaus ist davon auszugehen, dass durch wiederholte Exposition gegenüber dem eigenen Körper negative Gefühlsreaktionen allmählich in ihrer Intensität abnehmen (Hilbert/Tuschen-Caffier/Vögele 2002). Dabei setzen die verschiedenen Expositionsansätze durchaus unterschiedliche Akzente. In dem Ansatz von Vocks und Legenbauer (2005) werden die Patientinnen u. a. aufgefordert, gezielt positiv und negativ bewertete Körperzonen zu beschreiben. Demgegenüber fordern Tuschen-Caffier und Florin (2002) Patientinnen mit Körperbildproblemen ohne Akzentuierung auf subjektiv positiv bzw. negativ bewertete Körperzonen essgestörte Patientinnen dazu auf, ihren Körper systematisch anzuschauen und genau zu beschreiben, was sie sehen. Diese Beschreibung der Körperzonen lässt in beiden Ansätzen selbstverständlich auch zu, dass alle Emotionen und Gedanken (z. B. Ekel, Abscheu) zum Ausdruck gebracht werden und vom Therapeuten (Thn) bzw. von der Therapeutin (Thn) aufgegriffen werden. Allerdings wird Thn die Patientinnen immer wieder anleiten, auch und gerade jene Körperzonen genau zu beschreiben, die bei ihnen Ekel, Abscheu, Scham, Selbsthass usw. auslösen. Auch folgt auf jede Expositionssitzung ein therapeutisches Gespräch, innerhalb dessen die bei der Exposition gemachten

Erfahrungen anhand kognitiv-behavioraler Methoden aufgearbeitet werden (vgl. Tuschen-Caffier/Florin 2002).

Das beschriebene Therapierationale macht deutlich, dass bei der Figurexposition m. E. nicht ausschließlich Habituation als Wirkmechanismus anzunehmen ist, sondern dass sich stattdessen im Rahmen der Figurexposition wahrscheinlich die kognitive Repräsentation über den eigenen Körper bzw. über die eigene Figur ändert, d. h., dass sich sozusagen ein anderes kognitiv-affektives Netzwerk bezogen auf die Wahrnehmung und Beurteilung der eigenen körperlichen Erscheinung entwickelt (zu weiteren möglichen Mechanismen der Expositionstherapie vgl. Michael/Tuschen-Caffier, in Druck). Genau deshalb erscheint die Schlussfolgerung, die Jansen, Nederkoorn und Mulkens (2005) aus ihren Befunden der Grundlagenforschung für die Behandlung von Körperbildstörungen ziehen, als nicht zwingend. So gehen Jansen und Kollegen davon aus, dass eine Expositionstherapie wenig von Erfolg gekrönt sein dürfte, da damit lediglich die dysfunktionalen Blickmuster essgestörter Patientinnen (im Sinne einer Blickpräferenz für subjektiv als unattraktiv erlebte Körperzonen; siehe dazu oben) stabilisiert würden. Diese Schlussfolgerung ist m. E. nur dann plausibel, wenn man Körperbildexposition nicht als geleitete Körperbildexposition (guided exposure), sondern als relativ schlichte Form der Exposition ohne weitere therapeutische Interventionen versteht (z. B. die Patientin vor den Spiegel stellen und abwarten, was passiert). In den bisher evaluierten Körperbildtherapien (z. B. Geissner/Bauer/Fichter 1997; Tuschen-Caffier/Florin 2002; Vocks/Legenbauer 2005) wird dagegen eindeutig ein umfassenderes Verständnis von Körperbildexposition nahe gelegt. Durch die Art der systematischen Anleitung zu einem neuen, unverstellteren bzw. »erweiterten Blick« auf die eigene Figur bzw. den eigenen Körper wird versucht, eine Veränderung auf verschiedenen Ebenen der Körperbildstörung – eben auch in Bezug auf die identifizierten Blickstrategien im Sinne von »body checking« oder »body avoidance« – zu erreichen, so dass der oben beschriebenen umfassenden Konzeptualisierung einer kognitiv-affektiven Körperbildstörung Rechnung zu tragen versucht wird.

Dass dieser Zugang zur Veränderung von Körperbildproblemen vielversprechend ist, belegen erste empirische Befunde, innerhalb derer die Figurexposition als Therapiebaustein innerhalb eines umfassenden kognitiv-behavioralen Therapieansatzes zur Behandlung der Bulimia Nervosa sowie Anorexia Nervosa im stationären wie auch ambulanten Behandlungssetting erprobt und evaluiert wurde (z. B. Geissner/Bauer/Fichter 1997; Tuschen-Caffier/Pook/Frank 2001; Böse 2002).

Trotz erster ermutigender Erfolge der kognitiv-behavioralen Therapie von

Körperbildstörungen, insbesondere der Figurexposition, steht der empirische Wirksamkeitsnachweis an einem größeren Patientenkollektiv allerdings noch aus. Auch fehlen Studien, die die Wirksamkeit im Langzeitverlauf belegen. Unklar ist zudem, ob die Behandlungsstrategie der Figurexposition anderen Interventionen (z.B. ausschließlich kognitiven Strategien zur Veränderung von Körperbildstörungen) überlegen ist. So erwiesen sich in einer neueren Studie an Patientinnen mit einer »Binge-Eating«-Störung die Körperbildexposition und kognitive Interventionen zur Veränderung negativer Einstellungen und Gefühle gegenüber dem Körper bzw. der Figur als gleichwertig effektiv (Hilbert/Tuschen-Caffier 2004). Auch hier stehen noch weitere Studien an größeren Patientinnengruppen mit unterschiedlichen Essstörungsdiagnosen aus.

Literatur

American Psychiatric Association (2000): Diagnostic and statistical manual of mental disorders. Textrevision (DSM-IV-TR). Washington, DC (American Psychiatric Association).
American Psychiatric Association (1994): Diagnostic and statistical manual of mental disorders (4th ed.). Washington, DC (American Psychological Association).
Böse, R. (2002): Body-Image-Therapie bei Anorexia Nervosa. Eine kontrollierte Studie. Regensburg (Roderer).
Cash, T.F. & Deagle, E.A. (1997): The nature and extent of body-image disturbance in anorexia nervosa and bulimia nervosa: A meta-analysis. International Journal of Eating Disorders 22, 107–125.
Eldredge, K.L. & Agras W.S. (1996): Weight and shape overconcern and emotional eating in binge eating disorder. International Journal of Eating Disorders 19, 73–82.
Fernández-Aranda, F.; Dahme, B. & Meermann, R. (1999): Body image in eating disorders and analysis of its relevance: A preliminary study. Journal of Psychosomatic Research 47, 419–428.
Fernández, F. & Vandereycken, W. (1994): Influence of video confrontation on the self-evaluation of anorexia nervosa patients: A controlled study. Eating Disorders: The Journal of Treatment and Prevention 2, 135–140.
Geissner, E.; Bauer, C. & Fichter, M. (1997): Videogestützte Konfrontation mit dem eigenen körperlichen Erscheinungsbild als Behandlungselement in der Therapie der Anorexia Nervosa. Zeitschrift für Klinische Psychologie 26, 218–225.
Goldfein, J.A.; Walsh, T. & Midlarsky, E. (2000): Influence of shape and weight on self-evaluation in bulimia nervosa. International Journal of Eating Disorders 27, 435–445.
Hilbert, A. & Tuschen-Caffier, B. (2005): Body-related cognitions in binge eating disorder and bulimia nervosa. Journal of Social and Clinical Psychology 24, 561–579.
Hilbert, A. & Tuschen-Caffier, B. (2004): Body image interventions in cognitive-behavioural therapy of binge eating disorder: A component analysis. Behaviour Research and Therapy 42, 1325–1339.
Hilbert, A.; Tuschen-Caffier, B. & Vögele, C. (2002): Effects of prolonged and repeated body image exposure in binge eating disorder. Journal of Psychosomatic Research 52, 137–144.

Hsu, L. K. & Sobkiewicz, M. S. (1991): Body image disturbance: Time to abandon the concept for eating disorders? International Journal of Eating Disorders 10, 15–30.
Jansen, A.; Nederkoorn, C. & Mulkens, S. (2005): Selective visual attention for ugly and beautiful body parts in eating disorders. Behaviour Research and Therapy 43, 183–196.
Michael, T. & Tuschen-Caffier, B. (in Druck): Expositionsverfahren. In: Margraf, J. (Hg.): Lehrbuch der Verhaltenstherapie. Band 1 (3. Aufl.). Göttingen (Hogrefe).
Ramirez, E. M. & Rosen, J. C. (2001): A comparison of weight control and weight control plus body image therapy for obese men and women. Journal of Consulting and Clinical Psychology 69, 440–446.
Ramacciotti, C. E.; Coli, E.; Passaglia, C.; Lacorte, M.; Pea, E. & Dell'Osso, L. (2000): Binge eating disorder: Prevalence and psychopathological features in a clinical sample of obese people in Italy. Psychiatry Research 94, 131–138.
Rosen, J. C. (1990): Body image disturbance in eating disorders. In: Cash, T. F. & Pruzinsky, T. (Eds.): Body images: Development, deviance, and change. New York (Guilford Press), pp. 190–214.
Rosen, J. C.; Orosan, P. & Reiter, J. (1995): Cognitive behavior therapy for negative body image in obese women. Behavior Therapy 26, 25–42.
Rushford, N. & Ostermeyer, A. (1997): Body image disturbances and their change with video-feedback in anorexia nervosa. Behaviour Research and Therapy 35, 389–398.
Saß, H.; Wittchen, H.-U.; Zaudig, M. & Houbel, I. (2003): Diagnostisches und statistisches Manual psychischer Störungen – Textrevision (DSM-IV-TR, deutsche Bearbeitung). Göttingen (Hogrefe).
Shafran, R.; Fairburn, C. G.; Robinson, P. & Lask, B. (2003): Body checking and its avoidance in eating disorders. International Journal of Eating Disorders 35, 93–101.
Skrzypek, S; Wehmeier, P. M. & Remschmidt, H. (2001): Body image assessment using body size estimation in recent studies on anorexia nervosa. A brief review. Journal European Child and Adolescent Psychiatry 10, 215–221.
Striegel-Moore, R. H.; Cachelin, F. M.; Dohm, F. A.; Pike, K. M.; Wilfley, D. E. & Fairburn, C. G. (2001): Comparison of binge eating disorder and bulimia nervosa in a community sample. International Journal of Eating Disorders 29, 157–165.
Striegel-Moore, R. H.; Wilson, G.; Wilfley, D.; Elder, K. A. & Brownell, K. D. (1998): Binge eating in an obese community sample. International Journal of Eating Disorders 23, 27–37.
Thompson, J. K.; Heinberg, L. H.; Altabe, M. & Tantleff-Dunn, S. (Eds.) (1999). Exacting beauty: theory, assessment, and treatment of body image disturbance. Washington, DC (American Psychological Association).
Tuschen-Caffier, B. (2005): Konfrontation mit dem eigenen Körperbild. In: Wittchen, H.-U. & Neudeck, P. (Hg.): Konfrontationstherapie bei psychischen Störungen. Theorie und Praxis. Göttingen (Hogrefe), S. 227–248.
Tuschen-Caffier, B. & Schlüssel, C. (2005): Binge Eating Disorder: A new eating disorder or an epiphenomen of obesity? In: Munsch, S. & Beglinger, C. (Eds.): Bibliotheca Psychiatrica. Obesity and binge eating disorder: From research to clinical practice. Basel (Karger).
Tuschen-Caffier, B.; Vögele, C.; Bracht, S. & Hilbert, A. (2003): Psychological responses to body shape exposure in patients with bulimia nervosa. Behaviour Research and Therapy 41, 573–586.
Tuschen-Caffier, B. & Florin, I. (2002): Teufelskreis Bulimie: Ein Manual zur psychologischen Therapie. Göttingen, Münster (Hogrefe & Verlag für Psychotherapie).
Tuschen-Caffier, B.; Pook, M. & Frank, M. (2001): Evaluation of manual-based cognitive-behavioral therapy for bulimia nervosa in a service setting. Behaviour Research and Therapy 39, 299–308.

Vocks, S. & Legenbauer, T. (2005): Körperbildtherapie bei Anorexia und Bulimia Nervosa. Göttingen (Hogrefe).
Weltgesundheitsorganisation (1991): Internationale Klassifikation psychischer Störungen. ICD 10: Kapitel V. Bern (Huber).
Wilfley, D.E.; Schwartz, M.B.; Spurrell, E.B. & Fairburn, C.G. (2000): Using the Eating Disorder Examination to identify the specific psychopathology of binge eating disorder. International Journal of Eating Disorders 27, 259–269.
Wilfley, D.E.; Wilson, G.T. & Agras, W.S. (2003): The clinical significance of binge eating disorder. International Journal of Eating Disorders 34, 96-106.

Klinisches Management und Psychotherapie bei Essstörungen: Evidence base – eine kurze narrative Literaturübersicht

Frank Röhricht

Im Folgenden wird die Literatur zur evidenzbasierten Behandlung der Essstörungen referiert. Die Übersicht bezieht sich auf in jüngerer Zeit publizierte »Guidelines« zur Behandlung von Essstörungen (Eating disorders: Core interventions in the treatment and management of anorexia nervosa, bulimia nervosa and related eating disorders (NICE January 2004)) sowie eine Übersichtsarbeit: Advances of Psychiatric treatment, January 2006; des Weiteren erfolgte eine Literaturrecherche zur Identifizierung von Übersichtsarbeiten und Metaanalysen in den Datenbanken Cochrane Library, MEDLINE (1996–2007), PsycINFO (1806–2007), EMBASE (1996–2007).

Die Datenbank-Recherche wurde mit folgenden keywords durchgeführt: anorexia/bulimia nervosa, psychological therapies, review.

Outcome-Kriterien der Psychotherapie bei Anorexia und Bulimia Nervosa

Bei der Auswahl der hier zusammengestellten Informationen wurde ein primäres Outcome-Kriterium zugrunde gelegt: Im *Handbook of treatment for eating disorders* (Garner/Garfinkel 1997) ist ein prinzipielles Behandlungsziel bei den Essstörungen definiert als die Wiederherstellung eines im Normalbereich angesiedelten, auf die Körpergröße und Alter bezogenen Körpergewichts sowie die Verbesserung/Entlastung der extremen Sorgen bzgl. Körpergewicht und -Gestalt und die Abkehr von abnormalem Essverhalten (z. B. Erbrechen, »Fress-Anfälle«, Laxantien-Abusus). Sekundäre Ziele werden ebenfalls benannt. So ist die Verbesserung depressiver und anderer Komorbidität, die Verbesserung der allgemeinen Lebensqualität. Darüber hinaus ist sowohl die Identifikation und – wenn möglich auch Klärung – der Einfluss nehmenden familiären und persönlichen Probleme intediert.

Anorexia Nervosa

Cochrane-Review (»Individual psychotherapy in the outpatient treatment of adults with anorexia nervosa«, Hay et al. 2003)

Hintergrund: Der Fokus der Behandlung anorektischer Störungen hat sich insgesamt auf ambulante Versorgungsstrukturen verlagert. Verschiedene Formen psychotherapeutischer Behandlung kommen dabei zum Einsatz.

Methodik: Die »evidence base« wird auf der Grundlage randomisiert-kontrollierter Studien zur Effizienz ambulanter Psychotherapien bei älteren Jugendlichen und Erwachsenen zusammengefasst. Die Cochrane-Übersicht bezieht sich auf folgende Datenbanken (bis Dezember 2005): MEDLINE, EXTRAMED, EMBASE, PSYCLIT, CURRENT CONTENTS, bezieht des Weiteren das »Cochrane Controlled Trials Register« sowie eine per Hand durchgeführte Recherche im führenden wissenschaftlichen Journal bei Essstörungen (*The International Journal of Eating Disorders*), und der Literaturlisten aller ausgesuchten Publikationen mit ein.

Resultate: Insgesamt werden im Cochrane-Review lediglich sieben kleine Studien identifiziert, zwei davon beziehen sich auf Kinder und Jugendliche. Die Autoren betonen in ihrer kritischen Stellungnahme, dass die Studienergebnisse aufgrund methodischer Mängel mit unzureichender Maskierung der Untersuchungsergebnisse nur bedingt aussagekräftig seien. Zwei der Studien zeigen Ergebnisse, die eine Wirksamkeit der spezifischen Psychotherapie im Vergleich mit gewöhnlicher Behandlung nahe legen. Dabei sei jedoch keine Therapiemodalität (»focal psychoanalytic psychotherapy, cognitive analytic therapy, family therapy, cognitive –behavioral therapy, interpersonal therapy, educational behaviour treatment«) einer anderen konsistent überlegen. Insofern folgern die Autoren, dass auf der Grundlage der derzeitigen Datenlage keine spezifischen Therapieempfehlungen ausgesprochen werden können und ein dringender Handlungsbedarf für Forschung in diesem Bereich bestehe.

NICE guidelines

Das »National Institute for Health and Clinical Excellence« in Großbritannien ist eine unabhängige, vom National Health Service (d. h. dem britischen Gesundheitsministerium) betriebene Organisation, die in regelmäßigen Abständen Expertenkommissionen beauftragt, die klinische »evidence base« zur Prävention und Behandlung verschiedener Erkrankungen in Form von metaanalytischen Empfehlungen zusammenzufassen.

Die Standard-Methodik, die dabei zur Anwendung kommt, besteht in einem hierarchischen Bewertungssystem der verfügbaren wissenschaftlichen Evidenz: Eine »A«-Bewertung entspricht dabei der höchsten Evidenz-Stufe auf der Grundlage verfügbarer Studienergebnisse von randomisiert-kontrollierten Studien, und die geringste Stufe der Evidenz bezieht sich auf publizierte Kasuistiken und Experten-Meinungen. Im Jahr 2004 wurden die »NICE guidelines« für Essstörungen veröffentlicht: »Eating disorders: Core interventions in the treatment and management of anorexia nervosa, bulimia nervosa and related eating disorders«. Keine der darin enthaltenen, auf ambulante und stationäre Therapiemaßnahmen bezogenen, 48 spezifischen Behandlungsempfehlungen zur Anorexia Nervosa konnte sich auf ein »A«-Bewertungskriterium stützen. Die meisten Empfehlungen bezogen sich auf ein »C«-Kriterium (zumeist basiert auf Therapieberichte, Kasuistiken und klinische Expertenkommissionen). Im Einzelnen lag keine Evidenz für einen Beitrag pharmakologischer Therapien der Anorexien vor, so dass die Autoren schlussfolgerten: »Die hauptsächliche Behandlung muss psychologischer Natur sein«.

Folgende Empfehlungen wurden ausgesprochen: In der psychotherapeutischen Behandlung der Anorexien sollten kognitive Verhaltenstherapie, kognitiv-analytische Therapie, fokal-psychodynamische Therapie und Familientherapie (sofern explizit auf die Essstörung fokussiert) in Erwägung gezogen werden. Des Weiteren wird betont, dass die vom Patienten und falls angemessen auch von den Angehörigen zum Ausdruck gebrachte Präferenz einer bestimmten Therapiemodalität zu berücksichtigen und dieser der Vorzug zu geben sei.

Sonstige Literatur

Weitere Übersichtsarbeiten beschäftigen sich mit der verfügbaren Evidenz zur Wirksamkeit psychosozialer Behandlung anorektischer Störungen:

Sowohl Meads et al. (2001) als auch Wilson (2005) kommen zu dem Schluss, dass es zurzeit keine überzeugende Evidenz für die Wirksamkeit stationärer Therapie der Anorexien gebe. Fairburn (2005) fragt: »Is evidence-based treatment of anorexia nervosa possible?« und beantwortet die Frage angesichts der von ihm zusammengetragenen Literatur mit »barely/kaum«. In der Schlussfolgerung wird betont, dass neue Therapieformen in der Behandlung der Anorexia Nervosa benötigt werden und dass der wirkliche Stellenwert der familienorientierten Behandlung bei anorektischen Jugendlichen noch evaluiert werden müsse. Wilson (2005) stellt die am Institute of Psychiatry (»Maudsley«) entwickelte Methode einer Familientherapie bei Adoleszenten als vielversprechendes Vorgehen heraus. Auch eine kürzlich erschienene Literaturübersicht gelangt zu dem Schluss, dass die derzeitige Datenlage dem erfahrenen Therapeuten die Freiheit lasse, seinen Meinungen und Präferenzen in der Auswahl der Interventionsstrategie zu folgen (Palmer 2006).

Bulimia Nervosa

Cochrane review (»Psychotherapy for bulimia nervosa and binging«, Hay et al. 2004)

Hintergrund: Eine spezifische manualisierte kognitiv-behaviorale Therapie ist für die Behandlung der Bulimie entwickelt worden (CBT-BN). Andere Psychotherapien, einige mit anderem theoretischen Hintergrund, sowie auch modifizierte Verhaltenstherapien, kommen ebenfalls zum Einsatz.

Methodik: Die Übersicht machte sich zum Ziel, die Effizienz der kognitiven Verhaltenstherapie (sowie der spezifischen Form CBT-BN) im Vergleich mit anderen Psychotherapien in der Behandlung von Erwachsenen mit Bulimien zu evaluieren. Die Literaturrecherche berücksichtigte folgende Quellen (bis Juni 2004): MEDLINE, EXTRAMED, EMBASE, PSYCINFO, CURRENT CONTENTS, LILACS, SCISEARCH, CENTRAL sowie des Weiteren das »Cochrane Controlled Trials Register«; darüber hinaus erfolgte eine per Hand durchgeführte Recherche im *International Journal of Eating Disorders* ab erster Ausgabe sowie von Literaturlisten aus Publikationen und die direkte Ansprache ausgesuchter Autoren.

Insgesamt sprachen die Ergebnisse (40 relevante randomisiert-kontrollierte Studien wurden identifiziert) für die Wirksamkeit (»...a small body of evidence«) der Verhaltenstherapie bei Bulimia Nervosa und ähnlichen Syndromen, die Autoren betonten jedoch, dass die Qualität der Studien variabel und die Fallzahlen häufig klein seien, so dass weitere, größere Studien benötigt werden und auch Studien zu weniger intensiven Formen psychotherapeutischer Behandlung durchgeführt werden sollten. Andere Psychotherapien erwiesen sich ebenfalls als effektiv, insbesondere die Interpersonale Psychotherapie in der längerfristigen Behandlung. Auch hinsichtlich Selbsthilfe-Strategien, die strukturierte CBT-Manuale anwandten, fanden sich vielversprechende Resultate.

NICE guidelines

Die Expertenkommission kommt zu sehr ähnlichen Ergebnissen wie die Autoren der Cochrane-Übersicht: Als ein erster Schritt in der ambulanten Behandlung wird empfohlen, den an Bulimie leidenden Patienten ein evidenzbasiertes Selbsthilfeprogramm anzubieten.

Die spezifisch modifizierte Verhaltenstherapie wird als Therapie der Wahl für erwachsene Patienten erachtet, eine Behandlung mit 16 bis 20 Sitzungen über einen Zeitraum von vier bis fünf Monaten wird empfohlen. Denjenigen Patienten, die nicht auf diese Therapie ansprechen oder diese Form von Therapie ablehnen, wird geraten, andere Therapieformen in Erwägung zu ziehen. Insbesondere die Interpersonale Psychotherapie wird als Alternative herausgestellt, wobei die Patienten darüber aufzuklären seien, dass eine Behandlung über acht bis zwölf Monate durchgeführt werden muss, um mit CBT vergleichbare Ergebnisse zu erzielen.

Abschließend wurden weitere Empfehlungen ausgesprochen: Effektivitätsstudien hinsichtlich der Behandlung atypischer Essstörungen seien erforderlich und die Patienten-/Angehörigenzufriedenheit sei als ein relevantes Outcome-Kriteriumin in neuen Studien mit zu berücksichtigen.

Sonstige Literatur

Sonstige Übersichtsarbeiten bestätigen die bereits vorgestellte »evidence-base«. Mitchell et al. (2007) stellen die Frage: »Where are we and where are we going?« Sie schlussfolgern in der Übersicht der Literatur, dass die Datenlage zur Psychotherapie der Bulimia die kognitive Verhaltenstherapie als »treatment of choice« herausstelle. Sie betonen die Notwendigkeit weiterer

Forschung, insbesondere auch zur Evaluation neuer Vorgehensweisen und im Hinblick auf die therapeutischen Prozesse.

Zusammenfassung

Die referierten Ergebnisse der Übersichtsarbeiten weisen darauf hin, dass sich insgesamt die Resultate psychotherapeutischer Behandlungen (»Outcome«) in den letzten 50 Jahren nicht wesentlich verändert haben. Systematische Übersichten zeigen, dass Primärprävention bislang nicht durchgreifend hilft. Zudem ist festzustellen, dass die Literatur zur Behandlung bei Essstörungen in methodischer Hinsicht nicht hinreichend robust ist. In Abwesenheit klarer und direktiver Evidenz zur Effektivität der Therapien wird es zusehends schwieriger, die Ressourcen für intensive Behandlungen von Anorexia und Bulimia Nervosa sicher zu stellen. Theorien zur Genese der Störungen erscheinen zu unspezifisch, um effektive Programme zur Prävention zu generieren, so dass in der Literatur häufig festgestellt wird, dass neue Denkmodelle dringend erforderlich seien. Kotler et al. (2003) betonen mit anderen Autoren die Notwendigkeit, neue psychotherapeutische Ansätze zur Behandlung der Essstörungen zu entwickeln.

Literatur

Fairburn, C. G. (2005): Evidence-based treatment of anorexia nervosa. International Journal of Eating Disorders 37, 26–30.
Garner, D. M. & Garfinkel, P. E. (1997): Handbook of treatment for eating disorders. New York (The Guilford Press).
Hay, P. J.; Bacaltchuk, J.; Claudino, A. M.; Byrnes, R.; Yong, P. Y. & Ben-Tovim, D. (2003): Individual psychotherapy in the outpatient treatment of adults with anorexia nervosa. Cochrane Database of Systematic Reviews 2003 (4).
Hay, P. J.; Bacaltchuk, J. & Stefano, S. (2004): Psychotherapy for bulimia nervosa and binging. Cochrane Database of Systematic Reviews 2004 (3).
Kotler, L. A.; Boudreau, G. S. & Devlin, M. J. (2003): Emerging psychotherapies for eating disorders. Journal of psychiatric practice 9, 431–41.
Meads, C.; Gold, L. & Burls, A. (2001): How effective is outpatient care compared to inpatient care for the treatment of anorexia nervosa? A systematic review. European Eating Disorders Review 9, 229–241.
Mitchell, J. E.; Agras, S. & Wonderlich, S. (2007): Treatment of Bulimia Nervosa: Where Are We and Where Are We Going? International Journal of Eating Disorders 40, 95–101.
National Institute for Clinical Excellence (2004): Core interventions in the treatment and management of anorexia nervosa, bulimia nervosa and related eating disorders. NICE website.

Palmer, B. (2006): Come the revolution. Revisiting: The management of anorexia nervosa. Advances in Psychiatric Treatment 12, 5–12.
Wilson, G.T. (2005): Psychological treatment of eating disorders. Annual Review of Clinical Psychology 1, 439–465.

Entwicklung und Validierung des Dresdner Körperbildfragebogens (DKB–35)

Karin Pöhlmann, Paul Thiel & Peter Joraschky

Körperbild und Fragebögen

Erfassung des Körperbildes durch Selbsteinschätzungsverfahren

Der Beitrag stellt einen neuen mehrdimensionalen Fragebogen zur Erfassung von Einstellungen zum eigenen Körper vor. Bevor das Instrument beschrieben wird, wird kurz dargestellt, warum es Sinn macht, einen neuen Fragebogen zu entwickeln, der wiedergibt, wie eine Person ihren Körper sieht. Zwei soziokulturelle Phänomene machen die Erfassung von subjektiven Körperbewertungen zu einem besonders interessanten und sowohl sozialpsychologisch wie klinisch relevanten Thema. Zum einen ist der Körper in den letzten Jahrzehnten zum Fokus der persönlichen Identität geworden (Pöhlmann/Joraschky 2006). Zum anderen nimmt der Anteil der Personen, die mit ihrem Körper unzufrieden sind und ihn negativ bewerten, stetig zu (Cash/Henry 1995). Selbsteinschätzungen auf der Basis von Fragebögen bilden bewusstseinsfähige und verbalisierbare Komponenten des Körperbildes ab, die als Selbstkonzeptkomponenten, als Körperkonzepte oder als Einstellungen zum eigenen Körper verstanden werden. Auch die Körperzufriedenheit ist ein derartiges Merkmal. Der Begriff Körperbild wird hier im Sinne von Cash (2004) gebraucht, der darunter ein mehrdimensionales Konstrukt versteht, das »one's body-related self-perceptions and self-attitudes, including thoughts, beliefs, feelings, and behaviours« (Cash 2004, S. 1) umfasst.

Durch Fragebögen wird die Ausprägung dieser Körperbildkomponenten in standardisierter Form erfasst und die Abbildung interindividueller Differenzen und die Darstellung intraindividueller Entwicklungsverläufe ermöglicht. Die differenzierte Erfassung individueller Einstellungen zum eigenen Körper kann die Bedeutung des Körpers als gestaltbarem Ausdruck der eigenen Identität aufzeigen. Negative Einstellungen zum eigenen Körper sind nicht nur charakteristisch für psychische Störungen, sondern in der Bevölkerung weit verbreitet (s. Joraschky/Pöhlmann in diesem Band).

Die Wandlung der Bedeutung des Körpers lässt sich auch anhand der starken Zunahme wissenschaftlicher Arbeiten zum Körperbild zeigen (Cash/Pruzinsky 2002). Im Rahmen dieser verstärkten Beschäftigung mit dem Körpererleben wurde daher in den letzten zehn Jahren auch eine Vielzahl von Selbsteinschätzungsinstrumenten entwickelt, die kognitive und affektive Einstellungsanteile abbilden. Zwischen den kognitiven und affektiven Dimensionen des Körperbildes und Wahrnehmungsmaßen bestehen nur geringe Korrelationen (Cash/Green 1986; Cash/Brown 1987; Fabian/Thompson 1989; Keeton/Cash/Brown 1990; Denniston/Roth/Gilroy 1992). Eine weitere Differenzierung von Verfahren, die auf Selbsteinschätzungen basieren, ist die zwischen Zustands- und Dispositionskomponenten des Körperbildes. Im Folgenden werden einige Verfahren beschrieben, die die Einstellungen der Person zu ihrem eigenen Körper messen.

Als Beispiel für die Unterscheidung zwischen kognitiven und affektiven Einstellungskomponenten wird der Body-Self Relations Questionnaire (BSRQ, Brown/Cash/Mikulka 1990) beschrieben, der sehr gut normiert ist und in mehreren amerikanischen Repräsentativuntersuchungen eingesetzt wurde. Anschließend werden einige Beispiele für Verfahren genannt, die zwischen zustandsorientierten und dispositionellen Ausprägungen des Körperbildes unterscheiden. Im dritten Abschnitt werden dann drei Verfahren beschrieben, die generelle situationsübergreifende Aspekte des Körperbildes erfassen, die im deutschen Sprachraum häufig eingesetzt werden und gut normiert sind.

Kognitive und affektive Komponenten des Körperbildes

Im englischen Sprachraum wird zwischen kognitiven und affektiven Komponenten der Einstellungen zum eigenen Körper differenziert. Kognitive Einstellungsdimensionen beschreiben, wie viel Bedeutung die Person ihrem Aussehen zumisst und in welchem Maß ihre Aufmerksamkeit und ihre Gedanken und Handlungen auf die körperliche Erscheinung gerichtet sind. Die affektiven Komponenten des Körperbildes beinhalten Bewertungen des eigenen Körpers, die Zufriedenheit mit dem Körper und das Ausmaß seiner Akzeptanz. Ein im englischen Sprachraum sehr häufig eingesetzter mehrdimensionaler Fragebogen ist der Multidimensional Body-Self Relations Questionnaire (MBSRQ, Brown/Cash/Mikulka 1990), der drei Arten von Unterskalen enthält: den Body-Self Relations Questionnaire (BSRQ, 54 Items), die Body Areas Satisfaction Scale (BASS, neun Items), die misst, wie zufrieden die Probanden im Durchschnitt mit einzelnen Körperregionen (Gesicht, Unterkörper) oder Körperattributen (Größe, Gewicht) sind und die Weight Attitude Scales, die anhand von sechs Items abbilden, wie viel Aufmerksamkeit die Probanden ihrem Gewicht widmen und beispielsweise Diät halten, ihr Essverhalten kontrollieren oder Angst haben, zu dick zu sein.

Der Body-Self Relations Questionnaire ist ein mehrdimensionaler Fragebogen, der kognitive und affektive Körperbildkomponenten bezogen auf die körperliche Erscheinung, die körperliche Fitness, sowie Gesundheit und Krankheit erfasst. Innerhalb der Bereiche körperliche Erscheinung, Fitness und Gesundheit wird jeweils zwischen kognitiven und affektiven Einstellungskomponenten unterschieden. Für den Inhaltsbereich Krankheit wird nur die kognitive Komponente erfasst. Die kognitiven Orientierungen der Person untersuchen, wie viel Aufmerksamkeit die Person auf ihren Körper richtet, wie viel Bedeutung er für sie hat und wie viel sie tut, um einzelne Aspekte aufrechtzuerhalten oder zu verbessern. Die affektiven Bewertungen erörtern, wie sehr die Person ihren Körper mag und mit ihm zufrieden ist. Die Skala Appearance Orientation (zwölf Items) misst, inwieweit die Person ihre Aufmerksamkeit auf ihre körperliche Erscheinung richtet. Beispielitems sind: »It is important that I always look good« oder »I check my appearance in a mirror whenever I can«. Die Skala Appearance Evaluation (sieben Items) bildet die Bewertung der eigenen körperlichen Erscheinung ab. Beispielitems dafür sind »I like the way I look without my clothes« oder »My body is sexually appealing«. Ein zweiter Inhaltsbereich ist die körperliche Fitness. Die kognitive Komponente der Fitnessorientierung wird durch 13 Aussagen, wie z. B. »I do not actively do things to keep physically fit« und »I do things to increase my physical strength«, gemessen. Die Bewertung der eigenen Fitness erfolgt durch drei Items, z. B. »I am very well coordinated« und »I easily learn physical skills«. Der dritte Inhaltsbereich ist Gesundheit. Die Skala Gesundheitsorientierung besteht aus acht Aussagen, wie »I know a lot about things that affect my physical health« oder »I have deliberately developed a healthy life style«. Die Skala Gesundheitsbewertung enthält sechs Aussagen, z. B. »I am seldom physically ill« und »From day to day I never know how my body will feel«. Eine weitere Skala, Krankheitsorientierung (sieben Items), bildet ab, in welchem Ausmaß die Person ihre Aufmerksamkeit auf Krankheiten richtet. Beispielitems sind: »If I am sick I don't pay much attention to my symptoms« oder »I pay close attention to my body for any signs of illness«.

Zustandsorientierte und dispositionelle Komponenten des Körperbildes

Innerhalb der Selbsteinschätzungsverfahren kann auch zwischen Instrumenten unterschieden werden, die Trait- und State-Anteile des Körperbildes erfassen. Trait- oder Dispositionsanteile des Körperbildes sind generelle, kontextunabhängige und situationsübergreifende Einstellungen zum eigenen Körper. State- oder Zustandsanteile beschreiben im Gegensatz dazu Einstellungen zum eigenen Körper, die kontextabhängig oder situationsspezifisch, beispielsweise auch therapiespezifisch sind. Die Physical Appearance State and Trait Anxiety Scale (PASTAS, Reed et al. 1991) differenziert zwischen Zustands- und Dispositionsangstanteilen, die sich auf die körperliche Erscheinung beziehen. Der Fragebogen besteht aus 16 Aussagen, die das Ausmaß der Angst in Bezug auf Körperregionen wie Taille, Hüften oder Oberschenkel beschreiben, die einen engen Bezug zum Gewicht haben, und Körperregionen, wie Nase, Kinn und Ohren, die keinen Bezug zum Körpergewicht haben. State und Trait-Ausprägungen der Angst werden durch jeweils acht Items gemessen. Ein weiteres Beispiel für ein Verfahren, das situationsspezifische Bestandteile des Körperbildes erfasst, ist das Situational Inventory of Body Image Dysphoria (SIBID, Cash 1994). Es bildet anhand von 48 Items das Ausmaß negativer Gefühle ab, die in bestimmten Situationen wie Körperpflege, Essen oder beim Zeigen des Körpers auftreten. Die Probanden geben an, wie häufig sie in derartigen Situationen negative Gefühle in Bezug auf ihre körperliche Erscheinung haben.

Zu den situationsspezifischen Aspekten des Körperbildes gehört auch die Reaktion auf das Zeigen des Körpers in sexuellen Situationen, die der Body Exposure during Sexual Activities Questionnaire (BESAQ, Hangen/Cash 1991; Cash/Maikkula/Yamamiya 2004) beschreibt. Der BESAQ besteht aus 28 Items, die messen, wie stark das Zeigen des Körpers in sexuellen Situationen vermieden wird oder Gegenstand ängstlicher Aufmerksamkeit ist. Beispielitems sind »I don't like my partner to see me completely naked during sexual activity« oder »During sexual activity I try to hide certain areas of my body«. Die Probanden beurteilen, wie häufig sie sich so verhalten.

Deutschsprachige Körperbildfragebögen

Drei im deutschen Sprachraum häufig verwendete mehrdimensionale Fragebögen, die generelle, situationsübergreifende Einstellungen der Person zu ihrem eigenen Körper messen, sind der Fragebogen zum Körperbild (FKB–20, Clement/Löwe 1996), der Fragebogen zur Bewertung des eigenen Körpers (FBeK, Strauß/Richter-Appelt 1996) und die Frankfurter Körperkonzept Skalen (FKKS, Deusinger 1998).

Im FKB–20 werden die einzelnen Dimensionen des Körperbildes als subjektive Aspekte des Körpererlebens verstanden; im FBeK werden sie als »differentielle Aspekte des Körpererlebens [...], die für den einzelnen subjektiv beurteilbar sind« (Strauß/Richter-Appelt 1996, S. 7), definiert, dazu gehören Aufmerksamkeit, Bewusstsein und Einstellung gegenüber dem Körper, die Identifikation mit dem Körper und die Bewertung der eigenen Attraktivität. Deusinger (1998, S. 15) verwendet in der Beschreibung der FKKS den Begriff Körperkonzepte; sie »[...] werden als Selbstkonzepte verstanden, die sich auf verschiedene Aspekte des Körpers beziehen: Auf das körperliche Befinden, die körperliche Effizienz, auf Aspekte der Ästhetik der äußeren Erscheinung der Person insgesamt oder einzelner Teile des Körpers[...] Es handelt sich um Einstellungen[...] des Individuums gegenüber dem eigenen Körper«. Alle drei Instrumente sind für einen breiten Einsatzbereich in klinischen und nicht-klinischen Stichproben konzipiert.

Fragebogen zum Körperbild (FKB–20)

Der Fragebogen zum Körperbild (FKB–20, Clement/Löwe 1996) erfasst die Dimensionen ablehnende Körperbewertung, die die Bewertung des äußeren Erscheinungsbildes abbildet (z. B. »Mit meiner Figur bin ich unzufrieden«) und vitale Körperdynamik als energetischen und bewegungsbezogenen Aspekt des Körperbildes (z. B. »Ich fühle mich voller Kraft«). Die beiden Skalen werden von den Autoren als Kerndimensionen des Körperbildes aufgefasst. Sie werden durch je zehn Aussagen erfasst, die anhand einer Fünf-Punkte-Skala von »trifft nicht zu« bis »trifft völlig zu« beantwortet werden. Das Testmanual enthält die Perzentilwerte verschiedener Stichproben als Vergleichswerte. Der Test eignet sich gut als Screening-Instrument, er ist veränderungssensitiv und damit für die Therapieforschung geeignet.

Fragebogen zur Bewertung des eigenen Körpers (FBeK)

Der Fragebogen zur Bewertung des eigenen Körpers (FBeK, Strauß/Richter-Appelt 1996) besteht aus 52 Items, für die eine Drei- und eine Vier-Skalen-Auswertung möglich ist. Die Drei-Skalen-Auswertung differenziert zwischen Unsicherheit/Missempfinden (19 Items, »Ich kann mich auf meinen Körper verlassen«), Attraktivität/Selbstvertrauen (13 Items, »Ich bin mit meinem Aussehen zufrieden«) und Akzentuierung des Körpers/Sensibilität (20 Items, »Wenn mich etwas beunruhigt, greift es stark auf meinen Körper über«). Die Vier-Skalen-Auswertung differenziert die Dimensionen Unsicherheit/Besorgnis (13 Items, »Mein Körper macht oft, was er will«), Akzentuierung des körperlichen Erscheinungsbildes (zwölf Items, »Ich schaue häufig in den Spiegel«), Attraktivität/Selbstvertrauen (15 Items, »Ich bin mit meinem Aussehen zufrieden«) und körperlich-sexuelles Missempfinden (sechs Items, »Ich bin mit meinem sexuellen Erleben zufrieden«). Das Manual enthält Normwerte in Form von Prozenträngen und T-Normen. Zusätzlich wurde eine Normierung auf der Basis einer repräsentativen deutschen Bevölkerungsstichprobe vorgenommen (Brähler et al. 2000), in der ebenfalls Normwerte in Form von Prozenträngen und T-Normen berechnet wurden.

Frankfurter Körperkonzept Skalen (FKKS)

Die Frankfurter Körper Konzept Skalen (FKKS, Deusinger 1998) bestehen aus 64 Items, die folgende neun Körperkonzepte erfassen: (1) Gesundheit und körperliches Befinden, (2) Pflege des Körpers und der äußeren Erscheinung und Beachtung der Funktionsfähigkeit, (3) Körperliche Effizienz, (4) Körperkontakt, (5) Sexualität, (6) Selbstakzeptanz des Körpers, (7) Akzeptanz des Körpers durch andere, (8) Aspekte der äußeren Erscheinung und (9) Dissimilatorische Körperprozesse. Zusätzlich kann aus den einzelnen Skalen ein Gesamtwert für das Körperkonzept gebildet werden.

Die Skala Gesundheit und körperliches Befinden (sechs Items) erfasst die subjektive Gesundheitseinschätzung und das körperliche Wohlbefinden (»Ich fühle mich gesund«). Die Skala Pflege des Körpers und der äußeren Erscheinung und Beachtung der Funktionsfähigkeit (acht Items) beinhaltet das Verhalten gegenüber dem Körper bzw. seiner äußeren Erscheinung und das Verhalten zum Erhalt und zur Verbesserung der körperlichen Funktionsfähigkeit (»Ich achte auf eine gesunde Ernährung«). Die Skala Körperliche Effizienz (zehn Items) bildet ab, in welchem Maß sich eine Person körperliche

Stärke und Zähigkeit zuschreibt (»Ich bin stark«). Die Skala Körperkontakt (sechs Items) erfasst, wie angenehm oder unangenehm die Person körperliche Berührungen findet (»Jede Art von Körperkontakt ist mir unangenehm«). Die Skala Sexualität (sechs Items) erfasst die Einstellung zur Sexualität (»Ich mache mir Sorgen über sexuelle Dinge«). Die Skala Selbstakzeptanz des Körpers (sechs Items) bildet die Einstellung zu biologischen Funktionen und ästhetischen Aspekten des Körpers ab (»Ich habe mehr körperliche Mängel als andere«). Die Skala Akzeptanz des Körpers durch andere (vier Items) beschreibt die vermutete Akzeptanz des eigenen Körpers durch andere, v. a. in Bezug auf ästhetische Aspekte der äußeren Erscheinung (»Ich wirke auf andere meist wenig anziehend«). Die Skala Aspekte der äußeren Erscheinung (14 Items) misst den Grad der Positivität der entwickelten Einstellungen zur eigenen körperlichen Erscheinung (»Ich habe eine gute Figur«). Die Skala Dissimilatorische Körperprozesse (vier Items) erfasst Wahrnehmungen, Beurteilungen und Handlungen in Bezug auf den eigenen Geruch (»Ich habe einen unangenehmen Körpergeruch«).

Die Aussagen werden auf einer sechsstufigen Skala von 1 »trifft gar nicht zu« bis 6 »trifft sehr zu« beurteilt. Normwerte liegen in Form von Prozenträngen, getrennt für Männer und Frauen und für verschiedene Altersgruppen vor. Zusätzlich kann zwischen negativen, neutralen und positiven Körperkonzepten differenziert werden. Das Manual enthält außerdem Mittelwerte aus einer Reihe von verschiedenen Stichproben, u. a. Adipösen, Drogenabhängigen, Körperbehinderten, Schmerzpatienten und Führungskräften, die als Vergleichswerte dienen können.

Clement und Löwe (1996) verstehen Zufriedenheit/Akzeptanz und Vitalität als Kernkomponenten des subjektiven Körperbildes. Die Dimension Zufriedenheit/Akzeptanz findet sich in allen drei Verfahren, die Dimension Vitalität im FKB–20 und im FKKS. Bezüglich anderer Dimensionen besteht weniger Übereinstimmung zwischen den verschiedenen Verfahren.

Der Dresdner Körperbildfragebogen (DKB–35)

Instrumentenübergreifende Identifikation von Körperbilddimensionen in den vorhandenen Instrumenten

Um die Frage nach den Dimensionen des Körperbildes, die durch Fragebögen erfasst werden können, empiriegestützt zu untersuchen, wurde eine instrumentenübergreifende faktoranalytische Dimensionsbildung durchgeführt. Die drei häufig eingesetzten deutschsprachigen Körperbildfragebögen, die oben beschrieben wurden (Frankfurter Körperkonzeptskalen, Fragebogen zur Bewertung des eigenen Körpers, Fragebogen zum Körperbild) wurden von 271 Personen beantwortet. Auf der Basis des Itempools dieser drei Selbsteinschätzungsinstrumente, die insgesamt 103 Aussagen über Einstellungen zum eigenen Körper enthalten, wurden faktorenanalytisch sieben voneinander unabhängige Faktoren identifiziert (Pöhlmann/Joraschky 2005): Attraktivität, Vitalität, Sexualität, Körperkontakt, Körperhaltung, Erotik sowie Aussehen und Wohlbefinden. Auf der Basis der in der Voruntersuchung identifizierten Dimensionen wurden neue Aussagen formuliert, um einen neuen mehrdimensionalen Körperbildfragebogen zu entwickeln. Die in der Vorstudie identifizierten, instrumentenübergreifenden Dimensionen dienten dabei als inhaltliche Orientierung.

Entwicklung des Dresdner Körperbildfragebogens (DKB–35)

Auf der Basis der sieben in der Vorstudie identifizierten Dimensionen wurden 89 neue Aussagen formuliert, die kognitive, affektive und Handlungskomponenten der Einstellungen der Person zu ihrem Körper ausdrücken. Ziel war, einen mehrdimensionalen Fragebogen zu konstruieren, der Selbsteinschätzungen dieser bewussten Körperselbstkomponenten abbildet. Der Fragebogen sollte ökonomisch, reliabel und valide und in klinischen und nicht-klinischen Stichproben einsetzbar sein.

Der Fragebogen wurde drei Gruppen von Personen vorgelegt: Personen, die regelmäßig in einem Fitnessstudio trainierten (n = 100), Medizin- und Psychologiestudenten (n = 235) sowie Patienten mit psychosomatischen Störungen (n = 83). Insgesamt bestand die Stichprobe aus 418 Personen (67.5% Frauen) im Alter von 18 bis 67 Jahren (M = 26.12, SD = 9.56). Die Teilstichproben sollten verschiedene Ausprägungen von Körperbildaspekten repräsentieren: Von Fitnessstudionutzern wurde vermutet, dass ihr Körperbild positiv ist, die studentische Stichprobe wurde als gesunde Normalstichprobe von jungen Erwachsenen betrachtet. Die Patienten dienten als klinische Vergleichsgruppe, hier wurden negativere Körperbildwerte erwartet als in den beiden anderen Stichproben. Die Befragten beurteilten anhand einer fünfstufigen Ratingskala (1 »gar nicht«, 2 »kaum«, 3 »teilweise«, 4 »weitgehend« und 5 »völlig«), in welchem Maß die 89 Aussagen des Fragebogens jetzt im Moment auf sie zutrafen.

Itemselektion
Der zweite Schritt der Fragebogenkonstruktion bestand in der Auswahl geeigneter Items. Die Itemselektion wurde nach psychometrischen und faktoranalytischen Kriterien durchgeführt. Die Items sollten gute psychometrische Kennwerte (v. a. Itemschwierigkeit) aufweisen und einem Faktor eindeutig zuzuordnen sein. Weitere Kriterien für die Itemselektionen waren die Sensitivität der Items, d. h. Unterscheidung zwischen verschiedenen Teilstichproben und die Erhöhung der Reliabilität der Skala. Acht Items wurden entfernt, weil sie das Kriterium der Itemschwierigkeit (1.8 < Mi > 4.2) nicht erfüllten. Sieben dieser Items waren zu schwierig (z. B. »Ich leide unter meinem Körper«: Mi = 1.69), ein Item erwies sich als zu leicht (»Ich finde es angenehm, gestreichelt zu werden«). Weitere fünf Items wurden entfernt, weil sie nicht zwischen den drei Teilstichproben differenzierten (z. B. »Ich sehe meinen Körper kritischer als andere ihn sehen«). Ein zweites Kriterium der Itemauswahl war die inhaltliche Eindeutigkeit der Aussagen. Eine Aussage wurde als inhaltlich eindeutig betrachtet, wenn sie einem Faktor eindeutig zugeordnet werden konnte, d. h. das Item sollte hoch auf diesem Faktor laden und niedrig auf anderen Faktoren. Dieses Kriterium wurde durch die Faktorladung operationalisiert, die für den Faktor, dem das Item zugeordnet a >.45 sein sollte und auf allen anderen Faktoren a <.30. Ein zweites Kriterium für die Zuordnung der Aussagen zu einer Dimension war die inhaltliche Passung. Hierzu wurde eine Faktorenanalyse (Hauptkomponentenanalyse mit Varimaxrotation) mit allen 89 Aussagen des Itempools durchgeführt. Die Analyse der 89 Items führte zu einer 5-Faktorenlösung, in der 17 Items mindestens eine der beiden Bedingungen nicht erfüllten. Insgesamt wurden nach psychometrischen und faktoranalytischen Gesichtspunkten 30 Aussagen als nicht geeignet identifiziert.

Faktoranalytische Identifikation von Dimensionen
Auf der Basis der 59 Aussagen, die die oben genannten Kriterien erfüllten, wurde eine Faktoranalyse zur Dimensionsbildung durchgeführt (Vorgehen s. o.). Die Faktoranalyse wurde zunächst auf der Basis der Studentenstichprobe durchgeführt, anschließend wurde die Replizierbarkeit der Faktorlösung anhand der Gesamtstichprobe überprüft. Die Faktoranalyse führte in beiden Stichproben zu einer Lösung mit fünf voneinander unabhängigen Faktoren. Die Faktoren wurden folgendermaßen benannt: (1) Vitalität, (2) Selbstakzeptanz, (3) Körperkontakt, (4) Sexuelle Erfüllung, und (5) Selbstaufwertung. Auf dem Faktor luden Vitalität elf Items, auf dem Faktor Selbstakzeptanz 20 Items, auf dem Faktor Körperkontakt sechs und auf dem Faktor Sexuelle Erfüllung acht und auf dem Faktor Selbstaufwertung 14 Items.

Skalenbildung
Um einen möglichst kurzen und damit ökonomischen Fragebogen zu erstellen, wurde aus den auf einen Faktor ladenden Items noch einmal eine Auswahl getroffen. Diese dritte Selektion erfolgte wieder nach psychometrischen und inhaltlichen Gesichtspunkten. Inhaltlich sollten die Aussagen (a) das erfasste Merkmal möglichst differenziert abbilden und nicht zu redundant sein und (b) sowohl in gesunden als auch in klinischen Stichproben relevant sein. Die Skalen sollten jeweils gleich viele positiv und negativ formulierte Aussagen enthalten. Psychometrisch sollte das Item zu einer Erhöhung der internen Konsistenz der Skala (Cronbachs Alpha) beitragen und die interne Konsistenz der Skala sollte mindestens .70 betragen. Die Reliabilität der Skala Sexuelle Erfüllung war zu gering, wenn negativ formulierte Aussagen darin enthalten waren, so dass nur positiv formulierte Aussagen enthalten sind. Auf den Faktor Selbstaufwertung luden nur positiv formulierte Items. Nur bei der Skala Selbstakzeptanz erwies sich die Itemreduktion nach den genannten Parametern als problematisch. Als weiteres inhaltliches Kriterium wurde daher von Psychotherapeuten und Körpertherapeuten der Klinik die klinische Relevanz der Aussagen beurteilt. Schließlich wurden acht Aussagen ausgewählt, die die höchsten Relevanzwerte erhalten hatten. Das beschriebene Vorgehen führte zur Auswahl von 35 Items, die fünf Dimensionen des Körperbildes abbilden. Alle Skalen weisen sehr gute Reliabilitätswerte auf. Die Korrelationen zwischen den Skalen zeigen, dass die inhaltliche Überlappung zwischen den Dimensionen eher gering ist. Die Korrelationen liegen zwischen $r = .37$ (Sexuelle Erfüllung und Selbstaufwertung) und $r = .65$ (Vitalität und Selbstakzeptanz). Tabelle 1 zeigt die Dimensionen und Items der fünf DKB-Skalen und die Koeffizienten für die interne Konsistenz.

1 Vitalität (8 Items, Cronbachs Alpha = .94)

- Ich bin körperlich fit.
- Ich habe viel Energie.
- Ich bin körperlich leistungsfähig.
- Ich bin körperlich belastbar und widerstandsfähig.
- Ich bin häufig körperlich angeschlagen.
- Mir fehlt es an Spannkraft und Elan.
- Ich fühle mich körperlich oft schlapp.
- Ich komme körperlich schnell an meine Grenzen.

2 Selbstakzeptanz (8 Items, Cronbachs Alpha = .93)

➤ Ich mag meinen Körper.
➤ Ich bin mit meinem Aussehen zufrieden.
➤ Ich zeige meinen Körper gern.
➤ Es gibt viele Situationen, in denen ich mit meinem Körper zufrieden bin.
➤ Ich wähle meine Kleidung bewusst so, dass sie meinen Körper verbirgt.
➤ Ich fühle mich oft in meinem Körper unwohl.
➤ Ich wünsche mir einen anderen Körper.
➤ Wenn ich etwas an meinem Körper verändern könnte, würde ich es tun.

3 Körperkontakt (6 Items, Cronbachs Alpha = .83)

➤ Körperkontakt ist mir wichtig, um Nähe auszudrücken.
➤ Ich suche körperliche Nähe und Zärtlichkeit.
➤ Ich lasse mich gern in den Arm nehmen.
➤ Ich mag es nicht, wenn man mich anfasst.
➤ Ich vermeide es bewusst, andere Menschen zu berühren.
➤ Körperliche Berührungen lasse ich nur von wenigen Menschen zu.

4 Sexuelle Erfüllung (6 Items, Cronbachs Alpha = .91)

➤ Ich bin mit meinem sexuellen Erleben sehr zufrieden.
➤ Sexualität ist für mich ein wichtiger Lebensbereich.
➤ Ich kann sexuelle Situationen ungehemmt genießen.
➤ Ich kann meine Sexualität genießen.
➤ Meine sexuellen Erfahrungen sind befriedigend für mich.
➤ In der Sexualität spüre ich meinen Körper angenehm und intensiv.

5 Selbstaufwertung (7 Items, Cronbachs Alpha = .81)

➢ Ich setze meinen Körper ein, um Aufmerksamkeit zu erlangen.
➢ Ich finde es angenehm und anregend, wenn jemand mich aufmerksam anschaut.
➢ Wenn jemand meinem Körper Aufmerksamkeit schenkt, fühle ich mich aufgewertet.
➢ Ich stehe gern im Mittelpunkt.
➢ Andere Menschen finden mich attraktiv.
➢ Mein Körper ist ausdrucksvoll.
➢ Ich bewege mich anmutig.

Auswertungshinweis: Negativ formulierte Items werden umgepolt, der Skalenwert wird gebildet, indem die Itemwerte summiert und durch die Anzahl der Items der Skala dividiert werden. Der Wertebereich der Skalen liegt damit zwischen 1 und 5. Die Skalenwerte drücken den Grad der Positivität des erfassten Merkmals bzw. die Stärke der Ausprägung aus.

Tabelle 1: Dresdner Körperbildfragebogen (DKB–35) – Items und interne Konsistenz der Skalen

Die Ausprägung des Körperbildes bei Unter-, Normal- und Übergewichtigen und bei Anorektikerinnen

Abschließend werden zwei Analysen dargestellt, die zeigen, wie sich das Körperbild von unter-, normal- und übergewichtigen Personen in den Merkmalen unterscheidet, die durch den Dresdner Körperbildfragebogen erfasst werden und wie der Fragebogen die Körperbewertungen von Anorektikerinnen im Vergleich zu gesunden Frauen abbildet. Um zu prüfen, ob das Körpergewicht einen Einfluss auf die Körperbildaspekte hat, die der DKB–35 erfasst, wurde die Stichprobe anhand des BMI in drei Gruppen geteilt: Untergewichtige (BMI < 19), Normalgewichtige (BMI 19–25) und Übergewichtige (BMI > 25). Vier Personen hatten keine Angabe zu Körpergröße und Gewicht gemacht und gingen daher nicht in die Auswertung ein, weil kein BMI berechnet werden konnte. Von den übrigen 414 Untersuchungsteilnehmern waren 292 normalgewichtig (70.5%), 71 übergewichtig (17.2%) und 51 untergewichtig (12.3%). Abbildung 1 zeigt die DKB–35-Profile der drei Gruppen.

Um zu prüfen, ob sich die Gruppen in ihrem Körperbild unterschieden, wurden einfaktorielle Varianzanalysen mit post hoc-Tests nach der Methode Bonferroni durchgeführt. In allen fünf Dimensionen zeigte sich ein signifikanter Effekt für das Merkmal Gewicht. Übergewichtige wiesen in allen Dimensionen ein signifikant

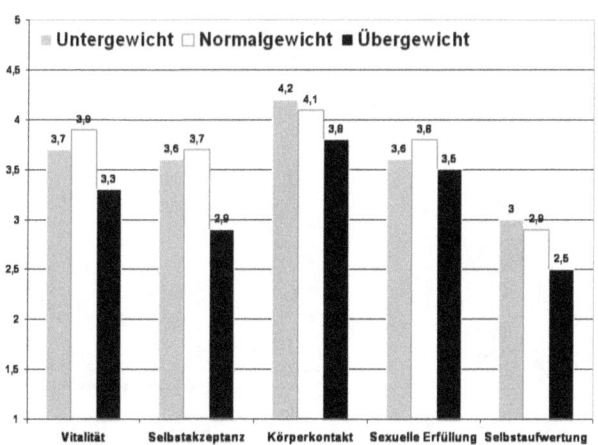

Abbildung 1: DKB-Profile von Unter-, Normal- und Übergewichtigen

negativeres Körperbild auf als Normalgewichtige: Sie fühlten sich weniger vital, akzeptierten ihren Körper weniger, schätzten Körperkontakt negativer, hatten eine weniger erfüllte Sexualität und erlebten weniger Selbstaufwertung durch ihren Körper. Auch im Vergleich zu untergewichtigen Personen beurteilten sie ihre Vitalität, ihre Selbstakzeptanz und die Selbstaufwertung durch den Körper als signifikant geringer. In den Merkmalen Körperkontakt und Sexuelle Erfüllung bestand kein Unterschied zwischen unter- und übergewichtigen Personen. Normal- und untergewichtige Personen unterschieden sich nicht in ihrem Körperbild. Die Ergebnisse sprechen dafür, dass Personen mit Übergewicht ein negativeres Körperbild haben als andere Menschen. Dies entspricht Befunden, die mit anderen Selbsteinschätzungsverfahren erhoben wurden (Strauß/Richter-Appelt 1996; Deusinger 1998). Die Tatsache, dass der BMI der untergewichtigen Personen dieser Stichprobe nur knapp unter dem definierten Grenzwert lag, kann möglicherweise erklären, dass die DKB-Skalen keine Unterschiede zwischen Untergewichtigen und Normalgewichtigen zeigen konnten.

In welcher Art und Weise der DKB–35 Unterschiede in den Körperbewertungen von Essgestörten und gesunden Frauen abbildet, wurde durch einen Vergleich von Anorektikerinnen und gesunden Frauen untersucht. Die Anorektikerinnen (N = 25, BMI M = 16.0) wurden zum Zeitpunkt der Untersuchung stationär behandelt und waren zwischen 16 und 25 Jahre

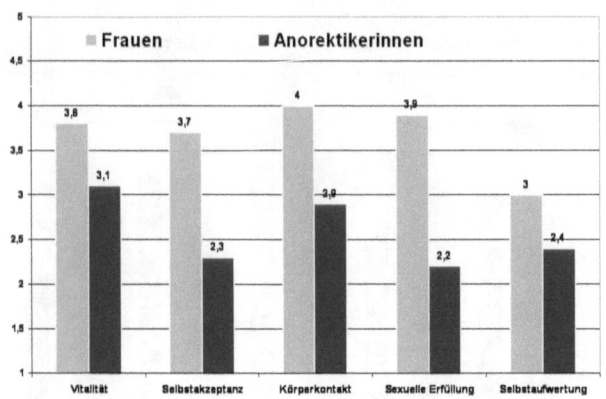

Abbildung 2: DKB-Profile von Anorektikerinnen und gesunden Frauen

alt, die Vergleichsgruppe bestand aus 45 normalgewichtigen (BMI M = 22.2) Frauen derselben Altersgruppe. Abbildung 2 zeigt die DKB–35-Profile der beiden Gruppen.

Die Anorektikerinnen schätzten sich erwartungsgemäß in allen Aspekten des Körperbildes hoch signifikant schlechter ein. Sie fühlten sich körperlich weniger leistungsfähig und akzeptierten ihren Körper weniger. Sie lehnten Körperkontakt stärker ab und bewerteten auch ihr sexuelles Erleben negativer. Sie erlebten ihren Körper außerdem deutlich weniger als Möglichkeit zur Selbstwerterhöhung. Die Ergebnisse zeigen, dass sich wie durch andere Selbsteinschätzungsverfahren (Clement/Löwe 1996; Strauß/Richter-Appelt 1996; Deusinger 1998) auch anhand des DKB–35 zeigen lässt, dass Anorektikerinnen extrem negative Einstellungen ihrem Körper gegenüber haben.

Zusammenfassung

Der Dresdner Körperbildfragebogen (DKB–35; Thiel 2007) ist ein neu entwickeltes, mehrdimensionales Selbsteinschätzungsverfahren zur Erfassung des Körperbildes. Der Fragebogen besteht aus 35 Aussagen, die fünf Komponenten der Einstellungen zum eigenen Körper erfassen: Vitalität, Selbstakzeptanz, Körperkontakt, Sexuelle Erfüllung und Selbstaufwertung. Der Dresdner Körperbildfragebogen wurde auf der Basis einer Vorstudie entwickelt, in der eine gemeinsame Faktorenanalyse von drei deutschen Körperbildfragebögen durchgeführt wurde, um gemeinsame Dimensionen zu identifizieren. In Studie 2 wurden 89 neue Aussagen formuliert, die Einstellungen zum eigenen Körper ausdrücken. Die Items wurden einer gesunden (n = 356) und einer klinischen Stichprobe (n = 158) vorgelegt. Anhand von psychometrischen und faktoranalytischen Kriterien wurden 35 Items ausgewählt, die fünf Dimensionen abbilden: Vitalität (»Ich bin körperlich fit«), Selbstakzeptanz (»Wenn ich etwas an meinem Körper ändern könnte, würde ich es tun«), Körperkontakt (»Ich vermeide es bewusst, andere Menschen zu berühren«), Sexuelle Erfüllung (»Ich bin mit meinem sexuellen Erleben völlig zufrieden«) und Selbstaufwertung (»Ich setze meinen Körper ein, um Aufmerksamkeit zu erhalten«). Die 35 Aussagen des Fragebogens werden anhand einer fünfstufigen Skala (1 = gar nicht, 5 = völlig) bewertet. Die fünf Skalen weisen sehr gute psychometrische Kennwerte auf und differenzieren klar zwischen gesunden und klinischen Stichproben. Erste Analysen (Thiel 2007) belegen die Sensitivität der Skalen. Die externe Validität muss allerdings in weiteren Studien noch geprüft werden. Der DKB–35 ist ein reliables und interessantes neues mehrdimensionales Verfahren, das klinisch relevante Aspekte des Körperbildes erfasst, wie z. B. Selbstaufwertung, die in anderen Fragebögen nicht enthalten sind.

Literatur

Brähler, E.; Strauß, B.; Hessel, A. & Schumacher, J. (2000): Normierung des Fragebogens zur Beurteilung des eigenen Körpers (FBeK) an einer repräsentativen Bevölkerungsstichprobe. Diagnostica 46, 156–164.

Brown, T. A.; Cash, T. F. & Mikulka, P. J. (1990): Attitudinal body-image assessment: Factor analysis of the Body-Self Relations Questionnaire. Journal of Personality Assessment 55, 135–144.

Cash, T. F. (1994): The Situational Inventory of Body-Image Dysphoria: Contextual assessment of a negative body image. The Behavior Therapist 17, 133–134.

Cash, T. F. & Brown, T. A. (1987): Body image in anorexia nervosa and bulimia nervosa: A review of the literature. Behavior Modification 11, 487–521.

Cash, T. F. & Green, G. K. (1986): Body weight and body image among college women: Perception, cognition, and affect. Journal of Personality Assessment 50, 290–301.

Cash, T. F.; Maikkula, C. L. & Yamamiya, Y. (2004): Baring the Body in the Bedroom: Body Image, Sexual Self-Schemas, and Sexual Functioning among College Women and Men. Electronic Journal of Human Sexuality 7, www.ejhs.org.

Cash, T.F & Pruzinsky, T. (2002): Body Image. A handbook of theory, research and clinical practice. New York (The Guilford Press).

Clement, U. & Löwe, B. (1996): Fragebogen zum Körperbild (FKB–20). Göttingen (Hogrefe).

Denniston, C.; Roth, D. & Gilroy, F. (1992): Dysphoria and body image among college women. International Journal of Eating Disorders 12, 449–452.

Deusinger, I. M. (1998): Die Frankfurter Körperkonzeptskalen (FKKS). Göttingen (Hogrefe).

Fabian, L. J. & Thompson, J. K. (1989): Body image and eating disturbance in young females. International Journal of Eating Disorders 8, 63–74.

Hangen, J. D. & Cash, T. F. (1991): The relationships of body-image attitudes to sexual functioning and experiences in a normal college population. Paper presented at the annual meeting of the Association for Advancement of Behavior Therapy, NY, NY.

Keeton, W. P.; Cash, T. F. & Brown, T. A. (1990): Body image or body images?: Comparative, multidimensional assessment among college students. Journal of Personality Assessment 54, 213–230.

Pöhlmann, K. & Joraschky, P. (2005): Die Identifikation relevanter Dimensionen des Körperbildes durch operationale Definition. Psychotherapie Psychosomatik Medizinische Psychologie 55, 145.

Pöhlmann, K. & Joraschky, P. (2006): Körperbild und Körperbildstörungen: Der Körper als gestaltbare Identitätskomponente. Psychotherapie im Dialog 7, 191–195.

Reed, D. L.; Thompson, J. K.; Brannick, M. T. & Sacco, W. P. (1991): Development and validation of the Physical Appearance State and Trait Anxiety Scale (PASTAS). Journal of Anxiety Disorders 5, 323–332.

Strauß, B. & Richter-Appelt, H. (1996): Fragebogen zur Beurteilung des eigenen Körpers (FBeK). Göttingen (Hogrefe).

Thiel, P. P. (2007): Der Dresdner Körperbildfragebogen: Entwicklung und Validierung eines mehrdimensionalen Fragebogens. Unveröffentlichte Dissertation, Medizinische Fakultät der Technischen Universität Dresden.

Körperbilder essgestörter Patientinnen und ihrer Väter[1]

Dieter Benninghoven

Körperbilder essgestörter Patientinnen

Die Überzeugung, dass ein verbessertes, d. h. ein schlankeres äußeres Erscheinungsbild, zu befriedigenderen interpersonalen Beziehungen und zu einer positiveren emotionalen Befindlichkeit führt, trägt zur Entstehung und Aufrechterhaltung restriktiven Essverhaltens bei, was für alle Essstörungen zumindest phasenweise charakteristisch ist (Stice 2002). Als Folge beschäftigen sich viele Patientinnen exzessiv mit ihrem Körpergewicht, überschätzen dabei allerdings den Umfang des Körpers. Diese zunächst klinische Beobachtung (Bruch 1973) hat in empirischen Untersuchungen tendenziell Bestätigung gefunden (z. B. Probst et al. 1997; Skrzypek et al. 2001; Garner 2002; Farrell et al. 2005). Mit der Überschätzung geht häufig eine erhebliche Unzufriedenheit mit dem eigenen Körper einher, die sich auch als Differenz zwischen dem wahrgenommenen und dem gewünschten Körperbild (Selbst-Ideal-Diskrepanz) ausdrücken lässt (Stice/Shaw 2002). Dem Körperbild und seinen Störungen darf somit für die Entstehung und Aufrechterhaltung von Essstörungen eine besondere Bedeutung beigemessen werden.

---

1 Teile dieser Arbeit sind als Zeitschriftenpublikation erschienen: Benninghoven, D.; Tetsch, N.; Kunzendorf, S. & Jantschek, G. (2007): Body-images of patients with anorexia or bulimia nervosa and their fathers. Eating and Weight Disorders – Studies on Anorexia, Bulimia and Obesity 12, 12–19.

Die Rolle der Väter für die Körperbilder essgestörter Patientinnen

Wegen der Bedingungen, unter denen Essstörungen auftreten, wurde der familiären Sozialisation der Patientinnen traditionell viel Beachtung geschenkt. Vor allen Dingen der Beginn um den Zeitpunkt der Pubertät bzw. im Zuge der Ablösung vom Elternhaus legt einen familiären Einfluss auf die Entwicklung der Störung nahe. Eltern essgestörter Patientinnen fühlen sich häufig verantwortlich für die Erkrankung ihrer Kinder. Psychotherapeuten, die mit essgestörten Patientinnen und ihren Familien arbeiten, kommen nicht selten zu ähnlichen Urteilen, wenn sie die Interaktionen zwischen den Eltern und den kranken und, im Falle der Anorexia Nervosa, extrem untergewichtigen Töchtern beobachten. Die Forschung zu den familiären Bedingungen der Essstörungen war zunächst auf allgemeine Faktoren konzentriert, die auch als allgemeine Familienfunktionalität oder als allgemeines Familienklima bezeichnet werden. Im weiteren Verlauf wurden dann die spezifischen familiären Faktoren in den Blick genommen. Gegenüber den allgemeinen werden unter den spezifischen familiären Faktoren bei Essstörungen jene Variablen verstanden, die spezifisch mit essgestörtem Erleben und Verhalten in Zusammenhang stehen. In einer Arbeit von Lacey und Smith (1987) wurde z. B. deutlich, dass essgestörte Mütter sich vermehrt um das Gewicht ihrer neugeborenen Kinder sorgen und sich verstärkt bemühen, deren Gewichtszunahme zu kontrollieren. Stein et al. (1994) zeigten bei essgestörten Müttern mehr Störungen der Mutter-Kind-Interaktion und der Entwicklung des Kindes im Kleinkindalter. Franzen und Florin (1995) wiesen auf die Weitergabe restriktiven Essverhaltens von Müttern auf ihre Töchter hin. Auch wenn diese Studien keine Belege für kausale Beziehungen zwischen Elternverhalten und Essstörungen bei Kindern bieten, sind sie doch Beispiele für die Untersuchung des Einflusses spezifischer familiärer Faktoren im Bereich der Essstörungen. Das Körperbild und seine Störungen kann in diesem Zusammenhang als spezifischer Faktor gesehen werden, der nicht nur auf der Ebene des Individuums, sondern auch auf der des familiären Systems wirksam ist.

Theorie und Forschung haben sich in der Vergangenheit vorrangig mit der Zweierbeziehung zwischen Müttern und ihren Töchtern beschäftigt. Den Vätern wird in diesem Zusammenhang traditionell ein geringerer Einfluss zugeschrieben (Stein et al. 1994; Agras et al. 1999; Cooper et al. 2004). Dessen ungeachtet begegnen uns in der Psychotherapie mit essgestörten Patientinnen immer wieder Hinweise auf die Bedeutung negativer Kommentare von männlichen Familienmitgliedern zum äußeren Erscheinungsbild der Töchter

(Gowers/Shore 2001). Nur wenige Studien beschäftigen sich explizit mit dem Einfluss der Väter auf das Körperbild ihrer Töchter. Dixon et al. (1996) fanden ein vermehrtes Auftreten von Diätverhalten bei den Töchtern, wenn ein solches Verhalten auch bei den Vätern anzutreffen war. Die Unzufriedenheit der Väter mit ihrem eigenen Gewicht war in der Untersuchung von Smolak et al. (1999) eng mit dem Diätverhalten aufseiten der Töchter und deren Körperzufriedenheit verknüpft. Auch abwertende Bemerkungen seitens der Väter scheinen sich negativ auszuwirken (McKinley 1999; Schwartz et al. 1999; Field et al. 2001; Keery et al. 2005). In anderen Untersuchungen konnten keine spezifischen Auswirkungen der Väter auf das Körperbild der Töchter gezeigt werden. Moreno und Thelen (1993) fanden keine Unterschiede zwischen Vätern bulimischer, subklinischer und normaler Studentinnen bezüglich deren Einstellungen zu Übergewicht, Diäten und Essverhalten. Von einem größeren Einfluss der Mütter im Vergleich zu den Vätern berichten Kanakis und Thelen (1995) sowie McCabe und Ricciardelli (2005). Gegenwärtig gilt der Einfluss, den Väter auf das Körperbild ihrer Töchter haben, als ungeklärt. Studien an essgestörten Patientinnen, die sich wegen ihrer Essstörung in Behandlung befinden, und ihren Vätern fehlen bislang völlig.

Der Mangel an aussagefähigen empirischen Ergebnissen mag der Komplexität des Gegenstandes geschuldet sein, wenn man bedenkt, dass Familien komplexe Systeme bilden, deren Interaktionen unter Umständen empirisch schwierig fassbar sind (Benninghoven et al. 2003). Ein weiterer Grund könnte jedoch auch in einem Mangel an angemessenen empirischen Methoden zu suchen sein. Bevor eine Methodik vorgestellt wird, die in diesem Zusammenhang geeignet sein könnte, wird noch darauf eingegangen, welchen besonderen Voraussetzungen eine solche Methodik gerecht werden muss, wenn nicht nur die Körperbilder von Frauen (den Patientinnen), sondern auch von Männern (den Vätern) erfasst werden sollen.

Dabei sollten die Befunde zu den Körperbildern von Männern Berücksichtigung finden. Die jüngere Forschung auf diesem Gebiet ergab, dass das Ideal männlicher Attraktivität im 20. Jahrhundert bis heute deutlich muskulöser geworden ist (Pope et al. 1999; Baghurst et al. 2006; Leit et al. 2001). Auch die normative Wirkung, die damit einhergeht, wenn Männer mit Werbematerial, in dem sehr muskulöse Männer gezeigt werden, konfrontiert werden, konnte belegt werden (Leit et al. 2002; Hargreaves/Tiggemann 2004; Frederick et al. 2005). Ähnlich wie Frauen sind auch Männer in den USA im Durchschnitt mit ihrem eigenen Körper in erheblichem Maß unzufrieden (Olivardia et al. 2004). Dennoch unterscheiden sich die Geschlechter in wesentlichen Punkten. Während für Frauen ein häufig unrealistisch schlanker Körper das erstrebenswerte Ideal darstellt, scheint für Männer ein schlanker Körper in Kombination mit häufig unrealistisch ausgeprägter Muskulatur erstrebenswert (Pope et al. 2000).

Eine Methodik zur Erfassung von Körperbildern essgestörter Patientinnen und ihrer Väter

Hier setzt eine Methodik an, die es nicht nur erlaubt, Körperbilder von essgestörten Patientinnen, sondern auch von ihren Familienmitgliedern sowie deren wechselseitige Einschätzungen zu erfassen. Dabei handelt es sich um ein Computerprogramm, die *Somatomorphic Matrix* (Gruber et al. 2000). Das Programm wurde von einer Arbeitsgruppe um die Drs. Amanda Gruber und Harrison Pope Jr. an der Harvard University in den USA entwickelt und dem Verfasser freundlicherweise für seine Forschung zur Verfügung gestellt. In Absprache mit den Kollegen in den USA wurde das Programm erweitert (Jürgens/Benninghoven 2002). In seiner Ausgangsversion bietet das Programm Somatomorphic Matrix die Möglichkeit, die Silhouette eines weiblichen oder männlichen Körpers am PC zu verändern. Die Veränderungen können in zwei Dimensionen erfolgen. Die Körpersilhouette kann mit mehr oder weniger Körperfettanteil sowie mit mehr oder weniger Muskelmasse ausgestattet werden. Es können somit sowohl die Patientinnen als auch ihre Väter ihre jeweils eigenen Körperbilder am Computer mit ein und derselben Methodik beurteilen.

Väter und Töchter haben z. B. die Aufgabe, die am PC gezeigte Körpersilhouette so lange zu verändern, bis sie den Eindruck haben, dass sie ihrem aktuellen Körper möglichst gut entspricht. Alle zur Auswahl möglichen im Computer gespeicherten Bilder wurden von einem professionellen Zeichner erstellt und entsprechen einem definierten Körperfettanteil sowie einer definierten Muskelmasse. Je nach diagnostischem oder wissenschaftlichem Interesse können unterschiedliche Instruktionen im Programm realisiert werden. Für die hier berichteten Ergebnisse wurden folgende Aufforderungen instruiert:
1. Wählen Sie bitte das Bild aus, das am ehesten Ihrem Körper entspricht.
2. Wählen Sie bitte das Bild aus, das am ehesten Ihrem Wunschkörper entspricht.

Für die Untersuchung der familiären Perspektiven auf das Thema Körperbild wurde zusätzlich die Möglichkeit eingeführt, auch den Körper eines anderen

Familienmitglieds zu beurteilen. Das Programm bietet die Möglichkeit, die Beurteilung der Körperbilder in beliebigen Relationen innerhalb von Familien oder Partnerschaften zu realisieren. Die Instruktionen lauten dann:
1. Wählen Sie bitte das Bild aus, das am ehesten dem Körper von <Name der Tochter/des Sohnes> entspricht.
2. Wählen Sie bitte das Bild aus, das Sie sich für <Name der Tochter/des Sohnes> wünschen.

Das Programm wurde bereits in einer Reihe von Studien erfolgreich eingesetzt (Pope et al. 2000; Cafri et al. 2002; Leit et al. 2002; Lipinski/Pope 2002; Hausmann et al. 2004; Yang et al. 2005; Benninghoven, Tetsch et al. 2007). Es gelang, klinische von nicht-klinischen Gruppen zu trennen (Mangweth et al. 2004; Gruber et al. 2001; Benninghoven, Raykowski et al. 2007; Benninghoven, Tadic et al. 2007) und Veränderungsprozesse abzubilden (Benninghoven et al. 2006).

Die Validität des Verfahrens scheint somit gesichert. Cafri et al. (2004) kritisierten die in ihrer Untersuchung gefundene niedrige Test-Rest-Reliabilität. Trotz einer möglicherweise niedrigeren Reliabilität, die die Wahrscheinlichkeit zur Falsifizierung von Nullhypothesen senkt, konnten in den oben zitierten Studien allerdings eine Reihe von signifikanten Gruppendifferenzen mit der Somatomorphic Matrix gezeigt werden. In ihrem Review über die gegenwärtig zur Verfügung stehenden Methoden zur Erfassung männlicher Körperbilder empfehlen auch Cafri und Thompson (2004) die Somatomorphic Matrix als Methode der Wahl. Der Autor hat sich vor allen Dingen aus drei Gründen für dieses Instrument entschieden:
1. Entsprechend den theoretischen Ausführungen zu den Körperbildern von Männern stellt für diese neben der Schlankheit die Muskularität des eigenen Körpers die entscheidende Dimension dar. Die Somatomorphic Matrix bietet nach Wissen des Autors bislang als einziges Verfahren die Möglichkeit, die Dimension der Muskularität von Körperbildern explizit mit zu erfassen.
2. Für die Untersuchung der Körperbilder in den Vater-Tocher-Dyaden sollte ein Instrument zur Verfügung stehen, mit dem sowohl weibliche als auch männliche Körperbilder hinsichtlich derselben Kriterien beurteilt werden können. Auch diese Möglichkeit bietet die Somatomorphic Matrix.
3. In ihrer von Jürgens und Benninghoven (2002) modifizierten Form erlaubt die Somatomorphic Matrix intrafamiliär die wechselseitige Beurteilung der Körperbilder. Sie eröffnet somit die Möglichkeit, Kör-

perbilder und ihre Störungen auch innerhalb der Familien mit einem einzigen Instrument zu beurteilen.

Die objektive Körperzusammensetzung wurde mit der Bioimpedanzanalyse (BIA) bestimmt. Bei der BIA wird der Widerstand gemessen, den der Körper einem nicht spürbaren elektrischen Signal, das mit Elektroden dem Körper übermittelt wird, bietet. Aus den gemessenen Widerständen, die der Körper bietet, bzw. aus seiner Leitfähigkeit lassen sich unter Berücksichtigung von Größe, Gewicht, Geschlecht und Alter der Körperfettanteil und die Muskelmasse berechnen. Die Praktikabilität der BIA zur Definition der Körperzusammensetzung bei Patientinnen mit Essstörungen wurde in verschiedenen Studien gezeigt (z.B. Schmidt/Klein 1997; Scalfi et al. 1999; Boschi et al. 2003). Die Muskularität wurde entsprechend einer Formel von Kouri et al. (1995) berechnet. In diese Formel gehen die Größe, das Gewicht und der Körperfettanteil der Untersuchungsteilnehmerinnen und -teilnehmer ein. Errechnet wird der sogenannte Fat Free Mass Index (FFMI).

Mithilfe der genannten Verfahren (Somatomorphic Matrix und BIA) lassen sich nun Diskrepanzmaße errechnen, die für die Beschreibung von Störungen des Körperbildes bedeutsam sind. Hier sind zu nennen:
1. die Genauigkeit der Körperwahrnehmung. Diese ergibt sich aus der Differenz des mit der BIA objektiv gemessenen Körperfettanteils und dem Körperfettanteil des mit der Somatomorphic Matrix bestimmten subjektiv wahrgenommenen Körperbildes.
2. die Selbst-Ideal-Diskrepanz. Dabei handelt es sich um einen Aspekt der perzeptuellen Seite der Körperzufriedenheit. Sie errechnet sich aus der Differenz zwischen dem Körperfettanteil des wahrgenommenen und des gewünschten mit der Somatomorphic Matrix bestimmten Körperbildes.

Bei der Untersuchung weiblicher Körperbilder stellt der Körperfettanteil die entscheidende Dimension dar (Gruber et al. 2001). Bei der Untersuchung männlicher Körperbilder werden die aufgeführten Differenzmaße aus den in der Einleitung genannten Gründen sowohl für den Körperfettanteil als auch für die Muskularität berechnet.

Empirische Ergebnisse zu den Körperbildern essgestörter Patientinnen und ihrer Väter

Eine vom Autor durchgeführte Studie zu diesem Thema basiert auf den anhand von 42 Vater-Tochter-Dyaden gewonnen Daten. 27 Patientinnen erfüllten die Kriterien für eine Anorexia Nervosa (17 Patientinnen vom restriktiven Typus, zehn vom binge-eating/purging Typus), zehn Patientinnen entsprachen den Kriterien für eine Bulimia Nervosa. Die Datenerhebung fand in den ersten beiden Wochen einer stationär psychosomatischen Behandlung in der Klinik für Psychosomatik und Psychotherapie am Universitätsklinikum Schleswig-Holstein, Campus Lübeck statt. Die Anorexie-Patientinnen waren im Durchschnitt 22,6 (sd = 4,5) Jahre alt. Das durchschnittliche Alter der Bulimie-Patientinnen betrug 20,1 (sd = 3,1) Jahre. Die Väter waren in der Anorexie-Gruppe 53,7 (sd = 6,0) und in der Bulimie-Gruppe 50,2 (sd = 6,8) Jahre alt. Die Gruppen unterschieden sich hinsichtlich dieser Parameter nicht statistisch signifikant voneinander. Der durchschnittliche Body Mass Index (BMI) der Anorexie-Patientinnen lag bei 14,9 (sd = 1,6), der der Bulimie-Patientinnen bei 22,1 (sd = 4.5). Bei den Vätern der Anorexie-Patientinnen betrug der durchschnittliche BMI 25,7 (sd = 3,6) kg/m2 und 26,9 (sd = 5,6) kg/m2 bei den Vätern der Bulimie-Patientinnen.

Die Patientinnen und ihre Väter bearbeiteten die Somatomorphic Matrix. Erfragt wurden darin das wahrgenommene eigene und das erwünschte eigene Körperbild. Außerdem wurden die Väter gebeten, in der Somatomorphic Matrix anzugeben, welches Körperbild sie aktuell bei ihren Töchtern wahrnahmen und welches Körperbild sie sich für ihre Töchter wünschten. Der Körperfettanteil wurde über die BIA bei Patientinnen und ihren Vätern bestimmt. Für die Väter wurde nicht nur die Körperfettdimension, sondern auch die Muskularitätsdimension berücksichtigt. Die Diskrepanzmaße (Körperwahrnehmungsstörung und Selbst-Ideal-Diskrepanz) wurden bei den Vätern auch für die Muskularität bestimmt.

Statistisch signifikante Unterschiede zwischen den beiden Gruppen von Patientinnen ergaben sich für den gemessenen Körperfettanteil (t = –8.0; p <.001), den wahrgenommenen Körperfettanteil (t = –4.6; p <.001), die Körperwahrnehmungsstörung (t = 2.4; p <.05) sowie für die Selbstidealdiskrepanzen (t = –4.0; p <.001). Patientinnen mit Anorexia Nervosa überschätzten ihren Körperfettanteil am deutlichsten. Ihr gewünschter Körperfettanteil lag nur geringfügig über dem wahrgenommenen. Patientinnen mit Bulimia Nervosa überschätzten ihren Körperfettanteil ebenfalls und wünschten sich ein Körperbild mit deutlich weniger Körperfettanteil als bei ihrem wahrgenommenen Körperbild.

Bei den Vätern ergaben sich keine signifikanten Gruppenunterschiede für deren Selbsteinschätzung. Die Körperwahrnehmungsstörung war sowohl hinsichtlich des Körperfettanteils als auch hinsichtlich der Muskularität minimal bei den Vätern in beiden Gruppen. Gleichzeitig wünschten sich die Väter in beiden Gruppen einen schlankeren und einen muskulöseren Körper (Selbst-Ideal-Diskrepanz im Hinblick auf den Körperfettanteil und im Hinblick auf die Muskularität).

Unterschiedlich war die Frage, wie genau die Väter die Körper ihrer Töchter einschätzten. Die Väter der Anorexie-Patientinnen überschätzen den Körper ihrer Töchter, während die Väter der Patientinnen mit Bulimia Nervosa den Körper der Töchter eher unterschätzten (t = 4.8; p <.001). Auch die Selbst-Ideal-Diskrepanzen waren unterschiedlich. Väter der Anorexie-Gruppe wünschten sich für ihre Töchter eine deutlich höhere Veränderung des Körperfettanteils als Väter der Bulimie-Gruppe (t = –3.9; p <.001).

Innerhalb der Anorexie-Gruppe gab es keinen Zusammenhang zwischen den Vätern und ihren Töchtern hinsichtlich der Körperwahrnehmungsstörung und der Selbst-Ideal-Diskrepanz. Allerdings ergab sich ein deutlicher Zusammenhang zwischen der Selbst-Ideal-Diskrepanz der Töchter und dem BMI ihrer Väter (r = .49; p = .009). In der Gruppe der Patientinnen mit Bulimia Nervosa korrelierte die Selbst-Ideal-Diskrepanz der Töchter sowohl mit der Körperwahrnehmungsstörung der Väter bezogen auf deren Muskularität (r = -.66; p = .007) als auch mit der Selbst-Ideal-Diskrepanz der Väter bezogen auf deren Muskularität (r = -.51; p = .05).

Diskussion der empirischen Ergebnisse

Die zwischen den Gruppen gefundenen Unterschiede stimmen mit den Ergebnissen anderer Untersuchungen überein. Anorexie-Patientinnen überschätzten ihr Körperbild am deutlichsten, während Bulimie-Patientinnen am meisten unzufrieden waren. Die Unzufriedenheit der Väter mit ihren Körpern entsprach in etwa den Befunden von Pope et al (2000), wonach Männer sich in der Regel einen Körper mit weniger Fett und mehr Muskeln wünschen.

Auch wenn die Väter der Anorexie-Patientinnen die Körper ihrer Töchter leicht überschätzten, war die Genauigkeit der Väter doch deutlich höher als die der Töchter selbst. Die Väter der Bulimie-Patientinnen unterschätzten die Körper ihrer Töchter. Hier ergab sich ein Zusammenhang zum Schweregrad der Erkrankung. Von den Vätern wurden jene Töchter besonders unterschätzt, die in den letzten zwei Wochen vor der Aufnahme eine besonders ausgeprägte bulimische Symptomatik zeigten. Möglicherweise hatten diese Patientinnen mit einer ausgeprägteren Symptomatik auch Phasen mit Untergewicht in der Vorgeschichte, so dass die Väter das

Gewicht der Töchter eher unterschätzten. Die Diskrepanzen zwischen Real- und Idealzustand bei der Beurteilung der Körperbilder der Töchter durch die Väter waren klinisch nachvollziehbar. Väter wünschten sich für ihre untergewichtigen anorektischen Töchter einen deutlich höheren Körperfettanteil. Bei den relativ normalgewichtigen bulimischen Töchtern war dies nur in begrenztem Umfang der Fall. Soweit signalisieren die Ergebnisse, dass die Väter die Körperbilder der Töchter auf eine durchaus angemessene Art einschätzten.

Die weitere korrelative Datenanalyse ergab Zusammenhänge zwischen den Körperbildern der Patientinnen und ihrer Väter in der Bulimie-Gruppe. Väter, die die Muskulatur ihres eigenen Körper eher unterschätzten und mit ihr unzufrieden waren, hatten auch Töchter, die mit ihrem Körper unzufrieden waren. Körperunzufriedenheit und Körperwahrnehmungsstörungen könnten somit ein gemeinsames Thema in Familien essgestörter Patientinnen darstellen und nicht nur in den Mutter-Tochter-Dyaden relevant sein, wie dies z. B. von Hill und Franklin (1998) gezeigt wurde. Die Forschung zu männlichen Körperbildern hat die Muskulatur bislang nur wenig berücksichtigt (Leit et al. 2002). Möglicherweise wird der Zusammenhang zwischen den Körperbildern der Patientinnen und ihren Väter erst deutlich, wenn gerade die Muskulatur der männlichen Körperbilder Berücksichtigung findet.

In der Anorexie-Gruppe ergab sich lediglich ein Zusammenhang zwischen den Selbst-Ideal-Diskrepanzen der Töchter und dem BMI der Väter. Patientinnen, bei denen sich wahrgenommenes und ideales Körperbild kaum unterschieden, hatten übergewichtigere Väter als Patientinnen mit einem Ideal, das mehr Körperfettanteil aufwies als das wahrgenommene Körperbild. Dieses Ergebnis könnte die klinische Beobachtung unterstützen, wonach das stark restriktive und kognitiv kontrollierte Essverhalten der anorektischen Töchter in einigen Fällen gewissermaßen einen Kontrapunkt zu einem eher ungezügelten und hedonistischen Verhalten der Väter bildet (Feiereis 1989). Da sich diese Interpretation jedoch nur auf eine einzelne Korrelation stützt, bedürfen diese Überlegungen der weiteren empirischen Absicherung. Über dieses Ergebnis hinaus ergaben sich keine weiteren Zusammenhänge zwischen den Körperbildern der anorektischen Patientinnen und ihrer Väter. Dies mag darauf zurückzuführen sein, dass die Störungen des Körperbildes bei chronisch anorektischen Krankheitsverläufen zunehmend autonomen Charakter annehmen, so dass familiäre Zusammenhänge, die beim Beginn der Erkrankung möglicherweise eine Rolle gespielt haben, nicht mehr erkennbar sind.

Dieter Benninghoven

Fallbeispiele

Beispiel aus der Gruppe der Anorexie-Patientinnen

Jule S. wurde als 17-jährige junge Frau aus einem nahe gelegenen Kreiskrankenhaus in eine stationär psychosomatische Behandlung übernommen. Im Kreiskrankenhaus wurde sie eine Woche lang stationär behandelt. Grund für die dortige Aufnahme waren beginnende Eiweißmangelödeme beider Beine sowie der Flanken in Kombination mit Schwindel bei langjährig bekannter Anorexia Nervosa und seit zwei Jahren bestehender Amenorrhoe. Nach Abklärung der organmedizinischen Situation wurde Jule dann in die psychosomatische Fachbehandlung überwiesen. Sie berichtet, seit etwa vier Jahren unter einer Essstörung zu leiden. Damals habe sie sich mit ca. 58 kg bei einer Körpergröße von 170 cm zu dick gefühlt. Zunächst habe sie nur vegetarische Kost, dann insgesamt zunehmend restriktiver gegessen. Zuletzt habe sie auch alle Milch- und Getreideprodukte gemieden, was zu einer ausgeprägten Mangelernährung führte. Das Aufnahmegewicht in die psychosomatische Behandlung beträgt 43,7 kg bei einer Körpergröße von 173 cm (BMI=14,6). Die Aufnahme erfolgt aus Jules Sicht mit dem Ziel des Gewichtaufbaus.

Jule gibt an, nicht zu erbrechen sowie keinen Laxantienabusus zu betreiben. Auch weitere Maßnahmen, die einer Gewichtszunahme entgegensteuern, wie z. B. vermehrte Bewegung werden von ihr verneint. Sie konsumiere kein Nikotin, keinen Alkohol und keine Drogen. Jule befindet sich seit etwa eineinhalb Jahren in ambulanter Psychotherapie. Dies wird von ihr als sehr hilfreich erlebt. Ihre Stimmung beschreibt Jule als relativ unbeeinträchtigt. Sie fühle sich allerdings zunehmend kraftlos, was sie selbst auf ihre körperliche Situation zurückführt. Neben der Anorexia Nervosa vom restriktiven Typus wurden Unterschenkelödeme bei Zustand nach alimentär bedingtem Eiweißmangel, sowie eine Elektrolytentgleisung diagnostiziert.

Jule hat die Gesamtschule mit dem Realschulabschluss abgeschlossen. Sie absolviert jetzt eine Ausbildung zur psychologischen Assistentin, mit der gleichzeitig die Fachhochschulreife verbunden ist. In ihrer Freizeit betätigt sich Jule gerne kreativ. Sie bastle und male gerne. Jule bewohnt mit ihrer Familie ein Einfamilienhaus in einer Kleinstadt in Schleswig-Holstein.

Jule ist Tochter eines 50-jährigen Dipl.-Psychologen, der in eigener Praxis arbeitet, und einer 43-jährigen Krankenschwester, die gegenwärtig eine Weiterbildung absolviert. Neben der Patientin selbst gingen aus der Ehe der Eltern ein 20-jähriger Bruder hervor, der gerade ein Philosophiestudium begonnen und das Elternhaus zum Studium verlassen hat, sowie eine neunjährige Schwester, die an einem Down-Syndrom leidet, infolge dessen schwerbehindert ist und von der Familie versorgt wird. Jule berichtet bei Aufnahme von einer guten Beziehung zu ihrer gesamten Familie.

Bei der Untersuchung mit dem Computerprogramm soll Jule ein Körperbild auswählen, das ihrem eigenen Körper möglichst gut entspricht. Das ausgewählte Bild entspricht einem Körperfettanteil von 16 Prozent. Der bei Jule gemessene Körperfettanteil beträgt bei Aufnahme allerdings nur 8,7 Prozent. Jule zeigt somit die für Anorexiepatientinnen typische Überschätzung des eigenen Körperbildes. Als Wunschbild wählt Jule dasselbe Bild, wie bei der Frage nach dem aktuell wahrgenommenen Körperbild. Wahrgenommenes und ideales Körperbild unterscheiden sich bei ihr nicht. Auch dieser Befund scheint typisch für die Patientinnen zu sein und verdeutlicht die Ambivalenz der Patientinnen einer Gewichtszunahme gegenüber (Benninghoven, Raykowski et al. 2007).

Als der Vater der Patientin gebeten wird, im Computerprogramm ein Bild auszuwählen, das dem Körper seiner Tochter möglichst gut entspricht, wählt er ein Bild, das dem gemessenen Körperfettanteil der Patientin nahe kommt (8% Körperfettanteil). Das Wunschbild (das Körperbild, das der Vater sich für seine Tochter wünscht) wählt er mit deutlich höherem Körperfettanteil (16%). Herr S. schätzt seine Tochter somit korrekt ein und wünscht sich für sie eine deutliche Gewichtszunahme.

Der Vater selbst wiegt zum Zeitpunkt der Untersuchung 75 kg bei einer Körpergröße von 180 cm (BMI 23,3). Der bei ihm gemessene Körperfettanteil beträgt 24,1 Prozent, sein FFMI (Fat Free Mass Index) beträgt 17,69. Das vom Vater für sich selbst ausgewählte Körperbild entspricht den bei ihm gemessenen Werten (24% Körperfettanteil, FFMI = 18). Das Körperbild, das der Vater sich für sich selbst wünscht, unterscheidet sich von seinem wahrgenommenen Bild hinsichtlich des Körperfettanteils. Das Wunschbild hat nur 20 Prozent Körperfettanteil. Der FFMI unterscheidet sich nicht zwischen Idealbild und wahrgenommenem Bild. Herr S. schätzt seinen eigenen Körper somit angemessen ein, er wünscht sich allerdings einen schlankeren Körper mit weniger Körperfettanteil.

Beispiel aus der Gruppe der Bulimie-Patientinnen

Frau B. war bei Aufnahme in die stationär psychosomatische Behandlung 20 Jahre alt. Sie berichtet, seit etwa fünf Jahren unter Schwierigkeiten mit dem Essverhalten zu leiden. Zum Zeitpunkt der Aufnahme beschreibt sie ein restriktives Basisessverhalten. Sie esse tagsüber sehr reduziert. Abends komme es dann zu umfangreicheren Essanfällen, die jeweils von selbstinduziertem Erbrechen gefolgt seien. Das Erbrechen trete insgesamt etwa drei- bis viermal täglich auf, weil die Patientin auch kleinere Speisen regelhaft wieder erbreche. Das Gewicht beträgt bei der Aufnahme 63 kg bei einer Körpergröße von 171 cm (BMI=21,55). Das niedrigste Gewicht lag fünf Jahre zuvor bei ca. 50 kg. Zu Beginn der Essstörung habe Frau B. sich deutlich zu dick gefühlt und versucht, über das Erbrechen Gewicht abzunehmen. Mittlerweile stehe diese Motivation nicht mehr im Vordergrund. Das Erbrechen sei mehr oder weniger zur Gewohnheit geworden, die sie nicht wieder abstellen könne. Ein Missbrauch von Laxantien, Diuretika und Appetitzüglern habe in der Vorgeschichte bestanden, bei Aufnahme allerdings nicht. Unter Einnahme eines Kontrazeptivums sei die Menses regelmäßig. In der Vergangenheit habe Frau B. Sport als gewichtsreduzierende Maßnahme eingesetzt. Gegenwärtig tue sie dies nicht. Ihre Stimmung beschreibt die Patientin als gereizt und niedergeschlagen. Sie fühle sich erschöpft, leide unter Konzentrationsstörungen und weine leicht. Suizidalität wird verneint. Frau B. raucht zehn Zigaretten pro Tag, trinkt mäßig Alkohol und nimmt keine Drogen. Bei der Aufnahme in die stationär psychosomatische Behandlung wurde eine Bulimia Nervosa sowie eine mittelgradige depressive Episode diagnostiziert.

Frau B. hat nach dem Realschulabschluss zunächst für zwei Jahre eine Fachoberschule mit einem Wirtschaftsschwerpunkt besucht. Im Anschluss daran nahm Frau B. eine Ausbildung zur Einzelhandelskauffrau auf. Sie befindet sich nun im zweiten Lehrjahr. Die Ausbildung mache ihr Freude. Der Kontakt zu Kollegen und dem Arbeitgeber sei gut. Frau B. plant eine Weiterqualifikation nach Abschluss ihrer Ausbildung. Frau B. wohnt zusammen mit ihren Eltern und ihrer Schwester in einem Eigenheim in einer Kleinstadt in Mecklenburg.

Frau B. ist Tochter einer 54-jährigen Angestellten bei der Deutschen Post und eines 56-jährigen Außendienstmitarbeiters einer größeren Firma. Die Eltern sind verheiratet. Neben der Patientin selbst ging aus der Ehe der Eltern eine 16-jährige Tochter hervor, die das Gymnasium besucht. Die Beziehung zu den Eltern sei vor allem durch die Essstörung belastet. Die Mutter mache sich große Sorgen. Die Beziehung der Eltern untereinander beschreibt Frau B. als gut und unterstützend. Auch mit ihrer Schwester verstehe sie sich abgesehen von altersentsprechenden Auseinandersetzungen eigentlich recht gut. Die Patientin hat seit zwei Jahren eine Beziehung zu einem 21-jährigen jungen Mann, der im Baubereich arbeite. Auch der Freund lebt noch bei den

Eltern. Die Beziehung beschreibt Frau B. als unterstützend. Allerdings sei auch ihr Freund mit ihrer Erkrankung überfordert und habe ihr sehr zu einer Behandlung geraten.

Bei der Instruktion, im Computer ein Körperbild auszuwählen, das ihrem eigenen Körper möglichst nahe kommt, wählt die Patientin ein Bild, das einem Körperfettanteil von 32 Prozent entspricht. Gemessen wurde bei der Patientin ein Körperfettanteil von 19,8 Prozent. Auch Frau B. zeigt damit eine deutliche Überschätzung ihres eigenen Körperbildes. Ihr Wunschbild entspricht einem Körperfettanteil von 20 Prozent und entspricht somit fast dem bei der Patientin tatsächlich gemessenen Körperfettanteil. Wahrgenommenes und ideales Körperbild unterscheiden sich allerdings erheblich. Frau B. wünscht sich eine Reduktion ihres Körperfettanteils um zwölf Prozentpunkte. Beide Befunde, die Überschätzung des eigenen Körpers und die deutliche Selbst-Ideal-Diskrepanz, scheinen wiederum typisch für Patientinnen mit Bulimia Nervosa zu sein (Benninghoven, Raykowski et al. 2007).

Der Vater wählt als das Körperbild, das dem Körper seiner Tochter möglichst gut entspricht, ein Bild, das den tatsächlichen Körperfettanteil deutlich unterschätzt (12%). Sein Wunschbild für seine Tochter ist sogar noch schlanker (8% Körperfettanteil). Herr B. erlebt den Körper seiner Tochter somit als schlanker, als er tatsächlich ist, und er wünscht sich darüber hinaus für seine Tochter einen noch schlankeren Körper, der mit acht Prozent Körperfettanteil im anorektischen Gewichtsbereich anzusiedeln ist.

Der Vater ist zum Zeitpunkt der Untersuchung mit 84 kg bei einer Körpergröße von 174 cm (BMI = 27,74) leicht übergewichtig. Sein Körperfettanteil liegt bei 23,1 Prozent, sein FFMI beträgt 21,7. Der Vater unterschätzt sein eigenes Körperbild sowohl hinsichtlich seines Fettanteils (20%) als auch hinsichtlich der Muskulatur (wahrgenommener FFMI = 18,0). Das vom Vater für sich selbst gewünschte Körperbild hat einen geringeren Körperfettanteil (16%) sowie einen leicht höheren Anteil Muskulatur (FFMI =19,5). Herr B. unterschätzt somit sowohl seinen eigenen Körper als auch den seiner Tochter und ist mit seinem Körper und dem seiner Tochter unzufrieden. Er wünscht sich für seine Tochter einen schlankeren Körper mit weniger Körperfettanteil und für sich selbst ebenfalls einen schlankeren Körper mit weniger Körperfettanteil und mehr Muskulatur.

Beide Fallbeispiele sind realistische Konstellationen aus der Praxis. Sie sind im Vergleich mit den oben berichteten empirischen Ergebnissen mehr oder weniger typisch für die jeweilige Patientengruppe und ihre Väter. Die mit der beschriebenen Methode gewonnenen Daten bieten Informationen, die sowohl für die Einzelbehandlung als auch für den Fall, dass die Väter bzw. die gesamte Familie in die Behandlung einbezogen werden soll, nützlich sein können. Sie können hilfreich sein, wenn es darum geht, Fehleinschätzungen zu verändern und Ideale zu hinterfragen. Ferner bieten sie Informationen, die den familientherapeutischen Prozess bereichern oder auch eine Grundlage für psychoedukative Elemente in der Behandlung und Prävention von Essstörungen bilden können.

Literatur

Agras, S.; Hammer, L. & McNicholas, F. (1999): A prospective study of the influence of eating-disordered mothers on their children. Int J Eat Disord 25, 253–262.
Baghurst, T.; Hollander, D.B.; Nardella, B. & Haff, G.G. (2006): Change in sociocultural ideal male physique: An examination of past and present action figures. Body Image 3, 87–91.
Benninghoven, D.; Cierpka, M. & Thomas, V. (2003): Überblick über familiendiagnostische Fragebogeninventare. In: Cierpka, M. (Hg.): Handbuch der Familiendiagnostik. Berlin (Springer), pp. 487–510.
Benninghoven, D.; Jürgens, E.; Mohr, A.; Heberlein, I.; Kunzendorf, S. & Jantschek, G. (2006): Different changes of body-images in patients with anorexia or bulimia nervosa during inpatient psychosomatic treatment. European Eating Disorders Review 14, 88–96.
Benninghoven, D.; Raykowski, L.; Solzbacher, S.; Kunzendorf, S. & Jantschek, G. (2007): Body-images of patients with anorexia nervosa, bulimia nervosa and female control subjects – A comparison with male ideals of female attractiveness. Body Image 4, 51–59.
Benninghoven, D.; Tadic, V.; Kunzendorf, S. & Jantschek, G. (2007): Körperbilder männlicher Patienten mit Essstörungen. Psychotherapie, Psychosomatik und Medizinische Psychologie 27, 120-127.
Benninghoven, D.; Tetsch, N.; Kunzendorf, S. & Jantschek, G. (2007): Body image in eating disorder patients and their mothers, and the role of family functioning. Comprehensive Psychiatry 48, 118–123.
Boschi, V.; Siervo, M.; D'Orsi, P.; Margiotta, N.; Trapanese, E.; Basile, F.; Nasti, G.; Papa, A.; Bellini, O. & Falconi, C. (2003): Body composition, eating behavior, food-body concerns and eating disorders in adolescent girls. Ann Nutr Metab 47, 284–293.
Bruch, H. (1973): Eatings Disorders, Obesity, Anorexia nervosa, and the Person Within. New York (Basic Books).
Cafri, G.; Roehrig, M. & Thompson, J.K. (2004): Reliability assessment of the somatomorphic matrix. Int J Eat Disord 35, 597–600.
Cafri, G.; Strauss, J. & Thompson, J.K. (2002): Male body image: Satisfaction and its relationship to well-being using the somatomorphic matrix. Int J Men's Health 1, 215–231.
Cafri, G. & Thompson, J.K. (2004): Measuring male body image: A review of the current methodology. Psychol Men and Masculinity 5, 18–29.
Cooper, P.J.; Whelan, E.; Woolgar, M.; Morrell, J. & Murray, L. (2004): Association between childhood feeding problems and maternal eating disorder: role of the family environment. Brit J Psychiatry 184, 210–215.
Dixon, R.; Adair, V. & O'Connor, S. (1996): Parental influences on the dieting beliefs and behaviors of adolescent females in New Zealand. J Adolesc Health 19, 303–307.

Farrell, C.; Lee, M. & Shafran, R. (2005): Assessment of Body Size Estimation: A Review. Eur Eat Disord Rev 13, 75–88.
Feiereis, H. (1989): Diagnostik und Therapie der Magersucht und Bulimie. München (Hans Marseille Verlag).
Field, A. E.; Camargo, C. A. Jr.; Taylor; C. B.; Berkey, C. S.; Roberts, S. B. & Colditz, G. A. (2001): Peer, parent, and media influences on the development of weight concerns and frequent dieting among preadolescent and adolescent girls and boys. Pediatr 107, 54–60.
Franzen, S. & Florin, I. (1995): Familiale Transmission von gezügeltem Essverhalten. Z Klin Psychol 24, 65–69.
Frederick, D. A.; Fessler, D. M. I. & Haselton, M. G. (2005): Do representations of male muscularity differ in men's and women's magazines? Body Image 2, 81–86.
Garner, D. M. (2002): Body image and anorexia nervosa. In: Cash, T. F. & Pruzinski, T. (ed.): Body Image: A handbook of theory, research, and clinical practice. New York (Guilford Press), pp. 295–303.
Gowers, S. G. & Shore, A. (2001): Development of weight and shape concerns in the aetiology of eating disorders. Brit J Psychiatry 179, 236–242.
Gruber, A. J.; Pope, H. G.; Borowiecki, J. J. & Cohane, G. (2000): The development of the somatomorphic matrix: a bi-axial instrument for measuring body image in men and women. In: Norton, K.; Olds, T. & Kollman, J. (Eds.): Kinanthropometry VI. Adelaide (International Society for the Advancement of Kinanthropometry), pp. 217–231.
Gruber, A. J.; Pope, H. G.; Lalonde, J. K. & Hudson, J. I. (2001): Why do young women diet? The roles of body fat, body perception, and body ideal. J Clin Psychiatry 62, 609–611.
Hargreaves, D. A. & Tiggemann, M. (2004): Idealized media images and adolescent body image: »comparing boys and girls. Body Image 1, 351–361.
Hausmann, A.; Mangweth, B.; Walch, T.; Rupp, C. I. & Pope, H. G. (2004): Body image dissatisfaction in gay versus heterosexual men: is there really a difference? J Clin Psychiatry 65, 1555–1558.
Hill, A. J. & Franklin, J. A. (1998): Mothers, daughters and dieting: investigating the transmission of weight control. Brit J Clin Psychol 37, 3–13.
Jürgens, E.; Benninghoven, D. (2002): Adapted German version of the somatomorph matrix. Forschungsbericht der Klinik für Psychosomatische Medizin der Universität Schleswig-Holstein, Campus Lübeck.
Kanakis, D. M. & Thelen, M. H. (1995): Parental variables associated with bulimia nervosa. Addict Behav 20, 491–500.
Keery, H.; Boutelle, K.; van den Berg, P. & Thompson, J. K. (2005): The impact of appearance-related teasing by family members. J Adolesc Health 37, 120–127.
Kouri, E.; Pope, H. G.; Katz, D. L. & Olivia, P. (1995): Fat free mass index in users and nonusers of anabolic-androgenic steroids. Clin J Sport Med 5, 223–228.
Lacey, J. H. & Smith, G. (1987): Bulimia nervosa: the impact of pregnancy on mother and baby. Br J Psychiatry 150, 777–781.
Leit, R. A.; Gray, J. J. & Pope, H. G. (2002): The media's representation of the ideal male body: a cause of muscle dysmorphia? Int J Eat Disord 31, 334–338.
Leit, R. A.; Pope, H. G. & Gray, J. J. (2001): Cultural expectations of muscularity in men: the evolution of playgirl centerfolds. Int J Eat Disord 29, 90–93.
Lipinski, J. & Pope, H. G. (2002): Body ideal in young Samoan men: A comparison with men in North America and Europe. Int J Men's Health 1, 163–171.
Mangweth, B.; Hausmann, A.; Walch, T.; Hotter, A.; Rupp, C. I.; Biebl, W.; Hudson, J. I. & Pope, H. G. (2004): Body fat perception in eating-disordered men. Int J Eat Disord 35, 102–108.

McCabe, M.P. & Ricciardelli, L.A. (2005): A prospective study of pressures from parents, peers, and the media on extreme weight change behaviors among adolescent boys and girls. Behav Res Therap 43, 653–668.

McKinley, N.M. (1999): Women and objectified body consciousness: mothers' and daughters' body experience in cultural, developmental, and familial context. Dev Psychol 35, 760–769.

Moreno, A. & Thelen, M.H. (1993): Parental factors related to bulimia nervosa. Addict Behav 18, 681–689.

Olivardia, R.; Pope, H.G.; Borowiecki, J.J. & Cohane, G.H. (2004): Biceps and body image: The relationship between muscularity and self-esteem, depression, and eating disorder symptoms. Psychol Men Masculinity 5, 112–120.

Pope, H.G.; Gruber, A.; Mangweth, B.; Bureau, B.; De Col, C.; Jouvent, R. & Hudson, J.I. (2000): Body image perception among men in three countries. Am J Psychiatry 157, 1297–1301.

Pope, H.G.; Olivardia, R.; Gruber, A. & Borowiecki, J. (1999): Evolving ideals of male body image as seen through action toys. Int J Eat Disord 26, 65–72.

Probst, M.; Vandereycken, W. & van Coppenolle, H. (1997): Body size estimation in eating disorders using video distortion on an life-size screen. Psychother Psychosoms 66, 87–91.

Scalfi, L.; Marra, M.; Caldara, A.; Silvestri, E. & Contaldo, F. (1999): Changes in bioimpedance analysis after stable refeeding of undernourished anorexic patients. Int J Obes Relat Metab Disord 23, 133–137.

Schmidt, M.H. & Klein, M. (1997): Die Bestimmung des Körperfettanteils in der Behandlung der Anorexia Nervosa. Z Kinder Jugendpsychiatr Psychother 25, 27–34.

Schwartz, D.J.; Phares, V.; Tantleff-Dunn, S. & Thompson, J.K. (1999): Body image, psychological functioning, and parental feedback regarding physical appearance. Int J Eat Disord 25, 339–343.

Skrzypek, S.; Wehmeier, P.M. & Remschmidt, H. (2001): Body image assessment using body size estimation in recent studies on anorexia nervosa. A brief review. Eur Child Adolescent Psychiatry 10, 215–221.

Smolak, L.; Levine, M.P. & Schermer, F. (1999): Parental input and weight concerns among elementary school children. Int J Eat Disord 25, 263–271.

Stein, A.; Woolley, H.; Cooper, S.D. & Fairburn, C.G. (1994): An observational study of mothers with eating disorders and their infants. J Child Psychol Psychiatry 35, 733–748.

Stice, E. (2002): Risk and maintenance factors for eating pathology: A meta-analytic review. Psychol Bull 128, 825–848.

Stice, E. & Shaw, H.E. (2002): Role of body dissatisfaction in the onset and maintenance of eating pathology: a synthesis of research findings. J Psychosom Res 53, 985–993.

Yang, C.F.; Gray, P. & Pope, H.G. (2005): Male body image in Taiwan versus the West: Yanggang Zhiqi meets the Adonis complex. Am J Psychiatry 162, 263–269.

Körper- und bewegungsbezogenes Verhalten und Erleben von anorektischen jungen Frauen – ausgewählte Befunde zur Gleichgewichtsregulation und zum Körpererleben

Gerd Hölter, Svenja Troska & Wolfgang Beudels

Kurzbeschreibung

Mit dem Ziel, Ansatzpunkte für spezifische körper- und bewegungsbezogene Interventionen in der Behandlung von Anorexie-Patientinnen herauszufinden, wurden in einer Querschnittsuntersuchung 20 anorektisch erkrankte und klinisch behandelte (BMI = 15,3) sowie 20 nicht erkrankte Frauen (BMI = 20,3) im Alter von 22,2 Jahren untersucht.

Untersuchungsgegenstand waren zum einen Erhebungen zur Gleichgewichtsregulation mithilfe von vier motorischen Testaufgaben mithilfe des DELOS-Systems. Des Weiteren wurden als quantitative Parameter das aktuelle Befinden (BBT, Hobi 1985), das Körperbild (FKB- 20, Clement/Löwe 1996) und die Körpereinschätzung (FRS, Stunkhard et al. 1983) untersucht. Als qualitatives Verfahren kam der Körperstrukturtest nach Joraschky et al. 1998 zum Einsatz.

In der Gleichgewichtsregulation ergaben sich statistisch bedeutsame Unterschiede zwischen Versuchs- und Kontrollgruppe: Die Patientinnen reagierten bei labilem Untergrund mit größeren Schwankungen, und sie nutzten zur Aufrechterhaltung des Gleichgewichts deutlich länger die vorhandene Unterstützungsmöglichkeit.

Zwischen Versuchs- und Kontrollgruppe konnten darüber hinaus signifikante Unterschiede in der Bewertung ihrer aktuellen Befindlichkeit sowie in den qualitativen und quantitativen Parametern des Körperbilds und der Körperzufriedenheit ermittelt werden. Dies gilt nicht für die »gesehene«, »gefühlte« und als »ideal vorgestellte« Größeneinschätzung der eigenen Figur.

Die Untersuchungsergebnisse bestätigen weitgehend die bisher bekannten Befunde im Hinblick auf ein unterschiedliches Körpererleben und Körperbild von anorektisch erkrankten und nicht erkrankten Probandinnen. Bei dem bislang kaum untersuchten motorischen Parameter der Gleichgewichtsregulation zeigte sich dieser Unterschied ebenfalls. Mit aller Vorsicht in der Interpretation könnte sich hier psycho-physiologisch ein Ungleichgewicht, ein »Aus-der-Balance-geraten-sein«, widerspiegeln, dem in Interventionskonzepten u. a. durch eine verstärkte Beachtung der Bewegungsregulation Rechnung getragen werden könnte.

Einleitung

Bei der klinischen Beschreibung von Essstörungen wird seit den Pionierarbeiten von Hilde Bruch (1962, 1973) immer wieder auf die Bedeutsamkeit des Körperbilds bzw. von Körperbildstörungen hingewiesen (vgl. zsf. Probst 1997; Vocks/Legenbauer 2005). Dabei werden in Anlehnung an Bruch *perzeptive*, *affektive*, *kognitive* und *behaviorale* Aspekte der Erkrankung voneinander unterschieden, die wiederum mit »multifaktoriellen« bzw. »multidimensionalen« Entstehungsbedingungen in Zusammenhang gebracht werden (ebd.).

Die Spezifik eines auffälligen bzw. gestörten Körperbildes bei Essstörungen wird durch eine Vielzahl von empirischen Untersuchungen belegt. Die Mehrzahl dieser Arbeiten bezieht sich dabei auf die Perzeption, d. h. auf eine *gestörte* bzw. *verzerrte Körperwahrnehmung*, die mithilfe von visuellen Einschätzungsskalen (Thompson/Gray 1995) oder Videoverzerrtechniken (Probst et al. 1997) nachgewiesen werden kann.

Zur Erhebung *kognitiv-affektiver* Aspekte werden eine Reihe spezifischer (u. a. BAT, Probst 1993; SIAB, Fichter 1999) und unspezifischer (u. a. FKB–20, Clement/Löwe 1996; FKKS, Deusinger 1998) Körperfragebögen eingesetzt, die unterschiedliche Einschätzungen in Bezug auf das Körperkonzept und das Körpererleben deutlich machen. Hierzu gehören u. a. die Selbstakzeptanz des Körpers, die Bewertung des Körperkontakts, der körperlichen Leistungsfähigkeit, der äußeren Erscheinung, der Zufriedenheit mit dem Körper etc. (vgl. Vocks/Legenbauer 2005, S. 27ff.).

Im Hinblick auf die *tatsächlichen Verhaltensauswirkungen* lassen sich ebenfalls eine Reihe von empirischen Unterschieden finden, die sich einerseits auf Vermeidungs- und Kontrollverhalten beziehen (BIAQ, Rosen et al. 1991), andererseits *positive körperbezogene Tätigkeiten* erfassen. Als positiv definierte Tätigkeiten werden dabei fast zu einem Drittel angeleitete Bewegungs- oder Sportformen (u. a. Yoga, Rudern und Segelfliegen) genannt (vgl. Vocks/Legenbauer 2005, S. 30).

Trotz der offensichtlichen Bedeutsamkeit des Sports bzw. »angeleiteter«

Bewegungsaktivitäten für den Aufbau eines positiven Körperbildes sind die empirischen Informationen zu den tatsächlich ausgeübten sportlichen Aktivitäten bzw. bewegungsbezogenen Leistungsparametern von Patientinnen mit Essstörungen eher spärlich.

Die von Alexandridis untersuchten 80 bulimischen Patientinnen verfügten in der Mehrzahl (60%) über intensive Erfahrungen in Sportvereinen und -studios; zu Beginn der klinischen Behandlung waren ca. 30% immer noch aktiv, wobei sich bei ca. 14% das Bewegungsverhalten als »pathologisch übersteigert« charakterisieren ließ (Alexandridis 2007, S. 44). In Bezug auf die Ausdauerleistungen zeigten sich hingegen keine signifikanten Unterschiede zur Normalpopulation (vgl. ebd.).

Dies ist bei einer besonderen Gruppe von jungen Frauen mit einer anorektischen Symptomatik anders: den (meist jugendlichen) Leistungssportlerinnen in bestimmten Sportdisziplinen. Schon vor über 20 Jahren verstärkte sich der Verdacht, dass in den Bereichen des Leistungssports, in denen ein schlanker Körper das Idealbild eines leistungsfähigen und/oder ästhetischen Körpers darstellt – wie z. B. beim Turnen, in der rhythmischen Sportgymnastik sowie auch im Langstreckenlauf – das Essverhalten und die Gewichtskontrolle der Sportlerinnen der Symptomatik von anorektischen Patientinnen sehr nahe kommt (Rosen et al. 1986; Geist/Miethling 1993; Beumont et al. 1994).

So entwickelten Geist/Miethling (1993) auf der Basis von Fallstudien vier Thesen, die plausibel z. B. die (extreme) Langlaufbetätigung junger Frauen in einen Zusammenhang mit Ätiologie und Symptomatik anorektischen Verhaltens stellen: der gemeinsame *Habitus* beider Verhaltensdispositionen, das Moment der *Kontrolle des Willens über den Körper*, die *Bildung und Verfestigung von Wahrnehmungsverzerrungen des Körperselbstbildes* sowie ein *Mangel an innerer Autonomie mit Selbstwertproblemen* (ebd., S. 181ff.).

Hieraus schließen die Autoren, dass extreme Bewegungsaktivitäten als gesellschaftlich akzeptiertes Mittel zur Selbstheilung eingesetzt werden können, hiermit aber langfristig ihre Probleme eher verdoppelt, als gelöst werden (ebd., S. 183).

Anorektische Leistungssportlerinnen schneiden wahrscheinlich – da sie ja nicht als »pathologisch« identifiziert werden – in den für die Ausübung des Sports notwendigen motorischen und sensorischen Fähigkeiten, wie Ausdauer, Schnelligkeit, Kraft, Koordination und Gleichgewicht überdurchschnittlich gut ab, andernfalls könnten sie Sport nicht auf einem hohen Leistungsniveau ausüben. Spezifische Untersuchungen hierzu existieren unserer Kenntnis nach nicht.

Wie stellt sich hingegen die motorische Leistungs- und Regulierungsfähigkeit bei solchen anorektischen jungen Frauen dar, die nicht eine extreme sportliche Betätigung als »Weg der Selbstheilung« gewählt, sondern sich in eine intensive klinische Behandlung begeben haben (bzw. mussten)?

Aus einer Reihe von möglichen leistungsbezogenen Parametern der Motorik haben wir für diese Untersuchung die Gleichgewichtsregulation gewählt. Ein Grund hierfür war u. a. die in der Alltagssprache geläufige Metapher des »Aus-der-Balance- bzw. dem-Gleichgewicht-geratens«, die immer dann Anwendung findet, wenn psychisch bedingte Erkrankungen beschrieben werden. Schlägt sich diese Metaphorik in messbarem Verhalten nieder und repräsentiert sie den physiologischen Ausdruck eines psychologischen Zustands?

Ein weiterer Grund war die Schlüsselstellung, die der Messung des Gleichgewichts in der Bewegungslehre bei der Bestimmung der allgemeinen Bewegungsregulation eingeräumt wird.

Unter Gleichgewicht bzw. Haltungskontrolle wird in der bewegungs- und sportwissenschaftlichen Forschung der Zustand verstanden, »bei dem sich der Körperschwerpunkt über seiner Unterstützungsfläche befindet, oder als das Ziel von Haltungskontrolle gegenüber durch Gravitation verursachten Abweichungen« (Horak 1989, zit. n. Jendrusch/Brach 2003, S. 184). Die in manchen theoretischen Modellen und Testbatterien vorgeschlagene Differenzierung in statisches und dynamisches Gleichgewicht wird in neueren Konzepten nicht aufrechterhalten, da auch bei statischem Gleichgewicht ständige Massenverschiebungen im Körper und damit Verlagerungen des Körperschwerpunkts (z. B. unter Einfluss von Atmung und Herzschlag) zu beobachten sind. »Die Schwerkraft stellt eine immer vorhandene Rahmenbedingung für die Bewegungskoordination dar: Sie bewirkt, dass sich der menschliche Körper in vielen Situationen in einer labilen Gleichgewichtslage befindet. Wenn sich der Körperschwerpunkt oberhalb der Unterstützungsfläche befindet, ist ein ständiger Regulationsprozess für die Gleichgewichtserhaltung notwendig.« Der Körperschwerpunkt »befindet sich beim Stehen also dauernd in ›Unruhe‹«, d. h. er »fällt ständig hin und her« (Neumaier 1999, S. 29ff.).

Daher lässt sich das Gleichgewicht auch als »kontrolliertes Ungleichgewicht« oder als »labiles Gleichgewicht« bezeichnen (ebd.). Die Gleichgewichtsregulation kann als *Komponente der Bewegungsregulation* bzw. *Bewegungskoordination* verstanden und ihre Beschreibung allgemeinen Erkenntnissen und Begrifflichkeiten der Bewegungslehre wie *Steuerung, Planung, Kontrolle, Zielausrichtung* etc. zugeordnet werden (vgl. ebd., S. 12; Jendrusch/Brach 2003, S. 186).

Sie wird auch als »*Schatten der Bewegungsregulation*« verstanden und hat im Vergleich zu anderen motorischen Fähigkeiten wie Ausdauer und Kraft einen besonderen diagnostischen Stellenwert. Damit erlauben klinische Tests und Messungen, bei denen die Balance im Stand spontan, unter erschwerten sensorischen Bedingungen (z. B. bei geschlossenen Augen) oder bei externen Störungen (z. B. bei einem labilen Untergrund) gemessen wird, nicht nur Aussagen über eine einzelne Fähigkeit. Sie führen vielmehr auch zu Informationen über – meist nicht bewusstseinspflichtige – Regelungs- und Anpassungsprozesse an wechselnde Situationen (Jendrusch/Brach 2003, S. 183ff.).

Mit der Messung des Gleichgewichts wird eine »Tiefendimension« des sensomotorischen Verhaltens erfasst, die inhaltlich andere Aspekte beinhaltet als z. B. die visuelle Orientierung und Einschätzung, die den meisten vergleichenden Forschungsarbeiten zu Wahrnehmungsverzerrungen bei Anorektikerinnen zugrunde liegen.

In der physiologisch orientierten klinischen Forschung (Horak 1989) werden für die Aufrechterhaltung des Gleichgewichts und der Haltungskontrolle folgende drei wichtige Komponenten genannt: eine *biomechanische*, eine *bewegungskoordinatorische* und eine *sensorisch-koordinatorische*.

Die *biomechanische Komponente* bezieht sich auf das Muskel- und Skelettsystem: So kann z. B. die muskuläre Kraft und Ausdauer die Fähigkeit beeinflussen, sich selbst in Haltung und Gleichgewicht zu regulieren. Dies könnte für anorektische Patientinnen bedeutsam sein, da mit einem allgemeinen Gewichtsverlust auch ein massiver Muskelabbau verbunden ist.

Die *bewegungskoordinatorische Komponente* bezieht sich auf gelernte Strategien, mit »Ungleichgewichten« und Labilität umzugehen. Hierzu gehören z. B. das Verschieben des Körperschwerpunkts nach »hinten und vorne«, nach ‚»oben und unten« oder Ausgleichsbewegungen der Arme. Diese Strategien sind an vorangegangene Bewegungserfahrungen gebunden und unterscheiden sich bei Gesunden und Kranken kaum: »The basic movement strategies for adjusting center of body, mass [...] are quite similar in healthy subjects« (Horak 1989, S. 1883).

Als dritte Komponente wird die *sensorische Koordination* genannt, d. h. vor allem das komplexe Zusammenspiel von propriozeptiven, vestibulären und visuellen Informationen. Da bei anorektischen Patientinnen in vielen Untersuchungen visuelle Wahrnehmungsstörungen nachgewiesen werden, ist eine Beeinträchtigung motorischer Funktionen wie der Gleichgewichtsregulation sehr wahrscheinlich.

Die Erforschung motorischer Phänomene bei klassischen psychiatrischen Erkrankungen hat eine lange Tradition: Dies beginnt mit Forschungsarbeiten zur Katatonie, später dann zu Motilitätsstörungen bei affektiven Erkrankungen, zu Krämpfen und Tics, zur Feinkoordination, zum motorischen Verhalten unter

Einfluss von Medikamenten, zu Mimik und Gestik, zu Gangstörungen etc. (vgl. zfs. Rogers 1992; Jahn 1994; Philippot/Feldmann/Coats 2003).

Bei psychosomatischen Erkrankungen hingegen wurden bisher Bewegungsphänomene noch wenig untersucht. Ausnahmen sind die zahlreichen Befunde zur Wahrnehmungsverzerrung sowie zur körperlichen Konstitution bei Essstörungen (s.o. und vgl. zfs. Probst 1997).

Die vorliegende Studie hat daher zunächst eine Orientierungsfunktion in dem Sinne, ob eine anorektische Erkrankung ebenfalls Einfluss auf die Bewegungsregulation selbst hat und ob sich eventuell Zusammenhänge zwischen einer gestörten Bewegungsregulation und anderen Parametern des Körpererlebens finden lassen.

Methodik

Stichprobe und Durchführung

Die Studie wurde im Frühjahr und Sommer des Jahres 2005 in Kooperation mit der Klinik Roseneck in Prien durchgeführt.[1] Die Klinik Roseneck ist eine psychosomatische Klinik mit 150 stationären Behandlungsplätzen, die sich u.a. auf die Behandlungen von Essstörungen spezialisiert hat. Im Zeitraum von zwei Monaten wurden im Rahmen der Eingangsdiagnostik alle anorektisch erkrankten Patientinnen (n=20) vor Beginn der eigentlichen Behandlungsphase untersucht. Die Kontrollgruppe (ebenfalls n=20) bestand größtenteils aus Dortmunder Studentinnen, deren Daten zeitgleich erhoben wurden (vgl. Tab. 1). Das Durchschnittsalter aller Probandinnen lag bei 22,2 Jahren. Ausschlusskriterien zur Teilnahme an der Untersuchung waren aufseiten der Patientinnen schwerwiegende andere psychische bzw. psychosomatische Erkrankungen wie u.a. Depression oder Psychosen sowie Osteoporose, Herz-Kreislauf-Erkrankungen und die Einnahme von Medikamenten, die einen Einfluss auf die Bewegungsregulation haben könnten. Die gleichen Ausschlusskriterien bestanden für die Kontrollgruppe; durch ausgewählte Interviewfragen wurde bei dieser Gruppe außerdem ausgeschlossen, dass eine Essstörung vorlag (vgl. Troska 2005, S. 68). Zusätzlich wurde darauf geachtet, keine Personen in die Untersuchung aufzunehmen, die spezifisch leistungssportliche Erfahrungen haben.

---

[1] Für die Unterstützung der Studie bedanken wir uns bei den Mitarbeiter/-innen der Abteilung Bewegungstherapie der Klinik Roseneck, Dr. K. Alexandridis und Dipl.-Sportl. A. Heimbeck.

Gruppen	Versuchsgruppe (VG) n=20 (F 50.0)	Kontrollgruppe (KG) n=20
Alter	22,2	22,2
Größe (cm)	168	170
Gewicht (kg)	43,4	59
BMI	15,3 (<17,5)	20,9

Tabelle 1: Vergleichende anamnestische Daten zur Versuchs- und Kontrollgruppe in einer Übersicht

Erhebungsinstrumente

Zur Datenerhebung wurden z. T. gut eingeführte standardisierte Instrumente verwendet, für die auch Vergleichsdaten vorliegen (FKB 20, BBT, FRS). Die Erhebung des Gleichgewichts erfolgte mithilfe des DELOS-Systems, einem Instrument, das im Rahmen klinischer Forschung zur Psychosomatik noch nicht eingesetzt wurde. Als ein qualitativ orientiertes Verfahren wurde außerdem der Körperbildstrukturtest verwendet, der in seiner Durchführung standardisiert ist und Hinweise zur Evaluation enthält. Die beiden letzteren Verfahren werden im Folgenden aufgrund ihres Neuigkeitsgehalts etwas ausführlicher vorgestellt.

Erhebung der Gleichgewichtsregulation mithilfe des DELOS-Systems

Das DELOS-System ist ein elektronisch gesteuertes motografisches Verfahren, das zuverlässig und objektiv verschiedene Parameter der Gleichgewichtsregulation erfasst. Es wurde im Zusammenhang mit der Diagnostik und dem Training von Hochleistungssportlern im Eiskunstlauf von dem italienischen Sportmediziner D. Riva in Turin entwickelt und mittlerweile in vielfältigen Zusammenhängen – so u. a. in der Physiotherapie – eingesetzt (Delos o. J.). In der neurologischen und bewegungswissenschaftlichen Forschung sind ähnliche Systeme länger bekannt, die allerdings in der Regel nicht transportabel und nur in Laborsituationen einsetzbar sind (vgl. u. a. Nashner 1983). Das DELOS-System besteht aus einem Kippbrett, das elektronische Informationen zur Bewegungsregulation an einen Computer sendet, der dann die Schwankungsbreiten als Abweichung von einer Ide-

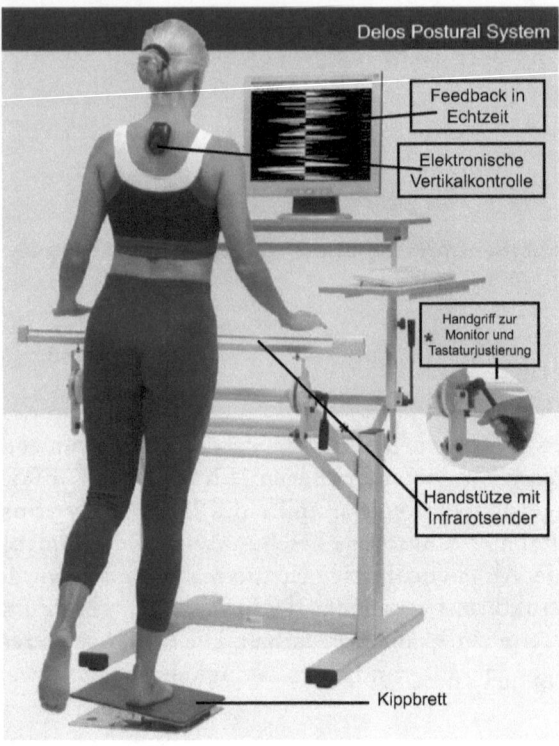

Abbildung 1: DELOS-Messsystem

almittellinie auf einem Bildschirm sichtbar macht (Abb. 1).

Ausmaß und Amplitude der Schwankungen werden mithilfe eines elektronischen Instruments – ein in Brusthöhe befestigtes Gerät in Größe einer Computermaus – in der Vertikale erfasst. In unserer Auswertung wurden die Schwankungen in der X- und Y-Achse berücksichtigt, die in den Gesamtwert (2 d) eingehen. Des Weiteren besteht das System aus einer Handstütze mit Infrarotsender, bei der die Dauer der Unterstützung in sec. erhoben werden kann. Für die hier vorliegende Studie wurden nach Vorarbeiten (vgl. Micklitz 2002; Saxe 2003) vier Aufgaben zur Gleichgewichtsregulation unter unterschiedlichen Bedingungen ausgesucht (vgl. Tab. 2). Die Aufgaben wurden jeweils barfuß durchgeführt, und der Messzeitraum bestand aus 30 Sekunden.

Die elektronisch bzw. motografisch erfassten Daten können mit einer systemeigenen Software ausgewertet werden (vgl. Delos o.J.).
Als Messgrößen wurden bei der statistischen Analyse die »Zeit mit Unterstützung« in Sek. sowie die Schwankungsintensitäten in der X- und Y-Achse (als Gesamtwert 2 d) berücksichtigt.

Nr.	Beschreibung	Delos-Komponenten	Visuelles Feedback	Dauer (sec.)
1	Beidbeiniges Stehen auf Kippbrett, lateral, Augen offen	Kippbrett Vertical Controller Handstütze	Ja	30
2	Beidbeiniges Stehen auf Kippbrett, lateral, Augen geschlossen	Kippbrett Vertical Controller Handstütze	Nein	30
3	Beidbeiniges Stehen auf Kippbrett, frontal, Augen offen	Kippbrett Vertical Controller Handstütze	Ja	30
4	Beidbeiniges Stehen auf Kippbrett, frontal, Augen geschlossen	Kippbrett Vertical Controller Handstütze	Nein	30

Tabelle 2: Ausgewählte Testaufgaben zur Gleichgewichtsregulation

Erfassung des aktuellen Wohlbefindens mit der Basler Befindlichkeitsskala (BBS) von Hobi (1985)

Die Einschätzungsskala zur momentanen Befindlichkeit besteht aus 16 polar angeordneten Adjektiven (»müde« – »frisch«), die in einer 7-er Skalierung bewertet werden. Eine Auswertung erfolgt über vier Subskalen »Vitalität« (VT), »intrapsychischer Gleichgewichtszustand« (IG), »Soziale Extrovertiertheit« (SE) und »Vigilität« (VG). sowie über einen Summenwert aller 16 Items. Im klinischen Rahmen hat sich dieses Verfahren u. a. auch aufgrund seiner ökonomischen Durchführung bewährt.

Erfassung des Körperbildes mit dem Fragebogen zum Körperbild (FKB–20) von Clement/Löwe (1996)

Das Instrument besteht aus 20 Items, die das aktuelle körperliche Empfinden und die Einstellung zum eigenen Körper in jeweils fünf Abstufungen erfassen. Die Items lassen sich zwei Subskalen, der »Ablehnenden Körperbewertung« (AKB) und der »Vitalen Körperdynamik« (VKD) zuordnen. In der ersten

Skala wird vor allem die äußere Körpererscheinung beurteilt sowie das Gefühl der Stimmigkeit und des habituellen Wohlbefindens. Die zweite Skala thematisiert stärker den energetischen und bewegungsbezogenen Aspekt des Körperbildes (»Ich fühle mich voller Kraft«). Das ebenfalls ökonomisch durchführbare Instrument wurde bisher in klinischen Untersuchungen häufig eingesetzt, zumal es sich »als besonders sensitiv für die Klassifikation von Anorektikerinnen« (Albani et al. 2006, S. 100) erwiesen hat. Seit kurzem liegt auch eine Überprüfung und Normierung an einer deutschen repräsentativen Bevölkerungsstichprobe vor (ebd.).

Einschätzung der Körperzufriedenheit mit der Figure-Rating-Scale (FRS) von Stunkhard et al. (1983)

Das Verfahren besteht aus neun Körperzeichnungen, den sog. Körpersilhouetten, die jeweils auf einem Kontinuum von »sehr dünn« (1) bis »sehr dick« (9) angeordnet sind.

In drei Bewertungsschritten sollen die Probanden markieren a) wie dick sie sich sehen (kognitiv), b) wie dick sie sich fühlen (emotional) und c) wie sie gerne aussehen möchten (ideal). Aus den Bewertungen lassen sich drei unabhängige Einschätzungen zu den genannten Aspekten ermitteln.

Modellierung einer menschlichen Figur nach dem Körperbildskulpturtest von Joraschky et al. (1998)

Das Verfahren entstand im Umfeld der Eutoniepraxis von Gerda Alexander und wurde dort – zunächst ohne den Anspruch einer systematischen Auswertung – als Gestaltungselement verwendet. In seiner für Zwecke der Diagnostik weiter entwickelten Form wird nach einer verbalen Instruktion eine menschliche Figur aus dem Material Ton bei geschlossenen Augen ohne Zeitvorgaben modelliert. Nach Abschluss der Modellierung wird die Person zum einen nach dem Prozess des Modellierens selbst, nach Fantasien, Ängsten und Erinnerungen befragt; zum anderen besteht die Möglichkeit, das Produkt (die geformte Figur) nach Kriterien in der Vollständigkeit, Proportionalität und Verbundenheit zu bewerten. Hieraus kann u.a. auch auf das Strukturniveau der Probanden (niedrig, mittel, reif) geschlossen werden.

Durch die systematische Sammlung von Vergleichswerten wurde ursprünglich die Standardisierung bzw. Formalisierung des Verfahrens angestrebt (vgl. u.a. Joraschky et al. 1998). Nach Aussagen einer der Autorinnen (v. Arnim 2006) wurde hiervon in jüngerer Zeit Abstand genommen und stärker die qualitative Seite des Instruments, verbunden mit einem psychodynamisch orientierten Begleitungs- und Auswertungsgespräch in den Vordergrund gerückt. In unserer Untersuchung beschränkt sich die Auswertung auf auswertbare formale Aspekte der geformten Figur.

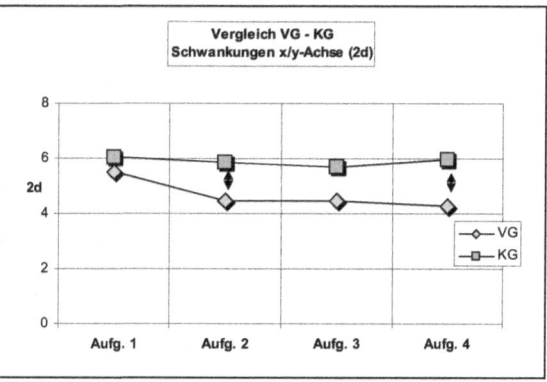

Abbildung 2: Gleichgewichtsschwankungen (d 2) bei labilem Untergrund von Probandinnen der Versuchs- (VG) und Kontrollgruppe (KG) von jeweils n=20 bei vier ausgewählten Regulationsaufgaben mit offenen (lateral/frontal) und geschlossenen (lateral/frontal) Augen. (Versuchsdauer 30 Sek. je Aufgabe)

Ergebnisse

Die quantitativen Untersuchungsergebnisse wurden mithilfe von SPSS im Hinblick auf signifikante Unterschiede varianzanalytisch berechnet. Die qualitativen Ergebnisse wurden nach den Vorgaben zur Formalisierung individuell ausgewertet. Bei der Auswertung der Delos-Daten, welche die Schwankungsamplituden in der x-und y-Achse wiedergeben (2d), wird deutlich, dass die Probandinnen der Versuchsgruppe größere Schwankungen zeigen als die der Kontrollgruppe. Bei den Aufgaben mit geschlossenen Augen auf labilem Untergrund (Kippbrett) sind die Unterschiede zwischen beiden Gruppen signifikant bzw. tendenziell signifikant, d.h. die Probandinnen der Kontrollgruppe nehmen eine stabilere Position ein.

Ein weiterer Aspekt der Auswertung war bei den gleichen Aufgaben die Zeit, in der ohne Unterstützung frei balanciert wurde. Mit zunehmender Schwierigkeit der Aufgabe (geschlossene Augen) nimmt bei beiden Gruppen die Unterstützungszeit zu. Bei allen vier Aufgaben sind diese Unterschiede zu Ungunsten der Versuchsgruppe signifikant, d.h. die Patientinnen nehmen wesentlich längere Unterstützungszeit in Anspruch.

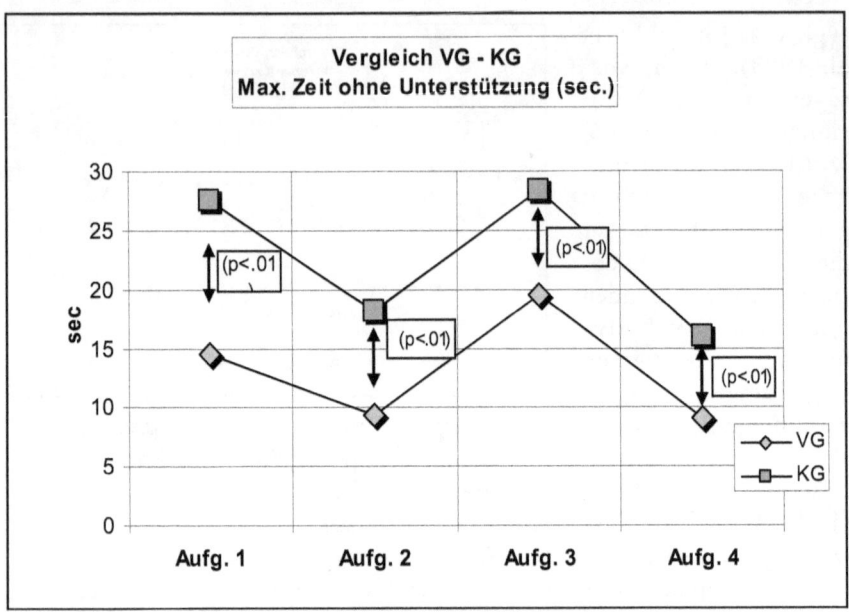

Abbildung 3: Unterstützungszeiten (max. t) zur Gleichgewichtsregulation bei labilem Untergrund von Probandinnen der Versuchs- (VG) und Kontrollgruppe (KG) von jeweils n=20 bei vier ausgewählten Regulationsaufgaben mit offenen (lateral/frontal) und geschlossenen (lateral/frontal) Augen. (Versuchsdauer 30 Sek. je Aufgabe)

Bezogen auf die *aktuelle Befindlichkeit* (BBS) unterscheiden sich Versuchs- und Kontrollgruppe signifikant voneinander, d. h. die Patientinnen schätzen sich selbst in ihrem Befinden bedeutend negativer ein als Nicht-Patientinnen. Ähnliche Ergebnisse ergeben sich aus der *Bewertung des Körperbildes* (FKB-20): Patientinnen lehnen im Vergleich zu Nicht-Patientinnen ihren Körper ab und schätzen ihre Körperdynamik niedriger ein. In den drei *Beurteilungsaspekten* der *eigenen Figur* (FRS) als »zu dick« oder »zu dünn« zeigen sich keine statistisch bedeutsamen Unterschiede zwischen beiden Gruppen. Obwohl die Patientinnen im subjektiven Gefühl (»Fühlen«) einen erheblich höheren Mittelwert aufweisen, ist dieser statistisch nicht bedeutsam.

Bei der Auswertung des Körperbildstrukturtests nach den formalen Kriterien *Vollständigkeit*, *Proportion* und *Verbundenheit* ist erkennbar, dass die Figuren, die von der Kontrollgruppe geformt wurden, wesentlich *vollstän-*

diger sind: Gesichter, Hände, Füße und sogar Haare sind bei 50% der Skulpturen vorhanden, während in der Versuchsgruppe mehrheitlich nur Körperumrisse dargestellt wurden. Besonders auffällig ist bei der Versuchgruppe die fehlende Modellierung der weiblichen Form: 85% formten eine eher geschlechtsneutrale Figur (s. Tab. 4 u. Abb. 4).

In den *Proportionen* sind die Abbildungen der Patientinnen genauer: So stimmen bei ihnen bei ca. 50% die Proportionen von Kopf, Oberkörper und Extremitäten überein, während dies bei der Versuchsgruppe in nur 20% der Fall ist (s. Tab. 4 und Abb. 4).

BBS	VG (n=20)		KG (n=20)		Signifik. -niveau
	χ	s	χ	s	
Vt – »Vitalität«	18,60	4,4	10,10	3,6	s.s. (p<0,01)
IG – »Intrapsychischer Gleichgewichtszustand«	16,15	6,2	9,25	2,9	s.s. (p<0,01)
SE – »Soziale Extravertiertheit«	16,15	5,8	10,10	3,8	s.s. (p<0,01)
Vg – »Vigilität«	14,50	5,9	9,25	3,3	s.s. (p<0,01)
SU – »Summe«	65,40	16,1	38,70	12,0	s.s. (p<0,01)
FKB 20					
AKB – »Ablehnende Körperbewertung«	39,7	6,0	18,3	6,7	s.s. (p<0,01)
VKD – »Vitale Körperdynamik«	25,45	6,2	37,9	3,9	s.s. (p<0,01)
FRS					
»Sehen«	3,40	1,4	3,72	0,7	n.s.
»Fühlen«	4,60	2,0	3,71	0,7	n.s.
»Ideal«	3,01	0,7	3,36	0,6	n.s.

Tabelle 3: *Mittelwerte, Standardabweichungen und signifikante Unterschiede zwischen Versuchs- (VG) und Kontrollgruppe (KG) von jeweils n=20 in den Basler Befindlichkeitsskalen (BBS), dem Fragebogen zum Körperbild (FKB–20) und der Figure Rating Scale (FRS)*

In beiden Gruppen werden die Körperteile korrekt miteinander *verbunden*. Es sind in dieser Hinsicht keine auffälligen Unterschiede auszumachen (s. Tab. 4 und Abb. 4).

Diskussion

Ausgangspunkt war die Frage, ob sich klinisch behandelte, anorektisch erkrankte und nicht erkrankte Probandinnen im Hinblick auf ihre Bewegungsregulation unterscheiden. Als eine Schlüsselfähigkeit der allgemeinen Bewegungsregulation wurde dabei die Gleichgewichtsregulation angesehen.

Es bestätigen sich die vermuteten Unterschiede: Die Patientinnen regulierten ihr Gleichgewicht instabiler (größere Schwankungsamplituden bei

Auswertungsdimensionen	VG	KG
Vollständigkeit		
Hände/Finger	3	9
Füße	7	10
Haare	2	11
Frau	2	6
Mann	1	2
Neutrale Figur	17	9
Gesicht	3	11
Proportionen		
Proportionen stimmen	5	9
Arme zu lang/kurz/dick/dünn/ unterschiedlich	4	2
Beine zu lang/kurz/dick/dünn/ unterschiedlich	7	4
Kopf zu groß/klein	4	3
Oberkörper zu groß/klein	3	2
Verbundenheit		
Körper aus Einzelteilen zusammengesetzt	4	3
Körper aus einer Masse geformt	9	7
Kopf auf Hals	11	15
Arme an richtiger Position	12	12
Beine an richtiger Position	11	14

Tabelle 4: Zusammenfassende Analyse von modellierten Menschfiguren im Körperbildstrukturtest nach den Auswertungsdimensionen Vollständigkeit, Proportionen und Verbundenheit der Versuchs- (VG) und Kontrollgruppe (KG) von jeweils n=20 (Mehrfachnennungen möglich)

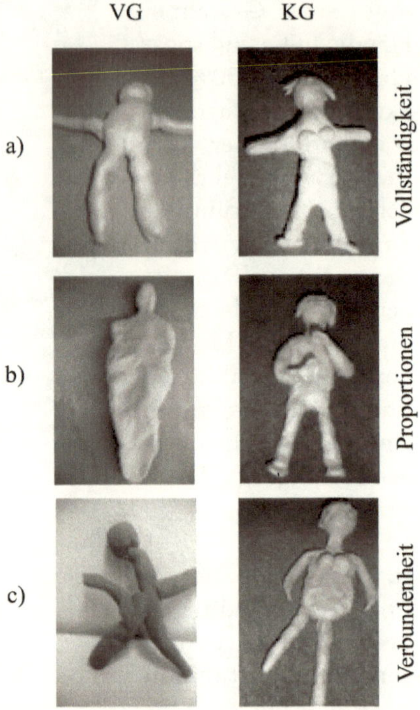

Abbildung 4: Beispielhafte Gestaltungen von Menschfiguren im Körperbildstrukturtest aus nach den Dimensionen a) Vollständigkeit, b) Proportionen und c) Verbundenheit von Probandinnen der Versuchs- (VG) und der Kontrollgruppe (KG)

geschlossenen Augen), und sie nahmen signifikant mehr Unterstützung in Anspruch.

Die schlechtere Regulationsfähigkeit (vgl. Abb. 2) der Patientinnen bei allen Aufgaben kann einerseits auf die mit der Erkrankung einhergehende eingeschränkte muskuläre Kraft und Ausdauer zurückgeführt werden (vgl. Horak 1989). Signifikante Unterschiede zeigen sich dann, wenn bei geschlossenen Augen der »visuelle Analysator« ausgeschaltet wird (Hirtz et al. 2000, S. 39). In den von Scherer (1997, S. 18ff.) berichteten Experimenten, in denen bei Aufgaben zum labilen Gleichgewicht unterschiedliche Analysatoren (das taktile, das visuelle und das vestibuläre System) ausgeschaltet wurden, nehmen die Schwankungsintensitäten zwar bei Ausfall eines Systems generell zu, diese können allerdings z. T. kompensiert werden. Die sensorische Kompensationsleistung gelingt offensichtlich den nicht erkrankten Probandinnen signifikant besser, d. h., sie verfügen bei Einschränkungen des sensorischen System über andere bzw. mehr Ausgleichsmöglichkeiten und lassen sich insgesamt nicht so schnell aus dem Gleichgewicht bringen.

Bei der zweiten erhobenen Messgröße, dem Ausmaß an Unterstützung, unterscheiden sich Versuchs- und Kontrollgruppe bei allen Aufgaben signifikant (vgl. Abb. 3): Die Patientinnen benötigen bei allgemein schlechteren Regulationsleistungen zusätzlich erheblich längere Unterstützungszeiten, d. h., sie sind weniger in der Lage, innerhalb ihres eigenen sensorischen Systems zu kompensieren und holen sich zur Aufrechterhaltung der Balance Unterstützung von außen.

Die Möglichkeit der Unterstützung verfälscht die Ergebnisse insofern, da so die eigentlichen Schwierigkeiten in der Gleichgewichtsregulation nicht in vollem Ausmaß abgebildet werden können. Dies wäre bei ähnlich gearteten Untersuchungen ohne die Möglichkeit zur Unterstützung nicht der Fall.

In den Verfahren der subjektiven Bewertung des aktuellen und habituellen Befindens sowie des Körperbilds zeigen sich die erwarteten signifikanten Unterschiede zwischen Versuchsgruppe und Kontrollgruppe. Insbesondere für die Teilskala des BBS »intrapsychischer Gleichgewichtszustand« (IG), aber auch für die anderen Skalen, hielten wir korrelative Zusammenhänge zu den ermittelten Gleichgewichtsparametern für möglich; dies ließ sich allerdings nicht bestätigen. Offensichtlich messen die kognitive Bewertung und die behaviorale Erfassung etwas anderes, d. h., auf einen einfachen psychophysiologischen Zusammenhang kann mithilfe der in dieser Untersuchung verwendeten Instrumente nicht geschlossen werden. Erstaunt haben uns auf den ersten Blick die nicht signifikanten Unterschiede in der Einschätzung der globalen Körperzufriedenheit anhand der Bewertung der Körpersilhouetten (FRS). Am deutlichsten unterschiedlich war noch die affektiv getönte Bewertung (»Fühlen«) und dies würde insgesamt die Feststellung von Probst bestätigen, dass »The majority of our patients and normal control subjects have an undistorted body perception: they know ›what they look like.‹... In the future it will be more important to look at the affective and optative responses« (1997, S. 147). Offensichtlich ist es fraglich, ob die in vielen empirischen Untersuchungen berichteten Wahrnehmungsverzerrungen anorektischer Patientinnen tatsächlich global zutreffen oder sich nur auf bestimmte affektive und imaginative Aspekte beziehen.

In dieser Hinsicht ist auch die Modellierung einer Tonfigur aufschlussreich, da sie in der Imagination eine behaviorale Umsetzung von möglicherweise unbewusst wirkenden emotionalen Kräften deutlich machen kann. Die imaginierte Figur, die ja durch die Anweisung nicht mit der eigenen vorgestellten Figur identisch zu sein braucht, ist bei den Patientinnen unvollständiger und neutraler (Tab. 4 und Abb. 4). Auffällig ist besonders die Abwehr der Weiblichkeit, ein Aspekt, der besonders in der psychodynamisch orientierten Literatur zur Anorexie eine Rolle spielt (vgl. u. a. Bruch 1973). Auch in den Proportionen sind die Figuren der Patientinnen ungenauer. Dies könnte mit mangelnder Sorgfalt und fehlendem Interesse bei einer Aufgabe zu tun haben, die den menschlichen Körper – und damit das Abgewehrte – in den Mittelpunkt stellt. Möglicherweise drückt sich darin aber auch eine Wahrnehmungsunsicherheit und Unkenntnis in Bezug auf den Körper und seiner realen Gegebenheiten aus.

Ausblick

Unser Untersuchungsinteresse ist größtenteils klinisch motiviert und eng mit der Frage verbunden, wie sich körper- und bewegungsorientierte Interventionen möglichst pathologie – und damit patientengerecht gestalten lassen. In dieser Hinsicht stützen unsere Ergebnisse ein Behandlungskonzept, das dabei hilft, den realen Körper wieder zu erfahren und zu entdecken – und dies nicht nur kognitiv und imaginativ, sondern »leibhaftig«. Ein solches Konzept wurde u. a. unter wechselnden Bezeichnungen (Psychomotorische Therapie: PMT, Body-Oriented-Therapy – BOT) seit über zwanzig Jahren von den belgischen Kollegen und Kolleginnen um M. Probst in der Spezialklinik St.Josef in Kortenberg/Belgien ausgearbeitet und evaluiert (Probst 1993, 1997). Ausgangspunkt war bei diesem Konzept zunächst eine mehr funktionale Sichtweise des menschlichen Körpers mit der Konsequenz, einzelne Aspekte wie »Entspannung« oder »Bewegungsunruhe« übungs- und trainingsorientiert zu behandeln. Durch die Rezeption der »Phänomenologie der Leiblichkeit« in Bewegungspädagogik (Tamboer) und Psychotherapie (Petzold) veränderten sich allmählich die Akzente in der Intervention, sodass heute auch der »erlebte und gefühlte Leib« Thema der Bewegungstherapie ist. Diese Veränderung hatte bei den belgischen Kollegen nicht zur Folge, dass die ehemals sport- und bewegungswissenschaftlichen Teile »psychologisiert« wurden, sondern sie wurden in einen breiteren Interpretationsrahmen gestellt. Dies entspräche der neueren methodischen Vorgehensweise in der Bewegungstherapie (vgl. Deimel/Hölter 2007).

In der vorgestellten Untersuchung zeigte sich, dass bewegungstherapeutische Interventionen als ein Baustein innerhalb eines umfassenderen therapeutischen Konzepts in unterschiedlicher Weise zur Unterstützung von anorektischen Patientinnen beitragen können: Zum einen scheinen sport- und trainingsorientierte Maßnahmen zur körperlichen Regulation im engeren Sinne durchaus sinnvoll zu sein (vgl. Deimel/Hölter 2007 »Erwerb von Kompetenzen«). Sie sollten jedoch zum anderen mit einer psychotherapeutisch orientierten Reflexion des Erlebens und Fühlens organisch verbunden werden.(vgl ebd. »Bewegungspsychotherapie«). Einer im klinischen Bereich z. T. zu beobachtenden Auseinanderentwicklung von Körperpsychotherapie und Bewegungs-und Sporttherapie würde so entgegengewirkt.

Literatur

Albani, C.; Blaser, C.; Geyer, M.; Daig, I.; Schmutzer, G.; Bailer, H.; Grulke, N. & Brähler, E. (2006): Überprüfung und Normierung des »Fragebogen zum Körperbild« (FBK 20) von Clement und Löwe (1996) von einer repräsentativen deutschen Bevölkerungsstichprobe. Z. Med. Psychol. 15 (3), 99–109.
Alexandridis, K.; Schüle, K.; Ehrig, C. & Fichter, M. (2007): Bewegungstherapie bei Bulimia Nervosa. Bewegungstherapie und Gesundheitssport 23(2), 46–51.
Arnim, A. von (2006). Persönliche Mitteilung anlässlich der 7. Dresdener Körperbildwerkstatt. Dresden. Okt. 2006.
Beumont, P. J.; Arthur, B.; Russel, J.D. & Touyz, S.W. (1994): Excessive physical activity in dieting disorder patients: Proposals for a Supervisual exercise program. International Journal of Eating Disorders 15, 21–36.
Bruch, H. (1962): Perceptual and Conceptual disturbances in anorexia nervosa. Psychosomatic Medicine 14, 187–194.
Bruch, H. (1973): Eating Disorders: Obesity, Anorexia Nervosa and the Person within. New York (Basic Books).
Clement, U. & Löwe, B. (1996): Fragebogen zum Körperbild (FKB–20). Göttingen (Hogrefe).
Deimel, H. & Hölter, G. (2007 i. V.): Klinische Bewegungstherapie in Psychiatrie, Psychomotorik und Suchtbehandlung. Köln (Deutscher Ärzteverlag).
Delos. (n.d.): Delos Postural System. The new horizon in static and dynamic postural control. Unpublished manuscript, Torino.
Deusinger, I. (1998): Frankfurter Körperkonzeptskalen. Göttingen (Hogrefe).
Fichter, M. & Quadflieg, N. (1999): Strukturiertes Inventar für anorektische und bulimische Eßstörungen: (SIAB); Fragebogen (SIAB-S) und Interview (SIAB-EX) nach DSM-IV und ICD–10; Handanweisung Göttingen (Hogrefe).

Geist, S. & Miethling, W.D. (1993): Langlauf und Magersucht: Zwischen Problemverdoppelung und Selbstheilung. In: Hölter, G. (Hg.): Mototherapie mit Erwachsenen. Schorndorf (Hofmann). S. 174–184.

Hirtz, P.; Hotz, A. & Ludwig, G. (2000): Gleichgewicht. Praxisideen (Vol. 2). Schorndorf (Hofmann).

Hobi, V. (1985): Basler Befindlichkeitsskala. Manual. Weinheim (Beltz-Test).

Horak, F.B. (1989): Clinical measurement of postural control in adults. Physical Therapy 67, 1881–1885.

Jahn, T. (Hg.). (2004): Bewegungsstörungen bei psychischen Erkrankungen. Berlin (Springer).

Jendrusch, G. & Brach, M. (2003): Sinnesleistungen im Sport. In: Miethling, H. & Munzert, J. (Hg.): Handbuch Bewegungswissenschaft – Bewegungslehre. Schorndorf (Hofmann), S. 175–196.

Joraschky, P.; Sebastian, S. & Riera, R. (1998): Der Körperbild-Skulptur-Test. In: Röhricht, F. & Priebe, S. (Hg.): Körpererleben in der Schizophrenie. Göttingen (Hogrefe), S. 121–135.

Legenbauer, T. & Vocks, S. (2006): Manual der Kognitiven Verhaltenstherapie bei Anorexie und Bulimie. Heidelberg (Springer).

Micklitz, L. (2002): Hyperaktivität und Gleichgewicht – Erprobung einer Messmethode zur Ermittlung des statischen und dynamischen Gleichgewichts bei hyperaktiven und sog. normalen Kindern im Grundschulalter: Fakultät Rehabilitationswissenschaften Universität Dortmund. Unveröffentlichte Dipl.-Arbeit.

Nashner, L.M. (1983): Analysis of movement control in man using the nonverbal platform. In: Desmedt, J.E. (Hg.): Motor Control Mechanisms in Health and Disease: Advances in Neurology (Vol. 39). New York (Raven Press), S. 607–619.

Neumaier, A. (1999): Koordinatives Anforderungsprofil und Koordinationstraining. Köln (Strauß).

Philippot, P.; Feldman, R.S. & Coats, E.J. (2003): Nonverbal Behavior in Clinical Settings. Oxford (Oxford University Press).

Probst, M. (1993): Psychomotorische Therapie bei Anorexia Nervosa Patientinnen. In: Hölter, G. (Hg.): Mototherapie mit Erwachsenen. Schorndorf (Hofmann), S. 161–173.

Probst, M. (1997): Body experience in eating disorder patients. KU Leuven, Leuven.

Probst, M.; Vandereyken, W. & van Coppenolle, H. (1997a): Body size estimation in eating disorders using video distortion on a life-size screen. Psychotherapy and Psychosomatics 66, 87–91.

Rogers, D. (1992): Motor disorder in psychiatry. New York (Wiley).

Rosen, J.C.; Srebnik, D.; Saltzberg, E. & Wendt, S. (1991): Development of a Body Image Avoidance Questionnaire. Journal of Consulting Clinical Psychology 3, 32–37.

Rosen, L.W. (1986): Pathogenetic Weight-Control. Behavior in Female Athletes. Physician and Sport Magazine 14 (1), 79–86.

Saxe, A. (2003): Propriozeption und Anorexia Nervosa – Eine Pilotstudie zur Gleichgewichtssteuerung bei anorektischen Mädchen: Fakultät Rehabilitationswissenschaften Universität Dortmund. Unveröffentlichte Dipl.-Arbeit.

Scherer, H. (1996): Das Gleichgewicht. (2. überarb. u. aktualisierte Aufl.). Berlin (Springer).

Stunkhard, A.J.; Sorenson, T. & Schulsinger, F. (1983): Use of the Danish Adoption Register for the study of obesity and thinness. In: Kety, S.; Rowland, L.P.; Sitiman, R.L. & Matthysse, W. (Hg.): The genetics of neurological and psychiatric disorders. New York (Raven Press), S. 115–120.

Thompson, M.A. & Gray, J.J. (1995): Development and validation of a new body image assessment tool. Journal of Personality Assessment 64, 258–269.

Troska, S. (2005): Gleichgewicht und Körperbild bei jungen Frauen mit Anorexia Nervosa.

Eine empirische Studie in einer psychosomatischen Klinik: Fakultät Rehabilitationswissenschaften Universität Dortmund. Unveröffentlichte Dipl.-Arbeit.

Vocks, S. & Legenbauer, T. (2005): Körperbild bei Anorexia und Bulimia Nervosa. Göttingen (Hogrefe).

Bewegungsdiagnostik und -therapie in der Behandlung von Körperbild-Störungen bei Patienten/-innen mit Essstörungen

Hedda Lausberg

Übersicht

Patienten/-innen mit Essstörungen zeigen quantitative und qualitative Veränderungen des Bewegungsverhaltens. Diese Veränderungen des Bewegungsverhaltens reflektieren Körperbildstörungen. Die »Bewegungs-Symptome« stellen Ansatzpunkte für gezielte bewegungstherapeutische Interventionen dar, die nicht nur das Bewegungsverhalten, sondern auch das damit verbundene Körperbild beeinflussen.

Empirische Befunde zu Bewegungsverhalten und Körperbildstörungen bei Patienten/-innen mit Essstörungen

Bewegungsverhalten bei Patienten/-innen mit Essstörungen

Bei Patienten/-innen mit Essstörungen finden sich quantitative (Hyperaktivität) und qualitative Veränderungen des Bewegungsverhaltens.
    Die Hyperaktivität stellt eine diagnostische Leitlinie (2d. »übertriebene körperliche Aktivitäten«) für die Diagnose Anorexie in der ICD–10 Klassifikation dar. In der DSM-IV-TR (siehe Beitrag von B. Tuschen-Caffier in diesem Buch, Tabelle 1) wird die Hyperaktivität hingegen nicht aufgeführt, obwohl zum Zeitpunkt der Diagnosestellung 39–51% der Anorektikerinnen an Hyperaktivität leiden (Brewerton et al. 1995; Davis 1997). Bei den jungen Anorektikerinnen (13–16 Lj.) liegt die Prävalenz sogar bei 82% (Davis 1997). Während der gesamten Lebenszeit treten bei

75–78% der Patienten/-innen hyperaktive Phasen auf (Kron et al. 1978; Davis 1997). Bei Patienten/-innen mit Bulimie liegt die Prävalenz der Hyperaktivität zum Zeitpunkt der Diagnosestellung bei 23–31% (Brewerton et al. 1995; Davis 1997). Die Lebenszeitprävalenz liegt bei 54% (Davis, 1997). Dennoch ist in den diagnostischen Leitlinien der ICD–10 für Bulimie die Hyperaktivität nicht aufgeführt. In der DSM-IV-TR für Bulimie hingegen stellt die Hyperaktivität ein Leitsymptom dar (siehe Tab. 1 im Beitrag von B. Tuschen-Caffier, unter B. »übermässige körperliche Betätigung«; ferner unter der Definition des »Nicht-Purging«-Typus der Bulimie).

Qualitative Untersuchungen des Bewegungsverhaltens wurden vornehmlich in tanz- und bewegungstherapeutischen Studien anhand der Laban-Bewegungsanalyse (LBA) (Laban 1958) durchgeführt. Burn (1987) berichtete bei Patientinnen mit Anorexia Nervosa (n=5) im Vergleich zu einer gesunden Kontrollgruppe von weniger freiem Bewegungsfluss, weniger verzögernden Bewegungen, weniger Bewegungsfluss vom Ober- in den Unterkörper und eher peripheren Bewegungsinitiationen. Shenton (1990) untersuchte nur die Laban-Kategorie »Antriebe« bei Anorexie-Patientinnen und beobachtete gebundenen Bewegungsfluss, geringen Einsatz des Körpergewichts und Störungen der Anwendung von Raum und Zeit. In einer Untersuchung an einer größeren Stichprobe zeigten Anorexie- (n=30) und Bulimie-Patientinnen (n=30) im Vergleich zu einer gesunden Kontrollgruppe signifikant gebundeneren Bewegungsfluss, geringeren Einsatz des Körpergewichts, weniger Gewichtsverlagerungen, eine kleinere Bewegungsfläche, eher isolierte Körperbewegungen und weniger Unterkörperbewegung (Lausberg et al. 1996). Ferner fanden sich tendenziell mehr periphere Bewegungen. Die Patientinnen mit Anorexie zeigten in allen Parametern stärkere Ausprägungen als die Bulimie-Patientinnen, jedoch nicht in signifikantem Ausmaß.

Zusammenfassend zeigen somit Studien, in denen methodisch die Laban-Bewegungsanalyse (LBA) angewandt wurde (Burn 1987; Shenton 1990; Lausberg et al. 1996) übereinstimmend folgende Veränderungen des Bewegungsverhaltens: Im Vergleich zu gesunden Kontrollpersonen zeigten Patientinnen mit Anorexie in stärkerem Ausmaß gebundenen Bewegungsfluss, geringeren Gewichtseinsatz, eher isolierte, periphere Körperbewegungen und geringere Einbeziehung des Unterkörpers. »Gebundener Bewegungsfluss« ist hinsichtlich der Kinetik dadurch definiert, dass nicht nur der als Agonist wirkende Muskel, sondern auch der Antagonist relativ stark kontrahiert, so dass die durch den Agonisten bewirkte Bewegung gebremst wird und die Bewegung jederzeit gestoppt werden kann. Bei »geringem Gewichtseinsatz« wird das Körpergewicht nicht eingesetzt, weder mit noch entgegen der Schwerkraft. Im Gegensatz zu »ganzkörperlicher Bewegung« werden bei »isolierten Bewegungen« nur einzelne Körperteile separat bewegt. Bei »peripheren Körperbewegungen« handelt es sich um distale Bewegungen der Arme und Beine – im Gegensatz zu »zentralen Bewegungen« der Körpermitte. Die »geringe Einbeziehung des Unterkörpers« ist durch eine geringe Bewegung von Becken und Beinen gekennzeichnet (aufgrund des gleichzeitigen Auftretens der Bewegungsqualität »periphere Bewegung«, d. h. keine zentral-proximalen Bewegungen, bedeutet dies praktisch, dass das Becken nicht in die Bewegungen miteinbezogen wird). Bei »Gewichtsverlagerungen« finden Veränderungen der Beziehung zwischen Körperschwerpunkt und Körperstützpunkt statt, d. h. bei »geringen Gewichtsverlagerungen« ist das Bewegungsverhalten eher gestisch. Bei einer »kleinen Bewegungsfläche« wird der zur Verfügung stehende Raum nicht ausgenutzt und die Bewegung findet vornehmlich am Platz statt.

Neurologische Untersuchungen der Motorik bei Anorexie-Patienten/-innen im Alter von 16 und 21 Jahren (n=51) zeigten eine »Dysdiadochokinese« (Gillberg et al. 1994). Dies ist eine Koordinationsstörung des Wechselspiels zwischen Agonist und Antagonist und somit vergleichbar einer Störung des LBA-Parameters »Bewegungsfluss«. Die Dysdiadochokinese war auch noch nachweisbar, als die Störung des Essverhaltens geheilt war. In der Studie von Hölter et al. (siehe Beitrag in diesem Buch) wurde bei Patientinnen mit Anorexie (n=20) die Gleichgewichtsregulation mithilfe des DELOS-Systems untersucht. Im Vergleich zu einer gesunden Kontrollgruppe reagierten die Anorexie-Patientinnen bei labilem Untergrund mit größeren Schwankungen und sie nutzten zur Aufrechterhaltung des Gleichgewichts deutlich länger die vorhandene Unterstützungsmöglichkeit.

Neurowissenschaftliche Befunde zum Körperbild bei Patientinnen mit Essstörungen

Zur Definition des Begriffs Körperbild sei auf die Übersicht von B. Tuschen-Caffier (Beitrag in diesem Buch) hingewiesen, in dem die multidimensionale Konzeptualisierung des Körperbildes mit einer perzeptiven, einer kognitiv-affektiven bzw. kognitiv-evaluativen und einer verhaltensbezogenen Komponente beschrieben und die entsprechenden empirischen Befunde dargestellt werden. Ergänzend seien an dieser Stelle neuere Studien mit funktioneller Magnetresonanztomografie (fMRT) vorgestellt, die sich auf die kognitiv-affektive bzw. kognitiv-evaluative Dimension des Körperbildes beziehen.

In einer ersten Pilotstudie (Seeger et al. 2002) zeigte sich bei Anorexie-Patientinnen (n=3) bei der Präsentation von verzerrten Bildern des eigenen Körpers im Vergleich zu gesunden Probandinnen eine stärkere Aktivierung rechtshemisphärisch in der Amygdala und dem Gyrus fusiformis sowie im Hirnstamm. Wagner et al. (2003) konfrontierten Patientinnen mit Anorexie (n=13) und gesunde Probandinnen mit Bildern ihrer eigenen und fremder Körper, die sie selbst verzerrt hatten. Die Anorexie-Patientinnen zeigten im Vergleich zur gesunden Kontrollgruppe signifikant stärkere Aktivierungen im präfrontalen (BA 9) und inferioren parietalen Cortex (BA 40). Die Aktivierung im inferioren parietalen Cortex trat jedoch bei den Anorektikerinnen nur bei der Präsentation von Bildern des eigenen verzerrten Körpers auf. Uher et al. (2005) untersuchten bei Patientinnen mit Anorexie (n=13) und Bulimie (n=9) die cerebrale Aktivierung bei der Präsentation von Zeichnungen untergewichtiger, normalgewichtiger und übergewichtiger weiblicher Körper. Im Vergleich zur Kontrollgruppe zeigten die Patientinnen mit Essstörungen eine geringere (!) Aktivierung im lateralen fusiformen Gyrus und im parietalen Cortex. Das auf Selbstrating basierende Ausmaß der Aversion gegenüber den Stimuli korrelierte positiv mit einer Aktivierung im rechtshemisphärischen medialen apikalen präfrontalen Gyrus.

Somit zeigten sich in den drei bisher durchgeführten fMRT-Studien zwar signifikante Unterschiede in der cerebralen Aktivierung zwischen Patientinnen mit Anorexie und gesunden Probandinnen, die Gruppen-Unterschiede bezogen sich jedoch in den drei Studien auf unterschiedliche Hirnareale und unterschiedliche Ausprägungen der Aktivierung (geringere bzw. stärkere Aktivierung). Es ist anzunehmen, dass die Unterschiedlichkeit der Befunde zumindest partiell auf Unterschiede in der Methodik zurückzuführen ist. Die initiale Studie von Seeger et al. (2002) legte die Hypothese nahe, dass bei der Präsentation von Körper-Abbildungen bei Anorektikerinnen eine stärkere Beteilung von Hirnstrukturen des emotionalen Netzwerkes, insbesondere der rechtshemisphärischen Amygdala, auftrete. Dies bestätigte sich jedoch nicht in den zwei Folgestudien mit höheren Probandinnenzahlen. Beachtenswert ist der Befund von Uher et al. (2005), dass bei den essgestörten Patientinnen das Ausmaß der Aversion bei der Betrachtung von Körper-Zeichnungen mit einer Aktivierung im rechten medialen apikalen präfrontalen Cortex korreliert. In einer früheren Studie von Uher et al. (2004) korrelierte bei dieser Patientengruppe eine Aktivierung anterior zu dieser Lokalisation mit der Aversion gegen Bilder von Nahrungsmitteln. Im weiteren Sinne sind daher die fMRT-Befunde von Uher und Kollegen mit der Position vereinbar, dass bei perzeptiven Körperbildtests auch affektive Bewertungen zum Tragen kommen (Cash/Deagle 1997). (Es sei ferner erwähnt, dass die perzeptive Komponente des Körperbildes abzugrenzen ist von dem neurologischen Begriff »Körperschema«. Dies bezeichnet in erster Linie die mentale Repräsentation des Körpers, die sich in der impliziten Konzeptualisierung von Bewegungen, d. h. den Bewegungsentwürfen, manifestiert (z. B. Goldenberg 2005).)

Bevor der Zusammenhang zwischen der Veränderung des Bewegungsverhaltens und der Körperbildstörung bei Anorexie thematisiert wird, soll zunächst einmal allgemeiner der Zusammenhang zwischen Bewegungsverhalten und emotional-kognitiven Zuständen bzw. psychischer Erkrankung dargelegt werden, da diesbezüglich empirische Daten vorliegen.

Zur Relation zwischen Bewegungsverhalten und Körperbild

Bewegungsverhalten und emotional-kognitive Zustände

Das individuelle Bewegungsverhalten ist in hohem Maße konstant (Allport/Vernon 1933; Lausberg et al. 1996), dabei sind bestimmte Bewegungsqualitäten reliabel mit bestimmten emotional-kognitiven Zuständen (states) verbunden. Bei wiederholten Assoziationsversuchen oder bei der Erörterung emotional bedeutsamer Themen können individuelle selbst-regulierende (»autistische«) Bewegungen in konstant gleicher Form ausgelöst werden (Krout 1935; Sainsbury 1954). In psychotherapeutischen Interviews werden bei bestimmten Themen oder bestimmten therapeutischen Interventionen intraindividuell reliabel dieselben Sitzpositionen eingenommen (Scheflen 1973, 1974; Davis/Hadiks 1994). Spezifische emotionale und kognitive Zustände sind somit mit spezifischen Bewegungsmustern gekoppelt (Davis/Hadiks 1990), z. B. wiederholt sich bei einem Patienten in heiteren Situationen das komplexe kinetische Muster »Lachen + mit der linken Hand Brille hochschieben + Knie zusammendrücken« in fast identischer Form (Beispiel aus eigenen Daten). Zur Erfassung von Verhaltensmusteränderungen wird die »contrastive analysis« (Davis/Hadiks 1995) angewandt, bei der das Verhalten eines Individuums relativ zu sich selbst analysiert wird. Momente in der Therapie, in denen objektiv Bewegungsmusteränderungen nachgewiesen wurden, wurden auch subjektiv von Therapeut und Patient als bedeutsam erlebt (Scheflen 1974).

Ein weiterer Aspekt der Relation zwischen Psyche und Bewegung stellt sich in psychophysiologischen Untersuchungen dar. Schwartz et al. (1976) untersuchten die Auswirkung der Imagination von Gefühlen auf die Gesichtsmuskulatur. Die Probanden sollten sich glückliche, traurige und ärgerliche Situationen vorstellen. Bei den gefühlsmäßigen Vorstellungen traten im Elektromyogramm jeweils unterschiedliche Muster der muskulären Aktivität auf. Diese Unterschiede ließen sich mit EMG auch dann noch nachweisen, wenn der Gesichtsausdruck bei den verschiedenen Gefühlen in der visuellen Analyse von Videoaufzeichnungen nicht mehr erkennbar war. Clynes (1975, zit. nach Birbaumer 1983) konnte durch Registrierung der Mikroausschläge des Mittelfingers die sechs »Basisemotionen« Freude, Trauer, Interesse, Furcht, Wut und Ekel differenzieren. Dieses Ergebnis legt eine funktionell unterschiedliche Innervation bei verschiedenen Gefühlen nicht nur der mimischen Gesichtsmuskulatur, sondern der gesamten Körpermuskulatur nahe. Beide Forschergruppen versuchten, über die muskuläre Aktion die entsprechenden Gefühle zu evozieren, z. B. wurden Probanden aufgefordert, den M. Corrugator anzuspannen (Bildung einer senkrechten Falte zwischen den Augenbrauen). Nach längerem Training trat schließlich eine depressive Stimmung ein. Demzufolge gehen Gefühle mit unterschiedlichen, psychophysiologisch identifizierbaren, muskulären (und zentralnervös-vegetativen) Aktivierungsmustern einher, und umgekehrt spielt die Rückmeldung muskulärer (und vegetativer) Änderungen bei der Entstehung von Gefühlen eine Rolle.

In einer Studie zur Gedächtnisleistung beim Memorieren positiver und negativer Adjektive zeigte sich ein Zusammenhang zwischen Bewegung und Kognition, d. h. bei der Präferenz für bestimmte kognitive Inhalte. Wenn die Probanden beim Merken von positiven und negativen Adjektiven Kopfnicken ausführten, erinnerten sie anschließend die positiven Adjektive besser als die negativen. Wenn sie hingegen bei der Rezeption Kopfschütteln ausführten, memorierten sie die negativen Adjektive besser (Förster/Strack 1996).

Bewegungsverhalten und psychische Erkrankung

In den verschiedenen wissenschaftlichen Fachgebieten wurde mit unterschiedlichen Methoden übereinstimmend festgestellt, dass psychische Erkrankungen mit verändertem Bewegungsverhalten einhergehen (Wulfeck 1941; King 1954; Sainsbury 1954; Hartwich 1970; Yates 1973; Ekman/Friesen 1974; Blackburn 1975, Schwartz 1976; Ulrich 1977; Davis 1981; Günther/Gruber 1983; Birbaumer 1983; Wolf-Schein 1985; Burn 1987; Lausberg et al. 1988; Wallbott

1989; Manschreck 1989; Dosamantes 1990; Hadzi-Pavlovic et al. 1992; Katz et al. 1993). Dies gilt nicht nur – wie oben beschrieben – für Patienten/-innen mit Essstörungen, sondern auch für andere psychische Erkrankungen. Bei Patienten mit Schizophrenie und Depression wurden »abnormale« willkürliche und unwillkürliche Bewegungen (Owens 1982; Rogers 1985; Caligiuri et al. 1993; Chatterjee et al. 1995), psychomotorische Defizite z. B. in Geschicklichkeits- und Rhythmusaufgaben (Wulfeck 1941; King 1954; Manschreck 1985, 1989, 1990; Günther et al. 1991), qualitative Veränderungen des Bewegungsverhaltens (Jones 1965; Condon 1969; Davis 1981, Wolf-Schein 1985, Wallbott 1989; Davis et al. 1995) sowie Veränderungen des non-verbalen interaktiven Verhaltens (Ekman/Friesen 1974; Ulrich/Harms 1985; Ellgring 1985; Gaebel 1992; Hadzi-Pavlovic et al. 1992) belegt. Ferner wurden bei Patienten mit narzisstischen und Borderline-Persönlichkeitsstörungen qualitative Veränderungen des Bewegungsverhaltens dokumentiert (Davis et al. 1995; Cruz 1995; Berger/Cruz 1998). Die Studien weisen übereinstimmend darauf hin, dass das Ausmaß der Veränderung des Bewegungsverhaltens mit der Schwere der psychischen Erkrankungen korreliert (Wulfeck 1941; Yates 1973; Günther/Gruber 1983). Pathognomonische Bewegungsmerkmale, d. h. Bewegungsmerkmale, die für eine Diagnosegruppe spezifisch sein könnten, z. B. hypothetisch das Bewegungsmerkmal »Fragmentation« für Schizophrenie, konnten jedoch in keiner Studie nachgewiesen werden (Wolf-Schein et al. 1985; Manschreck 1989; Davis et al. 1995; Cruz 1995; Lausberg et al. 1996). (Ebenso wenig ließ sich ein Bewegungsmerkmal finden, das spezifisch mit einem Persönlichkeitsmerkmal korreliert (Allport/Vernon 1933; Rimoldi 1951; Hargadine 1973; Burn 1987; Lausberg et al. 1996).) Die Studien von Wolf-Schein et al. (1985), Davis et al. (1995) und insbesondere Cruz (1995) sind jedoch insofern wegweisend, als sie zeigen, dass Bewegungscluster diagnosespezifisch sind. So unterschieden sich z. B. schizophrene Patienten von Patienten mit Persönlichkeitsstörungen durch die Kombination bestimmter Bewegungsqualitäten.

Signifikante Veränderungen des Bewegungsverhaltens im Therapieverlauf wurden bei schizophrenen Patienten (Freedman/Hoffman, 1967; Davis 1981), depressiven Patienten (Ekman/Friesen 1974; Ulrich 1977; Ulrich/Harms 1985; Ellgring 1986; Wallbott 1989), bei psychosomatischen Patienten (Krause/Lütolf 1989; Lausberg et. al 1988; von Arnim/Lausberg 1995) und bei normalen Therapieteilnehmern (Dosamantes 1990) beobachtet. Einhergehend mit der Besserung des psychischen Befundes zeigte sich bei den Patienten eine Veränderung des Bewegungsverhaltens in Richtung »gesundes Bewegungsverhalten« (entsprechend den Definitionen aus Tanz- und Bewegungstherapie).

Hypothesen zum Zusammenhang zwischen Bewegungsverhalten und Körperbildstörungen bei Essstörungen

Wie oben dargelegt, besteht ein Zusammenhang zwischen Bewegungsverhalten und emotional-kognitiven Zuständen bzw. psychischer Erkrankung. Gleichermaßen ist auch eine Assoziation zwischen bestimmten Bewegungsqualitäten und bestimmten Körpererlebensweisen bzw. Körperbildstörungen anzunehmen. Im Folgenden soll daher der Zusammenhang zwischen Bewegungsverhalten und Körperbildstörung bei Essstörungen diskutiert werden, d.h. o.g. Befunde zum Bewegungsverhalten in Relation zu den empirisch belegten kognitiv-affektiven bzw. kognitiv-evaluativen und verhaltensbezogenen Komponenten der Körperbildstörungen wie Körperunzufriedenheit, insbesondere im Hinblick auf die Problemzonen Bauch, Hüfte und Po, sowie Vermeidungs- und Kontrollverhaltensweisen.

»Gebundener Bewegungsfluss« (Definition siehe oben) ermöglicht einerseits eine maximale Kontrolle der eigenen Bewegungen, andererseits bringt er jedoch eine Beeinträchtigung der Feinkoordination (vgl. Dysdiadochokinese) mit sich. Aufgrund der so erzielten starken Kontrolle der Bewegungen ist diese Bewegungsqualität der essgestörten Patientinnen gut mit ihrem anderweitigen Kontrollverhalten im Hinblick auf den eigenen Körper zu vereinbaren. Der Laban-Parameter »Kraft« bezeichnet das Ausmaß des Einsatzes des Körpergewichts entgegen oder mit der Schwerkraft. Es kann argumentiert werden, dass der geringe Krafteinsatz Folge der körperlichen Schwächung durch die Anorexie ist. Jedoch unterschieden sich in der Studie von Lausberg et al. (1996) die Anorektikerinnen diesbezüglich nicht von den Bulimikerinnen. Der geringere Einsatz von eigenem Körpergewicht könnte daher auch als bewegungsmäßige Manifestation der Ablehnung des eigenen Gewichts gedeutet werden und dem anorektischen Streben, leicht, ätherisch und schwerelos zu sein, entsprechen (Joraschky 1983; Feiereis 1989). Die Bewegungsqualität »isolierte Bewegung« ist ebenfalls mit dem Kontrollverhalten im Bezug auf den Körper vereinbar, da die separate Bewegung einzelner Körperteile wesentlich besser zu kontrollieren ist als ganzkörperliche Bewegung. Anders ausgedrückt, wird der Zustand des »Sich-der-Bewegung-Hingebens«, der insbesondere bei der Einbeziehung des Kopfes in den Bewegungsfluss eintritt, vermieden. »Peripher-distale Bewegungen« sind leichter zu kontrollieren als zentral-proximale Bewegungen, die mehr Gleichgewichtskontrolle erfordern. Dieser Befund ist daher auch gut mit den von Hölter et al. berichteten Störungen der Gleichgewichtsregulation zu vereinbaren. Ein anderer Aspekt dieser Bewegungsqualität ist, dass der Körperstamm nicht in die Bewegung einbezogen wird. Ebenso wie die »fehlende Einbeziehung des Unterkörpers«, d.h. insbesondere des Beckens, ist dies gut mit Vermeidungsverhalten vereinbar. Durch das Nicht-Bewegen der Körpermitte mit den »Problemzonen« Bauch, Hüfte und Po werden diese Körperteile quasi als nicht existent behandelt. Ferner finden sich kaum »Gewichtsverlagerungen«, d.h. das Bewegungsverhalten der essgestörten Patienten ist eher gestisch. Diese Bewegungsqualität ist ebenfalls mit den beschriebenen Defiziten in der Gleichgewichtsregulation vereinbar bzw. mit einer Vermeidung des aktiven Umgangs mit dem eigenen Körperschwerpunkt.

In der Hyperaktivität manifestiert sich u.a. die Körperunzufriedenheit, da es sich um ein Bewegungsverhalten handelt, das zielorientiert zur Gewichtsreduktion führt. Ferner beinhaltet die Hyperaktivität auch Aspekte des Kontrollverhaltens, da die Patienten/-innen sich durch die andauernde Bewegung stets der Kontrolle über ihren Körper versichern. Ausgleich von Schuldgefühlen (»Buße tun«), insbesondere bei subjektiv erlebtem Versagen aufgrund von erfolgter Nahrungsaufnahme, oder Bewegen, um sich selbst zu spüren, sind weitere Aspekte, die in indirektem Zusammenhang mit der Körperbildstörung stehen. Ferner ist Hyperaktivität auch in Form von ungerichteter Bewegungsunruhe oder von Zwangsritualen zu beobachten (Beumont et al. 1994). Tierexperimentelle Untersuchungen belegen, dass Hyperaktivität und Hungern einen sich gegenseitig verstärkenden Kreislauf bilden (Routtenberg 1968; Broocks et al. 1990; van Kuyck et al. 2007).

Zusammenfassend ist es plausibel, dass sich eine aversive Einstellung zum eigenen Körper und zu bestimmten Körperteilen (kognitiv-affektive bzw. kognitiv-evaluative Komponente) in der Art, wie der Körper bewegt wird, niederschlägt. Da das individuelle Bewegungsverhalten, z.B. der Gang und die Haltung einer Person, weitgehend implizit gesteuert wird, ermöglicht die Erfassung des Bewegungsverhaltens insbesondere auch implizite Anteile des Körperbildes zu erfassen. Wie oben dargelegt, finden sich jedoch auch Qualitäten im Bewegungsverhalten der essgestörten Patienten/-innen, die explizit im Sinne von willentlich gesteuerten Kontroll- und Vermeidungsverhalten gelenkt werden können, z.B. wenn eine Patientin willentlich ihren Bauch einzieht und daher das Becken kaum bewegt.

Bewegungstherapie in der Behandlung von Körperbildstörungen: Hypothesen zu Wirkmechanismen

Die Persistenz der Körperbildstörung bei ansonsten erfolgreicher Therapie der Essstörung stellt einen Rückfall-Prädikor dar (Fairburn et al. 1993). Daher ist die Verbesserung der Körperbildstörung essentiell für die Heilung der Essstörung (Bruch 1962). Körperbildbezogene Therapieziele liegen in einer positiven affektiv-kognitiven Bewertung des eigenen Körpers und in einer Abnahme von Kontroll- und Vermeidungsverhalten. Ausgehend von der Annahme, dass Bewegungsverhalten Körperbildstörungen reflektiert, soll nun überlegt werden, wie Körperbildstörungen mittels Bewegungstherapie therapiert werden können.

Empirische Untersuchungen zum Zusammenhang zwischen Körperbild und Bewegung belegen bei körperlichem Training störungsunspezifisch die Entwicklung einer positiven Einstellung zum eigenen Körper, d. h. eine Besserung der kognitiv-affektiven bzw. kognitiv-evaluativen Komponente des Körperbildes (Adame et al. 1991; Lewis/Scannel 1995; Kirkcaldy et al. 2002; Planinsec/Fosnaric 2005). Die folgenden Überlegungen speziell zu Patienten/-innen mit Essstörungen beziehen sich nicht auf allgemeine psychotherapeutische Wirkfaktoren, die – wie in unterschiedlichem Ausmaß bei jeder psychotherapeutischen Methode – auch in der Tanz- oder Bewegungspsychotherapie zum Tragen kommen, sondern auf spezifisch an Bewegung gebundene Wirkfaktoren. Ferner sollen hier nur die Wirkungen speziell auf das Körperbild und nicht auf den psychischen Status im Allgemeinen, wie z. B. die Abnahme der Depressivität bei körperlicher Bewegung, diskutiert werden.

Aufgrund der oben dargelegten Zusammenhänge zwischen Bewegungsverhalten und Körperbildstörung ist davon auszugehen, dass bei den essgestörten Patienten/-innen Veränderungen des Bewegungsverhaltens in Richtung »gesund« (definiert durch die gesunden Kontrollgruppen), d. h. mehr freier Bewegungsfluss, mehr ganzkörperliche Bewegungen, mehr Einbeziehung von Körpermitte und Unterkörper, mehr Einsatz des Körpergewichts, mehr Gewichtsverlagerungen und weniger Hyperaktivität, ihr Körpererleben verändern und zu einer Verbesserung des Körperbildes führen.

Die selbst durchgeführte Ausführung bestimmter Bewegungsformen verändert die Wahrnehmung dieser Bewegungsformen bei anderen. Calvo-Merino et al. (2005) wiesen in einer funktionellen MRT-Studie nach, dass bei der Beobachtung von Bewegungsformen, die der Beobachter selbst zuvor trainiert hatte, eine signifikant stärkere Aktivierung bilateral im prämotorischen Cortex und Sulcus intraparietalis, im rechten superioren Parietallappen und im linken posterioren superioren Temporallappen auftrat als bei der Beobachtung von Bewegungsformen, die der Beobachter nicht selbst trainiert hatte. Neu erworbene Bewegungsfähigkeiten führen somit zu Veränderungen der Wahrnehmung und der Verarbeitung von Bewegungsstimuli. Es ist davon auszugehen, dass sich eigene Bewegungserfahrung nicht nur auf die Verarbeitung externer Stimuli (hier: das Bewegungsverhalten anderer Personen), sondern auch interner Stimuli (z. B. eigene Bewegungen oder Körpersensationen) auswirkt. Die Einbeziehung von Körperteilen, d. h. mehr ganzkörperliche Bewegungen, mehr Einbeziehung von Körpermitte und Unterkörper, führt zu einer neuen sensomotorischen Erfahrung im Bezug auf diese Körperteile. Es soll hier die Hypothese aufgestellt werden, dass eine neue sensomotorische Erfahrung die kritische, meist visuell geleitete Bewertung des Körperteils relativiert. Das angenehme Erleben der Bewegung oder der Berührung eines Körperteils kann dazu führen, dass dieses Körperteil anders besetzt wird, oder anders ausgedrückt, dass die mentale Repräsentation dieses Körperteils mit neuen Assoziationen verknüpft wird. Auf diese Weise kann die kognitiv-affektive bzw. kognitiv-evaluative Komponente des Körperbildes durch Bewegungserfahrung beeinflusst werden.

Ein weiteres Beispiel für Wirkmechanismen in der Bewegungstherapie ist die positive Beeinflussung des Kontrollverhaltens. Patienten/-innen, denen es möglich ist, sich nicht nur mit gebundenem, sondern auch mit freiem Bewegungsfluss zu bewegen (wie dies z. B. bei Schwüngen oder beim Drehen und Fallen lassen erforderlich ist), können bei der Ausführung von freiem Bewegungsfluss ein »kontrolliertes Loslassen« und somit eine positive Form des Kontrollverhaltens erleben. Ferner wirken sich veränderte Bewegungsmuster im sozial-kommunikativen Bereich aus: Durch die veränderte Art, den Körper zu bewegen (z. B. ganzkörperliche Bewegung statt nur isolierter Bewegung einzelner Körperteile) wird auch das soziale Feedback hinsichtlich des Körpers der Patientin positiv beeinflusst (Die Patientin kann davon jedoch nur profitieren, wenn sie diese Art der Anerkennung ihres Körpers auf der psychischen Ebene als nicht bedrohlich empfindet).

Aufgrund der oben dargelegten Zusammenhänge zwischen Bewegungsverhalten und Körperbild ist davon auszugehen, dass eine Veränderung des Bewegungsverhaltens, insbesondere wenn sie nicht nur explizit (willentlich) gesteuert wird, sondern auf impliziter Ebene gespeichert wird, auch zu einer Veränderung des Körpererlebens führt, und umgekehrt. Entsprechend der o.g. Veränderungen im Bewegungsverhalten bei Patienten/-innen mit Essstörungen zeigt sich somit ein Therapieerfolg hinsichtlich der Körperbildstörung auf der Bewegungsebene in einer Abnahme der Hyperaktivität, einer Einbeziehung der Körperteile wie Körpermitte und Unterkörper, Krafteinsatz, freiem Bewegungsfluss und Raumanwendung.

Körperbilddiagnostik und -therapie in der bewegungstherapeutischen Praxis

Bewegungsdiagnostik bei den individuellen Patienten/-innen

Zu Beginn der Therapie sollte eine Bewegungsdiagnose gestellt werden, auf deren Basis bewegungstherapeutisch gezielt interveniert werden kann. In den meisten körperorientierten Therapieverfahren mit oder ohne psychotherapeutischen Anspruch (Krankengymnastik, Eutonie, Bioenergetik, Feldenkrais, Eurhythmie, Ideokinesis u. a.) werden Bewegungsaufgaben zu diagnostischen Zwecken eingesetzt. Umfassendere, auch für die empirische Forschung geeignete Tests zur Bewegungsdiagnostik stammen aus dem Bereich der Tanztherapie. Der Einsatz von Bewegungsdiagnosetests bietet gegenüber der Analyse spontan gezeigten Bewegungsverhaltens den Vorteil, dass der Therapeut anhand spezifischer Aufgaben schnell ein Erfahrungsspektrum hinsichtlich der möglichen Bewegungsformen gewinnt. Bei der Durchführung empirischer Studien empfiehlt sich generell die Anwendung von standardisierten Tests, damit eine Vergleichbarkeit der Befunde gewährleistet ist.

Bewegungsdiagnosetests

Schoop (1981) arbeitete diagnostisch mit standardisierten Bewegungsformen, wie z. B. Haltung, Gang, Sprung oder Schwünge und mit thematisch gebundener Improvisationen, z. B. zum Thema »Meer«.

Espenak (1985) entwickelte einen Bewegungsdiagnosetest mit Bewegungsaufgaben wie Schieben, Drücken, Springen, Gehen auf allen Vieren, Seitwärtsgehen, Armschwünge, Rolle rückwärts, auf Zehenspitzen Gehen u. a. Anhand der Bewegungsaufgaben werden Ausmaß und Kontrolle der dynamischen Antriebskraft, Koordination, Ausdauer, physisches Selbstvertrauen und Körperbild anhand eines Punktesystems beurteilt. Der Test beinhaltet ferner eine musikalisch oder thematisch gebundene Improvisation, die Aufschluss über die emotionale Verfassung geben soll. Das Konzept von strukturierten Bewegungsaufgaben und freier Improvisation ermöglicht die Beobachtung des passiven und auch des aktiven Bewegungsrepertoires einer Person (Welche Bewegungsqualitäten kann der Proband auf Anforderung ausführen bzw. welche Bewegungen zeigt der Proband aus eigenem Antrieb?).

Lausberg (1998) entwickelte einen zweiteiligen, zehnminütigen Bewegungsdiagnosetest, der sich auch in der empirischen Forschung bewährt hat. Der erste Teil des Bewegungstests enthält die standardisierten Aufgaben Gehen, Laufen, Springen, Stampfen, Zusammenziehen – Ausdehnen, Ballenstand, Schwingen, Drehen, Fallen. Der zweite Teil besteht aus vier Improvisationsaufgaben, bei denen die Themen Wasser, Feuer, Luft und Erde in Bewegung dargestellt werden sollen. In Anlehnung an Espenaks Konzept werden durch den zweiteiligen Aufbau des Versuchsdesigns unterschiedliche Aspekte des Bewegungsverhaltens erfasst. Ferner dient Teil I als psychische und physische Vorbereitung auf Teil II.

Bewegungsanalysesysteme

Für die objektive Erfassung des Bewegungsverhaltens werden behaviorale Bewegungsanalysesysteme verwandt. Die in der Bewegungs- und Tanztherapie eingesetzten Bewegungsanalysesysteme basieren auf der Laban-Bewegungsanalyse (LBA) (Laban 1958), die primär konzipiert wurde, um – vergleichbar der Notation in der Musik – Bewegungsfolgen so genau aufzuzeichnen, dass diese anhand der Aufzeichnungen nachvollzogen werden können. Bei der LBA handelt es sich daher um ein objektives, wertfreies und genaues System zur Bewegungsbeschreibung. Übergeordnete Bewegungskategorien sind die Antriebe (In welcher Ausprägung zeigen sich Fluss, Kraft, Raum und Zeit in einer Bewegung?), Form und Raum (Wie formt sich der Körper im Raum? Wo bewegt sich der Körper im Raum?) und Körperanwendung (Welche Körperteile werden bewegt?). Die LBA bietet im Vergleich zu Bewegungsanalysesystemen anderer Disziplinen (z. B. Abnormal Involuntary Movement Scales in der Psychiatrie) den Vorteil, dass sie rein deskriptiv, hypothesenungebunden und sensitiv ist und ferner das gesamte Bewegungsverhalten und qualitative Bewegungsaspekte erfasst. Darüber hinaus ist die LBA gut geeignet für Analysen von videoaufgezeichnetem Bewegungsverhalten und kann somit als ein objektives Messinstrument für Bewegungsverhalten eingesetzt werden (Fremdbeobachtung, mehrere Rater,

Videoeinsatz mit Bewegungsanalyse ohne Ton). Ausgehend von der LBA wurden für unterschiedliche Anwendungsbereiche spezifische Bewegungsanalysesysteme entwickelt (Kestenberg Movement Profile (Kestenberg 1975); Bartenieff Fundamentals (Bartenieff 1991); Movement Psychodiagnostic Inventory (Davis 1983)). Für die empirische Forschung mit Anwendung des Annotation Tool ELAN entwickelte Lausberg (1997) das Laban-basierte Analysesystem »BewegungsAnalyseSkalen&Test (BAST)« (http://www.lat-mpi.eu/tools/elan/thirdparty).

Bewegungsdiagnose und therapeutische Interventionen

Nach der Definition der American Dance Therapy Association (1972) ist das Bewegungsmuster des Patienten Ausgangs- und Ansatzpunkt der Therapie. Bei der diagnostischen Erfassung des Bewegungsverhaltens ist bei der praktischen Arbeit besonders auf die Bevorzugung bestimmter Bewegungsqualitäten, z.B. dass ein Patient immer gebundenen Bewegungsfluss zeigt oder deren Fehlen im Bewegungsrepertoire zu achten, z.B. dass bei dem Patienten nie freier Bewegungsfluss zu beobachten ist. Ferner ist zu berücksichtigen, wie Bewegungsqualitäten kombiniert werden. Nach der Erstellung der »Bewegungsdiagnose« kann therapeutisch entweder mit den vom Patienten angewendeten Bewegungsqualitäten oder mit den fehlenden Bewegungsqualitäten gearbeitet werden. Bei erstgenanntem Vorgehen wird die Wahrnehmung des mit den eigenen Bewegungspräferenzen verbundenen Körpererlebens gefördert. Der Therapeut kann zu diesem Zweck z.B. die Bewegungen des Patienten spiegeln, maximieren, kontrastieren oder den Patienten anregen, selbst die Bewegungsqualitäten zu maximieren, d.h. mit extremer Ausprägung, auszuführen (extrem gebundener Fluss führt quasi zur Erstarrung). Bei der Arbeit mit den im Repertoire des Patienten fehlenden Bewegungsqualitäten steht die Exploration der »neuen« Bewegungsqualitäten und der damit verbundenen, bisher nicht erlebten Aspekte des Körpererlebens im Vordergrund. Bei der fehlenden Einbeziehung von bestimmten Körperteilen in die Bewegung kann die Therapeutin z.B. die Patientin bitten, beim Bewegen eine Hand auf das Körperteil zu legen, zu maximieren (d.h. die Patientin auffordern, das Körperteil noch weniger zu bewegen), zur Nachahmung der Bewegung anregen oder durch Vorstellungsbilder zu der fehlenden Bewegungsqualität »verführen«. (Zum therapeutischen Vorgehen siehe auch Beitrag von M. Eberhard in diesem Buch).

Bedeutung der Bewegungsdiagnostik für die Körperbildforschung

Voraussetzung für die Grundlagenforschung zum Körpererleben ist die objektive und genaue Erfassung des Körperlebens. Die meisten diagnostischen Verfahren zur Erfassung des Körperbildes in der empirischen Forschung beruhen auf unterschiedlichen Formen des Selbstratings. Die Bewegungsanalyse stellt daher eine wichtige Ergänzung zu den etablierten Verfahren dar, da sie auf Fremdrating beruht und somit als objektives Messinstrument eingesetzt werden kann (Lausberg et al. 1996). Ferner bezieht sich die Bewegungsanalyse unmittelbar auf die körperliche Ebene und ermöglicht es, – ebenso wie andere nonverbale Verfahren, z. B. der Körperbildskulpturtest (von Arnim et al. 2007) – insbesondere auch implizite Anteile des Körpererlebens zu erfassen. Auch in dieser Hinsicht stellt die Bewegungsanalyse einen wichtigen, neuen Ansatz in der Körperbilddiagnostik dar, deren etablierte Verfahren in erster Linie explizite Prozesse erfassen. Darüber hinaus haben die technischen Fortschritte in den letzten Jahrzehnten, die eine deutliche Verbesserung der Aufzeichnung von Bewegungsverhalten und der Analyse des videoaufgezeichneten Bewegungsverhaltens mit Annotation Tools mit sich brachten, schließlich dem Einsatz der Bewegungsanalyse in der empirischen Forschung den Weg gebahnt. Zusammenfassend stellt die Bewegungsanalyse ein effektives, zu den etablierten Verfahren komplementäres Instrument für die Körperbilddiagnostik dar.

Literatur

Adame, D.D.; Radell, S.A. & Johnson, T.C. (1991): Physical Fitness, Body Image and Locus of Control in College Woman Dancers and Nondancers. Perceptual and Motor Skills 72, 91–95.
Allport, G.W. & Vernon, P.E. (1933): Studies in Expressive Movement. New York (Macmillan).
Arnim, A. von; Lausberg H. & Joraschky, P. (2007): Körperbild-Diagnostik. In: Geissler, P; Heisterkamp, G. (Hg.). Psychoanalyse der Lebensbewegungen. Zum körperlichen Geschehen in der psychoanalytischen Therapie. Ein Lehrbuch. Wien, New York (Springer), S. 165–196.
Arnim, A. von & Lausberg H. (1995): Bewegungsverhalten als Prozessparameter in einer kontrollierten Studie mit funktioneller Entspannung. Unveröffentlichtes Skript, präsentiert auf der 42. Arbeitstagung des Deutschen Kollegiums für Psychosomatische Medizin.
Berger, M. R. & Cruz, R.F. (1998): Movement Characteristics of Borderline and Narcissistic Personality Disorder Patients. Poster Presentation at the American Dance Therapy Association Annual Conference, Oct. 1998, Alburquerque, New Mexico.

Beumont, P. J. V.; Arthur, B.; Russell, J.D. & Touyz, S.W. (1994): Excessive Physical Activity in Dieting Disorder Patients: Proposal for a Supervised Excercise Program. International Journal of Eating Disorders 15(1), 21–36.

Birbaumer, N. (1983): Psychophysiologische Ansätze. In H. Euler & H. Mandel (Hg.): Emotionspsychologie, München (Urban & Schwarzenberg), S. 45–52.

Blackburn, I.M. (1975): Mental and Psychomotor Speed in Depression and Mania. British Journal of Psychiatry 126, 329–335.

Brewerton, T.D.; Stellefson, E.J.; Hibbs, N.; Hodges, E.L. & Cochrane, C.E. (1995): Comparison of eating disorder patients with and without compulsive excercising. International Journal of Eating Disorders 17, S. 413–416.

Broocks, A.; Schweiger, U. & Pirke, K.M. (1991): The influence of semistarvation-induced hyperactivity on hypothalamic serotonin metabolism. Physiology and Behaviour 50, 385–388.

Bruch, H. (1962): Perceptual and conceptual disturbances in anorexia nervosa. Psychosomatic Medicine 24, 187–194.

Bruch, H. (1973): Eating Disorders: Obesity, Anorexia Nervosa and the Person within. New York (Basic Books).

Burn, H. (1987): The Movement Behaviour of Anorectics. The Control Issue. American Journal of Dance Therapy 10, 54–76.

Caligiuri, M.P.; Lohr, J.B. & Jeste, D.V. (1993): Parkinsonism in neuroleptic-naive schizophrenic patients. American Journal of Psychiatry 150 (9), 1343–1348.

Calvo-Merino, B.; Glaser, D.E.; Grezes, J.; Passingham, R.E. & Haggard, P. (2005): Action Observation and Acquired Motor Skills: An fMRI Study with Expert Dancers. Cerebral Cortex 15, 1243–1249.

Cash, T.F. & Deagle, E.A. (1997): The Nature and Extent of Body-Image Disturbances in Anorexia Nervosa and Bulimia nervosa: A Meta-Analysis. International Journal of Eating Disorders 22, 107–125.

Chatterjee, A.; Chakos, M.; Koreen, A.; Geisler, S.; Sheitman, B.; Woerner, M.; Kane, J.M.; Alvir, J. & Lieberman, J.A. (1995): Prevalence and clinical correlates of extrapyramidal signs and spontaneous dyskinesia in never-medicated schizophrenic patients. American Journal of Psychiatry 152, 1724–1729.

Condon W.S. & Ogston W.D. (1967): A segmentation of behavior. Journal of Psychiatric Research 5, 221–235.

Cruz, R.F. (1995): An empirical investigation of the movement psychodiagnostic inventory. Unpublished dissertation, Dept. of Educational Psychology, University of Arizona.

Davis, C. (1997): Eating disorders and hyperactivity: A psychobiological perspective. Canadian Journal of Psychiatry 42, 168–175.

Davis, C.; Kennedy, S.H.; Ralevski, E. & Dionne, M. (1994): The role of physical activity in the development and maintenance of eating disorders. Psychological Medicine 24, 957–967.

Davis, M. (1981): Movement characteristics of hospitalized psychiatric patients. American Journal of Dance Therapy 4 (1), 52–71.

Davis, M. & Hadiks D. (1994): Nonverbal aspects of therapist attunement. Journal of Clinical Psychology 50 (3), 393–405.

Davis, M. & Hadiks D. (1990): Nonverbal behaviour and client state changes during psychotherapy. Journal of Clinical Psychology 46 (3), 340–351.

Davis, M. & Hadiks D. (1995): Demeanor and credibility. Semiotica 1 (2), 5–54.

Davis, M.; Cruz, R.F. & Berger, M.R. (1995): Movement and psychodiagnosis: schizophrenia spectrum and dramatic personality disorders. Paper presented at the meeting of the American Psychological Association. New York.

Dosamantes, E. (1990): Movement and Psychodynamic Pattern Changes in Long-Term Dance/Movement Therapy Groups. American Journal of Dance Therapy 12, 27–45.

Eberhard, M. (2006): Spiegelungsprozesse in der Körper- und Psychotherapie. unveröffentlichtes Manuskript, präsentiert auf den 13. Psychotherapietagen NRW.

Espenak, L. (1985): Tanztherapie – durch kreativen Ausdruck zur Persönlichkeitsentwicklung. Dortmund (Sanduhr).

Ekman, P. & Friesen, W. V. (1974): Nonverbal Behaviour and Psychopathology. In: Friedman, R. J. & Katz, M. M. (Hg.): The Psychology of Depression. New York (John Willey), S. 203–232.

Ellgring, H. (1986): Nonverbal Expression of Psychological States in Psychiatric Patients. European Archives of Psychiatry and Neurological Sciences 236, 31–34.

Ersland, L.; Rosen, G.; Lundervolt, A.; Smievoll, A. I.; Tillung, T.; Sundberg, H. & Hughdahl, K. (1996): Fantom limb imaginary fingertapping causes primary motor cortex activation: an fMRI study. Neuroreport 8, 207–210.

Fairburn, C. G.; Peveler, R. C.; Jones, R.; Hope, R. A. & Doll, H. A. (1993): Predictors of 12-month outcome in bulimia nervosa und the influence of attitudes to shape and weight. Journal of Consulting and Clinical Psychology 61, 696–698.

Feiereis, H. (1989): Diagnostik und Therapie der Magersucht und Bulimie. München (Hans Marseille).

Freedman, N. & Hoffman, S. P. (1967): Kinetic Behaviour in Altered Clinical States: Approach to Objective Analysis of Motor Behaviour during Clinical Interviews. Perceptual und Motor Skills 24, 527–539.

Förster, J. & Strack, F. (1996): Influence of overt head movement on memory for valenced words: a case of conceptual-motor compatibility. Journal of Personality and Social Psychology 71 (3), 421–430.

Gaebel, W. (1992): Non-verbal behavioural dysfunction in schizophrenia. British Journal of Psychiatry 161 (suppl.18), 65–74.

Gillberg, C.; Rastam, M. & Gillberg, I. C. (1994): Anorexia nervosa: Physical health and neurodevelopment at 16 and 21 years. Developmental Medicine and Child Neurology 36, 567–575.

Goldenberg, G. (2005): Body Image and the Self. In: Feinberg, T. E. & Keenan, J. P. (Hg.): The Lost Self: Pathologies of the Brain and Identity. San Francisco (Oxford University).

Günther, W. & Gruber, H. (1983): Psychomotorische Störungen bei psychiatrischen Patienten als mögliche Grundlage neuer Ansätze in Differentialdiagnose und Therapie. Archiv für Psychiatrie und Nervenkrankheiten 233 (3), 187–209.

Günther, W.; Petsch, R.; Steinberg, R.; Moser, E.; Streck, P.; Heller, H.; Kurtz, G. & Hippius, H. (1991): Brain dysfunction during motor activation and corpus callosum alterations in schizophrenia measured by cerebral blood flow and magnetic resonance imaging. Biological Psychiatry 29, 535–555.

Hadzi-Pavlovic, D.; Hickie, I.; Brodaty, H.; Boyce, P.; Mitchell, P.; Wilhelm, K. & Parker, G. (1993): Inter-Rater Reliability of a Refined Index of Melancholia: The CORE System. Journal of Affective Disorders 27, 155–162.

Hargadine, M. (1973): Development and Criticism of a Measurement Instrument for Scope of Movement. In: American Dance Therapy Association (Ed.), Proceedings of Eighth Annual Conference. Overland Park, Kansas, S. 152–161.

Hartwich, P. (1970): Über den Antrieb im motorischen Bereich. Archiv für Psychiatrie und Nervenkrankheiten 213, 166–176.

Jones, I. H. (1965): Observations on schizophrenic stereotypies. Comprehensive Psychiatry 6 (5), 323–335.

Joraschky, P. (1983): Das Körperschema und das Körperselbst als Regulationsprinzipien der Organismus – Umwelt – Interaktion. München (Minerva).
Katz, M. M.; Wetzler, S.; Cloitre, M.; Swann, A.; Secunda, S.; Mendels, J. & Robins, E. (1993): Expressive Characteristics of Anxiety in Depressed Men and Women. Journal of Affective Disorders 28, 267–277.
Kietz, G. (1952): Der Ausdrucksgehalt des menschlichen Ganges. Zeitschrift für angewandte Psychologie und Charakterkunde, Beiheft 93 (2. erw. Aufl.). Leipzig (Johann Ambrosius).
King, H. E. (1954): Psychomotor Aspects of Mental Disease. Cambridge (Havard University).
Kirkcaldy, B. D.; Shephard, R. J. & Siefen, R. G. (2002): The relationship between physical activity and self-image and problem behaviour among adolescents. Journal of Social Psychiatry and Psychiatric Epidemiology 37 (11), 544–550.
Krause, R. & Luetolf, P. (1989): Mimische Indikatoren von Uebertragungsvorgaengen. Zeitschrift für Klinische Psychologie XVIII, 55–67.
Krout, M. (1935): Autistic Gestures. Psychological Monografs 46.
Kuyck van, K.; Casteels, C.; Vermaelen, P.; Bormans, G.; Nuttin, B. & van Laere, K. (2007): Motor- and food-related metabolic cerebral changes in the activity-based rat model for anorexia nervosa: A voxel-based microPET study.« NeuroImage 35, 214–221.
Laban, R. (1988): The Mastery of Movement (Neuauflage). Worcester (Northcote House).
Lausberg, H. (1997): Bewegungsdiagnosetest mit Bewertungsskalen für Diagnostik und Therapieevaluation in der Tanztherapie. Zeitschrift für Tanztherapie 7, 35–42.
Lausberg. H.; von Wietersheim, J. & Feiereis, H. (1996): Movement Behaviour of Patients with Eating Disorders and Inflammatory Bowel Disease. A Controlled Study. Psychotherapy and Psychosomatics 65 (6), 272–276.
Lausberg, H.; von Wietersheim, J.; Wilke, E. & Feiereis, H. (1988): Bewegungsbeschreibung psychosomatischer Patienten in der Tanztherapie. Psychotherapie Psychosomatik Medizinische Psychologie 32, 162–169.
Lewis, R. N. & Scannell, E. D. (1995): Relationship of Body Image and Creative Dance Movement. Perceptual and Motor Skills 81, 155–160.
Manschreck, T. C. (1989): Motor Abnormalities and the Psychopathology of Schizophrenia. In: Kirkcaldy, B. (Hg.): Normalities and Abnormalities in Human Movement. Medicine and Sport Science 29, 100–127.
Manschreck, T. C.; Maher, B. M.; Waller, N. G.; Ames, D. & Latham, C. A. (1985): Deficient motor synchrony in schizophrenic disorders: clinical correlates. Biological Psychiatry 20, 990–1002.
Manschreck, T. C.; Keuthen, N. J.; Schneyer, M. L.; Celada, M. T.; Laughery, J. & Collins, P. (1990): Abnormal involuntary movements and chronic schizophrenic disorders. Biological Psychiatry 27, 150–158.
Owens, D. G. C. & Johnstone, E. C. (1982): Spontaneous involuntary disorders of movement. Archives of General Psychiatry 39, 452–461.
Planinsec, J. & Fosnaric, S. (2005): Relationship of perceived physical self-concept and physical activity level and sex among young children. Perceptual Motor Skills 100 (2), 349–353.
Rimoldi, H. J. A. (1951): Personal Tempo. Journal of Abnormal and Social Psychology 46, 280–303.
Rogers, D. (1985): The motor disorders of severe psychiatric illness: a conflict of paradigms. British Journal of Psychiatry 147, 221–232.
Routtenberg, A. & Kuznesof, A. W. (1967): Self-starvation of rats living in activity wheels on a restricted feeding schedule. Journal of Comparative Physiology and Psychology 64, 414–421.

Sainsbury, P. (1954): A method of measuring spontaneous movements by time-sampling motion picture. Journal of Mental Science. 100 a.
Seeger, G.; Braus, D. F.; Ruf, M.; Goldberger, U. & Schmidt, M. H. (2002): Body image distortion reveals amygdala activation in patients with anorexia nervosa – a functional magnetic resonance imaging study. Neuroscience Letters 326, 25–28.
Scheflen, A. E. (1973): Communicational Structure: Analysis of a Psychotherapy Transaction. Bloomington (Indiana University).
Scheflen, A. E. (1974): How Behaviour Means. New York (Anchor/Doubleday).
Schwartz, G. E.; Fair, P. L.; Salt, P. S.; Mandel, M. R. & Klerman, J. L. (1976): Facial muscle patterning to affective imagery in depressed and non-depressed subjects. Science 192, 489–491.
Schoop, T. (1981): ...komm und tanz mit mir. Zürich (Musikhaus Pan).
Shenton, J. (1990): Move for the better. Therapy Weekly 13, 4.
Uher, R.; Murphy, T.; Brammer, M. J.; Dalgleish, T.; Philipp, M. L.; Ng, V. W.; Andrew, C. M.; Williams, S. C. R.; Campbell, I. C. & Treasure, J. (2004): Medial prefrontal cortex activity associated with symptom provocation in eating disorders. American Journal of Psychiatry 161: 1238–1246.
Uher, R.: Murphy, T.; Friederich, H.-C.; Dalgleish, T.; Brammer, M. J.; Giampietro, V.; Phillips, M. L.; Ng, V. W.; Williams, S. C. R.; Campbell, I. C. & Treasure, J. (2005): Functional Neuroanatomy of Body Shape Perception in Healthy and Eating-Disordered Women. Biological Psychiatry 58, 990–997.
Wagner, A.; Ruf, M.; Braus, D. F. & Schmidt, M. H. (2003): Neuronal activity changes and body image distortion in anorexia nervosa. Neuroreport 14, 2193–2197.
Wallbott, H. G. (1982): Contributions of the German »Expression Psychology« to Nonverbal Communication Research. Journal of Nonverbal Behaviour 7, 20–33.
Wallbott, H. G. (1989): Movement Quality Changes in Psychopathological Disorders. In: Kirkcaldy, B. (Hg.): Normalities and Abnormalities in Human Movement. Medicine and Sport Science 29, 128–146.
Wolf-Schein, E. G. (1985): A Study of the Use of Nonverbal Systems in the Differntial Diagnosis of Autistic, Mentally Retarded and Fragile X Individuals. American Journal of Dance Therapy 8, 67–80.
Wulfeck, W. H. (1941): Motor function in mentally disordered. Psychological Report 4, 271-323.
Yates, A. J. (1960): Abnormalities of psychomotor functions. In: Eysenck, H. J. (Hg.) Handbook of abnormal psychology. London (Pitman), S. 261–283.

Der Körper und die Bewegung: eine psychotherapeutische Annäherung in der Behandlung von Essstörungen

Michel Probst

Einleitung

Die gestörte Wahrnehmung des eigenen Körpers (Gewicht, Umfang und Form) und die enorme Angst vor einer Gewichtszunahme, selbst bei deutlichem Untergewicht, geben uns Hinweise, wie Anorexia Nervosa Patienten (AN) ihren Körper erleben. Diese Charakteristika sind zugleich diagnostische Kriterien für Anorexia Nervosa (DSM-IV, American Psychiatric Association 1994). Die Veränderung dieses Körpererlebens muss dann auch als ein wichtiges Ziel in der Therapie von AN-Patienten betrachtet werden. Bruch (1962) vertrat die Auffassung, dass ein realistisches Körperbild und das erneute Akzeptieren des Körpers in seiner Normalität unentbehrliche Voraussetzungen für eine Genesung sind. Inbody und Ellis (1985), Vandereycken (Vandereycken et al. 1987) und Cash (2004) nehmen an, dass das Negieren dieses Therapieaspekts einer der Gründe für das langfristige Versagen einiger Behandlungskonzepte darstellt. Andere Autoren verweisen außerdem auf den prognostisch negativen Wert eines gestörten Körpererlebens. Gleichwohl fällt in der Fachliteratur ein Mangel an Beiträgen zu spezifischen Therapieansätzen auf, die sich auf das gestörte Körperbewusstsein konzentrieren. In diesem Kapitel möchten wir eine Übersicht über die spezifischen therapeutischen Interventionen geben, die auf eine Verbesserung des Körpererlebens der AN-Patienten hin ausgerichtet sind. Diese Übersicht basiert auf mehr als 25 Jahren klinischer Erfahrung in der Universitätsklinik in Kortenberg (Belgien) und einer Reihe von wissenschaftlichen Studien, die wir zu diesem Thema durchgeführt haben.

Körpererleben

In der Literatur wird der Begriff Körperbild (body image) verwendet, aber die Bezeichnung »Bild« engt das Konzept auf die visuelle Wahrnehmung des körperlichen Aussehens ein. Der Begriff »Körpererleben« ist hier besser geeignet, da er umfassender ist und die Komplexität und Multidimensionalität treffender umschreibt, die aus der Wahrnehmung (äußere – vor allem taktile und visuelle – und innere Perzeption), der subjektiven Erfahrung und den persönlichen Auffassungen über den eigenen Körper und deren Interpretationen besteht.

Der Begriff »Körpererleben« verweist sowohl auf den neuro-physiologischen (im Englischen body scheme, body orientation, body size estimation, body knowledge), als auch auf den psychologisch-phänomenologischen Aspekt (body image, body awareness, body boundary, body attitude). Das Körpererleben umfasst damit die Gesamtheit aller individuell und sozial erworbenen Erfahrungen in Bezug auf den eigenen Körper: affektive und kognitive, bewusste und unbewusste (siehe Bielefeld 1986; Brähler 1986; Thompson 1990;Probst 2006). Von dem oben beschriebenen Konzept ausgehend besprechen wir die wichtigsten Merkmale des gestörten Körpererlebens bei Essstörungen.

Anorexiepatienten beurteilen ihre Körperform oder bestimmte Körperteile auf unrealistische Weise. Auch bei deutlichem Untergewicht beurteilen manche Patienten ihr äußeres Aussehen als normal oder sich selbst als zu dick. Auffallend ist hierbei die Diskrepanz zwischen der Beurteilung des eigenen Körpers und dem Körper anderer. So gelingt es ihnen in vielen Fällen, den Körperumfang anderer Patienten richtig einzuschätzen, aber es wird ihnen nicht bewusst, dass sie selbst auch so oder noch schlechter aussehen! Auch haben sie oftmals falsche Auffassungen über die Folgen des Essens auf ihren Körperbau. So fühlen sie nach einer Mahlzeit ihren Magen »auseinanderquellen« oder ihren Leib »aufschwellen«.

Die meisten Patienten mit Essstörungen haben ihrem Körper und ihrem körperlichen Aussehen gegenüber im Allgemeinen eine negative Einstellung. Sie verlieren ihren Körper niemals aus den Augen oder kritisieren ihn ständig. Andere vermeiden, sich selbst (nackt) zu sehen und verbergen ihren Körper zumeist unter loser Kleidung. Sie sind in vielen Fällen mit bestimmten Körperteilen (meistens Bauch, Gesäß und Oberschenkel) unzufrieden. Aber diese Unzufriedenheit kann sich auch auf Körperteile beziehen, die nichts mit dem Gewicht zu tun haben (breite Hüften, zu klein, kurze Beine, schmale Schultern). Eine kleine Minderheit von Anorexiepatienten scheint auf ihr ausgemergeltes Aussehen (das sie auf nahezu exhibitionistische Weise zeigen) stolz zu sein, aber für die Mehrheit von ihnen trägt das Abmagern nicht zu größerer Zufriedenheit bei. Welch niedriges Gewicht sie auch erreichen, sie halten sich auch weiter immer noch für zu dick. Neben dem häufigen Wiegen oder Inspizieren vor dem Spiegel entwickeln manche Patienten eigene Normen wie beispielsweise »meine Rippen müssen sichtbar sein« oder »die Innenseiten meiner Schenkel dürfen einander nicht berühren, wenn ich aufrecht stehe«.

Patienten mit einer Essstörung leiden an mangelndem Vertrauen in ihren eigenen Körper, erfahren diesen als hinderlich und fühlen sich darin nicht »zu Hause«. Sie tun sich schwer mit Berührungen und ertragen nur sehr ungern die körperliche Nähe anderer. Dieses Entfremdungsgefühl kann einer Depersonalisierung oder einer Form von Dissoziation gleichen, wie sie nach körperlichem oder sexuellem Missbrauch auftritt. Ihr Selbsterleben ist häufig stark bestimmt von dem, was sie sich vorstellen, wie andere über sie denken, und darüber haben sie in der Regel eine negative Auffassung. Sie betrachten sich selbst wie durch die Augen kritischer Anderer. Dabei ist das Eigenbild ständigen Konflikten zwischen verschiedenen Blickwinkeln ausgesetzt: »Wie sehe ich mich selbst?« (die interne Linse), »Wie sehen mich andere?« (die externe Linse), »Wie sehe ich wirklich aus?« (die objektive oder neutrale Linse) und »Wie würde ich gerne aussehen?« (die ideale Linse). Je größer die Diskrepanz zwischen diesen vier Perspektiven ist, desto problematischer ist die Eigenwahrnehmung. Das Kernproblem bezieht sich auf einen Mangel an Selbstwertgefühl, das negative Selbstbild, das im negativen Körperbild zum Ausdruck kommt.

Bewegungsdrang

In der Literatur über Anorexia Nervosa ist oft die Rede von Hyperaktivität oder verwandten Begriffen wie Bewegungsdrang, Rastlosigkeit, psychomotorischer Unruhe, übertriebenem oder übermäßigem Bewegen. Dies ist sicherlich bei bereits ernsthaft abgemagerten Patienten ein auffälliges Verhalten, das in einem extremen Kontrast zu ihrem körperlichen Zustand steht, bei dem man erwarten würde, dass sie zu solchen Anstrengungen kaum noch in der Lage wären. Der Vollständigkeit halber sollte darauf hingewiesen werden, dass dieses Phänomen auch bei der Bulimia Nervosa vorkommt, aber wesentlich weniger auffällig als bei der Anorexia Nervosa. Personen mit Fressattacken weisen dagegen zumeist ein sehr passives, bewegungsarmes Verhalten auf.

Die Literatur gibt eine eindeutige Definition des Bewegungsdrangs bei Patienten mit Essstörungen (eine Übersicht findet sich bei Epling/Pierce 1996). Bestimmte Formen des Bewegungsdrangs können getrennt oder kombiniert auftreten, und zwar in verschiedenen Abstufungen:

➤ Eine freiwillige Erhöhung der körperlichen Tätigkeit nicht etwa wegen des damit verbundenen Vergnügens, sondern aus Sorge um das Gewicht (Verbrennung von Kalorien, Verneinung des Hungergefühls) und um die Figur. Die Nahrungsaufnahme wird gegenüber der körperlichen Betätigung sorgfältig abgewogen. Sportliche Betätigung trägt zum Abbau von Spannungen bei. Einige Patienten haben Schuldgefühle, wenn sie sich nicht ausreichend körperlich betätigen.

➤ Ein unfreiwilliger oder unwiderstehlicher Drang, sich (ziellos) zu bewegen. Hierbei fühlen die Patienten sich ständig verpflichtet, sich mit irgendetwas zu beschäftigen. Sie können sich keine Ruhe gönnen.

➤ Ein unzureichendes Müdigkeitsgefühl. Diese Patienten zeigen einen besonders starken Tätigkeitsdrang und behaupten, keine Müdigkeit zu kennen. Wo andere bei ständiger Anstrengung müde werden, machen sie ungeachtet ihres schlechteren körperlichen Zustands ganz ohne Beschwerden weiter. Ist dies eine echte Unempfindlichkeit für Ermüdungssignale oder werden diese nur geleugnet (nicht nachgeben, hart mit sich selbst sein)?

➤ Eine zwanghafte Ausprägung der Bewegung. Das Bewegungsverhalten dieser Patienten zeigt zwanghafte Merkmale. Sie folgen strikten Schemata bei wiederholten Aktivitäten und beim Bewegen. Alles ähnelt einem Zwangsritual.

Nach Davis (1994) kommen Merkmale übermäßiger Bewegung bei 75% der Anorexiepatienten und bei 54% der Bulimiepatienten vor. Das Problem mit solchen Zahlen liegt darin, dass keine messbare und präzise Definition des Bewegungsdrangs vorliegt. Wo liegt die Grenze zwischen normalem und übermäßigem Bewegen bzw. sportlicher Tätigkeit? 60% der stationär aufgenommenen Patienten mit Essstörungen sollen bereits einmal an sportlichen Wettbewerben teilgenommen haben.

Über die Bedeutung des Bewegungsdrangs gibt es gegensätzliche Hypothesen (Epling/Pierce 1996). Aus der soziokulturellen Perspektive wird die Bedeutung der Bewegung vor dem Hintergrund der heute in unserer Gesellschaft üblichen Beschäftigung mit Schönheit, Gesundheit und Fitness betrachtet. Aus psychoanalytischer Sicht wird der Bewegungsdrang als Ausgleich für das Gefühl der Leere, der Selbstunterschätzung und der Ineffizienz betrachtet.

In der Lerntheorie wird der Bewegungsdrang als konditioniertes Verhalten angesehen: Durch eine Erhöhung des Stoffwechsels wird die gewünschte Abmagerung zustande gebracht oder verstärkt. Biologische Hypothesen sehen den Bewegungsdrang bei stark abgemagerten Anorexiepatienten als Teil eines Aushungerungssyndroms oder als Zeichen einer (an die Abmagerung gekoppelten oder auch nicht) zwanghaften Störung.

Körperorientierte Therapien

Zu den Körperorientierten Therapien zählen alle Formen von Psychotherapie, die die Körperlichkeit und das Bewegen als Ansatzpunkt der Behandlung auffassen und dadurch auf eine positive Beeinflussung des psychischen Funktionierens zielen. In diesen Therapieformen werden hauptsächlich nonverbale Erfahrungen gemacht, die später verbal vertieft werden können. In Belgien wird von psychomotorischer Therapie gesprochen.

Meistens geschieht dies im Rahmen von schon bestehenden psychotherapeutischen Denkrichtungen (Verhaltenstherapie, kognitive und psychodynamische Therapie). An dieser Stelle lassen wir andere nonverbale Behandlungsformen wie kreative Therapie, Gestalttherapie und Psychodrama außer Betracht, weil sie zwar den Körper und nonverbale Ausdrucksformen als Mittel oder Instrument verwenden, aber nicht direkt auf das Körpererleben an sich gerichtet sind. Die wichtigsten, direkt auf den Körper orientierten Therapieformen sind unter folgenden Sammelbegriffen beschrieben: body image groups, psychomotorische Therapie, Konzentrative Bewegungstherapie, Körpertherapie, Tanz-Bewegungstherapie. All diese Therapieformen sind nicht deutlich voneinander abgegrenzt; sie überlappen sich oft in ihren Zielsetzungen und Techniken und werden meist als Ergänzung zu den verbalen Psychotherapieformen gesehen. Der Unterschied liegt sowohl in den jeweiligen besonderen Methoden und Techniken, als auch in den spezifischen Zielsetzungen. Zusammenfassend kann man feststellen, dass in Körperorientierten Therapien vor allem Bewegungs-, Spiel-, und auf den Körper gerichtete Situationen angeboten werden.

In Bewegungssituationen geht es um gymnastische Angebote und körperliche Fitness (Laufen, Werfen, Schlagen, Fangen, Ziehen, Drücken), um rhythmische Formen (Bewegen auf der Basis von Rhythmus, Tanz und ähnliche Formen), um Bewegungsangebote im Wasser, um bewusstseinsfördernde Bewegungsübungen (Pantomime, Yoga, Entspannungsübungen, Atemtechniken, Massage, usw.), um stilgebundene Formen (wie Gleichgewichtsturnen, Zirkeltraining) und Kampfsportarten (Judo, Ringen).

Sport- und Spielsituationen werden unterteilt in individuelle und Gruppenspielformen. In den auf den Körper ausgerichteten Angeboten unterteilen wir in Übungen zur Förderung des persönlichen Wachstums (awareness-Übungen, Techniken des Psychodramas, Methoden zur Selbstkonfrontation mit Video oder Spiegel, Aufmerksamkeits- und Konzentrationsübungen) und in Übungen zur Förderung des Wachstums im sozialen Bereich (nonverbaler Ausdruck, Empathie-Übungen, Vertrauensübungen und Feedback-Übungen).

Allgemeine Aspekte der Körperorientierten Therapien

Obschon Bruch bereits 1962 auf die Störung des Körperbildes als essentiellen Aspekt von AN verwies, sind die Publikationen zu Formen von AN zwischen 1960 und 1980 doch recht selten geblieben. Erst ab 1975 entstanden mehr formale Behandlungsprogramme für AN-Patienten (Agras/Kraemer 1984). Es ist daher nicht verwunderlich, dass lediglich in den letzten zwei Jahrzehnten dem Aspekt der Körper-Erfahrung in den Behandlungsprogrammen mehr Aufmerksamkeit geschenkt wurde. Die Vorgehensweise entwickelte sich von einem physiotherapeutischen Ansatz (Ziemer/Ross 1970) zu einer mehr integrierten, hauptsächlich nonverbalen Psychotherapie, in der der Körper und das Bewegen im Mittelpunkt stehen. Kulturelle Unterschiede zwischen z. B. angelsächsischen und romanischen Ländern oder zwischen Westeuropa und Nordamerika, verknüpft mit einer Liberalisierung des Denkens über den Körper und des Umgangs mit dem Körper, erklären mögliche Unterschiede im Ansatz von Körperorientierten Therapien.

Direkter versus indirekter Ansatz
Die Bedeutung des Körpererlebens innerhalb des therapeutischen Rahmens hängt von den zugrunde liegenden theoretischen Auffassungen über die AN ab. Meerman und Vandereycken (1987) unterschieden hierin zwei grundsätzliche Anschauungen: Die eine Gruppe Kliniker sieht das gestörte Körpererleben als ein sekundäres Phänomen, als eine Folgeerscheinung von etwas anderem. Wenn dieses andere (die primäre Störung welcher Art auch immer) aufgehoben werden kann, so nimmt man an, dass sich das Körperbild spontan normalisiert. Therapeuten, die sich ausschließlich auf die Behandlung des Untergewichts, der Familienprobleme und der intrapersonalen Konflikte konzentrieren, sehen das gestörte Körpererleben als ein nachgeordnetes Problem an.

In der anderen Grundauffassung wird das gestörte Körperbild als ein primärer und essentieller Aspekt angesehen, und man plädiert hier sehr stark für eine spezifische Behandlung dieser Besonderheit. Dabei gibt es Therapeutengruppen, die dazu in ihren vornehmlich kognitiven Therapieformen vor allem verbale Mittel einsetzen. Es gibt aber auch eine weitere Gruppe von Therapeuten, die den Körper selbst als direkten und spezifischen Ansatzpunkt für ihre Therapie nutzen, auch wenn eine solche Körperorientierte Therapie meistens in ein breiteres Behandlungsmodell eingebettet ist, in dem die verbale Psychotherapie auch eine wichtige Rolle spielt.

Multidimensionales Therapiemodell
Wir hatten bereits festgestellt, dass das Körpererleben ein multidimensionales Phänomen ist. Es scheint insofern selbstverständlich, dass nur eine multidimensionale Herangehensweise imstande ist, sich der Komplexität des Körpererlebens bei AN zu nähern. Die Körperorientierte Therapie, integriert in ein multidimensionales Therapiemodell, hat die spezifische Aufgabe, das Körpererleben zu beeinflussen. Dies ist jedoch nicht nur die Aufgabe der Körperorientierten Therapie. So können die Patienten in einer psychotherapeutischen Gruppe auf eher verbale Art und Weise Einsichten in die Bedeutung und Rolle ihres Körpers erwerben. Auch in der Kunsttherapie können sie ihre Gefühle in Bezug auf ihren Körper durch Malen, Zeichnen, Modellieren und Herstellen von Collagen ausdrücken. In der Sexualerziehungsgruppe erhalten die Patienten Informationen, und sie besprechen körperbezogene Gefühle, die mit dem Ausdruck ihrer sexuellen Identität verknüpft sind. Hier ist eine flexible Arbeitsweise gefordert, will man das breite Spektrum der Behandlungsmodalitäten und den Blick für die individuell spezifische Problematik integrieren. Immerhin ist es denkbar, dass bei unterschiedlichen Typen von Patienten verschiedene Strategien eingesetzt werden müssen.

Individuelle Therapie versus Gruppentherapie
Bis 1985 wurde die Körperorientierte Therapie hauptsächlich im Einzelsetting durchgeführt, danach fand eine Verschiebung in Richtung Gruppentherapie statt. Vandereycken sieht in dieser Arbeitsweise die Vorteile von Selbst- und Gruppenkonfrontation kombiniert. Darüber hinaus bietet die Arbeitsweise in der Gruppe sowohl die Möglichkeit der Unterstützung durch die Gruppenmitglieder, als auch die Möglichkeit des Lernens durch die Interaktionen miteinander. Eine Körperorientierte Therapie in der Gruppe kann auch leichter den Mangel an Problembewusstsein und den hartnäckigen Widerstand gegen Veränderung durchbrechen. Wegen des wichtigen Feedbacks und der

Konfrontation durch die Gruppenmitglieder haben die meisten Übungen in der Körperorientierten Therapie eine stärkere Wirkung, wenn sie in der Gruppe ausgeführt werden.

Ambulante versus stationäre Behandlung
Vor 1980 wurden die meisten AN-Behandlungen stationär durchgeführt. Inzwischen gibt es immer mehr teilstationäre, tagesklinische Behandlungsangebote. Die stationäre Aufnahme in der Klinik wird nur nach gescheiterter ambulanter Behandlung erwogen, oder wenn der AN-Patient zu untergewichtig und/oder in schlechtem körperlichem Zustand ist. In der Literatur findet man hauptsächlich Hinweise zur Körperorientierten Therapie bei (teil-) stationärer Behandlung. Bei der Anwendung von bestimmten sehr konfrontierenden Übungen muss man in der ambulanten Therapie eher vorsichtig sein, es sei denn man bietet eventuell notwendige Nachbetreuungsmaßnahmen an.

Zur Person des Therapeuten
Die Körperorientierte Therapie wird je nach Land und Ausbildungsmöglichkeiten von Motologen, Mototherapeuten, Psychomotorischen Therapeuten, Sporttherapeuten, Krankengymnasten, Psychologen, Kunsttherapeuten, Ärzten, Sozialpädagogen oder Krankenpflegern durchgeführt, die gegebenenfalls eine spezielle Aus- oder Weiterbildung absolviert haben. Der Therapeut ist bei der Identifikation der verschiedenen Elemente des Körpererlebens behilflich und regt das Sprechen über nonverbale Erfahrungen an. Der Therapeut enthält sich jeglichen Kommentars zum äußeren Erscheinungsbild von AN-Patienten. Falls der Therapeut Körperkontakt mit Patienten hat, die selbst negative sexuelle Erfahrungen durchlebt haben, kann das Geschlecht des Therapeuten einen günstigen bzw. hemmenden Einfluss auf die Therapie haben. Das Arbeiten mit zwei Therapeuten unterschiedlichen Geschlechts wäre hier wohl ideal.

Zielsetzungen von Körperorientierten Therapien

Rosen (1990) schlägt den multidimensionalen Aspekt des Körpererlebens (Perzeption, Einstellungen und Verhalten) als Ansatzpunkt für die Körperorientierten Therapien vor. Die Veränderungen während der Pubertät, der Einfluss früherer sexueller Erfahrungen und die Beziehung zwischen dem Körpererleben von Mutter und Tochter sind nach Wooley und Kearney

Cooke (1986) die drei Komponenten, die das Körpererleben der Patienten signifikant beeinflussen und deshalb untersucht werden müssen.

Ausgehend vom spezifischen Verhaltensmuster bei Essstörungen regen Vandereycken, Depreitere und Probst (1987) drei mögliche Anknüpfungspunkte an: das gestörte Körpererleben, die Hyperaktivität und die Furcht vor Verlust der Selbstkontrolle. Die Körperorientierte Therapie kann direkt auf diese drei Faktoren eingehen und daraus vier spezifische Zielsetzungen ableiten.

Wiederaufbau oder Herstellen eines realistischen Selbstbildes
Unbedingte Voraussetzung für eine Genesung ist die Entwicklung eines realistischeren und positiven Körpererlebens. Konkret bedeutet dies, dass sich die AN-Patienten zunächst einmal ihres verschlechterten physischen Zustands bewusst werden müssen. Danach müssen sie sich auch klar machen, dass sich ihr Körper während der Wiederherstellung des Normalgewichts verändert und damit auch eine Veränderung ihrer Gefühle und Bedürfnisse einhergeht. Der nächste Schritt ist dann das Akzeptieren eines physisch ausgereiften Körpers. Hier muss selbstverständlich genügend Aufmerksamkeit auf frühere negative Erfahrungen gerichtet werden. Diese in ein positives Körpererleben umzugestalten ist ein weiterer Schritt. In einigen Fällen kann die Rekonstruktion der eigenen Entwicklung im Bereich des Körpererlebens ein wichtiges Thema sein. Auf jeden Fall mangelt es AN-Patienten an einer gesunden Sichtweise in Bezug auf ihren Körper, die über die kulturell bestimmte Beeinflussung hinausgehen muss. Ihre verzerrte Einstellung zu Körperumfang und Gewicht, und das dazugehörige Essverhalten muss korrigiert werden.

Regulation von Hyperaktivität, Impulsen und Spannungen
Es wird angestrebt, die Hyperaktivität und Ruhelosigkeit, die viele AN-Patienten kennzeichnet, zu einer kontrollierten Form des Bewegens werden zu lassen. Das Erlernen einer adäquaten Begrenzung der physischen Aktivitäten – also sich auch Ruhe und Entspannung zu gönnen – ist hierbei wichtig. Das Erarbeiten einer guten körperlichen Kondition kann als zusätzliche Zielsetzung gelten.

Verbesserung der sozialen Interaktion
AN-Patienten müssen lernen, mit ihrem Körper zu kommunizieren, ihre Körpersprache zu gebrauchen. Das bedeutet auch, sich zu trauen, Gefühle und Irritationen anderen gegenüber zu äußern. AN-Patienten müssen darüber

hinaus neue und adäquatere Formen des Umgangs mit ihrer Umgebung lernen. In der sozialen Interaktion fallen oft ihre gering ausgeprägte Assertivität und ihr geringes Selbstwertgefühl auf.

Den Körper genießen lernen
Wenn die Patienten dann mehr oder weniger ihren Körper akzeptiert haben und imstande sind, Gefühle auszudrücken, müssen sie lernen, ihren Körper als angenehm anzunehmen, sich zu entspannen und körperliche Empfindungen zu genießen. Hierzu gehört, die sinnliche Wahrnehmung schätzen zu lernen, also auch die von Geschmack und Geruch von Essen und die von taktilem Kontakt. Vor allem das letztere kann als Folge von negativen sexuellen Erfahrungen und/oder körperlicher Misshandlung blockiert sein.

Therapeutische Techniken

Es gibt verschiedene Wege, um diese Zielsetzungen zu erreichen. Aus der ganzen Breite der Möglichkeiten – auf der Basis von Selbstkonfrontation und Selbstwahrnehmung – wählt man die Techniken oder Methoden aus, die am ehesten geeignet erscheinen, um den betreffenden Aspekt des gestörten Körpererlebens bei AN zu beeinflussen. Keine einzige der Aktivitäten ist aus sich selbst heraus therapeutisch. Die Übungen selbst sind kein Ziel, sondern ein Mittel, um die dargestellten Zielsetzungen zu erreichen. Obwohl die Körperorientierte Therapie meist in der Gruppe durchgeführt wird, muss der Therapeut individuell auf die Patienten eingehen. Weiterhin kann eine bestimmte Übung für verschiedene Zielsetzungen eingesetzt werden. Wichtig ist dabei, eine Sicherheit gebende und strukturierte Situation anzubieten, in der jeder die Spielregeln kennt und der Therapeut genügend Information zu Inhalt und Ziel des therapeutischen Settings gibt. Man muss sich vor Augen halten, dass die Körperorientierte Therapie für viele AN-Patienten nach ihrem manchmal jahrelangen Kampf mit dem eigenen Körper eine echte Konfrontation sein kann.

Entspannungs- und Atemübungen
Die am häufigsten angewandten Methoden sind die progressive Entspannung nach Jacobson (vor allem die davon abgeleitete Form von Bernstein und Berkovec) und das autogene Training nach Schultz. Sporadisch werden auch die Eutonie nach Alexander, »Mindfulness« nach Kabat-Zinn und Yoga (Carei et al. 2007) angewandt. Auch der Einsatz von Biofeedback ist beschrieben. Atem-

übungen sind oft ein Bestandteil von Entspannungstraining, bezwecken jedoch eine Verringerung der Atemfrequenz, eine größere Atembewegung (Bauchatmung) und eine Verlängerung der Ausatemphase. Es geht dabei nicht nur um eine Atemregulation, sondern auch um das Erfühlen des eigenen Körpers.

Formen von Massage
In der Behandlung von AN-Patienten werden hauptsächlich entspannende und/oder aktivierende Massageformen von Rücken und Beinen eingesetzt und eine passive Mobilisation der Gliedmaßen durchgeführt. Am häufigsten werden Massagetechniken wie Tapotementen, Effleurage und Petrissage angewandt. Die passive Mobilisation besteht aus dem passiven Bewegenlassen von Gliedmaßen und Kopf durch einen Übungspartner. Es geht hierbei nicht um eine edukative oder funktionelle Massage, sondern um Entspannung und das Bewusstwerden des eigenen Körpers. Field (1998) hat eine positive Wirkung von Massage bei BN-Patienten festgestellt.

Rollenspiel und Psychodramatechniken
Der Akzent liegt hier nicht auf den Techniken des Dramas, sondern auf der Vertiefung des emotionalen Erlebens durch die Teilnahme an der Aktivität, den Kontakt, die Interaktion und die nonverbale Kommunikation. Neben dem psychologischen Bearbeiten von früheren Konflikten können darüber hinaus heutige Probleme und zukünftige Schwierigkeiten in Szene gesetzt werden. Rollenspiel und Psychodrama bieten auch die Möglichkeit, auf der Ebene des Verhaltens zu arbeiten. Zwei spezifische Formen werden angewandt: doubling und role reversal.

Doubling ist eine Technik, bei der sich der Therapeut oder ein Gruppenmitglied neben die Patientin setzt und ihre nonverbale Haltung nachahmt. Dies erhöht die Bewusstheit von kognitiven, affektiven und motivationalen Zuständen.

Hiermit vergleichbar ist die Partnerübung »Ich bin der Boss«, wobei zwei AN-Patienten die Aufgabe bekommen, dem anderen durch Mimik, Haltung, Gebärden und Bewegungen zu zeigen, dass sie der Boss sind.

Role reversal ist eine Technik, bei der die Patientin mit einer reellen oder erdachten Person die Rolle tauscht mit dem Ziel, das Bewusstsein von sich selbst zu vergrößern. Dies hilft, die Wahrnehmung von sich selbst und anderen auf ihre Genauigkeit zu testen, die eigenen Grenzen zu erkennen und neue Verhaltensweisen in einer sicheren Umgebung einzuüben. Das bildhafte Darstellen der Familie oder der eigenen Patientengruppe in einer Körperskulptur oder einem Körperportrait kann beim Erkennen und Analysieren von komplexen interpersonellen Beziehungen helfen.

Körperliche Aktivitäten, Sport und Spiel
Bei der Behandlung von Essstörungen werden einerseits verschiedene körperliche Aktivitäten angeboten, die von Fitnesstraining über Aerobics und Callanetics bis hin zu verschiedenen Sportarten (Schwimmen, Volleyball, Ringen, Reiten) und anderen gymnastischen Spielen reichen. Andererseits ist es umstritten, ob bei Essstörungen körperliche Aktivitäten angeboten werden sollten. Vor allem in der Gruppe der Patienten mit Untergewicht, die oftmals auch mit einem zwanghaften Ausüben körperlicher Aktivitäten assoziiert werden, kann dies widersprüchlich klingen. Die Behandlung des Bewegungsdrangs ist daher komplex.

Heute werden gut überwachte progressive, kontrolliert aufbauende Bewegungsprogramme in einem unterstützenden Umfeld im Allgemeinen angenommen (Beumont et al. 1994; Probst et al. 1999; Thien et al. 2000; Tokumura et al. 2003). Beumont schlägt folgende Unterteilung vor: non-aerobische Aktivitäten, Stretching, Gelenkigkeit, Haltungsschulung, Gewichtstraining und soziale Unterstützung. Wir selbst wenden ein Übungsprogramm an, das die Unterteilung in Aufwärmen, Krafttraining und Entspannung vorsieht und zweimal pro Woche stattfindet. Die Basiskomponenten sind Konfrontation und Selbstwahrnehmung mit Bewegungseinschränkung oder ohne, ergänzt durch notwendige Psychoedukation. Ob diese Aktivitäten eine bessere Gewichtsverteilung bewirken, ist eine noch offene Frage.

Bewegungseinschränkungen müssen sicherlich bei einem BMI unter 16 auferlegt werden. Von Leistungssport wird sowohl während als auch nach der Behandlung abgeraten. Sportliche Freizeitbetätigung in Gruppen – also mit sozialer Interaktion und sozialer Kontrolle – wird hingegen angeraten. Entspannungstechniken, Atemübungen und Massageformen können in der Phase der Bewegungseinschränkung hilfreich sein.

Ab einem BMI von 16 ist das Anbieten von Übungen akzeptabel. Dieser Abgrenzung liegt eine Untersuchung über die Körperzusammensetzung (Probst et al. 2001) zugrunde. Der Prozentsatz an Körperfett bei Anorexiepatienten nimmt bei Gewichtszunahme schnell zu (bei den bei uns aufgenommenen Patienten von +12% bis zu +22%). Die Patienten fühlen sich dann aufgeblasen, und die Fettverteilung ist für sie in vielen Fällen unerwünscht (zuviel am Bauch). Dadurch können sie geneigt sein, wieder rückfällig zu werden oder extrem hart zu trainieren, um eine »bessere Figur« zu erhalten. Es scheint uns daher aus therapeutischer Sicht angezeigt, unter Aufsicht ein angemessenes Übungsprogramm (kontrolliertes Fitnesstraining oder Aerobic bei einem BMI von mindestens 16) anzubieten. Anstelle körperlicher Übungen im stillen Kämmerlein können die Patienten öffentlich, unter Begleitung und am besten gemeinsam mit Mitpatienten körperlich aktiv sein. Das kann das Bewusstwerden des eigenen Körpers stärken und den Prozess der Gewichtszunahme und -verteilung akzeptabler machen.

Für die eher körperlich passive Gruppe von Anorexiepatienten mit einem BMI unter 16 besteht ein erhöhtes Risiko für eine schnelle Knochenentkalkung. Kontrollierte Übungen haben bei Jugendlichen positive Auswirkungen auf die Knochenmasse, ohne die Gewichtszunahme zu gefährden. Neben einer medizinischen Begleitung kann ein stufenweise aufgebautes Übungsprogramm frühzeitige osteoporotische Veränderungen mindern helfen.

Einige Therapeuten bieten ein auf Tai Chi gestütztes Übungsprogramm an. Diese leichten und bequem auszuführenden Übungen fördern die Gefühle des Wohlempfindens, von »postural awareness« und Energiesteigerung. (Whitehead/Montague/Everett 2003).

Bei einer großen Gruppe von Bulimia Nervosa-Patienten und bei »Binge eating disorder« ist die Motivation zur Bewegung und das stufenweise Anbieten von Übungen die wichtigste Zielsetzung. Es geht hier nicht so sehr um eine Gewichtsabnahme, sondern eher um einen Gesundheitsgewinn sowohl auf körperlicher als auch auf psychischer und sozialer Ebene. Ein Schrittzähler kann hierbei ein handliches Hilfsmittel und externer Motivator sein. Es handelt sich dabei um ein kleines Gerät, das an der Kleidung befestigt wird und die Anzahl der zurückgelegten Schritte aufzeichnet. Der Therapeut sollte hier vor allem als Coach auftreten.

Das Führen eines speziellen Tagebuchs zum Thema »Bewegen« kann ein wichtiges Hilfsmittel sein. So erhalten Therapeut und Patient ein klares Bild der Intensität und der Frequenz des Bewegens. Es erhöht die Motivation und gestattet die Formulierung konkreter Zielsetzungen und Absprachen.

Selbsthilfebücher können auch für den Therapeuten ein Leitfaden sein, um das negative Körpererleben und das Bewegungsverhalten mit zu beeinflussen (zum Beispiel: Freedman 1988; Cash 1997). Der Therapeut muss daran denken, konkrete und praktische Hausarbeitsübungen vorzusehen. Beispiele sind u. a. Schwimmen in einem öffentlichen Schwimmbad, Experimentieren mit Kleidung, Körperkontakt durch Partner, Tagebuch zum Thema Körper und Bewegen.

Tanz und kreative Bewegung
Diese Komponente umfasst alle Tanz- und Bewegungsformen, die sich

auf den Ausdruck (durch den Körper) richten, wie rhythmische Übungen, primitiver Tanz, Volkstanz, Bewegungs- und Ausdruckstanz, Bewegungsimprovisation und Pantomime. Diese Tanz- und Bewegungsformen geben Gelegenheit, Gefühle auszudrücken wie z. B. Traurigkeit und Freude, Geborgenheit, Scham, Sexualität, Aggression, Abhängigkeit, Verlegenheit, Annäherung und Ablehnung, Spannung und Entspannung (Stanton-Jones 1992). Die Patienten werden ermutigt, ihren Körper als Ausdrucksmittel einzusetzen und dies obwohl viele ihren Körper hassen und sich sehr schlecht in ihm fühlen.

Sensory Awareness Training
Diese Übungen zielen darauf ab, den Körper auf eine nichtbedrohliche Art und Weise durch die Sinnesorgane zu entdecken. In diesen sinnlichen Wahrnehmungsübungen wird besonderer Wert auf das Tasten und die Kinaesthesie gelegt. Das Bewusstsein für interne Wahrnehmungen hat eine direkte Wirkung auf das Vermögen Gefühle (wieder-)zuerkennen. Darüber hinaus ist dies der Schritt zur Wahrnehmung der wechselseitigen Beziehung von Körperwahrnehmung und Gefühlen.

Periphere Konzentrationsübungen richten die Aufmerksamkeit durch auditive und visuelle Wahrnehmung auf relativ neutrale Gegenstände. Hierdurch wird die Aufmerksamkeit auf die Stimuli gelenkt, ohne dass sie affektiv überladen wird.

Die Entdeckung der Körpergrenzen richtet die Aufmerksamkeit auf das taktile Bewusstsein des Unterschieds zwischen dem eigenen Körper und Umgebungsobjekten. Body scanning oder die »Reise durch den Körper« sind taktile Übungen, die die Erforschung der äußeren Erscheinungsformen des Körpers durch das Abtasten der Körpergrenzen fördern sollen.

Bei der internen Körpererforschung wird die Aufmerksamkeit auf die innerlichen Wahrnehmungen wie Atmung, Herzschlag, Hunger und Müdigkeit gelenkt. Bei einer »Reise durch das Körperinnere« wird die Patientin aufgefordert, sich visuell vorzustellen, dass sie durch ihr Körperinneres reist.

Selbstwahrnehmung und Körperwahrnehmung
Übungen zur Selbst- und Körperwahrnehmung sind Übungen, die auf eine Erhöhung des Bewusstseins der äußeren Erscheinung des Körpers gerichtet sind. Spiegelübungen (Probst 2005; Vocks 2007) und Videofeedback (Fernandez 1994; Probst 1988, 1997) können dabei eine unterschiedliche Wirkung haben. Diese Übungen, basierend auf einer Exteroperzeption, sind der Gegenpol zur sensory awareness, die sich auf die Enteroperzeption des Körpers stützt.

Videokonfrontation oder Videofeedback

Die positiven Effekte von Selbstkonfrontation durch Videos wurden bereits aufgezeigt, aber sie birgt auch Nachteile und Gefahren. Deshalb muss der Therapeut beim Gebrauch des Videos sorgfältig selektieren und die Patienten vorher ausreichend informieren. Videoaufnahmen geben nicht nur Informationen zur äußeren Erscheinung wieder, sondern auch zum nonverbalen Ausdruck. Sie können zum Zeitpunkt der Aufnahme (unmittelbares Feedback) oder später angeschaut werden. Eine standardisierte Form der Videokonfrontation erscheint therapeutisch gesehen sehr nützlich. Die Patienten (meist im Badeanzug) werden zu Beginn der Behandlung und nach einer bestimmten Zeit in einem standardisierten Setting gefilmt; danach werden die Aufnahmen von den Patienten angeschaut (evtl. zusammen mit Mitpatienten), und sie haben Gelegenheit, ihre Gefühle und Reaktionen auf die Bilder auszudrücken. Badura und Steinmeyer (1984) weisen in diesem Zusammenhang darauf hin, dass das Ansehen der Aufnahmen von anderen Patienten (Heterokonfrontation) ebenso wichtig ist wie die Konfrontation mit den eigenen Aufnahmen.

Die Untersuchungsmethode der Videoverzerrung – die Patienten müssen ein vorher verformtes Bild von sich selbst korrigieren – kann ebenfalls zur Entwicklung eines positiven Selbstbildes beitragen. Eine ähnliche Übung ist das Zeichnen des eigenen Körpers in Lebensgröße und der anschließende Vergleich mit den wahren Ausmaßen. Auch der Test von Wooley und Wooley (1985), bei dem Körperteile nach ihrer Bedeutung auf einer Standardfigur angemalt werden, enthält eine Selbstkonfrontation.

Spiegelübungen

Obwohl die AN-Patienten Spiegel meistens meiden, wird ihnen hier, allein oder mit anderen beigebracht, Spiegel auf die richtige Art und Weise zu benutzen und hineinzuschauen. Nach Krueger und Schofield (1986) soll der Spiegel zu einer stabileren mental integrierten Repräsentation des eigenen Körpers beitragen. Eine Reihe von Autoren (Norris 1984; Hilbert 2002; Tuschen-Caffier 2003; Vocks 2007) berichten von positiven Auswirkungen der Spiegelkonfrontation auf die Selbsteinschätzung der Körperausmaße bei Patienten mit Essstörungen.

Das Ziel von Spiegelübungen besteht darin, zu lernen, mit dem eigenen Aussehen umzugehen. Der eine Patient meidet Spiegel und der andere sucht sie viel zu häufig auf. Es ist wichtig, das Verhalten der Patienten zu verändern, damit sie die Kontrolle darüber haben, wie sie sich selbst wahrnehmen, anstatt ihre negativen Gefühle aufrechtzuerhalten. Die Spiegelübung kann auf unterschiedliche Weise durchgeführt werden. Der Patient bestimmt, welche Kleidung er trägt (zumeist Badeanzug oder Bikini). Der Auftrag besteht darin, den ganzen Körper zu beschreiben, ohne ein Werturteil abzugeben. Indem alle Körperteile durchgegangen werden, wird die Botschaft vermittelt, sich nicht nur auf die emotional geladenen Körperteile zu konzentrieren. Der Therapeut muss auf die (zumeist negativen Gefühle) achten, die mit der Betrachtung im Spiegel einhergehen. Eine andere Möglichkeit besteht darin, dass die Patientin – während sie vor dem Spiegel steht – Fragen des Therapeuten (»Worauf schaust du?«, »Welche Teile meidest du?«) beantwortet. Eine Variante besteht darin, die Aufmerksamkeit sowohl auf das zu richten, was als positiv empfunden wird, aber auch auf das, was als negativ empfunden wird und das man verändern will. Der Therapeut kann positive Kommentare abgeben oder eingreifen, wenn unrealistische und zu negativ gefärbte Bemerkungen geäußert werden. Wenn vorsichtig damit umgegangen wird (Vermeidung negativer Fixierungen), wirken wiederholte Spiegelübungen als eine Art Exposition, durch die Sensibilität abgebaut wird, d. h. eine Konfrontation, bei der eine Gewöhnung auftritt. Dies trägt dazu bei, ein realistischeres Bild seiner selbst aufzubauen und einen veränderten Körper anzunehmen (Probst 2006).

Geleitete Fantasieübungen
Hutchinson (1985) und Kearney Cooke (1988) haben geleitete Fantasieübungen für Patienten mit Essstörungen beschrieben. In der Fantasie wird der Patient zu gedanklichen Vorstellungen angeleitet, um sensorisches und affektives Material zu aktivieren. Eher symbolisch eingesetzt können auch besondere Köpererlebnisse auftreten. Auf diese Art und Weise kann der Kontakt zu fremden oder negativ besetzten Köperteilen hergestellt werden. Dieser Kontakt wird auch beabsichtigt mit dem Auftrag, einen Brief an den eigenen Körper oder einen bestimmten Körperteil zu schreiben und die Antwort darauf zu formulieren.

Effektivität

In diesem Kapitel wird ein breites Repertoire möglicher körperfokussierter therapeutischer Interventionen angeboten, um das negative Körpererleben und das Bewegungsverhalten bei Patienten mit Essstörungen zu beeinflussen. In der Literatur über Körperorientierte Therapien findet man verschiedene Angebote, Ideen und Vorschläge zur Beeinflussung des negativen Körpererlebens. In den meisten multidimensionalen Behandlungen von AN hat eine Form von Körperorientierter Therapie einen festen Platz. Die Frage, ob solche Interventionen einen spezifischen Einfluss auf das Körpererleben und auf das Bewegungsverhalten haben, wurde bisher eher aus klinischer als aus rein wissenschaftlicher Sicht beantwortet. In den meisten Studien (Probst 2006) wird der Einfluss einer Behandlung des Körpererlebens lediglich mit Wahrnehmungstests untersucht, die zudem methodisch einen zweifelhaften Wert haben. Stützt man sich auf die Meinung der Patienten selbst, dann weisen einige neuere Studien darauf hin, dass eine multidisziplinäre Behandlung mit einem spezifischen Platz für die Körperorientierte Therapie einen positiven Einfluss auf das Körpererleben hat. Diese Art der Untersuchung ist komplex, da das Körpererleben divergierende Aspekte umfasst und die Behandlung in einen multidimensionalen Ansatz eingebettet ist. Welche spezifischen Interventionen aus diesem »in der Praxis« aufgebauten Übungsprogramm wesentlich sind, kann noch nicht mit einer kontrollierten Untersuchung bestimmt werden.

Aus den zunehmenden wissenschaftlichen Untersuchungen aus diesem Bereich halten wir jedoch fest,

➤ dass ein therapeutischer Ansatz mit einem spezifischen unmittelbar körpergerichteten Ansatz die Zufriedenheit und die Einstellung gegenüber dem Körper positiv verändert. Dieser Effekt erweist sich als kurz- und mittelfristig dauerhaft (Probst et. al. 1999);

➤ dass bestimmte Bestandteile des vorgeschlagenen Übungsprogramms (Spiegelübungen, körperliche Betätigung und Massage) positive Auswirkungen auf das Hilfesuchen haben;

➤ dass 82% der Patienten mit Zufriedenheit auf das Angebot der psychomotorischen Therapie zurückblicken. Sie erleben psychomotorische Therapie als wertvoll und sind der Meinung, dass sie auch weiterhin Teil der Behandlung sein sollte (Probst 2007).

Literatur

Agras, W.S. & Kraemer, M.C. (1984): The treatment of anorexia nervosa: Do different treatments have different outcomes? In: Stunkard, A. & Stellar, E. (Hg.): Eating and its disorders. New York (Raven Press), pp. 193–208.

American Psychiatric Association (1994): Diagnostic and statistical manual of mental disorders. (DSM-IV) (4th ed.). Washington, DC (APA Press).

Badura, H.O. & Steinmeyer, E.M. (1984): Psychotherapeutic effect by audiovisual heteroconfrontation. Psychotherapy and Psychosomatics 41, 1–6.

Beumont, P.J.; Arthur, B.; Russell, J.D. & Touyz, S.W. (1994): Excessive physical activity in dieting disorder patients: Proposals for an supervised exercise program. International Journal of Eating Disorders 15, 21–36.

Bielefeld, J. (1986): Körpererfahrung: Grundlage menschlichen Bewegungsverhalten. Göttingen (Hogrefe).

Brähler, E. (1986): Körpererleben. Berlin (Springer).
Bruch, H. (1962): Perceptual and conceptual disturbances in anorexia nervosa. Psychological Medicine 24, 187-194.
Carei, R.T.; Breuner, C.C. & Fyfe-Johnson, A. (2007): The evaluation of yoga in the treatment of eating disorders. Journal of Adolescent Health 40 (2, suppl. 1), 31-32.
Cash, J.T. (1997): The body image workbook. Oakland, CA (New Harbinger Publications9.
Cash, T.F. & Hrabosky, J.I. (2004): Treatment of body image disturbances. In: Thompson J.K. (Hg.): Handbook of eating disorders and obesity. New Jersey (John Wiley & Sons), pp. 515-541.
Davis, C.; Kennedy S.H.; Ralevski, E. & Dionne, M. (1994): The role of physical activity in the development and maintenance of eating disorders. Psychological Medicine 24, 957-967.
Epling, W.F. & Pierce, W.D. (1996): Activity anorexia: Theory, research, and treatment. Hillsdale, NJ (Erlbaum).
Fernandez, F. & Vandereycken W. (1994): Influence of video-confrontation on the self-evaluation of anorexia nervosa patients: A controlled study. Eating Disorders: The Journal for Treatment and Prevention 2, 135-140.
Field, T.; Schanberg, S. & Kuhn, S. (1998): Bulimic adolescents benefit form massage therapy. Adolescence 33 (131), 555-563.
Freedman, R.J. (1988): Body love. New York (Harper & Row).
Hilbert, A.; Tuschen-Caffier, B. & Vögele, C. (2002): Effects of prolonged and repeated body image exposure in binge-eating disorder. J Psychosom Res 52, 137-144.
Hutchinson, M.G. (1985): Transforming body image. New York (Crossing Press).
Inbody, D.R. & Ellis, J.J. (1985): Group therapy with anorexic and bulimic patients: Implications for therapeutic intervention. American Journal of Psychotherapy 39, 411-420.
Kearney-Cooke, A. (1988): Group treatment of sexual abuse among women with eating disorders. Women & Therapy 7, 5-22.
Krueger, D.W. & Schofield, E. (1986): Dance-movement therapy of eating disordered patients: A model. Arts in Psychotherapy 13, 323-331.
Meermann, R. & Vandereycken, W. (1987): Therapie der Magersucht und Bulimia Nervosa: ein Klinischer Leitfaden für den Praktiker. New York (Walter de Gruyter).
Norris, D.L. (1984): The effects of mirror confrontation on self estimation of body dimensions in anorexia nervosa, bulimia and two control groups. Psychological Medicine 14, 835-842.
Probst, M.; Vandereycken, W. & Van Coppenolle, H. (1988): L'image du corps et anorexie mentale. L'emploi de la confrontation par vidéo dans la thérapie psychomotrice. Acta Psychiatrica Belgica 88, 117-126.
Probst, M.; Van Coppenolle, H. & Vandereycken, W. (1997). Body experience in Anorexia Nervosa patients. The use of videoconfrontation in the psychomotor therapy. In: Vermeer, A.; Bosscher, R. & Broadhead, G. (Hg.): Movement Therapy across the life-span. Amsterdam (VU University Press), pp. 123-137.
Probst, M.; Vandereycken, W.; Van Coppenolle, H. & Pieters, G. (1999): Body experience in eating disorders before and after treatment: A follow up study. European Psychiatry 14, 333-340.
Probst, M.; Goris, M.; Vandereycken, W. & Van Coppenolle, H. (2001): Body composition of anorexia nervosa patients assessed by underwater weighing and skinfold-thickness measurements before and after weight gain. American Journal of Clinical Nutrition 73, 190-197.
Probst, M. (2005): Spiegels en lichaamsbeleving bij vrouwelijke patiënten met eetstoornissen versus niet klinische subjecten. In: Simons, J. (Hg.): Actuele themata uit de psychomotorische therapie. Leuven (Acco), S. 99-118.

Probst, M. (2006): Body experience in eating disorders: research and therapy. European Bulletin of Adapted Physical Activity [on-line] 5, 1. Available: http://www.eufapa.upol.cz.

Probst, M. (2007): Onderzoek in de psychomotorische therapie: de perceptie van de psychomotorische therapie door patiënten met eetstoornissen. In: Simons, J. (Hg.): Actuele themata uit de psychomotorische therapie. Leuven (Acco), S. 133–151.

Rosen, J.C. (1990): Body image disturbances in eating disorders. In: Cash, T.F. & Pruzinksy, T. (eds.): Body images: Development, deviance and change. New York (Guilford Press), pp. 190–216.

Stanton-Jones, K. (1992): An introduction to dance movement therapy in psychiatry. London (Routledge).

Thompson, J.K. (1990): Body image disturbance. Assessment and treatment. New York (Pergamon Press).

Stanton-Jones, K. (1992): An introduction to dance movement therapy in psychiatry. London (Routledge).

Thien, V.; Thomas, A.; Markin, D. & Birmingham, C.L. (2000): Pilot study of a graded exercise program for the treatment of anorexia nervosa. International Journal of Eating Disorders 28, 101–106.

Tokumura, M; Yoshiba, S.; Tanaka, T.; Nanri, S. & Watanabe H. (2003): Prescribed exercise training improves exercise capacity of convalescent children and adolescents with anorexia nervosa. Eur J Pediatr 162, 430–431.

Tuschen-Caffier, B.; Vögele, C.; Bracht, S. & Hilbert, A. (2003): Psychological responses to body shape exposure in patients with Bulimia nervosa. Behav Res Ther 41, 573–586.

Vandereycken, W.; Depreitere, L. & Probst, M. (1987): Body-oriented therapy for anorexia nervosa patients. American Journal of Psychotherapy 41, 252–259.

Vocks, S.; Legenbauer, T.; Wächter, A.; Wucherer, M. & Kosfelder, J. (2007): What Happens in the Course of Body Exposure? Emotional, Cognitive and Physiological Reactions to Mirror Confrontation in Eating Disorders. Journal of Psychosomatic Research 62 (2), 231–239.

Whitehead, L.; Montagaue. L. & Everett, T. (2003): Eating Disorders. In: Everett, T., Donaghy, M. & Feaver, S. (Hg.): Interventions for mental health. An evidence based approach for physiotherapists and occupational therapists. London (Butterworth Heinemann), pp. 239–249.

Wooley, S.C. & Kearney-Cooke, A. (1986): Intensive outpatient and residential treatment of bulimia and body image disturbance. In: Brownell, K.D. & Foreyt, J.P. (Hg.): Handbook of eating disorders: Physiology, psychology and treatment of obesity, anorexia and bulimia. New York (Basic Books), pp. 476–502.

Wooley, S.C. & Wooley, O.W. (1985): Intensive outpatient and residential treatment for bulimia. In: Garner, D.M. & Garfinkel, P.E. (eds.): Handbook of psychotherapy for anorexia nervosa and bulimia. New York (Guilford Press), pp. 391–430.

Ziemer, R.R. & Ross, J.L. (1970): Anorexia nervosa: A new approach. American Corrective Therapy Journal 24 (2), 34–42.

Diagnostik und Körpertherapie bei Essstörungen auf der Grundlage der Konzentrativen Bewegungstherapie (KBT)

Birgit Kluck-Puttendörfer

Grundlagen der Konzentrativen Bewegungstherapie

Die Konzentrative Bewegungstherapie (KBT) ist eine körperorientierte psychotherapeutische Methode, deren theoretischer Hintergrund tiefenpsychologisch fundiert ist. Sie nutzt Wahrnehmung und Bewegung als Grundlage von Erfahrung und Handeln. Basis für das therapeutische Vorgehen sind Erkenntnisse aus der Entwicklungspsychologie, Tiefenpsychologie, Lerntheorie, Objektbeziehungstheorien, sowie Erkenntnisse aus der Säuglingsforschung, den Neurowissenschaften und der Bindungstheorie. Die KBT ist eine psychotherapeutische Methode für Einzel- und Gruppentherapie. Sie versteht den Körper als Ort des gesamten psychischen Geschehens. In ihren therapeutischen Angeboten zu Wahrnehmung und Bewegung schafft sie den konzentrativen Erfahrungsraum im Hier und Jetzt. In der Interaktion mit der Therapeutin oder den Gruppenteilnehmerinnen gestaltet die Einzelne ihre Innenwelt. Das so Ausgedrückte ist symbolisierte Erfahrung. Die eigenen Wahrnehmungs-, Bewegungs- und Beziehungsmuster werden erlebbar, unbewusste Bewältigungs- und Lösungsstrategien werden bewusst. Sowohl Defizite als auch Ressourcen werden aktualisiert. Neue Erlebens- und Handlungsmöglichkeiten können entwickelt und erprobt werden.

Die Wahrnehmungs-, Erlebnis- und Handlungsebene bilden die Grundlage des therapeutischen Geschehens in der KBT. Durch die Konzentration auf die Bewegung und Wahrnehmung, durch den Ansatz am Phänomen, wird der Zugang zum impliziten Leibgedächtnis (Fuchs 2006) angeregt. Für Fuchs ist es eindeutig, dass der implizite Modus aufs engste mit Emotionen und Affekten verknüpft ist und damit auch mit den Hauptsymptomen psychischer Störungen. Er nennt den impliziten Modus die ursprüngliche Basis aller zwischenmenschlichen Beziehungen (Fuchs 2006).

Mit dem besonderen Vorgehen in der KBT wird das unbewusste, das implizite Leibgedächtnis angesprochen und kann bewusst werden, was ja ein Anliegen jeder Psychotherapie ist. Sensomotorisches, emotionales und kognitives Geschehen greifen ineinander. Die KBT legitimiert ihren körperorientierten Ansatz daraus, dass jede Einwirkung auf der Körperebene Folgen auf der emotionalen bzw. kognitiven Ebene zeitigt und umgekehrt. Der wahrnehmungsorientierte Ansatz wird begründet mit der Gestaltkreislehre von Viktor von Weizsäcker, der im umfassenden Gestaltkreis des Begreifens die Gestalt, Bewegung und Wahrnehmung mit der Gestalt »Denken und Sprechen« zusammenschließt.

Durch die konzentrative Hinwendung auf das eigene Erleben – einfühlend und handelnd – werden Erinnerungen belebt, die sich körperlich in Haltung, Bewegung und Verhalten ausdrücken. Sie können bis in vorverbale Zeit zurückreichen (implizites Leibgedächtnis).

Durch die Konzentration, die wie ein Suchscheinwerfer wirkt, werden Bewegungen des täglichen Lebens, wie Liegen, Sitzen, Stehen, Gehen, Greifen etc. aus der Automatisierung geholt und bewusst wahrgenommen. Mit der Wahrnehmung ist ein »Wieder- Erkennen« anstatt »Erinnern« möglich. Beim »Wieder-Erkennen« ist die gesamte Gestalt der Affekt-, Wahrnehmungs- und Handlungsebene angesprochen.

Das implizite Leibgedächtnis als Träger unserer Lebensgeschichte kann durch die konzentrative Hinwendung auf sich selbst in Ruhe und Bewegung, im Umgang mit Materialien und Personen belebt und wachgerufen werden.

Das Leibgedächtnis repräsentiert die Vergangenheit nicht nur, sondern reinszeniert sie. Es stellt so einen unmittelbaren Zugang zur Vergangenheit dar.

Neben den realen Erfahrungen kann ein symbolisierter Bedeutungsgehalt aus der Biografie erlebbar werden. Durch die differenzierte Wahrnehmung können eigene Einstellungen und eigenes Verhalten zu verschiedenen Zeiten in verschiedenen Situationen und im Umgang mit verschiedenen Gegenständen und Partnern erprobt und verglichen werden. Fixierte Haltungen und Fehlerwartungen können durch das Erproben neuer Wege abgebaut werden. Die Fähigkeit zu wählen und zu entscheiden, wird wieder gewonnen und weiter entwickelt. Wesentlich ist dabei im Unterschied zu anderen psychotherapeutischen Verfahren, dass Körperliches die Grundlage und das Beziehungsfeld für individuell-eigengesetzliche, physische, psychosomatische und psychische Abläufe bildet. Dadurch werden die aktualisierten Inhalte konkret erfahrbar und die Problematik »begreifbar« und somit weiter bearbeitbar. Dieses kann durch die Auseinandersetzung mit der Körpererfahrung unmittelbar geschehen oder durch die verbale Interpretation der Inhalte, die aus bewusster und unbewusster Lebensgeschichte aufgetaucht sind. Auf beiden Wegen können sich Veränderungen im Sinne einer Persönlichkeitserweiterung entwickeln.

Die KBT eignet sich als körperorientierte, psychotherapeutische Methode besonders für die Patientinnen mit einer Essstörung. Das komplexe Zusammenspiel von körperlichen und psychischen Symptomen macht es besonders bei der Anorexia Nervosa und der Bulimia Nervosa erforderlich, ein multimodales Therapiekonzept einzusetzen. Dabei kommt der Konzentrativen Bewegungstherapie eine besondere Stellung zu, die begründet wird durch ihre Schwerpunkte auf die Wahrnehmung des Körpers (Körperselbst) in Ruhe und Bewegung, im Umgang mit sich selbst, mit belebten und unbelebten Objekten usw. Bewegung wird dabei verstanden als »Das Sich-Bewegen«, das Erlebnis der Bewegung, als das »Bewegt-Sein« und als »Auf-dem-Weg-Sein«. Das bedeutet, dass die Patientin sich bei der Überwindung tatsächlicher und/oder fantasierter äußerer und innerer Hemmnisse schrittweise entfaltet.

Diagnostisches Vorgehen in der Konzentrativen Bewegungstherapie

Neben dem diagnostischen Erstgespräch, in dem die Anamnese und die Biografie erfragt wird, richtet die Therapeutin ein ganz besonderes Augenmerk auf die phänomenologische Köperebene, wie auch auf die interaktionelle Ebene; sie geben den ersten Eindruck zur Konfliktebene der Patientin, geben Aufschluss über die Beziehung zum Körper.

Mittels der Körperdiagnostik gilt es, die Symbolsprache des Körpers (der Körper ist der Ort des psychischen Geschehens) zu entdecken, um zum therapeutischen Fokus zu gelangen.

Dieses ist nicht ein einmaliges Geschehen zu Beginn einer Therapie, sondern wird in jeder folgenden Therapiesitzung so vollzogen. Das bedeutet, der Prozess der Diagnostik der Phänomene geht weiter und eröffnet so das therapeutische Vorgehen,

Die erste Begegnung, der erste direkte Kontakt – Blickkontakt, Hand geben, das Gehen über die Schwelle in einen neuen Raum, Platz finden und einnehmen – in diesen kurzen Sequenzen eröffnet sich die Fülle von Phänomenen auf der leiblichen, wie auch der interaktionellen Ebene, sie geben Aufschluss über die verschiedenen Ebenen des Körperbildes, wie z. B.:

➢ wie wird der Körper wahrgenommen?

➤ wie ist die affektive Besetzung des Körpers?
➤ wie ist die Selbstregulation in Bezug auf den eigenen Körper?
➤ wie ist die Fähigkeit Wünsche und Ziele in sozial adäquater Weise in Handlungen umzusetzen?
➤ wie ist die Antizipation in Bezug auf körperliche Veränderungen?
➤ wie wird der Körper als Mittel zur Abwehr einbezogen?
➤ wie ist Wahrnehmung von Selbst und Objekt (Differenzierung von Körperselbst und Objekt)?
➤ wie ist die Kommunikation von Körper zu Objekt?

Denn nach Küchenhoff (2006, S. 49) entsteht das Körperbild »aus Interaktionen, deren Spuren es bewahrt, und aus der Erfahrung der Grenze zwischen Selbst und Anderem, aus der Bildung einer begrenzenden Oberfläche, die ihrerseits nicht nur Grenze, sondern Kontaktorgan ist«.

Diagnostik auf der phänomenologischen Ebene am Beispiel einer Patientin mit Anorexia Nervosa

Anna (Namen geändert) ist magersüchtig, 18 Jahre, hat einen BMI von 17. Sie ist in der stationären Therapie und für die KBT vorgesehen. Wir hatten ein Vorgespräch, nun ist die erste KBT-Einzelsitzung. Ich befinde mich in meinem KBT-Raum und warte auf Anna. Die Zeit verstreicht, es tut sich nichts, kein Klopfen. Schließlich schaue ich vor die Tür und sehe Anna wartend auf dem Stuhl zusammengekauert sitzend, die Füße auf den Sitz hochgezogen.

Ich bitte sie hereinzukommen. Eher überdrüssig steht sie auf und stakst über die Schwelle in den Raum. »*Wo soll ich mich hinsetzen?*« »*Du kannst Dich entscheiden, wo Du sitzen möchtest.*« Daraufhin geht Anna schnurstracks durch den Raum zum Fenster und setzt sich auf die Fensterbank, wobei ein leichtes Lächeln über das eher starre Gesicht huscht ...

Was ist in dieser Eingangsszene deutlich geworden?

Phänomene auf der leiblichen Ebene
Anna ist sehr, sehr dünn, hat struppige Haare: die Hautfarbe ist blass marmoriert.

Die Muskelspannung ist hoch, denn wie eine gespannte Feder schwebt sie über den Boden zur Fensterbank, um sich dort mit hochgezogenen Beinen hinzusetzen. Sie ist wie auf dem Sprung. Gespannt und lauernd sitzt sie da, schaut von oben in den Raum, hat einen großen Abstand zum Boden, zum Raum und zu mir hergestellt. Sie nimmt sich zusammen (»Nimm dich doch mal zusammen«), macht sich klein, der Rumpf ist kaum sichtbar, nur die überschlanken Arme und Beine dieses kleinen Menschenpäckchens sind zu sehen. Die Stimme ist überraschend klar und laut, ängstlich fordernd, etwas gepresst. Die Bewegung des Gehens ist flüchtig, schwebend, wie auf der Flucht. Ihre Füße berühren kaum den Boden. Sie fasst nicht Fuß, lässt sich keine Zeit, den Grund unter sich wahrzunehmen. Halt und Sicherheit scheint der Boden ihr nicht zu bieten. Anna lässt sich auf den Boden, auch auf die Schwerkraft nicht ein. Sie muss den Boden schnell überwinden, so als wäre er gefährlich; sie muss ihn hinter sich bringen. Der Raum wird nicht in seinen Möglichkeiten wahrgenommen. Ihren Spielraum scheint sie nicht zu kennen. Eigene Impulse werden nicht gespürt. Die Selbstgestaltungsmöglichkeit ist hier beschränkt auf das rasche Überwinden einer Distanz von hier nach da.

»Ich kann nicht in Ruhe etwas tun, ich bin getrieben, alles muss schnell geschafft werden. Ich darf nicht zur Ruhe kommen. Ausruhen ist verboten, sonst werde ich zu fett. Dieser eklige, fette Bauch und die Schenkel... Ich stehe oft Stunden in meinem Zimmer und muss auf der Stelle treten, um mich zu strafen für das Essen.«

»Ich fühle mich selbst nicht mehr, bin innerlich wie tot und leer. Wie in einem Koma. Das Leben ist mir zu viel, ich möchte am liebsten tot sein. Ich sehne mich nach Normalität, weiß aber nicht, wie das gehen kann.«

Ihre Angst, die Kontrolle über ihren Körper zu verlieren, zwingt sie in eine permanente Hochspannung. Nur über Leistung kann das Ich befriedigt werden, wo sonst ein lähmendes Gefühl des Unvermögens vorhanden ist. Die Wahrnehmung und Deutung eigener Bedürfnisse, das Unvermögen, sich dementsprechend zu verhalten, wird hinter einer Fassade von Starrsinnigkeit und Pseudoautarkie verborgen gehalten.

Das mangelnde Vertrauen in sich und den tragenden Grund des Bodens, das Ungeborgensein in der Welt wird durch das rasche Gehen von Hier nach Da unterstrichen. Sie darf nicht ruhen, dann würde etwas passieren, was sie verhindern will. Es würde etwas in ihr ausufern, so wie sie ihren zu schmalen Körper fett und aufgebläht, ausufernd nach der Essensaufnahme erlebt. Ihre Bedürftigkeit, ihre im Körper symbolisierten Affekte der Trauer, der Einsamkeit, der Wut und der Angst könnten sich melden und sie überfluten. Die innere Bodenlosigkeit könnte sich zeigen. Dieses muss sie verhindern. Anna sucht Halt und Haltung ausschließlich in sich und im Kontrollieren des Außen. Sie darf sich nicht spüren, nicht zu sich kommen.

Phänomene auf der interaktionellen Ebene
Anna vermeidet Kontakt, zum Boden, zur Welt, zu mir. Sie flüchtet auf die Fensterbank.

Immerhin hat sie von da oben einen guten Überblick über den Raum mit seinen Gegenständen und mich unter Kontrolle.

In meiner Gegenübertragungsreaktion spüre ich Ärger, will mich nicht in eine demütigende Situation bringen lassen, bleibe so auf meinen Füßen und gehe durch den Raum. Bin so in Augenhöhe mit ihr und erzähle im Gehen über die KBT, was und wie diese Methode sich unterscheidet zur sprechenden Psychotherapie.

Während ich erzähle und gehe, hört mir Anna zu; der Blickkontakt verändert sich zu mehr Offenheit, Interesse wird spürbar. Bei mir meldet sich eine Körperreaktion, ein Impuls.

Immer, wenn ich an Anna vorbeigehe, möchte ich dieses kleine Menschenpäckchen von der Fensterbank abpflücken und auf meinen Armen tragen. Was ich aber nicht tue. Ich bin wachsam und unsicher, spüre eine innere Anspannung und versage mir, selbstverständlich, dem Impuls nachzugeben.

Diese interaktionellen Phänomene, die sich in meiner Körperresonanz und auch in meinen Gefühlen melden, teilen mir eine frühe Szene in der Interaktion zwischen Bezugsperson und Säugling mit. Ich nehme an, dass Annas nächste Bezugsperson sich ihrer selbst im Umgang mit diesem kleinen Menschenwesen unsicher war. Sie traute sich womöglich nicht, ihren eigenen Impulsen und Wahrnehmungen zu trauen, hatte eine Scheu, spontan und intuitiv auf die Signale des Kindes einzugehen; sie hat sich offenbar an irgendwelche Regeln gehalten (so wie ich es jetzt auch tue). So wird Anna nicht genügend gespiegelt worden sein und sie hat sich enttäuscht auf sich selbst zurückgezogen.

Diagnostik auf der phänomenologischen Ebene am Beispiel einer Patientin mit Bulimia Nervosa

Alexandra (Name geändert) ist 20 Jahre alt, wegen einer Bulimie in stationärer Behandlung. Sie kommt zur verabredeten ersten KBT-Einzelsitzung. Energisch wird geklopft und sofort öffnet sie die Tür, bevor ich überhaupt etwas gesagt habe, steht sie im Raum. Sie lässt sich keine Zeit zum Orientieren und Herumschauen, sondern steuert forsch auf die entfernteste Ecke zu und rutscht dann an der Wand herunter bis zum Sitzen auf dem Boden. Den Weg von hier nach da nimmt sie sehr schnell, tritt dabei eher forsch und hart auf.

Erst als sie auf dem Boden sitzt, nimmt sie Blickkontakt zu mir auf und, wir können miteinander sprechen, Worte finden für diesen ersten Kontakt, versuchen, uns miteinander etwas vertraut zu machen. Sie spricht zunächst sehr leise, wird dann energischer und klarer in ihrer Stimmlage, fast zu forsch.
Was ist an dieser Eingangsszene deutlich geworden?

Phänomene auf der leiblichen Ebene
Alexandra ist eine junge, normalgewichtige Frau. Auffallend ist ihr aufgedunsenes Gesicht mit verquollenen Augen. Die Haltung und Bewegung, der Gang wirken forsch, sie hat sozusagen einen »starken Auftritt«. Ober- und Unterkörper scheinen nicht zusammenzugehören. Während der Oberkörper eher starr wirkt, bei gehemmter Mitbewegung von Armen und Händen, ist der Unterkörper beweglich in den Gelenken. Dieser »starke Auftritt« verliert sich plötzlich, als sie die Wand erreicht und schlaff an ihr herunterrutscht. Wo vorher Überspannung war ist jetzt plötzlich Unterspannung. Wie ein aufgeblasener Luftballon, aus dem alle Luft entwichen ist. Sie holt sich Rückhalt an der Wand, weit weg von der Tür.

Alexandra versucht, »normal« zu sein. Hinter der aufgesetzten Stärke ist eine große Unsicherheit zu spüren, der Versuch, sich zu verbergen, zu verstecken. Die »Normalität« aufrechtzuerhalten, kostet Anstrengung, die sie nicht durchhalten kann. Sie sucht Halt (Wand) und versucht sich zu verstecken (äußerste Ecke des Raumes). Es ist so, als wenn sie ihr Symptom in dieser Bewegungsszene ausdrückt: Durch die fremde neue Situation entsteht in ihr offenbar eine große innere Anspannung, die sie ganz schnell abbauen will. An der schützenden Wand angelangt, lässt die Spannung plötzlich nach, sie sackt passiv auf den Boden.

»Wenn ich mich unsicher und frustriert fühle, entsteht in mir eine riesige Spannung, die ich nicht aushalten kann, dann gehe ich an den Kühlschrank und fresse.«

»Ich habe so eine große Angst vorm Dickwerden, dass ich tagsüber gar nichts esse. Nachts schlage ich dann zu, besinnungslos futtere ich alles in mich hinein und schäme mich wegen meiner Unbeherrschtheit. Nach dem Auskotzen geht es mir besser, aber dann ist alles leer in mir.«

Phänomene auf der interaktionellen Ebene
Alexandra wartet nicht auf eine Antwort von mir, sie überfällt mich förmlich. Sie kann die Spannung des Abwartens nicht aushalten. Im Raum verschafft sie sich rasch einen Überblick und findet schnell einen Platz, der sie schützt, der Halt und Überblick gewährt.

Es ist in ihrem Auftritt etwas Provozierendes, Herausforderndes, aber auch Ängstliches, sich Verbergendes. In meiner Gegenübertragungsreaktion spüre ich Interesse und behutsame Wachsamkeit, so als seien unsichtbare Hinweisschilder aufgestellt: »Komm mir nicht zu nahe!« »So, wie ich bin, kann man mich nicht mögen, ich hasse mich. Keiner soll sehen, wie es in mir aussieht.«

Die interaktionellen Phänomene zeigen sich auch in meiner Körperresonanz. Ich spüre Anspannung und Unsicherheit, eine vage Angst, ihr zu nahe zu kommen, übergriffig sein zu können. Ich vermute, dass Alexandra viel unempathisches Verhalten ihrer Bezugspersonen erlebt hat. Dass sie in ihren Bedürfnissen nicht adäquat gehört, gespiegelt und beantwortet wurde; sie hat zu wenig tröstenden Halt und Sicherheit und klare Grenzen erlebt. Sie sucht den Halt im Außen, wo sie sich innerlich leer und haltlos erlebt.

Spezielle Diagnostik auf der Körperbildebene mit der KBT

Das Körperbild ist eine lebendige Synthese unserer emotionalen Erfahrungen, auf der sensorischen, visuellen, taktilen und kinästhetischen Körperebene. Es ist an unsere Geschichte gebunden und strukturiert sich durch die frühe Kommunikation.

»Der Aufbau von Eigenheitssphäre des Körpers kann nur erfolgen, wenn die Grenzen des Köpers besonders besetzt werden« (Küchenhoff 2006, S. 49). Diese Grenzerfahrung hat mit der Ich- und Selbstbildung sehr viel zu tun. Die Grenzerfahrungen am Körper sind für die Selbstvorstellung zentral. Grenzerfahrungen werden besonders über die Haut – auch über die Grenzorgane, die erotisch besetzt sind, die Übergangsschleimhäute von Mund, After, Genitale – und über die Motorik, dem Selbsterleben und der Selbstwirksamkeit vermittelt.

»Das Körperbild entsteht aus Interaktionen, deren Spuren der Körper bewahrt, und aus der Erfahrung der Grenze zwischen Selbst und Anderem, aus Bildung einer begrenzenden Oberfläche, die ihrerseits nicht nur Grenze, sondern Kontaktorgan ist« (Küchenhoff 2006, S. 49).

Gerade bei der KBT mit essgestörten Frauen ist es wichtig, sich mit dem Körperbild zu beschäftigen, um die auftauchenden Phänomene verstehen, einordnen und behandeln zu können.

Besuden (1984) versteht das Körperbild »als inneres Modell [...], das der Mensch von seinem Körper hat und das als Matrix für sein Körpererleben, für seine Vorstellungen von seinem Körper und für sein aktives Umgehen mit dem Körper gilt« (Besuden 1984, S. 2). Sie benennt drei Aspekte, die in der therapeutischen Arbeit wichtig sind: 1) die bewusste Vorstellung vom Körper, die über reale und fantasierte Anteile verfügt, 2) die unbewusste Einstellung zum Körper sowie 3) das Fremdbild, das sich dem Beobachter zeigt in Haltung, Bewegung und Interaktion. In der KBT haben wir vielfältige Möglichkeiten, das Körpererleben mit gestalterischen Mitteln auszudrücken. Dabei ist jedoch zu bedenken, dass das gemalte oder gelegte Körperbild nicht das erlebte Körperbild, sondern eine Projektionsmöglichkeit ist, die Hinweise auf das Körperbild gibt.

Die Patientin wird nach einer Wahrnehmungs- und Spürphase angeregt, ein Körperbild zu gestalten. Dazu gibt es die verschiedensten Möglichkeiten, z. B.: Gestaltungen mit Ton; Legen eines Körperbildes mit Gegenständen; Malen realer Körperumrisse auf Papier mit ergänzenden Inhalten ausmalen (Gefühltes und Erlebtes, innere Bildern etc.); Malen des Körpers mit rechter und linker Hand. Über die Gestaltungen wird es möglich, mit den Patientinnen in einen diagnostischen Dialog zu gelangen. Nichtsprachliches Erleben kann zum Ausdruck gebracht werden und hilft, das Wortlose zur Sprache zu bringen.

Wird mit Ton oder anderem plastischen Material ein Körper geformt, wenn möglich mit geschlossenen Augen, ist das sinnliche Erleben der Hände mit dem Material, die Handlungs- und Ausdrucksfähigkeit der Hände schon eine wichtige Erfahrung. Hier gibt die Gestaltung besonders über das unbewusste Erleben des Körpers Ausdruck.

In der Arbeit mit essgestörten Patientinnen verwende ich im therapeutischen Prozess häufig das Arbeiten mit und an gestalteten Körperbildern. Ich fotografiere Gestaltungen und auch gemalte Körperbilder. So wird es möglich, gemeinsam mit der Patientin die beeindruckenden Veränderungen sozusagen schwarz auf weiß mitzuverfolgen und festzustellen. Hierzu folgen später einige Abbildungen.

Hinweise auf das Körperbild bei Anorexia Nervosa und Bulimia Nervosa

Patientinnen mit einer Essstörung haben ein mangelhaftes Selbstwertgefühl. Sie sind mit ihrem Körper nicht zufrieden. Sie beziehen ihren Selbstwert primär aus den Bereichen Figur und Gewicht. In der praktischen Arbeit mit der Konzentrativen Bewegungstherapie geschieht eine konzentrative Einengung auf die Wahrnehmung von Körperempfindungen. Wir fragen nach der Körperwahrnehmung, nach den damit auftauchenden Empfindungen und Gefühlen, auftauchenden inneren Bildern. Die erlebten Phänomene versuchen wir mit der Patientin zu verstehen. Der Selbsterfahrungsprozess wird so angestoßen und kann langsam zu einer Veränderung des Körperbildes beitragen. In der KBT wird das Körperbild aktiviert, das heißt, die mit dem Körper oder einer Körperregion verknüpften Körpererinnerungen (implizites Leibgedächtnis) und Beziehungsszenarien werden wieder belebt. Dieses schließt Empfindungen und Gefühle mit ein. Die gespeicherten Erinnerungsspuren werden mit der aktuellen Wahrnehmung verknüpft, so dass wir in unserer Arbeit kein konstantes Körperbild vorfinden, sondern sich dieses ständig in Veränderung befindet, je nach Befindlichkeit der Patientin. Das Erleben der Körpergrenzen sowie des Innen- und Umraumes geben erste Hinweise auf das Körperbild.

Das Körperbild bei Anorexia Nervosa
Bei Anorektikerinnen sind folgende Aspekte des Körperbildes auffallend: Die Patientinnen nehmen ihren ausgemergelten Körper als »normal«, »gerade richtig« wahr. Im Spiegel erkennen sie im ersten Moment, dass sie zu dünn sind, verleugnen dann jedoch diese Tatsache, »erkennen« sich nicht mehr als dünn, sondern als »dick«.

➢ Es besteht eine Wahrnehmungsstörung des eigenen Körpers in Bezug auf das Körpermaß, das Gewicht, die Körpergrenze, den Außen- und Innenraum, sowie die Wahrnehmung des Umraums. *»Ich spüre kaum meine Körpergrenzen, ich will mich auch nicht spüren, nur das Harte, Feste mag ich spüren. Ich erleb mich wie ein Stück Papier, ganz flach, ohne Raum in mir.«* Die Patientinnen überschätzen ihre eigenen Körperausmaße.

➢ Die Körperstruktur, die Wahrnehmung der Körpergröße, die knöcherne Struktur, sowie die Gliederung des Körpers durch seine gelenkigen Verbindungen geben eine Erfahrung von Ganzheit, Zusammenhang und innerem Halt. Diese Bereiche sind mehr dem Körperschema zugehörig. Hier finden wir bei anorektischen Patientinnen eine besondere Beziehung zu sich, sie erleben eben gerade durch die Klarheit der festen Strukturen, die ihre Hagerkeit ihnen vermittelt, inneren Halt und so etwas wie Stabilität und Klarheit. Das Muskulöse, das physiologische Fettgewebe, die weichen, modellierenden Strukturen des Körpers werden als bedrohlich ausufernd erlebt.

➤ Über die Atmung, den Herzschlag, Verdauungsgeräusche kann der Körperinnenraum in die Wahrnehmung einbezogen werden. Über die Atmung ist das Aufnehmen und Abgeben eine wichtige Erfahrung. Das Weiterwerden und Schmalwerden kann erspürt und symbolisch besetzt werden. »*Ich muss atmen, etwas zwingt mich, das zu tun, beim Essen bestimme ich!*«

➤ Doch ist gerade der Bauch häufig der Ort, an dem unbewusste Fantasien festgemacht werden. Diese zeigen das konflikthafte Beziehungserleben: »*Ich habe ja so eine Wut im Bauch auf meine Mutter*«, »*Dieser eklige, wabbelige Bauch ist mein Babybauch*«, »*In meinem Bauch liegt ein kleines Baby, das bin ich.*«

➤ Größenverzerrungen und Spannungen, Unterschiede zwischen rechter und linker Körperhälfte, zwischen Ober- und Unterkörper werden wahrgenommen und häufig mit blockierten Bewegungs- und Handlungsimpulsen in Verbindung gebracht: »*Die rechte Seite will sich ausdehnen und breit machen, die linke Seite erlaubt das nicht.*«

➤ Die affektive Besetzung des Körpers, die Beziehung zum eigenen Körper ist zutiefst gestört. In der Selbststeuerung zeigen die Patientinnen eine große innere Unzufriedenheit und Unsicherheit. Sie zeigen eine Fehlwahrnehmung bezüglich der Körpersignale. Hunger, Durst, Müdigkeit, Erschöpfung werden nicht adäquat gedeutet. Der Körper wird zum Exerzierplatz, er wird gedrillt, gequält, er muss kontrolliert werden.

➤ Eigenbewegung, Lust und Freude scheint es nicht zu geben.

➤ Die Fähigkeit, die Folgen ihres Hungerverhaltens zu antizipieren, haben die Patientinnen verloren.

➤ Der Körper ist Gegenstand der Abwehr von überwältigenden Gefühlen der Nichtigkeit. Durch Hungern wird das unsichere Selbst stabilisiert.

➤ Der Körper ist das eigene Objekt, mit dem die Magersüchtige kommuniziert. Der Andere wird ausgeblendet, denn über allem steht der Satz: »Ich brauche nichts.«

➤ Bezüglich der Geschlechtsidentität erleben anorektische Patientinnen eine große Unsicherheit.

Sonja: »Ich spüre meine Körpergrenzen nur bei direktem Kontakt oder bei Berührung. Das Berührtwerden durch Ihre Hände ist schön, ich fühle mich geformter, nicht so flach, irgendwie lebendiger, anders...« In der Einzel-KBT soll Sonja nach einer gezielten Körperwahrnehmung, wo es um die Erfahrung der Körpergrenzen geht, ein Körperbild auf den Boden mit

Seilen legen, so wie sie ihre Körperumrisse erlebt hat. Sonja legt ein Monster auf den Boden, mit ausufernden Armen und Beinen, einem großen Kopf und einem fassförmigen Rumpf. Als sie sich dann selber in dieses Monster hineinlegt und ihre realen Körperkonturen mit dem Seil umlegt, kann sie anschließend nicht glauben, dass dieses Innere ihr realer Körperumriss ist. Selbst im Spiegel »erkennt« sie sich nicht, erst viele Monate später ist sie in der Lage, ihren Körper in seiner Gestalt realistisch wahrzunehmen und anzuerkennen.

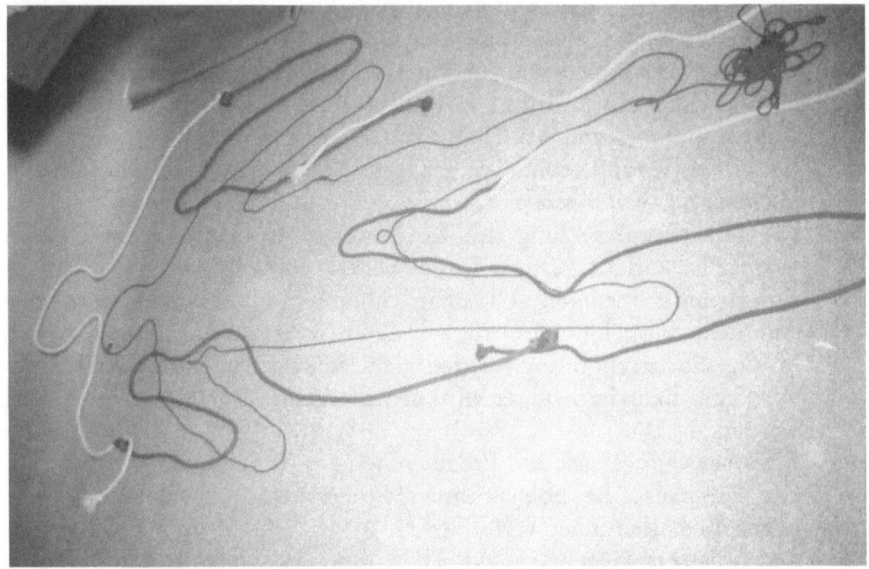

Abbildung 1: Sonjas Körperbild

Was wird deutlich? Die zugrunde liegende Störung in der Beziehung zu sich selbst wird in der Fehldeutung ihres Körpers erkennbar. Über die direkte Berührung durch Hände, die sie annehmen, kann Sonja ihren Körper als abgegrenzt erleben, was ihr für kurze Zeit ein Erleben von Körperlichkeit und Eigensein vermittelt. Hier wird die offenbar defizitäre früheste Interaktionserfahrung erkennbar. Das Körperbild vermittelt die negative Beziehung zu sich: unförmig, fett, hässlich und unstrukturiert zu sein. So einen Körper kann sie nicht bewohnen, er ist ein Ding, das diszipliniert werden muss, damit er nicht mit ihr macht, was er will.

Das Körperbild bei Bulimia Nervosa
Bei der Bulimia Nervosa sind folgende Aspekte des Körperbildes auffallend:
➢ Auch hier ist die Körperwahrnehmung gestört, besonders in der Wahrnehmung der Körpermasse, des Gewichtes, der Körpergrenze. Die Patientinnen vergleichen ständig ihre Körpermaße mit einer »inneren Körper-Bild-Schablone«. Sie sehen sich von außen. Sie überschätzen ihre eigenen Körperdimensionen, haben eine Unsicherheit bezüglich der Ausmaße des eigenen Körpers, der Außen- und Innenraumwahrnehmung, sowie der Wahrnehmung des Umraums. Die Körperstruktur, das Erleben von Festem, Klaren in den gelenkigen Verbindungen, vermitteln den Patientinnen ein Gefühl von Ganzheit. Der Rumpf, der Bauch und die Oberschenkel werden in der

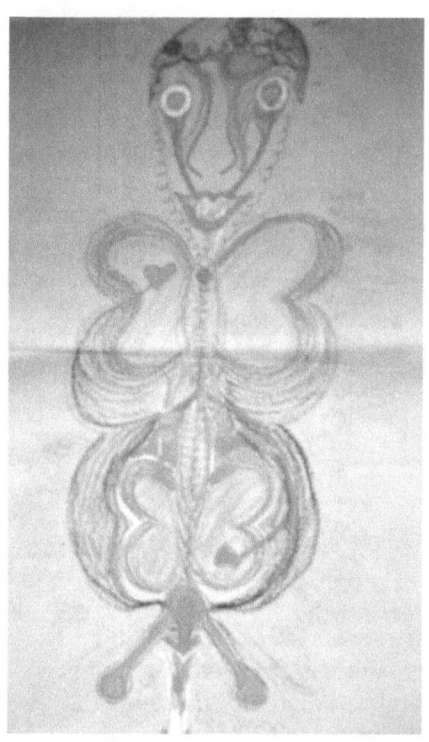

Abbildung 2: Schmetterlingsmonster

Körperwahrnehmung häufig als aufgebläht und unförmig erlebt, auch Größenverzerrungen werden beschrieben. Diese Körperregionen werden abgelehnt oder gar nicht wahrgenommen, so als seien sie nicht da: *»Ich bin wie ein fetter Kloß, unförmig. Arme und Beine hängen wie Fäden an diesem Kloß, einfach ekelhaft«*. Wird der Körperinnenraum, über die Atmung zum Beispiel, in die Wahrnehmung einbezogen, kommt es häufig zu dramatischem, affektivem Erleben. Bei bulimischen Patientinnen tauchen häufig traumatische innere Bilder und Szenen auf. Angst, Wut und Ohnmacht melden sich. Hier wird die Körperbildstörung in Bezug auf nicht verarbeitete frühe Konflikte und Traumata deutlich.

➢ Die affektive Besetzung des Körpers und die Beziehung zum eigenen Körper sind negativ. Sie werden bestimmt von dem Wunsch, einen Idealkörper zu haben. Die Selbststeuerung bezüglich der Wahrnehmung von Körpersignalen wie Hunger, Durst etc. ist nicht vorhanden. Nicht

aushaltbare Affekte wie Wut, Trauer, Einsamkeit werden als Spannung wahrgenommen und über das Essen bzw. Nichtessen reguliert. So wird der Körper zum Gegenstand der Abwehr.
➤ Der Selbstwert wird an Figur und Gewicht, an dem nicht vorhandenen idealen Körperselbst gemessen. Die Scham und die Enttäuschung über das abnorme Essverhalten sollen so kompensiert werden. Die tiefe Selbstunsicherheit und Unzufriedenheit werden hier deutlich.
➤ Die Fähigkeit, die Folge des gestörten Essverhaltens zu antizipieren ist vorhanden. Die Scham über dieses Verhalten bestimmt die Beziehung zu den Objekten.
➤ Das Erleben von innerer Leere lässt die Patientinnen ständig auf der Suche nach Objekten sein, die emotionale Leere wird durch die Symptomatik »behandelt«.
➤ Bezüglich der Geschlechtsidentität ist Unsicherheit vorhanden, die aber häufig geleugnet wird.

Alexandra: »Ich habe ständig ein merkwürdiges Gefühl von Leere in mir. Ich fühle mich diesem Körper ausgeliefert, manchmal spüre ich meine Beine gar nicht, dann wieder sind sie dick und aufgebläht, wie Luftballons. Wenn ich dann so ein merkwürdiges Körpergefühl habe, steigt in mir eine Riesenspannung, die ich zufressen muss. Dabei habe ich nicht das Gefühl, dass ich es bin, sondern ES frisst mich...«

In der KBT, nach einer Körperwahrnehmungsarbeit, in der sie versuchen soll, sich mit dem Boden in Kontakt zu bringen, in allen Bereichen, die ihr möglich sind, um sich ihre Körpergrenzen zu verdeutlichen, erlebt sie sich *»zusammengestaucht, kompakt und stark, wie ein kleiner Muskelprotz«*. Sich anschließend in diesem Körpererleben zu malen, macht ihr viel Spaß. Auf dem Papier taucht ein Körperbild auf, das wie ein Schmetterling anmutet, der einen Schädel hat, aus dem angststarre Augen blicken, Mund und Körperöffnungen sind gemalt, Arme und Beine fehlen.

Was wird deutlich? Alexandra hat die Kraft erlebt, die in ihren Körpergrenzen wohnt. Es ist aber auch etwas Bedrohliches sichtbar, das im Gesicht dieses kompakten Körpers sichtbar wird. Damit will sie sich jetzt nicht beschäftigen. Sie fühlt sich wohl. Dieses Wohlgefühl ist offenbar nur auf den Rumpf beschränkt; er ist der Bereich, den sie von der Symptomatik her am besten spürt. Jetzt erlebt sie ihn beglückend positiv und kraftvoll. Sonst nimmt sie dort nur Spannung, Übelkeit und Überfülle wahr. Ihre Gliedmaßen spürt sie nicht, sie hat sie beim Malen »vergessen«. Anders gesagt: Der Bauch ist in ihrer Körperwahrnehmung deutlicher repräsentiert als die Gliedmaßen. Das

Monster in ihr, das so gefräßig ist, hat sie gemalt Es ist ein Schmetterlingsmonster, so wenigstens kann sie sich eher annehmen.

Therapeutische Schwerpunkte der KBT in der Arbeit mit essgestörten Patientinnen

Immer ist es eine therapeutische Arbeit am Körperbild, denn bei jeder Störung ist das Körperselbst mit betroffen, da der Körper der Ort des psychischen Geschehens ist.

Da die Körperbildstörung bei essgestörten Patientinnen sehr im Vordergrund steht, könnte die Therapeutin versucht sein, gerade an diesem Phänomen anzusetzen. In der Konzentrativen Bewegungstherapie wird die Körperbildstörung als ein Symptom einer zugrunde liegenden Störung verstanden. Mit den speziellen KBT-Angeboten wird versucht, die Defizite der frühen Interaktionserfahrungen über die Körperwahrnehmung und das Körpererleben zu beeinflussen.

Charakteristika und Verhaltensauffälligkeiten bei dieser Patientengruppe bestimmen das therapeutische und methodische Vorgehen der KBT bezüglich der Körperwahrnehmungsstörung, der Störung im Gestalten von Beziehungen zu sich und anderen, der Störung im Selbstausdruck, in der Selbstbewegung, im Selbstverständnis. Selbstfürsorge kann entwickelt werden, wenn Bedürfnisse wahrgenommen werden dürfen. Ein realistischeres Selbstbild kann sich so herausbilden. Neubewertungen bezüglich des negativen Körpererlebens und des Körperbildes können gewagt werden, neue Einstellungen zu sich geübt und gebahnt werden.

Fallbeispiel: Anorexia Nervosa

Sonja ist 18 Jahre alt, kommt mit einem Gewicht von 28 kg, bei einer Größe von 162 cm (BMI unter 15) auf eigenen Wunsch von einer geschlossenen Abteilung einer Psychiatrie in die Psychosomatische Klinik. Nach einer Odyssee durch verschiedene Kliniken im vergangenen Halbjahr (Akutkliniken, geschlossene Abteilungen der Psychiatrie) ist sie in einem so lebensbedrohlichen Zustand, dass sie selber etwas ändern möchte.

In einem Therapievertrag mit den ärztlichen Therapeuten werden folgende Bedingungen festgelegt: Das Mindestgewicht darf nicht unterschritten werden, sonst sofortige Verlegung ins Krankenhaus, Essen im Speiseraum,

kontinuierliche Gewichtszunahmen, zunächst bis zu einem gemeinsam vereinbarten Zielgewicht von 40 kg.
Trotz ihres lebensbedrohlich niedrigen Gewichts wird neben den üblichen Therapievereinbarungen Einzel-KBT verordnet.
Zur Vorgeschichte von Sonja: Sonja ist 18 Jahre alt. Ihre Diagnose lautet schwere chronifizierte Anorexia Nervosa. Sonja kommt zu einem Vorgespräch. Wir haben 45 Minuten Zeit. Sie ist blass und abgehärmt, erschöpft und müde. Doch die Augen sind wach und nehmen rasch den Raum in Augenschein, huschen über mein Gesicht, dann setzt sie sich eng zusammengezogen auf den Stuhl in aufrechter Haltung.
In dem Vorgespräch berichtet sie mir von ihrer Essstörung, die mit 14 Jahren begann. Ihre zwei Jahre ältere Schwester habe eine Bulimie gehabt, und wegen ihres Essverhaltens sei es ständig zu Konflikten gekommen. Alle Aufmerksamkeit habe der Schwester gegolten, so dass niemandem in der Familie ihr Abmagern aufgefallen sei. In den letzten Jahren sei sie dann häufig in psychosomatischen Kliniken, schließlich in der Psychiatrie behandelt worden, weil sich ihr Zustand lebensbedrohlich verschlechtert hatte. Sie ist nun auf eigenem Wunsch in die Psychosomatische Klinik gekommen. »Ich fühle mich nicht krank, weiß aber, dass ich krank sein muss. Irgendetwas ist nicht normal.«
Als Therapieziele formuliert Sonja: »Ich möchte leben können so wie alle anderen. Ich möchte die Krankheit überwinden. Ich will Kraft haben. Ich will keine Angst vor Kontrollverlust haben. Ich will aus meinem inneren Gefängnis herauskommen. Ich will mein Abitur machen, meinen Führerschein machen. Ich möchte nach Afrika reisen; das ist mein größter Traum.«
Die erste KBT-Sitzung dient der Diagnostik auf der Körperbildebene. In den Angeboten wie: Gehen im Raum, den Raum aus verschiedenen Perspektiven auf sich wirken lassen, vielleicht einen Gegenstand finden, der gerade anziehend wirkt oder neugierig macht; ihn vielleicht mitnehmen, einen Platz finden, auf dem sie sich erstmal niederlassen mag, versuche ich, Sonja auf der leiblichen wie auf der interaktionellen Ebene zu erleben und auf mich wirken zu lassen. Hier entwickeln sich dann meine Therapieziele, meine therapeutischen Schwerpunkte.
Sonja geht zögernd und abwartend durch den Raum, wartet immer auf einen Anstoß von mir. Sie versackt förmlich im Boden, so als zöge er sie in sich hinein. Jeder Schritt ist mühsam, der Boden scheint sie festzuhalten, sie kommt nicht von ihm los. Sie sucht die Nähe der Wände, vermeidet es, sich frei durch den Raum zu bewegen. Im Regal findet sie sehr schnell einen bunten Stoffball, den sie mit einem Lächeln mitnimmt, »der Afrikaball«.
Ohne sich Zeit zu lassen, wo sie sich wohl im Raum niederlassen will,

plumpst sie förmlich auf den Boden, wo sie mit dem Ball im Schneidersitz aufrecht sitzen bleibt und mich erwartungsvoll anschaut.
  Wir sprechen über den Ball und was er für sie bedeutet; über den Raum und wie sie ihn erlebt. Die Farben des Balles sind die Farben Afrikas. Das Land ihrer Träume. Der Ball lässt innere Bilder lebendig werden, er hilft Sonja, den KBT-Raum positiv zu erleben. Sie kann sich aktiv etwas nehmen, so für sich sorgen. Ich frage sie noch, ob es etwas in oder an dem Raum gibt, was sie stört. Kurz schaut sie sich um und schüttelt den Kopf.
  Zum Schluss mache ich das Angebot, sich zu vergegenwärtigen, wie sie sich vom Sitzen auf dem Boden wohl zum Stehen aufrichten wird: »Wie ist das in meiner Vorstellung, wie mache ich das dann in der Realität?« Ohne sich Zeit zum Antizipieren zu nehmen, kommt sie rasch auf die Füße, bückt sich und holt sich den Ball. Die erste KBT-Einzelsitzung ist zu Ende. Sie legt den Ball ordentlich an den Platz zurück und geht, ohne sich umzudrehen.

Was hat mir diese erste Stunde über Sonjas Körperbild mitgeteilt?

Phänomene auf der leiblichen Ebene
Das Gehen auf dem Boden ist zäh, so, als wenn sie am Boden klebt, nicht wegkommt. Kraftlos und müde wirkt sie, jeder Schritt kostet Überwindung. Es geht um Leben und Tod, dieser innere Kampf wird beim Gehen deutlich. Der Konflikt zwischen Autonomie und Abhängigkeit ist bis zur äußersten Erschöpfung ausgefochten, es geht fast nichts mehr, wenigstens auf der körperlichen Ebene. Das Herumschauen, das Suchen, Finden und Nehmen des Balls bringt Lebendigkeit in ihre Körperlichkeit. Der bunte Ball, der ihre Sehnsucht nach Freiheit, Lebendigkeit, Leben wollen symbolisiert, gibt Halt und Sinn und Zukunft; sie lässt ihn nicht los, als sie sich auf den Boden plumpsen lässt. Er haucht Sonja förmlich einen Funken Leben ein. Dieses zeigt sich in ihrem Sitzen auf dem Boden. Sie sitzt aufgerichtet, hält den Ball mit beiden Händen zwischen ihren gekreuzten Füßen, so als hielte sie einen Schatz. Im Rücken, in der aufrechten Haltung wird ihre Kraft, ihre Widerstandskraft gegen den Boden sichtbar: »*Ich will etwas haben vom Leben und der Ball symbolisiert es*«.

Phänomene auf der interaktionellen Ebene
Sonja braucht Anregungen und Erlaubnis, um sich vertraut zu machen, mit dem Raum, mit mir. Ihre Schwäche und entsetzliche Magerkeit lösen in mir fürsorgliche Impulse aus, ich möchte sie versorgen, wärmen und ihr meine Hand reichen, um beim Gehen, das so mühsam ist, Unterstützung zu geben. Ich spüre jedoch sofort das Verbot, ihre Bedürftigkeit zu benennen, auf sie

nonverbal einzugehen: »Lass mich in Ruhe, ich weiß selbst, was ich brauche, bitte lass mich nicht allein«. Die Ambivalenz, der Kampf im Dazwischen, ist auch in mir sehr spürbar. Erleichtert bin ich, dass Sonja sich etwas nehmen kann. Ihre große Bedürftigkeit nach Halt und Orientierung scheint bodenlos zu sein. Sie versinkt mit den Füßen im Boden, klebt fest. Kommt von ihm nicht los, was sicher auch die Schwierigkeit der Ablösung von der Ursprungsfamilie verdeutlicht. Der Konflikt zwischen Autonomie und Abhängigkeit wird hier in der ersten Stunde deutlich.

Der Schwerpunkt der KBT liegt im Nachholen, Wiederholen defizitärer früher Selbsterfahrung. Das bedeutet, dass es zunächst nicht darum gehen wird, sich mit den intrapsychischen Konflikten aus dem gestörten Essverhalten zu befassen. Der Schwerpunkt muss darauf gelegt werden, das zugrunde liegende Gefühl der Unfähigkeit, der tief greifenden Körperwahrnehmungsstörung, das mangelnde Verstehen, die Isolation und die Unzufriedenheit gemeinsam mit Sonja zu verstehen.

Die Schwerpunkte der KBT waren bei Sonja:
- Aufbau einer tragfähigen Beziehung, in der die Krankheit als ein Versuch der Selbstheilung anerkannt wird, die Ressourcen gewürdigt und zum Beziehungsaufbau verstärkt werden.
- Erst dann wird zur Körpererfahrung und Körperwahrnehmung hingeführt. Dabei geht es um die Themen Erfahrung der Körpergrenzen durch Berührung, Bewegung, etc.; Erinnern und Wiederbelebung früher Erfahrungen, Symbolisierungsfähigkeit und die Arbeit mit und an dem Körperbild.
- Das Erleben in der Interaktion in allen Erfahrungsebenen wird zur Klärung der Objektbeziehungen beitragen.

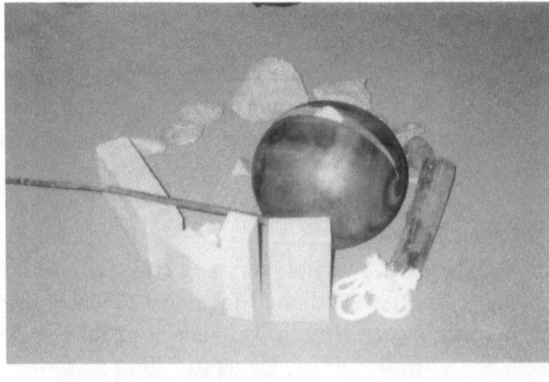

Abbildung 3: Darstellung des Symptoms, Kugel

Über einen Zeitraum von 15 Monaten hatte Sonja 90 KBT-Einzelsitzungen, sowie 36 KBT-Gruppensitzungen in einer symptomorientierten Gruppe (Essstörungen). In Krisenzeiten waren kurze Einzelkontakte von 20 Minuten nötig. Es gab viele Krisenzeiten, in denen die Angst vor Veränderung und vor

Kontrollverlust übermächtig wurde. Durch die stabile therapeutische Beziehung konnte der drohende Therapieabbruch verhindert werden.
Die Therapie verlief in vier Phasen.

1. Phase: Vertrauen aufbauen.
Vertrauen wird gefördert durch KBT-Angebote, die Sonjas Ressourcen würdigen (ihre starke Leistungsbereitschaft, ihre Symbolisierungsfähigkeit). Durch Angebote zur Körperwahrnehmung über das Erleben von Polaritäten (eng-weit, bequem-unbequem, usw.) erlebt Sonja ihr Unvermögen, zu spüren, zu empfinden. Über die Berührung durch Gegenstände, z. B. warme Sandsäckchen, später durch meine Hände, wird es ihr leichter, zu spüren, sich in ihren Körpergrenzen zu erleben. Auch über das bewusste Ansprechen der Bewegungsmöglichkeiten in den großen und kleinen Gelenken entwickelt sie ein Gespür von Ganzsein und manchmal auch schon von Stabilität in sich.

In der ersten KBT-Sitzung wurde deutlich, wie gut Sonja mit Gegenständen symbolisieren kann. Diese Ressource greife ich auf mit dem Angebot »Versuche, Dein Symptom darzustellen, Dich zu ihm in Beziehung zu bringen. Du kannst Dir die Gegenstände aussuchen, die Du für Dein Symptom und für Dich als passend erlebst«. Sie nimmt eine dicke Holzkugel, die einen tiefen Spalt hat, zwängt in den Spalt ein kleines Holzfigürchen. Das Holzfigürchen ist sie selbst, es wird fast zerquetscht von den Eltern und der Schwester, die die eine Hälfte der Holzkugel symbolisieren, die andere Hälfte symbolisiert ihre Essstörung. Um die Kugel baut sie noch einen Wall aus Hindernissen: »*Ich werde von zwei Mächten zerquetscht, kann mich nicht entscheiden, wo ich hingehöre, immer ist es ein Verlust...*«

Intervention: »Möchtest Du etwas verändern?«

Schnell holt sie das Holzpüppchen aus dem Spalt und stellt es breitbeinig darüber.

»*Ich verbinde mit mir den Spalt, doch habe ich jetzt die Übersicht und stehe auf meinen Füßen.*« Sie beginnt, die Kugel leicht zu bewegen, das Figürchen steigt runter von der Kugel, steht dann auf den Hindernissteinen, steigt auch da herunter und steht nun außerhalb der Steine auf dem Boden. Es wird nicht gesprochen, Sonja handelt wie in Trance.

Intervention: »Du wirkst so, als wärest Du weit weg, Du erscheinst so unerreichbar.«

Sie schaut mich an und reicht mir über die Kugel hinweg ihre Hand.

In dieser Stunde wird ihr Konflikt symbolisiert, der in ihr tobt (Autonomie- und Abhängigkeitswünsche) und den sie mit ihrer Krankheit zu »bewältigen«

versucht. Das kleine Holzpüppchen, hölzern und unlebendig, erwacht zum Leben, in dem sie einen Entwicklungsweg für sich durch das symbolische Handeln versucht hat:
- ➤ Sich aus dem Gefangensein herauswinden, Trennung wagen, gesunde Kontrolle über sich bekommen (über dem Spalt stehen);
- ➤ sich auf den Weg machen (von der Kugel herunterrutschen), Kontrollverlust wagen;
- ➤ wieder aufstehen, auf eigenen Füßen stehen und gehen;
- ➤ Hindernisse überwinden; aus der Angst und Isolation in die Welt gehen...

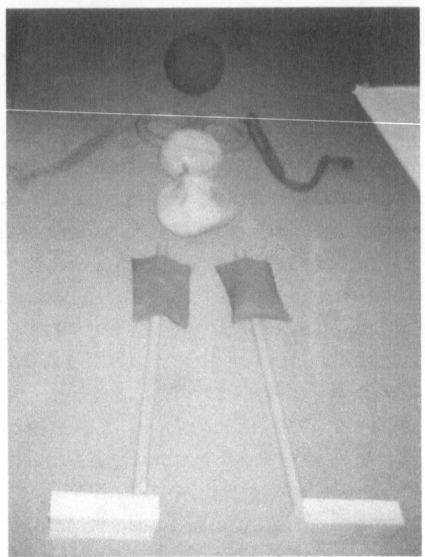

Abbildung 4: Gelegtes Körperbild von Sonja mit Gegenständen zu Beginn der Therapie

2. Phase: Veränderung

Durch die intensive Arbeit an der Körperwahrnehmung erlebt Sonja zunehmend ihre Defizite im Spüren. Sie erlebt sich ausgeliefert an ihren Körper, oft wie abgestorben, manchmal hat sie den Eindruck, sich aufzulösen. Immer wieder jedoch kommt sie mit ihrem Unvermögen in Kontakt, das Erspürte zu halten. Sie reagiert mit »Ungehaltensein«, weint, tobt, schimpft, will am liebsten alles hinschmeißen; sie schämt sich, weil sie ihrem Leistungsanspruch nicht genügen kann. Sie ist zutiefst gekränkt und hilflos. Sie lehnt ihren Körper in allen Bereichen ab, erlebt sich haltlos. Zunehmend wird es ihr möglich, Halt anzunehmen, sich halten zu lassen. Sie bestimmt, wo sie den Halt spüren möchte, sie kann ihn auch verweigern. Es wird ihr zunehmend möglich, sich anzuvertrauen, ihre Versorgungswünsche zuzulassen. Trauer und Einsamkeitsgefühle melden sich, Scham und Wut werden spürbar und ausgedrückt.

Die Themen Halt, Gehaltenwerden, Halt annehmen, Halt verweigern, sich gegen einen Halt wehren, stehen über lange Zeit im Vordergrund.

Nach 24 Stunden Einzel-KBT hat Sonja drei Kilogramm zugenommen. Die Veränderung ihres Körpers macht ihr Angst, obwohl sie deutlich einen Zuwachs an Kraft spürt. Ihre Körpergrenzen kann sie nur spüren über die Berührung mit meinen Händen, sobald diese weg sind, ist diese Körperregion

Diagnostik und Körpertherapie bei Essstörungen ...

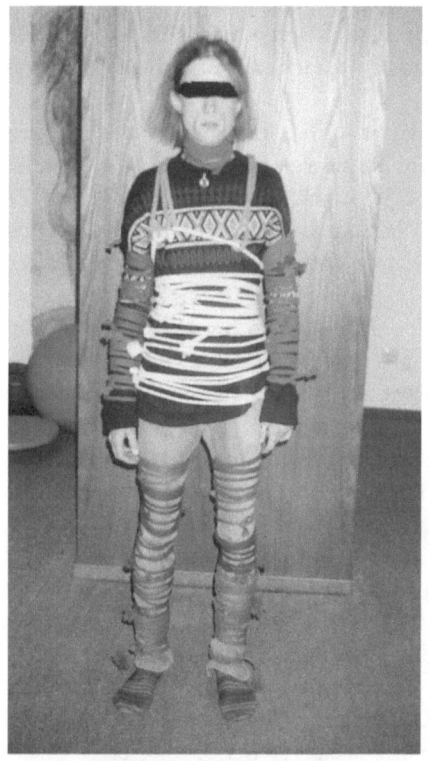

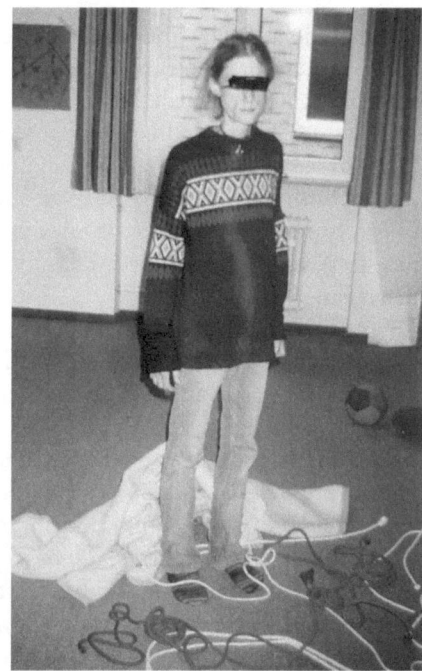

Abbildung 6: Die Sonja, die »sich selbst entwickelte«

Abbildung 5: Die »eingewickelte kontrollierte Sonja«
»Diese Kontrolle gibt mir Halt, ich spüre mich deutlicher, meine Körpergrenzen, aber ich fühle mich auch unfrei, unbeweglich, festgehalten, ich will mich im Spiegel sehen, das sieht ja schrecklich aus.«

auch wie »weg«. Die Körperbildstörung wird hier »handgreiflich« deutlich und gibt Aufschluss über das Fehlen des frühen emotionalen Gehaltenwerdens in der Interaktion. Die Körpergrenzen konnten nicht libidinös besetzt werden, das Körperselbst sich nicht störungsfrei herausbilden.

In einer dieser Stunden legt Sonja ein Körperbild mit Gegenständen. Es ist ein karger Körper: Der Kopf ist ein Ball, ohne Verbindung zum Körper, Arme und Beine sind verbindungslos. Im Oberbauch liegt ein gelber schlaffer

Fußball, der Bauch- und Beckenbereich wird durch einen schweren großen Stein dargestellt. Die Beine bestehen aus Holzstangen, die Füße sind dargestellt mit großen Holzklötzen.

In dieser Therapiephase, etwa nach 50 Stunden, kommt es zwischen uns immer wieder zu Auseinandersetzungen. Sie schreit mich an, dass doch alles keinen Sinn habe. Wir arbeiten viel am eigenen Platz, an Grenzen (Grenzen überschreiten, mit dem Körper einen Platz ausliegen, sich weiten und eng machen), am Erleben des Innenraums durch den Atem und das Entdecken der eigenen Stimme.

Sonja hat viel Angst vor Veränderungen. Nach einem Besuch zu Hause, der konfliktreich verlief, nimmt sie wieder ab. Alles »Erreichte« scheint wieder verloren. Sie gerät in eine Krise und möchte am liebsten aufgeben und sterben. Ich fungiere in dieser Zeit als Hilfs-Ich und erinnere sie an die Zeit, als sie in jeder Beziehung an Substanz zugenommen hatte. Die Verbindung mit dem Besuch zu Hause, mit den Konflikten dort und ihrem Abnehmen kann sie herstellen. Das erste Mal kann sie die Funktion ihrer Krankheit verbalisieren: *»Ich hungere, damit ich mich unterscheide, damit ich als ich wahrgenommen werde.«*

Wütend kommt sie in die Einzelstunden, sie fordert mich zur Grenzziehung heraus. Dagegensein, Widerstand leisten sind Themen, bei denen sie ihre Körpergrenzen und ihr Eigensein in der Interaktion erfahren kann. Neben all der Wut ist auch etwas behutsames Weiches spürbar, was ich ihr mitteile. Spontan äußert sie*: »Ich kann meine Gefühle nicht sagen und zeigen, dann gehören sie mir nicht mehr«.* Wie fragil und wenig sicher Sonja sich in ihrem Eigensein erlebt, wird hier sichtbar. Wenn sie ihre Gefühle zeigt, bedeutet es für sie Autonomieverlust. In dem Maße wie sie mir jedoch ihre unleidlichen Seiten zumutet, mich an die Grenze bringt, ich mich ihr stelle mit meinem Zorn, meiner Geduld und Zuwendung, kann auch sie offener sein und sich ihrer selbst sicherer werden.

3. Phase: Kontrolle aufgeben

In den KBT-Sitzungen geht es jetzt häufig um die Themen Beziehungsgestaltung, Kampf und Niederlage, Nähe und Distanz, Standhalten und Halt aufgeben. Sie ist jetzt in der homogenen Gruppe mit anderen essgestörten Mädchen. Sie fühlt sich von diesen kontrolliert, beim Essen, in der Gruppe, überall. Sie fühlt sich von den Blicken förmlich eingewickelt und stranguliert.

Ein KBT-Angebot dazu: »Ich wickele Dich mal mit Seilen an den Regionen ein, wo Du Dich von den anderen kontrolliert und beobachtet fühlst.« Neugierig lässt sie sich auf dieses Angebot ein. »*Überall, besonders am Bauch, den Schultern, den Händen.*« Ich wickele sie an den bestimmten Regionen

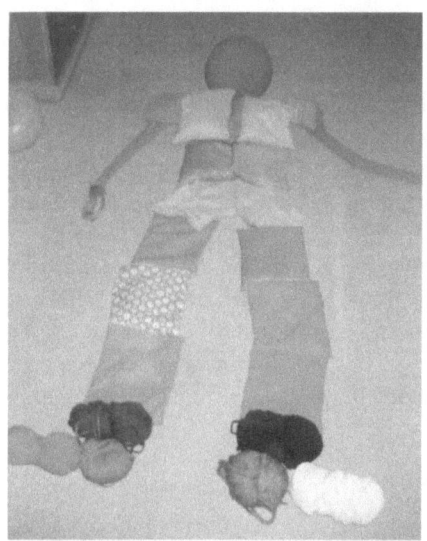

Abbildung 7: Ein gelegtes Körperbild am Ende der Therapie von Sonja

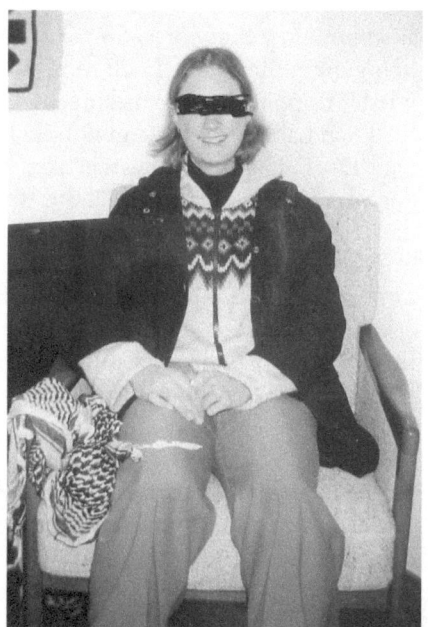

Abbildung 8: Sonja einige Monate nach der Entlassung bei einem Besuch in der Klinik

ein, doch sie will immer mehr eingewickelt werden, bis sie schließlich ganz eingebunden ist.

Intervention: »Wo könntest Du auf Kontrolle verzichten, wo willst Du Dich befreien?« Zögernd beginnt sie sich zu »entwickeln«, beginnt mit den Händen, spürt nach, beschreibt was sie erlebt, steht dann endlich im Seilgewirr ausgewickelt da. »*Es ist so weit, so frei... das macht mir Angst*«

Sie hat eine Ahnung davon, dass das Kontrolliertwerden durch die anderen eine Projektion von ihr ist, denn das rigide Essverhalten und das Verlangen, sich selbst zu kontrollieren sind ja in ihr.

Das erste Mal hat sie sich realistisch im Spiegel gesehen. Ihren ausgemergelten Körper und dazu eingebunden und festgezurrt. Kann sie ihre rigide Kontrolle aufgeben, so wie sie die Seile abgestreift hat? Angst vor Kontrollverlust taucht auf: »*Wenn ich nicht mehr aufhören kann zu essen, was dann?*«

Sie antizipiert ihre Körperbildveränderung, es macht ihr Angst. Ich entlaste sie mit meiner Antwort: »So wie ich Dich kenne, wirst Du dann wahrscheinlich ganz wütend auf Dich sein, weil Du angeblich versagt hast, Du wirst wieder doppelt streng zu Dir sein wollen. Du kannst aber auch Verständnis für Dich haben, denn wenn Du die Kontrolle verlierst, hat das ja einen Sinn, weil Du Dich zu sehr kasteit hast. Du bist wie eine ausgedörrte Wüste, in der alles Leben schläft und darauf wartet, dass endlich der Regen kommt und das Leben aufwachen kann.«

Die Konfrontation mit ihrem Spiegelbild, in dem sie sich das erste Mal bewusst wahrgenommen und selber in ihrer Magerkeit und Gefangenheit erkannt hat, bringt eine Veränderung. Sonja beginnt lustvoller zu essen, kann ihren Essensplan abwechslungsreicher gestalten. Sie nimmt wieder zu. Sie findet eine Freundin in der Klinik, gemeinsam gehen sie in die Natur und in die Stadt. Sie entdeckt die Welt.

4. Phase: Selbstbehauptung, Aggression und Trennung
In der Gruppe kann sich Sonja immer mehr Platz und Raum nehmen, verteidigt ihren Platz, steht zu sich und ihren Wünschen. In der Einzelarbeit geht es um Trennung, Abstand wagen, zu sich stehen. Hier entstehen verschiedene Körperbilder. Sie malt in ihren Körperumriss ihre Themen hinein, das was sie emotional erlebt und beschäftigt. Es entsteht ein lebendiges Bild, das sie mit viel Liebe ausgestaltet.

Zu Beginn der Therapie hatte Sonja mit Gegenständen ein Körperbild auf den Boden gelegt. Es ist seitdem ein Jahr vergangen, ich hatte ein Foto gemacht. Nun zum Ende der Therapie in der Klinik legt sie noch einmal ein Körperbild. Nun ist es ein Körper, in dem alle Bereiche miteinander verbunden sind, der Körper wirklich ein Körper ist, mit einem Innenraum, einer Grenze und einem Außenraum.

Sonja entschließt sich, nicht mehr nach Hause zu gehen. Sie sucht sich einen betreuten Wohngruppenplatz in einer anderen Stadt, meldet sich dort an der Schule an und verlässt die Klinik mit einem Gewicht von 39,5 kg. Natürlich war es nicht das Zielgewicht, diesen Gefallen konnte sie uns nicht tun. Einige Monate später besuchte sie mich. Es ging ihr gut, sie hatte ein Gewicht von 45 kg, machte ihr Abitur und plante ihre Reise nach Afrika.

Abschließende Bemerkungen

Die Diagnostik und die therapeutische Arbeit mit der Konzentrativen Bewegungstherapie (KBT) bei Patientinnen mit Essstörungen orientiert sich an den

Phänomenen auf der leiblichen wie auch auf der interaktionellen Ebene. Die im Vordergrund stehende Wahrnehmungsstörung in Bezug auf den Körper zeigt sich besonders in der Unsicherheit und Fehleinschätzung in Bezug auf Gewicht, Figur und Körperdimensionen. Das Körperbild entspricht nicht der physischen Realität, wird verzerrt wahrgenommen und/oder negativ bewertet. Besonders bei bulimischen Patientinnen ist die Beziehung zum eigenen Körper negativ, weil sie nicht dem schablonenhaften Körperideal entspricht.

Die Körperbildstörung wird verstanden als ein Symptom und Ausdruck einer zugrunde liegenden frühen Objektbeziehungsstörung und der daraus entstandenen tiefen Störung des Selbst. Das Körperbild konstituiert sich genetisch in der Interaktion, in der Erfahrung von Grenzen zwischen Selbst und den Anderen. Wir können vermuten, dass bei dieser Patientengruppe die frühen Beziehungserfahrungen in vielerlei Hinsicht störanfällig waren, sodass die Entwicklung eines stabilen Selbsts und Körperselbsts schnell irritierbar wurde. Die essgestörten Patientinnen versuchen auf ihre Weise, sich über ihre Symptomatik zu stabilisieren. Die Überschätzung und Unsicherheit bezüglich des eigenen Körpers, seines Aussehens, seiner Dimensionen sind ein Phänomen der tiefen Selbstwertstörung.

Durch die konzentrative Hinwendung auf den Körper in Ruhe und Bewegung in der Interaktion mit der Therapeutin ist eine Wiederentdeckung des eigenen Körpers und seiner primären Empfindungen möglich. Damit ist ein »Wieder-Erkennen« im impliziten Leibgedächtnis möglich. Beim »Wieder-Erkennen« ist die gesamte Gestalt der Affekt-, Wahrnehmungs- und Handlungsebene angesprochen, ebenso die Konfliktebene. In der Therapie wird primär an der Entwicklung der Selbst- und Ichfunktionen, am Erkennen und Bearbeiten von Hintergrundkonflikten auf der Körperebene gearbeitet.

Das Körperbild konstituiert sich in der Interaktion, in der Erfahrung der Grenze zwischen dem Selbst und dem Anderen. Je lustvoller, kreativer und entspannter die Therapie gestaltet wird, umso eher wird es den Patientinnen möglich, aus ihrer negativen Erwartungshaltung und Anstrengung herauszukommen. Unangestrengt, offen und authentisch sollte die Therapeutin sein, damit ein angstfreier Spielraum entstehen kann. Neue Strukturierungsprozesse im Gehirn sind mit positiven Stimuli in der Beziehung verbunden. Die Therapeutin sollte jede Sitzung so gestalten, dass die Therapie ein gemeinsames Erleben und Unterwegssein bedeutet.

Die KBT-Arbeit mit dieser Patientinnengruppe ist immer Arbeit am Körperbild. Über die Konzentration auf die Wahrnehmung des Körpers in Ruhe und Bewegung wird zunächst auf der Ebene des Körperschemas »geübt«. Die Patientin selbst wird dann über die differenziertere Wahrneh-

Abbildung 9: Körperbilder einer anorektischen Patientin, mit rechter und linker Hand gemalt

mung von sich Kontakt zu sich im Sinne eines erlebten Körpers herausbilden, in dem Affekte und innere Bilder gespeichert sind. Diese in der Therapie zu verbalisieren, Affekte auszudrücken, in der Interaktion mit anderen zu leben, ist das Ziel.

Je mehr das Selbstbild realistisch wird, im Sinne von Selbstannahme, umso unabhängiger wird die Person von der Meinung anderer. Der zunächst nur kontrollierende Blick kann liebevoller, verständnisvoller und gelassener werden.

Literatur

Bauer, J. (2005): Warum ich fühle, was du fühlst. Hamburg (Hoffmann und Campe).
Becker, H. (1997): Konzentrative Bewegungstherapie. Gießen (Psychosozial).
Besuden, F. (1984): Das Körperbild als Matrix des Körpererlebens. Konzentrative Bewegungstherapie 11, 1–7.
Bowlby, J. (2001): Frühe Bindung und kindliche Entwicklung. München (Reinhardt).
Bruch, H. (1980): Der goldene Käfig. Frankfurt/Main (Fischer).
Cserny, S. & Paluselli, C. (Hg.) (2006): Der Körper ist der Ort des psychischen Geschehens. Würzburg (Königshausen und Neumann GmbH).
Dornes, M. (1994): Der kompetente Säugling. Franfurt/Main (Fischer).
Downing, G. (1996): Körper und Wort in der Psychotherapie. München (Kösel).
Fuchs, T. (2006): Leibgedächtnis und Lebensgeschichte. Konzentrative Bewegungstherapie 37, 24–34.
Grawe, K.(2004): Neuropsychotherapie. Göttingen (Hogrefe).
Gräff, C. (2000): Konzentrative Bewegungstherapie. Stuttgart (Hippokrates).
Kluck-Puttendörfer, B. (2006): Lehrbuch Konzentrative Bewegungstherapie Psychogene Essstörungen. Stuttgart (Schattauer), S. 196–217.
Küchenhoff, J. (2006): Die strukturbezogene Erfassung des Körpererlebens. Konzentrative Bewegungstherapie 37, 45–56.
Küchenhoff, J. (1999): Körper und Sprache. Heidelberg (Roland Asanger).
Loos, G. (1986): Spiel-Räume. Frankfurt/Main (Fischer).
Rudolf, G. (1993): Psychotherapeutische Medizin. Stuttgart (Ferdinand Enke).
Schmidt, E. (2006): Lehrbuch Konzentrative Bewegungstherapie: Zur Bedeutung des Körperbildes. Stuttgart (Schattauer), S. 3–9.

Tanz- und Ausdruckstherapeutische Diagnostik und Therapie bei Essstörungen

Marianne Eberhard-Kaechele

Allgemeines zur Tanz- und Ausdruckstherapie

Definition

Tanztherapie ist ein psychotherapeutisch ausgerichtetes Verfahren, welches am Körpererleben des Patienten, seinem Interaktionsverhalten und den schöpferischen Prozessen, die sich in der Therapie ergeben, ansetzt. Sie unterstützt und aktiviert das Potential des Menschen zu körperlicher, seelischer, geistiger und sozialer Regulation und Stabilisierung, zu Einsicht und Verhaltensänderung im Sinne von Krankheitsbewältigung, zu Neuorientierung und zur Förderung der Lebensqualität (KdK 2006).

Tanztherapie unterscheidet sich von anderen körperpsychotherapeutischen Verfahren durch spezielle Techniken, die aus ihrem tanz-künstlerischen Ursprung entstanden sind, wie die Bewegungsanalyse, die elaborierte Technik der interaktionellen Intervention und die Nutzung von Gestaltungsprozessen. Die Rolle des Patienten ist durch kreative Aktion geprägt: Die Bewegung als solche ist Vehikel therapeutischer Veränderung. In dieser Auffassung divergiert die Tanztherapie von solchen Körperpsychotherapien, die Körperwahrnehmung in der Stille oder das Sprechen über den Körper in den Mittelpunkt der Intervention stellen (Eberhard 1999).

Anders als in verbal orientierten Verfahren werden Tanz und Bewegung dazu verwendet, den therapeutischen Prozess in Gang zu setzen, ihn zu strukturieren und bis zum Ende durchzuarbeiten. Verbale Reflexion wird als Mittel zur Förderung der Bewusstwerdung und Integration von Bewegungserfahrung, dem Adressaten und dem tanztherapeutischen Ansatz entsprechend, unterschiedlich intensiv genutzt.

Ausgehend von der Tatsache, dass Körper und Psyche in Wechselwirkung miteinander stehen (Damasio 1999; Hüther 2006), setzen Tanztherapeut/-innen voraus, dass Bewegung stets eine adaptive und eine expressive Komponente besitzt (Bartenieff/Lewis 1980). Die therapeutische Arbeit richtet sich auf beide Aspekte. In diesem Sinne kann Bewegung und Tanz im therapeutischen Kontext auf vier Ebenen wirksam werden:
1. Zur Bildung funktionaler Kompetenzen im Umgang mit den Faktoren, die die Bewegung bestimmen (z.B. Körper, Zeit, Raum, Erdanziehung, Medien, Partner, Umwelt)
2. im narrativen Ausdruck der Körpererinnerung (vgl. Pylvänäinen 2003)
3. im Prozess der Gestaltwerdung innerer Bewegtheit in äußere Bewegung (vgl. Duncan in Peter-Bolaender 1992)
4. in der transformativen Einwirkung auf das innere Befinden durch Bewegung.

Geschichte und Theoretische Fundierung

Die Wurzeln der Tanztherapie liegen in historischen Heilritualen und in der veränderten Auffassung von Tanz zu Beginn des 20. Jahrhunderts. Die Grundlagen von Theorie und Praxis der modernen Tanztherapie wurden in den USA der 40er und 50er-Jahre entwickelt. Nach den Anfängen als Begleitverfahren in der stationären Psychiatrie stellt die Tanztherapie heute eine eigenständige Therapieform dar (Levy 1988; Koch et al. 2006).

Die Bezugswissenschaften der Tanztherapie sind Natur-, Human- und Geisteswissenschaften und die darstellende Kunst (KdK 2006). Am stärksten wurde die Theoriebildung der Tanztherapie durch die psychodynamischen und humanistischen Schulen der Psychotherapie beeinflusst. Später wurden auch systemische und verhaltenstherapeutische Konzepte rezipiert (Lewis 1972; Bräuninger 2006).

Die empirische Erforschung des Verfahrens steht noch in den Anfängen und im Umfang nicht im Verhältnis zur Praxeologie. Einige Studien zur Wirksamkeit der Methode liegen vor (z.B. Brooks/Stark 1989; Cruz/Sabers 1998; Erwin-Grabner et. al. 1999; Bojner Horwitz et. al. 2003; Mannheim/Weis 2005; Bräuninger 2006). Sie beziehen sich auf unterschiedliche Populationen, doch die beforschten Phänomene Affekte, Stress und Lebensqualität sind durchaus relevant für die Behandlung der Anorexie und der Bulimie.

Diagnostik

Die fachspezifischen diagnostischen Instrumente der Tanztherapie bestehen aus Methoden der Bewegungsanalyse. Diese sind in der Regel nicht störungsspezifisch konzipiert, jedoch werden Korrelationen zwischen bewegungsanalytischen Phänomenen und ICD/DSM-Klassifikationen hergestellt. Analog zu psychopathologischen Symptomen sind es eher Bündel von Bewegungsmerkmalen, die bei empirischen Untersuchungen eine Unterscheidung einzelner diagnostischer Gruppen ermöglichen, nicht einzelne Merkmale (Lausberg 1998).

Ab den 1960er-Jahren war die Effort-Shape-Methode nach Laban, Lamb und Bartenieff die Standardmethode der Bewegungsanalyse. Dieser folgte kurze Zeit später die psychodynamisch fundierte Erweiterung, das Kestenberg Movement Profile (KMP) nach Judith Kestenberg. Die Methode wurde in zahlreiche Vergleichs- und Längsstudien validiert (Kestenberg 1975; Kestenberg/Sossin 1979).

Weitere relevante Formen der Bewegungsanalyse in Deutschland sind das Body Mind Movement Paradigma (BMMP) nach Yona Shahar-Levy und das Movement Psychodiagnostic Inventory (MPI) nach Martha Davis.

Im diesem Artikel werde ich mich auf die Effort-Shape- und KMP-Methoden beziehen. Beide Systeme gehen zunächst phänomenologisch von einem Ideal des vollständigen Bewegungsrepertoires aus, um Aussagen über das Verhältnis von Ressourcen zu Defiziten, den Grad der Pathologie und die spezifischen Themen, welche die Patienten herausfordern, zu treffen. Die Ergebnisse einer Bewegungsanalyse nach dem KMP können außer aus der phänomenologischen auch aus der Perspektive der normalen kognitiv-psycho-motorischen Entwicklung oder der Tiefenpsychologie interpretiert werden.

Das diagnostische Potential der Bewegungsanalyse für die Medizin im Allgemeinen ist bisher kaum erschlossen. In der klinischen Praxis wird daher selten eine diagnostische Testbatterie durchgeführt, weil die Initialdiagnostik meist bereits anderweitig erfolgt ist. Stattdessen werden kontinuierlich in der Begegnung mit dem Patienten seine Bewegungen spezifisch für die tanztherapeutische Behandlung analysiert und auf dieser Grundlage entsprechende Interventionen entwickelt und ihre Wirkung kontrolliert.

In ihrer Forschung zum Bewegungsverhalten essgestörter Patienten berichtet Lausberg (1998) folgende signifikante Merkmale anorektischer Patienten im Vergleich zu einer gesunden Kontrollgruppe: Hyperaktivität, gebundener Bewegungsfluss, weniger Krafteinsatz, weniger Gewichtsverlagerung, kleinere Bewegungsfläche, eher isolierte Körperbewegung und weniger Unterkörperbewegung.

Essstörungsspezifische Aspekte

Der Körper als Ansatzpunkt

Das Krankheitsbild der Essstörung kann verstanden werden als eine versuchte Bewältigung von intra- und interpersönlichen Belastungen durch die regulierenden und kommunikativen Funktionen des Körpers (Hirsch 1989; Krantz 1999). Es liegt daher nahe, ein Teil der Behandlung dieser Störung in der gleichen Sprache, nämlich der Körpersprache, anzusetzen.

Wahrnehmungs- und Regulationsstörung in der Folge von frühen, körperlich erfahrenen Entwicklungsdefiziten und/oder Traumatisierungen sind häufige Ursachen einer Essstörung (Plassmann 2005). Damit gehören sie zu der Kategorie seelischer Phänomene, die nicht vollständig verbalisiert werden können und daher »einer phänomen- und entwicklungsanalogen Form der Sinnerfassung bedürfen« (Heisterkamp 2002). Die Tanztherapie nutzt die nonverbale und prozedurale Kommunikation und spricht das implizite Gedächtnis an. Das maßgeblich durch die Patienten mitgestaltete Vorgehen gewährt ihnen ein hohes Maß an Selbstwirksamkeit und Selbstbestimmung und fördert die Selbstverantwortung im Gegensatz zu Bewegungsprogrammen mit festgelegten Übungsreihen (Goodill 2005).

Methodisch ist stets zu beachten, zuerst die vorhandenen, schützenden Muster des Patienten in Bezug auf ihre Funktionen und Vorteile zu erforschen, bevor eine Herausforderung mit neuen, relativierenden Erfahrungen begonnen wird.

Die Therapeutin/der Therapeut in Bewegung

Die therapeutische Beziehung in der Tanztherapie wird mittels der Interaktion in der Bewegung, entsprechend dem strukturellen Niveau des Patienten, gestaltet und verbal begleitet. Da Essstörungen meist auf dem Boden einer frühen Bindungsstörung oder Beziehungstraumatisierung entstehen, dient die Bewegung des Therapeuten bei der Behandlung verschiedenen Funktionen:

1. Es werden frühkindlichen bzw. hirnphysiologischen Entwicklungsbedingungen entsprochen.
2. Zielkompetenzen werden vom Therapeuten verkörpert, damit diese über visuelle, akustische oder taktil-kinästhetische Identifikation aufgenommen werden können (Romer 1991; Schore 2003; Fonagy 2004).
3. Durch wechselseitigen Rollentausch in Übungen mit hierarchischen Strukturen, z. B. Führen/Folgen, Fallen/Auffangen, Aktiv/Passiv, werden Ressourcen aktiviert, denn Essgestörte bevorzugen oft die dominante Rolle. Progressive und regressive Persönlichkeitsanteile können integriert werden. Ein Zuwachs an Vertrauen in andere Körper wirkt sich reziprok auf das Selbstvertrauen aus.
4. Die Beziehungserfahrungen von Essgestörten sind von den Parametern Macht/Ohnmacht/Verlassenheit geprägt. Patienten berichten, sie könnten durch den unmittelbaren, mit mehreren Sinnen erfahrenen Einfluss auf den Therapeuten ihre Selbstwirksamkeit spüren (Fonagy 2004). Dadurch steigen ihre Selbstakzeptanz und ihre Anpassungsfähigkeit.
5. Der Handlungsdialog erleichtert also die Kontaktaufnahme und die Entwicklung einer sicheren Bindung. Aus der sicheren Bindung folgen dann Identitätsbildung, soziale Integration und dadurch schließlich die Förderung des Explorationsverhaltens.

Symbolisierungsfähigkeit zwischen Sinneswahrnehmung und Sprache

Der Abspaltung der emotionalen Ebene in der Intellektualisierung und der Abspaltung des Körpers in der Essstörung kann durch den integrierenden Effekt der symbolischen Bewegung in der Tanztherapie entgegengewirkt werden (vgl. Kleinman/Hall 2005). Unmittelbare, körperliche Erfahrungen von Affekt oder Körpererinnerung können allmählich auf Distanz gebracht, transformiert und reflektiert werden. Umgekehrt können abstrakte Gedankengebäude über symbolische Gestaltungen einen konkreten körperlichen Vollzug erfahren. Hierzu dient das entwicklungstheoretische Modell von Piaget, wobei für therapeutische Zwecke die Reintegration des Körpers von rechts nach links und die Förderung der sprachlichen Symbolisierung von links nach rechts verlaufen können:

Sensomotorisch ⇔ *akustisch* ⇔ *metaphorisch* ⇔ *symbolisch* ⇔ *abstrakt*
Oder: Bewegung ⇔ *Geräusch* ⇔ *Imagination* ⇔ *Ritual/Rolle* ⇔ *Wörter*
(vgl. Piaget 1951; Johnson 1993; Sandel 1993).

Diagnostisch kann betrachtet werden, welche der Verarbeitungsmodi der Patient zur Verfügung hat und welche noch zu fördern wären.

Affektwahrnehmung und -differenzierung

Die Wahrnehmung von Affekten bei Personen mit Essstörungen beginnt mit der Differenzierung von und Vertrauen in Körperempfindungen als Vorstufe zum Vertrauen in emotionale Empfindungen (Eberhard 1994; Kleinman/Hall 2005;). Hier wird entsprechend des zuvor beschriebenen Symbolisierungs-Prozesses vorgegangen:
1. Die Differenzierung externer Sinnesreize (Wand, Boden, aus dem Fenster) wie hart/weich, kalt/warm stellt ein Beschreibungsrepertoire zur Verfügung, ohne aufdeckend zu wirken.
2. Als nächstes können stellvertretende symbolische Objekte gewählt und beschrieben werden, zum Beispiel, »Dieser Birkenzweig ist trocken, schmal, brüchig.« Während anorektische Patienten meist bereitwillig mit stellvertretenden Objekten umgehen, ist der nächste Schritt wesentlich problematischer.
3. Der Bezug zum eigenen Körper wird erleichtert, indem von der Peripherie zum Zentrum vorgegangen wird. Die meisten essgestörten Patienten können sich auf die Wahrnehmung der Knochen und der Hautoberfläche einlassen. Die propriozeptive Muskelwahrnehmung und schließlich die Organwahrnehmung (vornehmlich Lunge, Herz, Magen und Darm) folgen als nächstes.
4. Metaphern (z. B. Wetter, Landschaften) für das Befinden werden gesucht und in Bewegung gestaltet.
5. Schließlich wird die Verknüpfung von Körperwahrnehmungen mit kategorialen Affekten hergestellt.

Affektausdruck und -regulation

Auf der Suche nach den Mechanismen der Affektregulation entdeckten Kestenberg (1975) und Stern (1992), dass Emotionen sich zusammensetzen aus abstrakten Gestaltungsmerkmalen. Kestenberg nannte sie *Spannungsfluss-Eigenschaften* (wie Intensität, Zeitstruktur, Fluktuation), die sich zu komplexen Kombinationsformen gruppieren wie *Zustände* oder *Antriebsaktionen*. Stern nutzte die Begriffe *Wahrnehmungseigenschaften* (wie Dauer, Intensität), *Vitalitätsaffekte* (wie aufwallend, sich hinziehend, explosionsartig) und *kategoriale Affekte* (wie zornig, traurig, froh).

Für essgestörte Patienten ist die Erfahrung von Kontrolle, in dem Moment, in dem der Affektausdruck wieder reduziert wird, die Voraussetzung für das Zulassen der Affekte/Impulse. Hier kann auf die vorhandene Kontrolltendenz aufgebaut werden. Laut Schore (2003) ist die Steigerung positiver Affekte der zweite Baustein zur Regulation negativer Affektzustände. Dies umzusetzen ist fast schwieriger als die Steuerung negativer Affekte für essgestörte Patientinnen. Hilfreich sind der spielerische Umgang mit Bewegung und die Spiegelung der Bewegung des Therapeuten.

Mittels Effort-Shape und KMP können die Komponenten der Affektregulation nicht aufdeckend vermittelt werden, stets mit dem zügelnden Pol beginnend.

1. *Aufmerksamkeit:* Ausblenden, Ablenken vs. Wahrnehmen
2. *Initiative:* Beenden vs. Zulassen, aktiver oder passiver Ausdruck
3. *Zeit:* Dauer kurz/lang, Rhythmische Strukturierung, Übergänge abrupt/allmählich, beschleunigen/verlangsamen
4. *Gewicht:* niedrige/hohe Intensität, Intensität mindern/Intensität steigern, Intensität bezogen auf ein Ziel dosieren
5. *Raum:* gleich bleibende/wechselnde Affekte, Richtungsdiffusion/-fokussierung, direkter/indirekter Ausdruck
6. *Erspürend/Ankämpfend:* frei, indirekt, leicht/gebunden, direkt, stark

Später können aus den abstrakten *Eigenschaften* komplexere Sachverhalte gestaltet werden, wie *kategoriale Affekte* (Trauer, Wut, Freude usw.), symbolische Darstellungen von Beziehungsrepräsentationen und gegenständliche Narrativa.

Spannungsfluss Rhythmen (nach Kestenberg)

Affektzustände besitzen eine rhythmische Struktur, die sich aus den o. g. Eigenschaften zusammensetzt. Der Ausdruck und die Regulation physikalischer Bedürfnisse und Affekte sowie die Bewältigung motorischer, kognitiver und sozialer Aufgaben folgen auf amodale Weise ähnliche Rhythmen.

Beziehungserfahrungen werden im Gedächtnis, unter anderem in Form dieser rhythmischen Strukturen, kodiert.

Kestenberg differenzierte zehn Rhythmen, die allein oder in Kombinationen auftreten können. Die ursprünglich psychodynamischen Begriffe (s. u. in Klammern) wurden 1998 in phänomenologische revidiert, um die Einsatzmöglichkeiten des KMP schulenübergreifend zu erweitern. Ausführliche Beschreibungen sind zu finden in Kestenberg-Amighi et al. (1999) und Koch & Bender (2007). Hier werden nur einige der komplexen motorischen (in Kursivschrift) und psychosozialen Funktionen der Rhythmen aufgeführt.

Bei Bulimie sind die Verdreh-, Stop- und Wiege-Rhythmen häufig zu sehen. Beim impulsiven Typus sind auch Stoß-Rhythmen zu sehen. Bei Anorexie sind die Beiß-, Drück-, Gebär- und Wiege-Rhythmen in der Regel typisch, beim regressiven Typus der Anorexie sind der Saug- und der Fließ-Rhythmus besonders ausgeprägt.

Beziehungsregulation mittels des Flusses wechselnder Körperformen

Der Fluss wechselnder Formen des Körpers ermöglicht die Stabilisierung interpersönlicher Grenzen sowie die Regulation interpersönlicher Beziehungen und das Verhältnis zu sich selbst – das Selbstwertgefühl. Bewegung zwischen den Polen *Wachsen* und *Schrumpfen* dient der Regulation und dem Ausdruck von Wohlsein und Unwohlsein (Romer 1993). Eine Vergrößerung des Körpers ermöglicht den Zugang für nährende, angenehme Objekte, während eine Verkleinerung des Körpers den Zugang bzw. die Angriffsfläche für schädliche Objekte verringert.

Im Säuglingsalter entstehen Urvertrauen und eine sichere Bindung, wenn die Bezugspersonen entsprechend mit Nähe oder Distanz auf das Entgegenkommen oder den Rückzug des Kindes reagieren. Bei essgestörten Menschen ist diese interpersönliche Koordination oft gestört. So kommt es dazu, dass die Patienten sich dem Guten gegenüber verschließen, um sich vor Enttäuschungen zu schützen, während sie sich dem Schädlichen ausliefern, entsprechend dem Traumamuster. Dem Formfluss nachzugeben bedeutet, sein Befinden preiszugeben (Eberhard 2003). Anorektische Personen suchen durch eine rigide Körperform dies zu unterbinden. Bei Bulimie dient die Anpassung an das Gegenüber der Tarnung des eigenen Befindens.

Erspürende, mobilisierende, Bindung-stärkende Qualitäten	Ankämpfende, stabilisierende, Autonomie-stärkende Qualitäten
Saug-Rhythmus (oral erspürend) **Funktionen:** *funktionale Atmung/Nahrungsaufnahme* Beruhigung, Bedürftigkeit Kommunizieren, Aufnahme von Bindung/Fürsorge/Unterhaltung; Neugier, Öffnung der Körpergrenzen.	**Beiß-Rhythmus** (oral ankämpfend) **Funktionen:** *Beißen, Abklopfen, Pinzetten-Griff* Abgrenzung, Differenzierung innerhalb einer Bindung, auto-/fremdaggressive Spannungs- und Schmerzlinderung, Körpergrenzen bestimmen/handhaben.
Verdreh-Rhythmus (anal erspürend) **Funktionen:** *Rollen, Kriechen, passiver Stuhlgang* Perspektivenwechsel, Kuscheln, Spiel, Forschung, Anpassungsfähigkeit, Vermeidung, Verwicklung, lustvolle Ambivalenzen, »kreatives Chaos«, Öffnung der Aufmerksamkeit zum Umfeld.	**Drück-Rhythmus** (anal ankämpfend) **Funktionen:** *Aufstehen und Hinsetzen, Klettern, Wegwerfen, Ziehen, kontrollierter Stuhlgang* Selbstbehauptung, Widerstandsfähigkeit, Ideen/Dinge/Beziehungen festhalten/loslassen, räumliche Ordnung. Räumliche Grenzen bestimmen/handhaben.
Fließ-Rhythmus (urethral erspürend) **Funktionen:** *zügelloses Laufen, passives Urinieren.* Erweiterung des Lebensraumes, Zuversicht, Hingabe, Verantwortung anderen überlassen, Gelassenheit, Trödeln, Spiel mit der Zeit, Öffnung für das Ungewisse.	**Stop-Rhythmus** (urethral ankämpfend) **Funktionen:** *kontrolliertes Laufen, Richtungswechsel, kontrolliertes Urinieren.* Richtungswechsel, Mut, Spontaneität, Mobilität, Entschlusskraft, Planung, Antizipation, Aktionen u. zeitliche Grenzen bestimmen/handhaben.
Wiege-Rhythmus (inner genital erspürend) **Funktionen:** *Balance auf einem Bein, polyzentrische Koordination, Nähren, Trösten, Empfangen.* Verantwortlichkeit, Fürsorglichkeit, Harmonie, ästhetisches Gestalten und Verzieren, Betonung femininer Qualitäten, Verbindung von Vergangenheit und Zukunft, Öffnung für die Erweiterung der sozialen Integration.	**Gebär-Rhythmus** (inner genital ankämpfend) **Funktionen:** *Pirouetten, Schmerztoleranz, Gebären.* Frustrationstoleranz, Disziplin, Opferbereitschaft, Auseinandersetzung mit Geburt und Tod, Verinnerlichung, geistige oder künstlerische »Kinder« gebären. Schmerzgrenzen bestimmen/handhaben.
Hüpf-Rhythmus (außer genital erspürend) **Funktionen:** *springen von zwei Beinen auf zwei Beine, sexuelle Erregung.* Sich exponieren und zeigen, belebender Wettbewerb, Rollenspiele, Spiel mit Gegensätzen, Betonung männlicher Qualitäten, Öffnung für die Erweiterung der Identität.	**Stoß-Rhythmus** (außer genital ankämpfend) **Funktionen:** *springen von einem auf das andere Bein, sexuelle Penetration.* Integration von Gegensätzen, Rollenübernahme, Beseitigung von Hindernissen und Gegnern, Eroberung, Eindringen/Forschen, Zerstörung schafft Raum für Neues, Potenzgrenzen bestimmen/handhaben.

Tabelle 1: Spannungsfluss-Rhythmen nach Kestenberg

Kompetenz in der Anwendung des Formflusses entwickelt sich in der frühen Kindheit in einer chronologischen Folge von Stufen. Diese Reihenfolge bietet sich zur Strukturierung des Vorgehens in der klinischen Praxis an:
1. Elastizität vs. »neutraler Fluss« (Rigidität oder Erschlaffung, charakteristische Formen der Dissoziation)
2. Bipolarer Formfluss: Wachsen und Schrumpfen/Öffnen und Schließen (mediale Objektbeziehung)
3. Unipolarer Formfluss: Zu- und Abneigung (Teilobjekt Beziehung)
4. Eindimensionales Formen in Richtungen: Gesten der Abwehr und Verbindung (Objekt-Ambivalenz)
   Eindimensionale Fortbewegung: Flucht und Annäherung (Objekt-Ambivalenz)
5. Zweidimensionales Formen in Flächen: Einladen und Abgrenzen (beginnende Objekt-Konstanz)
6. Dreidimensionales Formen in Volumina: Einschließen und Aufschließen/Halten und Loslassen (Objekt-Konstanz) (Kestenberg-Amighi et al. 1999)

Spiegelungsprozesse

Die Tanztherapeutin Marian Chace beschrieb bereits in den 1940er-Jahren therapeutische Effekte des Aufgreifens der Bewegungen von Patienten. Laban benannte in den 1950/60er-Jahren verschiedene Modalitäten der Interaktion zwischen Tänzern, denen Lewis (1972) eine tiefenpsychologische, entwicklungstheoretische Strukturierung gab. Seit der Entdeckung der Spiegelneurone durch Rizzolatti 1991 erhält diese tradierte Technik nun ein neurobiologisches Fundament. Ich schlage folgende Systematik der Spiegelungsmodalitäten vor:
1. Grundsätzliche Regulationsvoraussetzungen: initiieren, terminieren, fortführen (Blick zuwenden, abwenden, halten) (Schore 2003)
2. Medial/Ozeanisch (Fast perfekte Kontingenz bedeutet Transzendenz oder mangelnde Differenzierung zwischen Selbst und Andere)
3. Konkordant (modal/amodal i. S. v. Einstimmung, Einlassen, Bindung. Das eigentliche Spiegeln an einer gemeinsamen Achse)
4. Markiert (dynamische Unterscheidung: Eine Person macht etwas eindeutig der anderen nach, zeigt dies durch leichte Übertreibung)
5. Kreuzmodal (Explorationsförderung, Bewegung wird mit Stimme oder anderem Ausdrucksmedium begleitet) (Stern 1992; Klöpper 2006)

6. Gegengleich (erster Vorläufer des *theory of mind*, formelle Unterscheidung: jeder hat eine eigene Bewegungsachse)
7. Parallel (*joint attention*, nebeneinander solidarisch, hintereinander als Vorbild und Nachfolger)
8. Nachahmend: Zeitlich verzögertes Spiegeln (Symbolisierung)
9. Kontrastierend (Ambivalent: das Gegenteil zu sein differenziert, das gemeinsame Thema verbindet)
10. Variierend (Ablösung und Verbindung, Chance der Erweiterung)
11. Komplementär (Interdependente Beziehung)

In der Behandlung von Essstörungen spielt die Spiegelung eine besondere Rolle. Meine klinische Erfahrung stützt die These einiger Autoren, die im »narzisstischen Missbrauch« (Wardetzki, Heyne) eine Ursache für die Entstehung von Essstörungen sehen. Demnach fehlen essgestörten Patienten spiegelnde Erfahrungen der Affektregulation, Empathie und Identitätsbildung. Sie sind in ihren eigenen Spiegelungsverhalten nicht in der Lage, das ganze Spektrum der Modalitäten einzusetzen. Anorektische Patienten haben entweder Probleme der Differenzierung und verharren in medialem oder konkordantem Spiegeln, oder sie haben Probleme des Einlassens und sind gefangen in gegengleichem, markiertem oder kontrastierendem Spiegeln. Bei Bulimie besteht ebenso die Gefahr der medialen Spiegelung oder des unlösbaren konkordanten Spiegelns beim angepassten Typus. Beim impulsiven Typus ist eher das Kontrastieren zu finden.

Körperbildmuster

Diagnostische Techniken wie das Ausmalen eines Bildes der eigenen Körperumrisse oder Fragen direkt zum Körperbild können am Anfang der Therapie destabilisierend wirken oder den Widerstand gegen die Behandlung verstärken. Tanztherapeutische Körperbild-Diagnostik und -Intervention auf der expressiv-motorischen Ebene kann eine wertvolle Ergänzung zu den gängigen Instrumenten sein, welche die Körperbild-Eindrücke von Patienten durch Perzeption (z. B Fotoverzerrtechnik) und Verbalisierung zu erheben und zu beeinflussen suchen.

Die Systematik für die expressiv-motorische Diagnostik und Intervention ist angelehnt an das entwicklungstheoretische Konzept von Penny Lewis (1972) und wurde von der Autorin weiterentwickelt (Eberhard 2006). Einzelne Dimensionen spielen über die gesamte Lebensspanne eine individuell

ausgeprägte Rolle. Jede Dimension hat etliche Subkategorien. Einige Beispielmerkmale, die spezifisch tanztherapeutischen Ursprungs sind und bei Essstörungen eine Rolle spielen, werden im Folgenden genannt:
1. Positive Wertschätzung des Körpers
   1a *Existenzberechtigung* (z. B. Gewichtseinsatz, Atemfluss, horizontale Ausbreitung, Spannungsgrad)
   1b *Positive Wertschätzung* (z. B. Temperaturregulation, Körperkontakt, vertikale Ausdehnung, visuelle Fremd- und Eigenbetrachtung)
   1c *Wertschätzung der eigenen Gestalt/Art/Produkte* (z. B. Umgang mit Ausscheidungen, Sinneseindrücke der eigenen Person)
2. *Kohärenz und Differenzierung* (Körpergrenzen, Ursächlichkeit, Kinesphäre)
3. *Wahrnehmung der Körperteile* (Proportionen, Isolierte Koordination)
4. *Autonome Funktionen* (Selbsteinschätzung und -steuerung, Bewegungsrepertoire, Aktivitätsgrad)
5. *Identität* (Diskrepanz/Passung von Bewegungsdynamik und Form, Integration von ankämpfenden und erspürenden Qualitäten)
6. *Integration von Veränderung* (Körpererinnerung, Anpassung an Entwicklung/Alterung/Schädigung)

Fallbeispiel

Ausgewählte Szenen der dreimonatigen stationären Behandlung eines 19-jährigen Mannes mit einer Anorexia Nervosa werden vorgestellt. Die Tanztherapie wurde – als ein Behandlungsbaustein in dem Therapiekonzept einer Klinik für Psychosomatische und Psychotherapeutische Medizin – mit anderen Einzel- und Gruppenverfahren kombiniert.

Hintergrund und Psychodynamik

Herr May war Gymnasiast, ein Jahr vor dem Abitur stehend. Der kräftig gebaute Vater war selbstständiger Handwerker. Dessen Familientradition forderte beruflichen Erfolg unter Opferung der Gesundheit. Herr May hatte die schmächtige Physiognomie und ängstliche Grundeinstellung der Mutter und enttäuschte damit die Erwartungen von Vater und Großvater. Zur Kompensation wurde seine durchschnittliche Intelligenz idealisiert und er zum »Ersten der Sippe, der je das Abitur schaffen sollte« auserkoren.

Der Vater war selten zu Hause, die Schwester war streitsüchtig, und so hatte die Mutter sich mit unangemessener Intensität dem Patienten als sozialem Partner zugewandt. Sie klammerte sich umso fester an ihn, je näher das Abitur und somit das Ende seiner Kindheit zu Hause rückte. Nachdem auch noch seine erste romantische Partnerin ihn plötzlich verließ, entstand schließlich die anorektische Symptomatik.

Durch die Krankheit konnte Herr May als Hungerkünstler eine Stärke beweisen, die er im Körperlichen und Geistigen nicht zustande brachte, die Familie unter Kontrolle halten und das Abitur sowie erneute Partnerbeziehungen bis auf unbestimmte Zeit hinausschieben, bis er das »ideale Gewicht« erreicht hatte.

Spiegeln, Formfluss und Rhythmen: Bausteine des Beziehungsaufbaus

In der ersten Sitzung zeigte Herr May typische Folgen eines narzisstischen Missbrauchs. Beim Aufwärmen bestand er darauf, dass die Therapeutin die Bewegungen vormacht, die der Patient ihrer Meinung nach brauchte, während er sie spiegelte. In der Verwirrung darüber, wer sich in wen einfühlen sollte, hatte die Interaktion die Qualität des medialen Spiegelns. Im weiteren Verlauf weigerte sich Herr May, eigene Bewegungsimpulse preiszugeben. Stattdessen bezog er sich auf die Therapeutin mit markiertem Spiegeln. Sein »Nachäffen« machte deutlich, dass er sich innerlich von der Bewegung abgrenzte und diese der Therapeutin zurückgab.

In der Gruppe stellten sich die Teilnehmer mittels eines Mediums einander vor (Symbolisierung). Herr May wählte einen aufblasbaren Ball aus Japanpapier, als »Windei in einer Welt voller Nadeln«. Er saß auf dem Boden mit weit geöffneten Beinen und begann, lauter empfindliche Informationen über sich preiszugeben und sich der Gruppe unangemessen auszuliefern (dysfunktional wachsender bipolarer Formenfluss). Die Therapeutin begrenzte ihn in seinem Redefluss (Fließrhythmus). Sie schlug vor, dass alle Patienten ihr Selbstobjekt nun zu sich nehmen sollten, um zu erforschen, wie sie mit ihrem Körper dem Objekt einen Schutzraum geben oder es ausliefern könnten (noch unbestimmter Formenfluss). Dann konnten sie in Interaktion miteinander treten und nachspüren, wann sie das Objekt zeigen und wann sie es lieber verstecken wollten. Die Objekte wurden weggelegt, und jeder Patient nahm nun ein Tuch oder eine Decke, hüllte sich selbst darin ein und spürte nach, wann und wie weit er hervorkommen wollte und wann nicht (Bipolarer Formenfluss). Zum Schluss wurden die Patienten durch eine entsprechende Musik dazu angeregt, in Interaktion sich allmählich zu öffnen und wie Muscheln plötzlich zuzuschnappen, wann immer es ihnen behagte (Unipolarer Formfluss, Stoprhythmus).

In der nächsten Einzelsitzung wünschte sich Herr May erneut das Spiegeln, aber diesmal kombinierte er es mit der Muschelübung aus der Gruppe. Er experimentierte damit, zu kommen und zu gehen, Blickkontakt und Bewegungen aufzunehmen und wieder fallen zu lassen (Spiegelung: initiieren und terminieren). Er testete, ob die Therapeutin nach wie vor zur Verfügung stehen würde, trotz der Unterbrechungen (Stoprhythmus).

In der Gruppe setzte sich oft Herrn Mays soziale Wirklichkeit in Szene: z. B. während die anderen Jugendlichen in der Gruppe einander zu Partnern für eine Nähe-Distanz-Übung wählten, blieb der passive Herr May mit der Therapeutin (Mutter) als Partnerin zurück. Der Patient gestaltete die Übung mit kontrastierendem Spiegeln: wenn die Therapeutin weg ging, kam er näher – kam sie näher, ging er weg. Somit hielt Herr May sie auf optimale Distanz. Die Therapeutin bot den Patienten einen Stock als Vergegenständlichung der optimalen Entfernung an. Daraufhin nutzte der Patient den Stock, um die Therapeutin durch den Raum zu schieben und ihre Richtung zu dirigieren (Drückrhythmus). Er wurde seiner kontrollierenden Rolle gewahr und musste lachen. Er hatte an seine Mutter gedacht, die er genau so zu manipulieren wusste: nicht mit einem Stock, sondern mit seiner Krankheit habe er sie »voll im Griff«.

Auch im Stationsleben war Herr May ganz damit beschäftigt, das Geschehen zu kontrollieren und die Vereinbarungen zur Gewichtszunahme zu unterwandern. Immer wieder musste er Sitzungen wegen zu geringen Gewichts aussetzen.

Affektregulation

In der Befindlichkeitsrunde erzählte Herr May, sein Vater habe sich geweigert, an einer Familientherapie teilzunehmen und stattdessen gemeint, sein Sohn solle »endlich den Hintern hochkriegen«. Dabei zupfte der Patient an seiner Nagelhaut (Beiß-Rhythmus) und zog seine Knie schlagartig an sein Kinn (Stoßrhythmus). Die Therapeutin fragte, ob es denkbar sei, dass er die Wut über die Auseinandersetzung mit dem Vater nach außen richten könne, statt nach innen auf sich selbst (Affektregulation Raum). Der Patient hatte

Angst vor seiner Heftigkeit und traute sich nicht. Die Therapeutin ermutigte ihn, seine Kontrolle behalten und etwas nach außen richten zu können. Sie lud ihn ein zu einem einzelnen, leichten Tritt gegen einen weichen Sitzsack auf das Kommando »Los!«, den er dann sofort auf das Kommando »Stop!« beenden solle. Es gelang gut. Als nächstes gab er sich selbst das Kommando. Die Tritte wurden dann in Dauer und Intensität variiert, immer nur so weit, wie Herr May sich noch bremsen konnte. Schließlich wurde die angemessene Intensität für ein Telefonat mit dem Vater geprobt.

Herr May bemerkte, dass er beim Sitzsack immer die Wirkung seines Ausdrucks sehen konnte (Selbstwirksamkeit). Sonst hatte er immer das Gefühl, mit einer Wand zu kämpfen, wenn es um seinen Vater ging. Er probierte aus, wie es war, gegen die Wand zu treten und stellte fest, er verletze sich und erreiche nichts, und wandte sich schließlich ab. Er nahm sich vor, sich seinen Vater wie den Sitzsack vorzustellen, wenn er mit ihm redet (Symbolisierung). Sollte er trotzdem wie eine Wand reagieren, wollte Herr May auflegen.

In weiteren Sitzungen spürte der Patient zunehmend die Wechselwirkung zwischen Entladung und Kontrolle. Bisher hatte er unter Maßhalten komplette Unterdrückung praktiziert und in einem anderen Bereich die Spannung durch Maßlosigkeit abgeführt. Die Übungen zur Affektregulation weitete Herr May aus auf seine Kompetenz, Maß zu halten beim Essen, bei Leistung/Erholung, sozialen Kontakten und bei seiner Lebensplanung.

Körperbild und Symbolisierung

In einer Gruppensitzung wurde das Thema Selbstannahme und Selbstliebe durch das Halten einer Hand mit der anderen symbolisiert (Formen in Volumina). Herr May musste weinen und stellte fest, nichts an ihm sei liebenswürdig. Die Übung wurde weiterentwickelt zu einer Partnerübung, in der ein Partner die Hand (den Arm) des anderen trug, zum Beispiel in einer Tuchschlinge, in den Händen, auf dem Rücken usw. Herr May konnte sich keinem zumuten (Körperbild: Existenzberechtigung => Gewicht). Er glaubte, er sei unwichtig.

Herr May kam mit schweren Einkaufstüten zur nächsten Einzelsitzung. Er berichtete von seinem Kaufzwang als Regulativ gegen Selbsthass. Er folgte der Fantasie, Besitz als Gegengewicht zum Gefühl der Wertlosigkeit, bei dem er sich in Nichts aufzulösen drohte, nutzen zu können. Die Therapeutin schlug vor, das Gefühl von Gewicht anhand von Bewegungen sowohl mit den Einkaufstüten als auch ohne diese zu spüren. Herr May stellte fest, die Tüten seien nicht zu seinem Körper gehörig, sie würden an ihm ziehen wie die beiden Eltern (Symbolisierung, Drückrhythmus). Ohne die Tüten war es jedoch auch nicht gut. Er beschrieb, wie er oft das Gefühl hatte, sich kaum noch auf der Erde halten zu können. Anfangs sei dies ein tolles Gefühl der Flucht und der Erhabenheit gewesen. Nun sei es eher beängstigend geworden. Er beschrieb Überwältigungserfahrungen in Abwechslung mit Verlassenheitserfahrungen, die häufig im Erleben von anorektischen Patienten zu finden sind.

Um das Gefühl für das eigene Gewicht und den Kontakt zur Erde zu stärken, legte sich Herr May mit einem zwei Kilogramm schweren Sandsack auf seinem Bauch auf den Boden. Er atmete sehr tief, spürt den Widerstand seines Körpers gegen den Sack und fühlte sich erstaunlich wohl. Im Anschluss wurde er dazu angeleitet, das Gewicht seines Körpers zuzulassen (Körperbild): Zuerst auf dem Boden rollen und das Eindrücken seines Körpers in die Matte spüren. Dann kamen Federn und Gewichtverlagern am Platz, Arme und Beine schwingen, durch den Raum stampfen und schließlich Hochspringen, um laut auf dem Boden zu landen.

Der Patient berichtete später, das gute Gefühl der (Ge-)Wichtigkeit habe nur bis zum Abend angehalten. In den nächsten Tagen bastelte er sich selbst einen Sandsack als Einschlafhilfe. Er ließ jeden Abend etwas Sand ab, bis er ganz ohne dessen Hilfe sein Gewicht spüren konnte (Körperbild).

Gegen Ende der Therapie kam Herr May mit festen Wanderschuhen in die Sitzung. Die Therapeutin initiierte den o. g. Symbolisierungsprozess, den der Patient mit der Gruppe inhaltlich ausgestaltete. Als Bewegung entstand ein starkes Stampfen. Dazu kamen neben dem Stampfen »Bah!«-Rufe als Geräusch. Herr May sah sich metaphorisch als Tyrannosaurus Rex mit starken Beinen: »Mit diesen Stiefeln trete ich jeden Spott tot!« (intentionales, symbolisches Ritual). In der verbalen Reflexion sagte Herr May: »Es macht mich wütend, wenn mein Vater meine Pläne lächerlich macht. Das lasse ich mir nicht mehr bieten.«

Der Patient berichtete am Ende der Therapie, er habe die Zweifel an seiner Lebensfähigkeit besiegt und das Gefühl, auf eigenen Füßen stehen zu können gewonnen. Das feste Schuhwerk blieb in den letzten Wochen seine Ausstattung für die Tanztherapie: Herr May meinte, das Leben sei eine Bergwanderung, mal bergauf, mal bergab, und man müsse sich gut schützen/ausstatten (Körpergrenzen). Durch die Bekleidung wirkte er auf sein Körperbild ein – in ähnlicher Weise, wie er es mit dem Sandsack getan hatte.

Auf dem Sommerfest der Klinik ein Jahr später begrüßte der mittlerweile normgewichtige Patient die Therapeutin in leichten Sommerschuhen: »Heute kann ich mich behaupten, auch ohne Wanderstiefel zu tragen!«

Literatur

American Dance Therapy Association (2007) http://www.adta.org/about/who.cfm. 12.03.2007.
Bartenieff, I. & Lewis, D. (1980): Body movement – Coping with the Environment. New York (Gordon Breach Science Publishers).
Bojner Horwitz, E.; Theorell, T. & Anderberg, U.M. (2003). Dance/movement therapy and changes in stress-related hormones: a study of fibromylagia patients with video-interpretation. The Arts in Psychotherapy 30 (5), 255–264.
Bräuninger, I. (2006): Tanztherapie: Verbesserung der Lebensqualität und Stressbewältigung. Weinheim (Beltz).
Brooks, D. & Stark, A. (1989): The effects of dance/movement therapy on affect: A pilot study. American Journal of Dance Therapy 11 (2), 101–112.
Cruz, R.F. & Sabers, D.L (1998): Dance/movement therapy is more effective than previously reported. The Arts in Psychotherapy 25 (2), 101–104.
Damasio, A. (1999): The feeling of what happens. San Diego (Harcourt).
Eberhard, M. (2006): Wie das Kaninchen vor der Schlange: Körper- und Bewegungsinterventionen bei traumatisierten Menschen. In: Wöller, W. (Hg.): Trauma und Persönlichkeitsstörungen. Stuttgart (Schattauer).
Eberhard, M. (1999): Tanz- und Ausdruckstherapie. In: Studt, H.H. & Petzold, E.R. (Hg.): Psychotherapeutische Medizin: Psychoanalyse – Psychosomatik – Psychotherapie; ein Leitfaden für Klinik und Praxis. Berlin (DeGruyter).
Eberhard, M. (1994): Leitsätze und Ansätze für die Tanztherapie essgestörter Frauen. In: Nervenklinik Spandau (Hg.): Sammelband der Beiträge des 1. Internationalen Klinischen Kongress für Tanztherapie in Berlin >Sprache der Bewegung< Berlin.
Erwin-Grabner, T.; Goodill, S.W.; Schelly Hill, E. & von Neida, K. (1999): Effectiveness on Reducing Test Anxiety. American Journal of Dance Therapy 21 (1), 19–34.
Fonagy, P.; Gergely, G.; Jurist, E. & Target, M (2004): Affektregulierung, Mentalisierung und die Entwicklung des Selbst. Stuttgart (Klett-Cotta).
Goodill, S.W. (2005): An Introduction to Medical Dance/Movement Therapy. Springfield (Charles C Thomas Publishers).
Heisterkamp, G. (2002): Basales Verstehen. Stuttgart (Klett-Cotta).
Heyne, C. (1993): Täterinnen: Offene und versteckte Aggression von Frauen. Zürich (Kreuz).
Hirsch, M. (Hg.) (1989): Der eigene Körper als Objekt. Zur Psychodynamik selbstdestruktiven Körperagierens. Berlin (Springer).
Hüther, G. (2006): Wie Embodiment neurologisch erklärt werden kann. In: Storch, M.; Cantieni, B.; Hüther, G. & Tschacher, W. (Hg.): Embodiment. Bern (Huber).
Johnson, D. (1993): Marian Chace's Influence on Drama Therapy. In: Sandel, S.; Chaiklin, S. & Lohn, A. (Hg.): Foundations of Dance/Movement Therapy: The Life and Work of Marian Chace. Maryland (ADTA).
KdK = Konferenz der Konferenzen für Künstlerische Therapien (2006): Internes Arbeitspapier zur Entwicklung eines Berufsbildes für Künstlerische Therapien.
Kestenberg-Amighi, J.; Loman, S.; Lewis, P. & Sossin, K.M. (Hg.) (1999): The Meaning of Movement. Developmental and Clinical Perspectives of the Kestenberg Movement Profile. New York (Brunner-Routledge).
Kestenberg, J. & Sossin, M. (1979): The Role of Movement Patterns in Development II, Dance Notation Bureau, New York.
Kestenberg, J. (1975): Children and Parents. New York (Jason Aronson).
Kleinman, S. & Hall, T. (2005): Women with Eating Disorders. In: Levy, F.J. (Hg.): Dance

Movement Therapy, A Healing Art. Reston (American Alliance for Health, Physical Education, Recreation and Dance).
Klöpper, M. (2006): Reifung und Konflikt. Stuttgart (Klett-Cotta).
Koch, S. C. & Bender, S. (Hg.) (in prep.): Movement Analysis. The Legacy of Laban, Bartenieff, Lamb and Kestenberg. Berlin (Logos).
Koch, S.; Pirkl, U. & Eberhard, M. (2005): Tanztherapie: Was sie ist, wie sie arbeitet, wonach sie forscht. Ein Überblick. Tanzjournal 2, 7–9. München (K. Kieser).
Krantz, A. (1999): Growing into her Body: Dance/Movement Therapy for Women with Eating Disorders. American Journal of Dance Therapy 21 (2), 61–118.
Lausberg, H. (1998): Does Movement Behavior Have Differential Diagnostic Potential? Discussion of a Controlled Study on Patients with Anorexia Nervosa and Bulimia. American Journal of Dance Therapy 20 (2), 67–124.
Lewis, P. (1972): Theory and Methods in Dance-Movement Therapy. Dubuque, Iowa (Kendall/Hunt).
Levy, F. (1988): Dance/Movement Therapy – A Healing Art. Reston (The American Alliance for Health, Physical Education, Recreation and Dance).
Mannheim, E. & Weis, J. (2005): Tanztherapie mit Krebspatienten. Ergebnisse einer Pilotstudie. Musik-, Tanz- und Kunsttherapie 16 (3), 121- 128. Göttingen (Hogrefe).
Peter-Bolaender, M. (1992): Tanz und Imagination. Paderborn (Junfermann).
Plassmann, R. (2007): Bipolares EMDR bei Essstörungen. In: Rost, C. (Hg.): Ressourcenorganisation mit EMDR. Paderborn (Junfermann).
Pylvänäinen, P. (2003): Body Image: A Tripartite Model for Use in Dance/Movement Therapy. American Journal of Dance Therapy 25 (1), 39–55.
Romer, G. (1993): Choreografie der Haltenden Umwelt. In: Hörmann, K. (Hg.): Tanztherapie. Göttingen (Verlag für Angewandte Psychologie).
Sandel, S. (1993): Imagery in Dance Therapy Groups. In: Sandel, S.; Chaiklin, S. & Lohn, A. (Hg.): Foundations of Dance/Movement Therapy: The Life and Work of Marian Chace. Maryland (American Dance Therapy Association).
Schore, A. (2003): Affektregulation and the Origin of the Self. Hillsdale (Lawrence Erlbaum Associates).
Stern, D. (1992): Die Lebenserfahrung des Säuglings. Stuttgart (Klett Cotta).
Wardetzki, B. (1991): Weiblicher Narzissmus. München (Kösel).

Analytische Körperpsychotherapie der Anorexia Nervosa[1]

Rudolf Maaser

Einleitung

Die Anorexia Nervosa ist keine Krankheit im Geheimen. Der abgemagerte Körper ist sichtbar und hat eine enorme Ausdruckskraft für jeden, der sich näher mit dieser Erkrankung beschäftigt. Die körpertherapeutische Behandlung bietet sich gewissermaßen zwangsläufig an, denn was sich im körperlichen Ausdruck als Krankheit zeigt, muss auch umgekehrt wieder über den Weg des körperlichen Selbsterlebens verändert werden können. Das Körpererleben der Anorexia Nervosa-Patientinnen bzw. dessen psychotherapeutische Konzeptualisierung ist also unser Thema.

Theorie- und therapiegeschichtliche Aspekte

Nähert man sich dem Krankheitsbild der Anorexia Nervosa aus tiefenpsychologischer Sicht, so ist als erstes das Werk von Thomä (1961) über die Geschichte, Klinik und Theorien der Pubertätsmagersucht zu nennen. In dieser Studie, die in ihrem empirischen Teil ganz an der Methode der klassischen psychoanalytischen Einzelbehandlung orientiert ist, legt Thomä zum ersten Mal eine umfassende Darstellung dieses Krankheitsbildes vor. In theoretischer Hinsicht beschreibt Thomä das magersüchtige Krankheitsgeschehen als Ergebnis eines Überich-Konflikts mit einhergehenden massiven Ich-Veränderungen, denen das anorektische Ich im Rahmen einer umfassenden Regression auf die orale Entwicklungsstufe unterworfen ist:

---

[1] Gekürzte und überarbeitete Fassung eines gleichlautenden Artikels in Heisterkamp und Geißler (2007).

Ödipal gebahnte, libidinöse und aggressive Triebwünsche werden abgewehrt, auf die orale Ebene verschoben und am Körper mit dem entsprechenden anorektischen Verhalten ausgetragen.

In modernen Konzepten, in denen sich naturgemäß auch die umwälzenden Entwicklungen der modernen Psychoanalyse der letzten Jahrzehnte widerspiegeln (Übersicht bei Reich 1997), wird die Anorexia Nervosa nicht mehr ausschließlich im Rahmen von Triebkonflikten, sondern vielmehr als Entwicklungsstörung verstanden, d.h. Konflikte um die Themen von Trennung, Grenzen und Autonomie werden auf den Körper verschoben: »Die Anorexie ist der Versuch, die Raumgrenze zwischen der eigenen Person und anderen Personen, den Abstand zu Mutter, Vater und anderen aufrechtzuerhalten, ohne sich von diesen zu trennen…« (Reich 1997, S. 53). Unter dem Blickwinkel unseres Themas ist es von besonderem Interesse, dass diese moderne Definition schon in ihrer Wortwahl »geradezu hautnah« klingt, und so kann man in diesem Sinne den heutigen Konzepten mit einiger Berechtigung einen geschärfteren Blick auf Phänomene des Köpererlebens attestieren. Auch Erwägungen über den kommunikativ-symbolischen Ausdrucksgehalt des mageren Körpers als »eine Anklage, ohne anzuklagen, der Gewinn von Aufmerksamkeit ohne offene Konkurrenz, eine (phallische) Rivalität, ohne offen zu rivalisieren« (Reich 1997, S. 60) wären ein Beleg für diese eher körperorientierte Sichtweise.

Wenden wir uns nun der Therapiegeschichte der Anorexia Nervosa zu, so fällt der Blick sogleich auf die stationäre Psychotherapie bzw. die stationäre psychosomatische Behandlung. Sie hat sich in den letzten Jahrzehnten zu einem festen Bestandteil der psychotherapeutischen Versorgung entwickelt. Da die Anorexia Nervosa aufgrund der Schwere des Krankheitsbildes gleichsam »bestens geeignet« ist für die stationäre Behandlung, nimmt es denn auch nicht Wunder, dass die Behandlungsfortschritte in den letzten Jahrzehnten vorwiegend im Rahmen stationärer Konzepte erreicht worden sind. Wurde die Magersucht noch in den späten 60er-Jahren, vor allem unter dem wegweisenden Einfluss der Arbeit von Thomä (1961), »rein psychotherapeutisch« behandelt, so ist die moderne stationäre Behandlung der Anorexia Nervosa in ihrer Kernaussage als eine Kombination von Wiederauffütterung und psychotherapeutischer Aufarbeitung der zugrunde liegenden Persönlichkeitsprobleme konzipiert (Übersicht bei Herzog/Zeeck 1997). Im Mittelpunkt steht dabei unbestritten die psychische Assimilation des Gewichts als wichtiges Therapieziel. An diesem Punkt haben die körperbezogenen Therapiemethoden in modernen Behandlungskonzepten der Magersucht »ihren angestammten Platz« gefunden (Janssen 2004, S. 220), denn es gilt, die Gewichtszunahme in den »psycho-somatischen« Gesundungsprozess zu integrieren. Dies markiert dann auch die Ebene, auf der unser Ansatz der analytischen Körperpsychotherapie zu konzeptualisieren ist.

Empirische Forschung

Die empirische Forschung hat sich in den letzten Jahrzehnten ausgiebig mit der Anorexia Nervosa befasst und einen kaum mehr überblickbaren Fundus von Forschungsergebnissen erbracht (Kurzzusammenfassung am besten bei Downing 2002, S. 25ff.). Insbesondere im Bereich der Körperwahrnehmung und der Beziehung zum eigenen Körper der Anorexie-Patienten wurde viel geforscht. Die Ergebnisse sind vielgestaltig, oftmals in Details widersprüchlich und gegenwärtig keinesfalls alle unter das Dach einer einheitlichen theoretischen Sichtweise zu bringen. Es zeichnen sich jedoch auch ein paar entscheidende Kristallisationspunkte ab. Im Überblick gesehen (Zusammenfassungen z. B. bei Garner 1995 oder Rosen 1996; vgl. auch Sack et al. 2002) ergibt sich aus der empirischen Körperbildforschung, dass Patientinnen mit Anorexia Nervosa

➢ eine oftmals schwer verzerrte Wahrnehmung ihrer Körpermaße meist in Richtung einer Überschätzung aufweisen
➢ und dass eine massive Abwertung und Ablehnung des eigenen Körpers besteht.

Für die Körperpsychotherapie ist damit ein breites Feld möglicher therapeutischer Ansatzpunkte abgesteckt. Dass die empirische Forschung dabei die klinische Erfahrung der relativ geringen Beeinflussbarkeit dieser Körperbildstörungen immer wieder bestätigt (zuletzt bei Sack et al. 2002), darf als eine besondere Herausforderung für unseren körpertherapeutischen Ansatz gelten.

Ansatz der analytischen Körperpsychotherapie

Für die körperbezogene Psychotherapie hat Downing in einem umfassenden Ansatz (Downing 2002) die Grundlagen für die Behandlung der Essstörungen erarbeitet. Downing vertritt zwar in der Praxis ein aus psychodynamischen und kognitiv-verhaltenstherapeutischen Elementen kombiniertes Konzept, seine theoretische Ausrichtung ist jedoch so breit angelegt, dass er damit auch das methodologische Terrain absteckt, auf dem eine modern ausgerichtete analytische Körperpsychotherapie ansetzen muss. Empirischer Orientierungsrahmen hierfür ist die moderne Säuglingsforschung. In diesem Punkt rekurriert Downing auf sein Konzept der affektmotorischen Schemata, mit dem er die ersten motorisch ablaufenden Handlungen zwischen dem Säugling und primären Bezugspersonen erfasst (ausführlich hierzu Downing 1996, S. 131ff.). Diese ersten Interaktionen sind präverbal, sozusagen basal-motorisch gebunden, und strukturieren zum einen die eigenen affektiven Erfahrungen und zum anderen das Gefühl von Nähe und Distanz des Säuglings im Umgang mit anderen Personen. Downing nimmt seine eigene klinische Erfahrung und die vieler Körperpsychotherapeuten in der Therapie mit Anorexie-Patientinnen als Beleg, dass Störungen im Bereich dieser affektmotorischen Schemata die spätere anorektische Entwicklung bahnen und verweist an dieser Stelle auf die Ergebnisse der Säuglingsforschung (Downing 2002, S. 22ff.), die den Umgang von anorektischen bzw. bulimischen Müttern mit ihren Säuglingen vielfach untersucht hat. Demnach verhalten sich anorektische Mütter

➢ übermäßig kontrollierend, sie unterbrechen die kindliche Aktivität oft,
➢ es fehlt eine zeitlich abgestimmte passende Antwort, wenn der Säugling Kontakt aufnehmen will,
➢ sie sind zumeist körperlich angespannt
➢ und nicht zuletzt sind sie im Vergleich zu bulimischen Müttern allgemein weniger aktiv, eher distanziert-zurückhaltend und vor allem ungeschickter in körperlicher Hinsicht.

Geht man von der Hypothese aus, dass diese Mütter zumindest einige Besonderheiten des Pflegeverhaltens, das sie in ihrer Kindheit erfahren haben, im Umgang mit ihren Kindern wiederholen, so lässt sich leicht nachempfinden, dass das Körpererleben der späteren Anorexie-Patientinnen entscheidend von solchen ersten körperlichen Erfahrungen mit den primären Bezugspersonen geprägt ist, was dann schließlich, wie Downing (2002, S. 24) resümiert, im Fehlen eines autonomen Selbstbildes klinisch zum Ausdruck kommt. Dieses Defizit durchdringt tiefgreifend das Selbstgefühl als körperlich handelnde Personen im Sinne einer basalen Körperbildstörung und hat deutliche Schwierigkeiten der Patientinnen im »Aussenden und Empfangen« von Emotionen (Downing 2002, S. 25), d.h. eine entsprechende Kontakt- und Beziehungsstörung zur Folge. Aus dieser genetischen Sichtweise ergibt sich folgerichtig der Behandlungsansatz, »das Körpererleben der Patientin systematisch in den Vordergrund des therapeutischen Geschehens zu rücken« (Downing 2002, S. 10).

In die Praxis umgesetzt lässt sich dieser Zugang als Differenzierungsansatz relativ einfach beschreiben: Die Patientinnen werden angeleitet, mit einfachen Aufgaben beginnend, sich für die Wahrnehmung ihres eigenen Körpers (in Teilbereichen oder auch als Ganzes) zu öffnen, über ihr Erleben zu sprechen und so schrittweise zu lernen, hierfür eine Sprache zu entwickeln. In der therapeutischen Bearbeitung des Erlebten wird zwischen

➤ körperlicher Wahrnehmung und Körperempfindung (z. B. Wahrnehmung der Grenze und räumlichen Ausdehnung eines Körperteils oder Empfindung von Kälte und Druck),
➤ der affektiven Komponente des Körpererlebens (z. B. Angst- oder Ekelgefühl)
➤ und der Vorstellungs- und Fantasieebene (z. B. Vorstellung des eigenen Spiegelbildes)

unterschieden. Dieser Prozess der allmählichen Differenzierung der Selbstwahrnehmung ist aber nicht nur als eine »quantitative Fähigkeitserweiterung« im Sinne einer Verfeinerung der Sensibilität zu verstehen, sondern er dient auch als Grundlage für die Entwicklung komplexer und ganzheitlicher Verarbeitungsmechanismen (vgl. hierzu Maaser et al. 1994, S. 95ff. und Downing 1996, S. 53ff.).

Fallbeispiele

Vorbemerkungen

Die Fallbeispiele stammen aus einer stationären psychosomatischen Therapie mit einem speziellen Therapieprogramm für Anorexie-Patienten nach dem heute üblichen Standard. Es werden also Ausschnitte aus der Therapie, nicht Ergebnisse aus der Forschung berichtet. Die Besonderheit unseres Therapieprogramms liegt in der Betonung des körperbezogenen Therapieansatzes: Alle Anorexie-Patientinnen nehmen an einer speziell für anorektische und bulimische Essstörungen entwickelten Gruppe teil, die nach dem Konzept unserer körperbezogenen Psychotherapie arbeitet (ausführlich bei Maaser et al. 1994). Diese indikative (nur aus Anorexie-Patienten bestehende) Gruppe zieht sich als Leitlinie von der Aufnahme bis zur Entlassung durch die gesamte Therapie jeder einzelnen Patientin, d. h. auch anorektische Krankheitsbilder in einem schwer dekompensierten Zustand (bis zu einem niedrigsten Gewicht von etwa 30 kg, auf einer speziell für die Behandlung schwerer psychosomatischer Zustandsbilder und akuter Krisen eingerichteten Intermediate Care Station) werden sofort von Beginn ihres stationären Aufenthaltes an körperpsychotherapeutisch behandelt. Da die Patientinnen von Beginn an in ein Wiederauffütterungsprogramm eingebunden und im weiteren Verlauf schrittweise in ein Bündel von anderen Therapiemaßnahmen, insbesondere Einzelgespräche und verbale Gruppenpsychotherapie, integriert werden, sind die in unseren Fallbeispielen berichteten therapeutischen Verläufe und Effekte naturgemäß immer im Rahmen eines komplexen Zusammenspiels dieser verschiedenen Therapiemaßnahmen zu sehen. Das Anschauungsmaterial unserer Fallbeispiele stammt aus oben beschriebener Gruppe bzw. aus unserer »psychomotorischen Diagnostik«: Bei dieser Untersuchungsmethode als festem Bestandteil unserer gesamten Aufnahmeuntersuchungen werden alle in einer Woche neu aufgenommenen Patienten in einer Gruppe zusammengefasst und mit geschlossenen Augen im Liegen, Sitzen und Stehen ein paar elementare Körperspüraufgaben durchgeführt. Dann fertigen die Patienten jeweils mit der rechten und der linken Hand (geübte und ungeübte Hand mit offenen Augen) eine Zeichnung des eigenen Körpers an, abschließend werden Körpererleben und Zeichnungen besprochen. Dies ist für unsere Patienten der Beginn ihrer Körperpsychotherapie.

In der Aufbereitung unserer Fallbeispiele wird nun die »körperbezogene Schiene« gleichsam künstlich aus dem Zusammenhang der gesamten Therapie herausgelöst und als ein therapeutischer Weg beschrieben. Wenn man von einem niedrigsten Aufnahmegewicht von um die 30 kg (bei einer durchschnittlichen Körpergröße von 165 cm entspricht das einem BMI von etwa 11) ausgeht, umfasst das bis zu einem Gewicht von etwa 60 kg (BMI 22 als fester Markierungspunkt des gesunden Gewichtsbereichs) einen Weg von bis zu 30 kg Gewichtszunahme, wofür bei einem konsequent durchgeführten Wiederauffütterungsprogramm ein Behandlungszeitraum von mindestens sechs, in schwersten Fällen bis zu neun Monaten notwendig ist. An den einzelnen Stationen dieses Weges werden die Fallbeispiele der Übersicht halber in drei Verlaufsphasen dargestellt.

Erste Therapiephase (BMI 11–13)

Wenn eine Patientin in einem schwer dekompensierten Zustand mit einem Körpergewicht von etwa 30 kg in die stationäre Behandlung aufgenommen wird, ist es in der Aufnahmesituation kaum möglich, mit ihr in sinnvoller

Weise über Ihren Körper zu sprechen. Die allermeisten Patientinnen verleugnen den Krankheitswert ihres abgemagerten Körpers, erklären sich für gesund, halten sich manchmal sogar noch für zu dick und haben so oftmals ein bis ins Abstruse verzerrtes »anorektisches Krankheitssystem« entwickelt. Ein direkter Zugang zu ihrem Körpererleben ist zumeist überhaupt nicht gegeben. Um trotzdem darüber etwas in Erfahrung zu bringen, nehmen wir die Zeichnungen, die die Patientinnen im Rahmen der psychomotorischen Diagnostik anfertigen, zu Hilfe. Bei der Betrachtung einer Reihe solcher Zeichnungen fällt zunächst zweierlei auf: Zum einen stellt man erstaunt fest, dass bis auf wenige Ausnahmen alle Patientinnen auf diesem Gewichtsniveau im therapeutischen Sinne verwertbare Zeichnungen herstellen. Außerdem erkennt man, dass darunter auch immer wieder Zeichnungen zu finden sind, die auf den ersten Blick durchaus angepasst und gar nicht so pathologisch wirken. Wir wenden uns zunächst dieser Kategorie zu:

Abbildungen 1–3

Diese Bilder (die Pfeile sollen während der Untersuchung wahrgenommene Schmerzen markieren) wirken wie Zeichnungen von Kindern: Sie sind zwar wenig differenziert, aber vollständig und ganzheitlich. Sie weisen außerdem wenig psychosexuelle Merkmale auf, und alle Patientinnen versuchen irgendwie ein Lächeln zum Ausdruck zu bringen, das ziemlich gequält wirkt. Man könnte sie deshalb als die Bilder der »noch« fröhlichen Kinder bezeichnen. Was hinter diesem Lächeln zu vermuten ist, wird bei der Betrachtung der Kategorie von Zeichnungen sichtbar, wie sie von den meisten Patientinnen in diesem Gewichtsbereich angefertigt werden:

Abbildungen 4–6

In diesen Beispielen (der Zeichnerin des Bildes in der Mitte werden wir als Beispielpatientin noch mehrmals begegnen) kommt die ganze Wucht der anorektischen Pathologie zum Ausdruck: Alles, was oben noch andeutungsweise mädchen- oder jungenhaft aussah, ist fast bis zur Unkenntlichkeit zusammengeschrumpft, die Proportionen sind verschoben, manchmal fehlen ganze Körperbereiche. Die kindliche Fassade des Lächelns scheint als Abwehr nicht mehr zu halten, massiv bedrohliche Ängste brechen durch. Auch in den ersten Äußerungen der Patientinnen hierzu bzw. in den Aussagen über ihr Körpererleben in den ersten Stunden ihrer Körperpsychotherapie ist ein ähnliches Spektrum festzustellen. Ein Teil dieser ersten Reaktionen imponiert durch ihren angepassten und abwehrenden Charakter. Das kann sogar kindlich-fröhlich klingen:

»Ich war richtig frei und gelöst, locker und entspannt. Mein Körper reagierte ganz darauf, was die Therapeutin sagte. Es fiel mir gar nicht schwer. Ganz im Gegenteil, es ging ganz automatisch, wie von selbst. Ich hatte dabei keine Anstrengung. Ich fühlte mich danach sogar wohl und irgendwie gelöst und frei.«

Manches wirkt auch, wenn die Patientinnen verstanden zu haben glauben, was von ihnen erwartet wird, wie ein gut gegliederter Bericht in der Schule:

»Ich spürte, wie das Blut beim Strecken der Arme in Richtung Körper floss und beim Senken der Arme zu den Händen. Ich hatte dabei ein heißes Gefühl im linken Arm. Ab und zu schwankte ich und spannte dann ganz ruckartig die Beinmuskeln an. Ich hatte das stärkste Gefühl in den Fingerspitzen, es war ein kaltes Gefühl dort. Der Kopf war ziemlich schwer. Beim Senken der Arme waren die Arme ganz schwer.«

Solche angepassten Reaktionen sind also auch auf diesem Gewichtsniveau möglich, zumeist ist aber die erste Konfrontation mit Körperwahrnehmungsaufgaben mit einem erheblichen Angstpegel verbunden. Das kann soweit gehen, dass die Patientinnen den klotzartigen Einzelteilen ihres Körpererlebens, teilweise entleert oder bedrohlich aufgeladen, ausgeliefert und völlig hilflos gegenüberstehen:

»Meine Beine waren ganz leicht, als wären sie gar nicht mehr da. Bis auf die Fersen und Zehen, die ganz fest auf dem Boden standen. Innerlich fühlte ich mich ganz schwer, als wäre etwas darin, was heraus müsste. Ich verspürte zwar mein Gesicht und Haare, aber nicht den Hinterkopf. Meine Jacke brannte wie Feuer auf den Armen. Auch meine Hände, die ich gefaltet hatte, waren heiß. Am hinteren Teil meines Körpers, meinem Rücken, verspürte ich ein Gefühl, als wäre ich in einer Hülle. Als wäre alles hohl. Ich stand zwar fest auf den Fersen, aber ich merkte, wie mein Körper immer etwas nach hinten oder vorne taumelte. An meinen Hals verspürte ich einen Druck. Ich hatte das Gefühl, als wäre dort eine Hand, die zudrückt.«

Aus diesen Aussagen und den Zeichnungen spricht also eine diffuse Bedrohung. Die Patientinnen können aber nur, wie wir noch öfters sehen werden, eine Vielzahl von Symptomen schildern. Mit Assoziationen, d. h. den herkömmlichen verbalen Zugangsweisen, gelingt es nicht, diese Bedrohung näher zu erfassen. Wir müssen uns schon intensiv auf die Körperwahrnehmung der Patientinnen einlassen, denn hinter der Fassade der diffusen Bedrohung »lauert« ein Mechanismus, den man nur bei Körperspüraufgaben beobachten kann, die von den Patientinnen eine integrative Wahrnehmungsleistung verlangen. Als Beispiel greifen wir eine Wahrnehmungsaufgabe der Körpergrenze heraus. Dabei stehen die Patientinnen im Raum und haben die Augen geschlossen. Dann wird der ganze Körper systematisch von den Füßen bis hin zum Kopf in einzelnen Spürschritten (Dauer ca. 25 min) durchgegangen: Wie spüre ich meine Haut? Wie spüre ich die Grenze und den Übergang von der Haut zur Luft oder zur Kleidung? Danach zeichnen die Patientinnen mit Bleistift auf ein Blatt Papier, was sie gespürt und wahrgenommen haben, eine verbale Bearbeitung von Zeichnung und Erlebtem schließt dann diese Sequenz ab. Wir sehen in der Abbildung eine Zeichnung, wie sie eine Patientin nach einer solchen Wahrnehmungsaufgabe angefertigt hat.

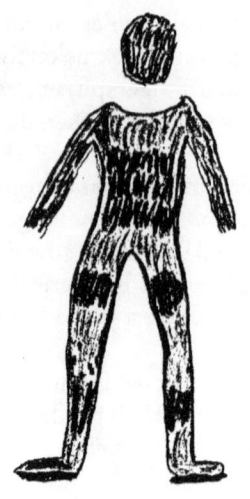

Dieses Bild imponiert sofort als eine schwarze, bedrohliche Figur. In der Schilderung der Patientin kommt dementsprechend eine massive Angstspannung zum Ausdruck:

»... die Arme spürte ich durch den Stoff, die Hände spürte ich nicht, das Gesicht spürte ich. Mein Hals wurde immer steifer, als wenn ich einen Krampf bekäme. Im Körper war eine große Spannung, ich zitterte am ganzen Körper. Mir war, als wenn ich jeden Moment umfallen würde. Bauch, Brust und Rücken spürte ich als etwas Lebendes. Mein Hals wurde immer steifer. Ich hatte das Gefühl, als wenn ich meinen Kopf ganz schief halten würde. Ich wollte mich immer wieder gerade aufrichten, aber mir war, als wenn ich den Kopf nicht bewegen könnte.«

Abbildung 7

Das Erleben der Patientin ist nicht mehr geordnet und konsistent, es ist eher ein Chaos aus einzelnen Teilen mit einem lebendigen Bruchstück als Insel; der Angstpegel erhöht sich erheblich, der Patientin gleitet hier gleichsam das eigene Erleben aus der Hand, so dass schon manche Einzelteile eine Art Eigenleben annehmen. Hier deutet sich eine Dynamik an, die wir im nächsten Beispiel näher untersuchen können.

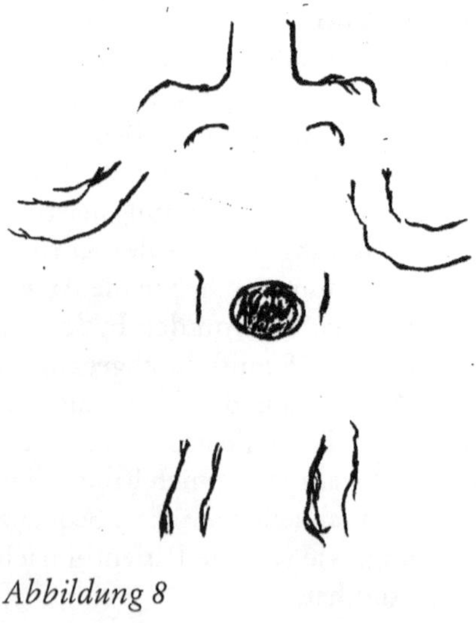

In der nächsten Abbildung zeichnet sich eine andere Patientin nach der gleichen Wahrnehmungsaufgabe ohne Hände, Füße und Kopf, betont im Bild die Bauchgegend und schildert:

»Mein Hals war mir unangenehm, er tat mir weh, meine Ellenbogen waren mir unangenehm, wie sie so gerade herunter hängen. Mein Magen war ein komisches Gefühl. Da ich kaum mehr stehen konnte, meine Knie waren unwahrscheinlich wackelig, dass ich jeden Moment meinte, ich falle um... Meine Schultern waren ganz schwer an mir, als würde mich jemand herunterdrücken.«

Abbildung 8

Hier scheint sich das Erleben des eigenen Körpers gleichsam in Auflösung begriffen. Es entsteht der Eindruck von aneinander gestellten, klotzartigen Elementen, die schon Eigenleben annehmen, wobei die Patientin die Bedrohung wie in einer Art Notwehr nach außen projiziert »[...] als würde mich jemand herunter drücken«, und sich so dem Zerfall entgegenstemmen möchte. Es deuten sich zwei Bewegungsrichtungen der Dekompensation an: Grenze und Peripherie lösen sich schrittweise auf, Hände und Füße fallen sozusagen ab, der Bauch dagegen gewinnt immer mehr an Bedeutung, wird bedrohlich verstärkt wahrgenommen. Diese beiden Bewegungsrichtungen wollen wir im nächsten Beispiel noch etwas näher untersuchen.

Nach der gleichen Spüraufgabe mit dem Thema der Körpergrenze schildert eine andere Patientin ihr Körpererleben:

»Ich hatte das Gefühl, dass Beine und Arme fehlten. In der Magengegend fühlte ich Zentnerschwere in mir. Der Hals war trocken und verspannt beim Schlucken. Mein Kopf war wie ein Ballon, und ich hatte das Gefühl, als platzte mir alles auseinander.«

Im Ausdruckscharakter dieser Zeichnung verdeutlicht sich die Bewegungsrichtung des Zusammenballens sichtbar: Die Gliedmaßen fallen weg, es bleibt nur ein Klumpen mit Kopf. Im Erleben zeigt sich dagegen eher die Dynamik des Auseinanderplatzens. Die Patientin verwendet das Bild eines Ballons, der zu zerplatzen droht. Dass es sich hierbei nicht um einen situativ gebundenen oberflächlichen Mechanismus handelt, zeigt ein Traum, den diese Patientin in der Nacht darauf träumt und berichtet:

»Ich träumte, mein Bett wäre schmal wie ein Brett. Ich wurde immer dicker und dicker und fand keinen Platz mehr. Mein Zimmer war mit schwarzen Fliesen ausgelegt, und darauf stand der Name Bibel. Ich fühlte mich wie magnetisch angezogen, und plötzlich war da ein schwarz gähnender Abgrund vor mir. Dann erwachte ich.«

Abbildung 9

Wir sehen, dass sich das drohende Auseinanderplatzen des eigenen Körpers auch im Traum abbildet. Offensichtlich ist hier eine Dynamik der Auflösung und des Zerfalls der Struktur des Körpererlebens in Gang gesetzt worden, wobei sich in einer Richtung nach außen die Körpergrenze auflöst, erst Hände und Füße, schließlich die gesamten Gliedmaßen abfallen und dann in einer zweiten Bewegungsrichtung das Körpererleben sozusagen nach innen auf Kopf und Bauch zusammenfällt. Oftmals bleibt nur noch der Bauch übrig, die Patientin ist dann gewissermaßen nur noch Bauch. Diese Auflösungsdynamik der Struktur des Körpererlebens markiert m. E. die letztmögliche Stufe der Körperbilddekompensation, die sich als ein gleichzeitiges Auseinander- und Ineinander-zusammen-Fallen, als eine Art »Implosion der Erlebensstruktur« beschreiben lässt. Die für unsere psychische Gesundheit notwendige Erfahrung und grundlegende Überzeugung (vgl. hierzu Downings Konzept der »motorischen Überzeugung«; Downing 1996, S. 112ff.), in unserem Körper wie in einem sicheren Haus zu leben, ist hier offenbar schwer gestört. Die Grundlage für das Gefühl der eigenen Einheitlichkeit, Integrität, Kohärenz und Kongruenz erweist sich als brüchig, und diese Brüchigkeit kann in speziellen therapeutischen Situationen aufgedeckt und sichtbar gemacht werden.

Wir wollen nun tiefergehend nach der Bedrohung fragen und kommen auf das obige Traumbeispiel zurück: Der Körper der Patientin droht zu zerplatzen, was man sicher als eindrückliches Bild einer vernichtenden Bedrohung von innen verstehen kann. Es treten aber auch Gefahren von außen in Erscheinung: schwarze Fliesen, der Name Bibel und ein schwarz gähnender Abgrund, was assoziativ auf Normen, Verbote und göttliche Gesetze verweist, wobei die Bestrafung in Form eines mit einem magischen Sog ausgestatteten Abgrundes auftritt. Theoretischer formuliert: Das körperliche Selbst der Patientin wird von einem mächtigen, autodestruktiv-strafenden Über-Ich auf präödipalem Niveau bedroht. Da sich das Über-Ich bekanntermaßen im Rahmen der ersten Objektbeziehungen entwickelt, führt das zur Frage, ob auch direkt Beziehungen bzw. Objekte in solchen Körperträumen auftauchen. Man muss sich an dieser Stelle erinnern, dass wir uns hier in einem sehr niedrigen Gewichtsbereich, d.h. auch in den ersten Wochen der Therapie befinden. Die Bereitschaft der Patientinnen, uns schon in dieser Therapiephase Träume mitzuteilen, ist natürlich davon abhängig, inwieweit es bereits gelungen ist, eine ausreichend tragfähige therapeutische Beziehung aufzubauen. Im Wesentlichen finden wir dann zwei Arten von Körperträumen mit Objekten. Zunächst ein erstes Beispiel, ein Traum nach einer oben beschriebenen Spüraufgabe:

»Mehrere Männer kommen mit einer Schubkarre in die Klinik, auf der eine Frau ohne Arme und Beine liegt. Als sie an der Rezeption vorbeikommen, sagt eine Schwester zu der Frau: Ihre Eltern sind tot!«

Das Ich der Träumerin scheint noch ausreichend zu funktionieren, denn es gelingt ihm durchaus, relativ strukturiert auf ein therapeutisches Angebot zu reagieren, indem es eine Situation aus dem klinischen Alltag als Traumbild produziert. Aber welch eine Aussage: Einem kaputten, unvollständigen Körper wird der Tod der Eltern verkündet! Mit solch einem Traumgeschehen haben wir ein Niveau erreicht, das sich nur schwer oder vielleicht überhaupt nicht vollständig in Worte fassen lässt. Die Primärobjekte sind ganz einfach tot oder als harte und brutal funktionierende Figuren, als abgespaltene, massiv negativ besetzte Aspekte der Primärobjekte, abgebildet. Die Träumerin versucht offenbar, eine riesige Angst und eine unendliche Leere, letztlich eine tote Beziehung, in einem Bild auszudrücken.

Mit solchen Träumen sind wir gleichsam auf dem »untersten, noch kompensierten Niveau« der anorektischen Psychodynamik angekommen. Hier produzieren die Patientinnen auch noch eine zweite Art von Träumen, in denen jeglicher dynamischer Aspekt fehlt, Beziehungen und andere Traumfiguren jedoch überhaupt nicht auftauchen, sondern nur der eigene Körper der Patientin als Selbstobjekt. Der folgende Traum wurde am nächsten Tag nach einer Spüraufgabe berichtet, bei der unter anderem mit der Vorstellung des eigenen Spiegelbildes gearbeitet wurde:

»Ich bin an einem Meeresstrand, Meer, Sand, Dünen, rauschende Wellen. Der Horizont ist sehr weit, aber doch wieder begrenzt. Am Strand kommt mir jemand entgegen. Ich weiß irgendwie, dass ich das selber bin. Ich weiß, dass das mein Körper ist. Ich habe aber kein Gesicht und trage auch keine Kleider, sondern die ganze Oberfläche meines Körpers besteht nur aus Kratern wie bei einer Mondlandschaft, nur über und über mit Kratern übersät.«

In diesem Traum gibt es keine Konfliktfronten, nur den narzisstischen Rahmen eines weiten, aber doch begrenzten Horizonts, und darin der eigene Körper entleert und innerlich zerstört mit einer diffusen, kaum fassbaren, aber doch irgendwie grauenerregenden Angst ausgestattet. »Ich erlebe meinen Körper als Mondlandschaft« ist eine Zustandsbeschreibung, mit der die Patientin ihre schier unendliche Einsamkeit, ihre kaum fassbare Traurigkeit, letztlich eine »namenlose Angst« zu bannen versucht. Man könnte Träume in dieser Therapiephase in Anlehnung an Kohut (Kohut spricht in diesem Zusammenhang von »Selbst-Zustands-Träumen«; Kohut 1979, S. 102ff.) als »Körperbildzustandsträume« bezeichnen, in denen die Dynamik der Traumbilder sowie der darin handelnden Figuren völlig verblasst, keine fassbare Triebthematik mehr auftaucht und nur noch tote Beziehungen und ein zerstörtes Selbstobjekt übrig bleiben.

Die therapeutische Methodik und Interventionstechnik ist in der ersten Therapiephase konsequent ich-stützend ausgerichtet. Mit dem Körpererleben bzw. den Zeichnungen und Träumen der Patientinnen wird in dieser Therapiephase annehmend, bestätigend und Defizite ausgleichend umgegangen. So werden z. B. fehlende Hände keinesfalls als Defekt mit entsprechendem Angstpotential gedeutet, sondern in der Besprechung wird die Ermutigung erarbeitet, sich jetzt in der therapeutischen Arbeit verstärkt um seine Hände zu kümmern, was dann in der nächsten Aufgabenstellung, Wahrnehmung der Hände, im Sinne der Wahrnehmungsdifferenzierung, fortgeführt werden kann. Bei der Bearbeitung der Körperträume wird interventionstechnisch ebenso verfahren, was im Beispiel des Mondlandschaftstraumes in einer weiteren Wahrnehmungsaufgabe mit dem Thema Körperoberfläche und Haut münden würde, d. h. auch die Bearbeitung der Träume bleibt in dieser Therapiephase auf die Körperwahrnehmung zentriert.

Die entscheidende Ebene des therapeutischen Prozesses ist naturgemäß die Arbeit an der Beziehung, d. h. die entsprechende Handhabung der Übertragungs-Gegenübertragungsproblematik. Die Frage ist also: Welche Beziehung brauchen die Patienten in dieser Phase zum Therapeuten ihrer Körperwahrnehmungstherapie? Als ersten Ansatz einer Antwort erinnern wir uns an die Ergebnisse der modernen Säuglingsforschung bezüglich des Umgangs anorektischer Mütter mit ihren Säuglingen. Kehrt man diese Befunde in ihr positives Gegenteil um, so ergibt sich eine Mutterfigur, die nicht kontrollierend und unterbrechend, sondern gewährend und passend auf die Aktivität des Kindes reagiert, die sich aktiv, geschickt und sensibel auf den Rhythmus des Kindes einstellt und die ihm ihre eigene Emotionalität fürsorglich und offen, nicht in Form von Spannungen, zur Verfügung stellt. Auf dieser Grundlage fragen wir weiter: Welche Elternfigur braucht ein Kind, das sich in der Sackgasse seiner Sucht verloren hat und so von schier unerträglichen Ängsten gepeinigt kurz vor der eigenen Selbstzerstörung steht? Es ist klar, dass hier eine sehr frühe, basal-narzisstische Übertragungsebene gefordert ist, sodass die nachfolgenden Aspekte unserer Antwort nur als »Versuch einer Annäherung« gelten können:

➢ Die Patienten brauchen in der »Zu-Wendung«, die sich bei jeder Aufgabenstellung der Körperwahrnehmung vollzieht, ein bedingungsloses Interesse an ihrem Erleben. »Bedingungslos« heißt ohne Vorbedingung (vor allem ohne Vorleistung), ohne Grenzen (jegliches Erleben ist interessant) und ohne Anfälligkeit für Störungen.

➢ In der Reaktion auf ihr Verhalten brauchen die Patientinnen eine Therapeutenfigur mit schier grenzenloser Geduld und zwar einer Geduld, die alles zulässt, auch ein wochenlanges Schweigen oder zunächst überhaupt die Unfähigkeit der Patientinnen, eine Sprache für ihr Körpererleben zu finden, aber auch einer Geduld, die weiß, dass es sich lohnt und die deshalb immer mit ungebrochenem Optimismus bei der Arbeit bleibt.

➤ Die Patientinnen brauchen für die Angst ihrer Tote-Eltern- und Mondlandschaftsträume Therapeuten mit der Fähigkeit, solche kindlichen Ängste aufzunehmen und ihnen in einer Art basaler Resonanz standzuhalten.

Dreh- und Angelpunkt bleibt dabei natürlich die Handhabung der eigenen Gegenübertragung, wobei die größte Gefahr darin besteht, sich entweder von der Massivität der Angst und des Leids gleichsam erschlagen und aus der therapeutischen Rolle hebeln zu lassen oder sich rational von dieser Herausforderung zu distanzieren und die Patientinnen in diesem Verlaufstadium ihrer Erkrankung für »körperpsychotherapeutisch nicht behandelbar« zu erklären.

Zweite Therapiephase (BMI 13–17)

Unsere Beispielpatientin hat nun schon etwa fünf kg an Gewicht zugenommen. Wir treten in die Mittelphase der Therapie ein. Nach zwei Monaten Therapie und einem erreichten BMI von 12,9 zeichnet die Patientin im Vergleich zur Aufnahmediagnostik wie folgt:

Abbildungen 10–11

Die Zeichnung bei Klinikaufnahme (Zeichnung links, siehe Abbildung 5) hatten wir schon kennengelernt. Die Patientin stellt sich als »leeres Gespenst« dar, lediglich in den langen Haaren deutet sich eine psychosexuelle Differenzierung an. In der jetzt angesprochenen Zeichnung (rechts) produziert die Patientin eine leblose, aufgehängte Puppe ohne Unterschenkel und Füße und immer noch ohne Gesicht, aber die Patientin hat diese Puppe gleichsam vor sich hingestellt und entdeckt ganz verwundert: »Ich habe ja gar kein Gesicht!« Diese Entdeckung der Patientin markiert den eigentlichen Beginn ihrer Körperpsychotherapie, denn sie hat jetzt offenbar eine Grundlage zur Verfügung, um sich mit Interesse, Neugier und Mut ihrem eigenen Körper zuzuwenden und Entdeckungen zuzulassen.

Wir werden nun den therapeutischen Verlauf in dieser Mittelphase der Therapie auf zwei Ebenen, gewissermaßen auf zwei Schienen, näher untersuchen: Auf der ersten Schiene geht es um die Frage, wie rekonstruiert man aus Bruchstücken ein einheitliches und kohärentes Körpererleben? Hier beschreiben wir den therapeutischen Weg von Chaos, Angst und Fragmenten hin zur integrierten Struktur. Auf der zweiten Schiene wird die therapeutische Veränderung des schweren, auf den eigenen Körper gerichteten Autoaggressionspotentials konzeptualisiert. Es ist der Weg von selbstzerstörerischem Ekel und Selbsthass zur gesunder Selbstakzeptanz und Selbstbehauptung.

Auf der ersten Schiene des Therapieverlaufs geht es um die Struktur des Körpererlebens. Der wesentliche Grundzug des anorektischen Körpererlebens, nämlich sich dem eigenen Körper gegenüber, d. h. in der konkreten Situation den jeweiligen Wahrnehmungsaspekten gegenüber, hilflos, ausgeliefert und existenziell bedroht zu fühlen, wurde schon in der ersten Therapiephase herausgearbeitet. Das kann in einer elementaristischen Aneinanderreihung von Schmerzempfindungen zum Ausdruck kommen:

»Mir wurde schlecht, meine Füße taten weh, ich hatte Schmerzen um den Nacken und im Kreuz. Meine Schultern schmerzten, meine Arme waren sehr schwer, meine Hände taten weh und schmerzten, mein Hals war wie abgeschnürt. Mein Kopf tat weh, und es war mir schwindelig. Ich hatte einen starken Druck auf den Kopf.«

Es kann aber auch zunehmend einen massiven Bedrohungscharakter annehmen:

»Ich habe das jetzt schon ein paar Mal miterlebt, dass, wenn ich da liege, dass mir da auf einmal ganz schlecht wird, da spüre ich meine Gebeine gar nicht mehr und da kann ich mich überhaupt nicht mehr auf meinen Körper konzentrieren und da wird mir im Kopf ganz schwindelig und da dreht sich alles und ich denke, da fahre ich Karussell, und dann kann ich auch gar nicht mehr liegen bleiben. Das ist unwahrscheinlich schlimm und da fange ich auch am ganzen Körper an zu zittern, und ich kann mir einfach nicht erklären, woran das jetzt liegen könnte.«

Dieser unstrukturierte Charakter des Körpererlebens verbunden mit einem massiven Angstpegel ist ein wesentlicher Bestandteil des anorektischen Krankheitsgeschehens und zieht sich zunächst als eine Art Grundlage weiter durch die Therapie. Er kann sich erst in der zweiten Hälfte dieser Therapiephase schrittweise verändern.

Chaos und Angst sind allgemeine Charakteristika des Körpererlebens. In dieser Therapiephase können bei bestimmten Spüraufgaben in der Körperpsychotherapie jedoch auch spezifisch anorektische Mechanismen der Körperwahrnehmung beobachtet werden. Am auffälligsten ist dabei die Entdeckung, dass die grundlegende Erfahrung der Patientinnen, was gehört zu meinem Körper, oft unvollständig und defizitär ist. Vor allem Hände und Füße werden in dieser Weise »nicht erlebt«:

»Ich spüre meine Hände nicht.«

»Ich habe keine Füße mehr, sie sind irgendwie nicht da!«

Hände und Füße gehören irgendwie nicht dazu, es ist offenbar »gar nichts da zum Wahrnehmen«, was theoretisch gesehen einem Repräsentanzdefekt im Sinne einer basalen Verleugnung auf sehr frühem Niveau entspricht. Das kann im Einzelfall bis zu einer ganzheitlichen Verleugnung mit primitivprojektiver Färbung gehen und klingt dann angstvoll-trotzig:

THERAPEUT: »Was spüren Sie?«

PATIENTIN: »Ich kann den Apfel in meinem Magen spüren. Es ist der Apfel, den ich vor einer Stunde gegessen habe.«

T.: »Versuchen Sie genau zu beschreiben, was Sie spüren!«

P.: »Ich kann den Apfel genau spüren.«

T.: »Wie spüren Sie denn ihren Körper?«

P.: »Ich spüre nur den Apfel, sonst spüre ich nichts!«

In manchen Fällen ist der Verleugnungsmechanismus auch komplexer einzuschätzen:

»Ich kann machen, was ich will, es gelingt mir nicht, mein Becken zu spüren. Wenn ich von unten bei den Füßen, so spüre ich alles ganz genau, meine Haut, meine Kleidung, aber nur bis zu einer gewissen Grenze, dann kann ich überhaupt nichts mehr spüren. Das ist immer dasselbe…«

War im Falle der fehlenden Hände und Füße sozusagen »nichts da zum Wahrnehmen«, so könnte der Mechanismus der Nicht-Wahrnehmung des Beckens ein Stück anders gelagert sein. Dieser Körperbereich ist wahrscheinlich für die Patientin sehr angstvoll mit nicht zugelassenen sexuellen

Fantasien besetzt, das Becken ist dann gewissermaßen »zu gefährlich zum Wahrnehmen«, was einem Abwehrmechanismus auf differenzierterem Niveau entspräche.

Nicht-Wahrnehmen ist in vielen Situationen eine gute Möglichkeit für die Patientinnen, ihr Körpererleben in den Griff zu bekommen und sich so auf ihrem anorektischen Funktionsniveau einigermaßen zu stabilisieren. Das dies nicht immer so gut gelingt, lässt sich am Mechanismus der Fragmentierung aufzeigen. Von Fragmentierung kann man sprechen, wenn übergreifende Einheiten des Körpererlebens nicht erreicht werden bzw. wieder in ihre einzelnen Teile zerfallen. Zunächst hierfür ein Beispiel:

P.: »Das Bein gehört gar nicht dazu, nur der Fuß, und der ist weit weg von mir.«

T.: »Wie weit weg? Ein Meter, zwei Meter oder zwanzig Meter?«

P.: »Zwei bis drei Meter. Ich möchte es wieder heranbringen, damit Leben hineinkommt!«

Die Patientin erlebt also ihr Bein und ihren Fuß als Fragmente außerhalb ihrer körperlichen Einheit. Dieses fragmentierte Körpererleben ist eine häufige Erscheinung bei Anorexie-Patientinnen. Der Mechanismus selbst kann dabei zweierlei Färbung aufweisen. Im ersten Fall handelt es sich dabei um ein Erleben, bei dem die fragmentierten Körperteile ein Eigenleben außerhalb des Steuerungsbereiches des Ichs annehmen. Hierfür einige Beispiele:

»Meine rechte Hand ist am Boden angewachsen.«

»Mein Kopf, der scheint zu wackeln, als wenn er sich abschrauben wollte. Ich werde so unruhig. Mein Kopf, der scheint hochzugehen, wegzugehen dabei.«

»Mein rechter Arm, der will auch andauernd, er will sich hochheben.«

Unter theoretischem Aspekt gesehen scheinen in diesen fragmentierten Elementen abgespaltene, nicht integrierte Impulse zum Ausdruck zu kommen. Der Dynamik der Elemente entsprechend kann man hier von einer primitiv-projektiven Abspaltung lebendiger, archaisch-aggressiver Impulse ausgehen. Anders scheinen die Verhältnisse in Fällen zu liegen, bei denen die fragmentierten Elemente eine eigene Dynamik bezüglich ihrer Form und Größe annehmen. Hierfür wiederum einige Beispiele:

»Meine Beine fühlen sich unendlich lang an. Ich habe Angst, irgendwo anzustoßen.«

»Das linke Bein fühlt sich jetzt weicher an, vorher war es wie aus Holz, es ist auch länger als das rechte Bein.«

»Ich habe ein Gefühl der Schwerelosigkeit, ein Gefühl, als hätte ich riesengroße Hände.«

Empfindungsqualität, Form und Größe der Elemente verändern sich im Sinne einer vom Ich der Patientinnen weitgehend unabhängigen Dynamik. Wenn einzelne Körperteile riesengroße Dimensionen annehmen, liegt natürlich die Hypothese nahe, dass es sich hierbei um eine Überschwemmung der Körperbildfragmente mit archaisch-narzisstischen Impulsen handelt. Das Ich der Patientinnen versucht sich natürlich der Fragmentierung entgegenzustemmen und ein ganzes Bild des eigenen Körpers herzustellen, wobei manchmal ein völlig schief zusammengesetztes Ergebnis zu Stande kommt:
»Ich habe ein großes und ein kleines Bein, ich komme mir vor wie ein Contergan-Kind.«

Eine solche Lösung ist natürlich ein Kompromiss, aber eben eine ganzheitliche Lösung mit stabilisierender Wirkung: Als Contergan-Kind kann man genauso wie als Hampelmann im Alltag einigermaßen funktionieren, d. h. die Patientinnen leben natürlich nicht andauernd in einem fragmentierten Zustand, sondern sie verfügen vielmehr über die Möglichkeit, die Fragmentierungen bei Veränderung der Auslösesituation wieder auf dem Niveau des »Funktionierens im Alltag« zu kompensieren.

Zum Abschluss dieses Punktes muss noch ein Wahrnehmungsphänomen besprochen werden, das bei Anorexie-Patientinnen sehr häufig vorkommt und das im Gegensatz zur Fragmentierung eher überdauernden Charakter hat, nämlich die Aufteilung der Ganzheit des Körpererlebens in zwei Hälften. Dies hat meist die Form, dass die Patientinnen ihren Körper irgendwie geteilt wahrnehmen und dass sich beide Hälften unterschiedlich anfühlen:
»Mein Oberkörper, das Zittern ist unheimlich. Es ist ungleich in der rechten und der linken Hälfte.«

Dieses Phänomen kann soweit verfestigt sein, dass das Gefühl einer Spaltung des Körpererlebens immer und sozusagen grundsätzlich besteht, sodass die Patientinnen auch mit noch so großer Willensanstrengung nicht dagegen angehen können:
»Das ist auch irgendwie witzig, wenn ich lange liege, dann merke ich, dass ich eine Seite meines Körpers, speziell die linke Seite, recht gut erfühlen kann und die rechte Seite ist so, als wenn ich die… also als ob die unscheinbar und klein ist und gar nicht zu mir gehört, als ob es so zwei Persönlichkeiten in mir sind.«

Diese Zweiteilung des Körpererlebens ist »kein aktiver Abwehrmechanismus«, eher ein relativ überdauernder Defekt, an den sich die Patientinnen im Laufe ihres Lebens so gut angepasst haben, dass davon keine instabilisierende, aber auch keine besondere stabilisierende Dynamik ausgeht.

Wir wenden uns nun dem therapeutischen Verlauf zu, denn in der analytischen Körperpsychotherapie behaupten wir nicht nur, solche Defekte des körperlichen Selbsterlebens, frühe Strukturdefekte im theoretischen Sinne, aufzudecken, sondern diese auch mit unserer spezifischen Methodik erfolgreich behandeln zu können. Die Mittelphase der Therapie unserer Beispielspatientin begann mit einer Entdeckung: »Ich habe ja gar kein Gesicht!« Wie kommt eine solche Entdeckung zustande, und welche Bedeutung hat sie in Hinblick auf den Fortgang der Therapie? Die Antwort liegt auf der Ebene der Gegenübertragung: Grundlage der Therapie ist ein bedingungsloses, geduldiges Interesse am Körpererleben der Patientin. Wenn es gelingt, der Patientin dies zu vermitteln, kann sie ihrerseits Interesse für ihren eigenen Körper entwickeln und wie im vorliegenden Fall mit Verwunderung und Neugier reagieren. Dadurch wird das Ich der Patientin angeregt, Körpererleben außerhalb des bisherigen anorektischen Krankheitsverhaltens zuzulassen. Aus diesen »Inseln der Gesundheit« wird dann im weiteren Therapieverlauf ein anorexiefreies Körperbild rekonstruiert. In methodischer Hinsicht werden hierfür die Körperspüraufgaben schrittweise komplexer gestaltet. Bei Führung durch die Spüraufgaben und in der Bearbeitung des Erlebens werden systematisch alle integrativen Ansätze unterstützt. Wir wollen das anhand einer konkreten Wahrnehmungsaufgabe aufzeigen, bei der es darum geht, den Innenraum des eigenen Körpers mit der Haut als Grenze in Bezug auf den Außenraum der Umgebung wahrzunehmen und das Erlebte entsprechend zu organisieren. Die Patientinnen stehen dabei mit geschlossenen Augen im Raum und werden schrittweise dazu angeleitet, sich auf das Innere ihres Körpers zu konzentrieren, den Raum in seiner ganzen Ausdehnung bis hin zur Haut als Grenze zu erkunden und von da aus den Außenraum der Umgebung wahrzunehmen. Im anschließenden zweiten Teil der Spüraufgabe werden die Patientinnen dazu aufgefordert, einen Summton zu erzeugen und ihn im Spüren durch den ganzen Innenraum zu verfolgen: Wie weit und wohin gelangt der Ton, und was geschieht an der Grenze? Bleibt der Ton im Innenraum oder gelangt er nach außen und wie gelangt er nach außen? Außerdem sollen dann auch noch die Töne der anderen Gruppenmitglieder beobachtet werden: Bleiben diese Summtöne außerhalb? Werden sie hereingelassen, und wie werden sie hereingelassen? Nach Abschluss der Spüraufgabe bekommen die Patientinnen ein Blatt Papier und einen Bleistift ausgehändigt. Sie werden gebeten, einen großen Kreis auf dieses Blatt zu zeichnen, und es wird Folgendes dazu erklärt: Der Kreis symbolisiere ihre Haut als Körpergrenze, das Innere des Kreises ihren Körperinnenraum, der Raum außerhalb des Kreises die Umgebung ihres Körpers. Sie sollten nun möglichst rasch in gegenstandsfreien Formen und Strichen darstellen, was sie wo während der abgelaufenen Spüraufgabe wahrgenommen haben. Wir sehen in der Abbildung die Zeichnung einer Patientin, die an dieser Stelle ihres Therapieverlaufs bereits einen BMI von etwa 15 erreicht hatte:

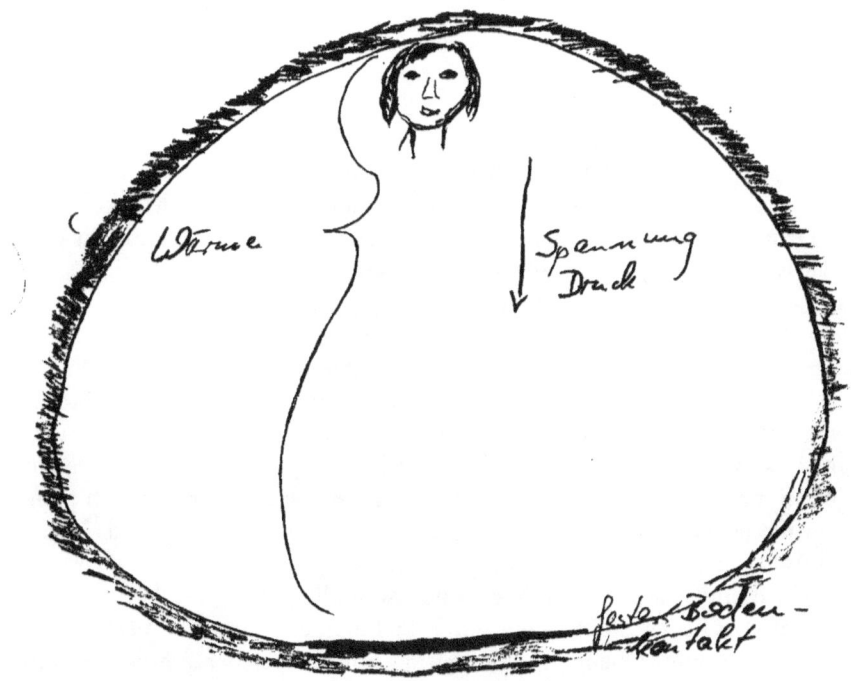

Abbildung 12

Die Patientin berichtet zum ersten Teil der Spüraufgabe (ohne Summton):
»Ja, ich habe also durch das lange Stehen einen festen Bodenkontakt gehabt, und durch das lange Stehen war in mir eine Spannung, dadurch dass ich also nur aufrecht stand und fühlte mich aber innerlich warm und wohl. Obwohl es mir auch manchmal passierte, dass ich ein klein bisschen schwankte, aber das machte mir keine Angst, sondern ich konnte damit fertig werden und es

war der Druck und die Spannung mehr da, die ich also zum Boden hin mehr spürte und zum Boden hin auch mehr abgelassen habe.«

Wir sehen, diese Patientin beginnt, das Erleben ihrer Körperschwere und Körperspannung in ihrem Körperinnern in Richtung eines strukturierten Ganzen zu organisieren. Die Angst ist gewichen, sogar ein Schwanken kann ertragen werden. Die Aussage der Patientin über den zweiten Teil der Spüraufgabe (mit Summton) lässt die innere Mechanik dieses Therapiefortschrittes noch deutlicher werden. Während der Nachbearbeitung in der Gruppe berichtet die Patientin später als Reaktion auf die Schilderung eines anderen Gruppenmitglieds über dessen erste Erfahrungen in der Körperpsychotherapie:

»Ja, bei mir war es auch so, als ich am Anfang in die Körpertherapie hereinkam, da hatte ich auch immer so Spannungen und diesen Druck, den ich jetzt als Angst bezeichnen möchte. Und ich habe also jetzt bemerkt, dass diese Spannungen und dieser Druck ganz woanders herkommen, nämlich diese Spannungen von meinem Körper, sprich von meinen Muskeln, und der Druck von der Körperschwere, und dadurch habe ich auch nicht mehr diese Angst, ich habe also ganz fest gestanden, und ich fühlte mich sehr wohl durch die Wärme rundherum um den ganzen Körper und habe sogar meine Stimme verändert mit diesem Summton, einmal tief und einmal hoch, habe ich also gewagt, meine Stimme zu benutzen, nicht nur auf einem Ton, sondern sie richtig auszuprobieren. Und das ging durch den ganzen Körper bis hin zu Fuß und Fingerspitzen, und ich hatte also keine Angst und keine Scheu davor und das ist eigentlich für mich recht positiv. Und dass ich jetzt auch in meinem Körper nicht mehr diese Zweiteilung spüre, die ich früher hatte, dass ich die linke Seite mehr spüre und die rechte weniger, das ist jetzt praktisch – ja praktisch alles eins geworden.«

Die Patientin hat offenbar Angst und Zweiteilung besiegt – aber wodurch? Die Antwort liegt auf der Ebene der Beziehung, d. h. auf der Übertragungs-Gegenübertragungsebene. Die Patientin konnte dem therapeutischen Interesse an ihrem Körpererleben und der therapeutischen Führung durch ihren Körper in mutigen kleinen Erprobungsschritten »folgen«. Wir gehen in der analytischen Körperpsychotherapie davon aus, dass die Patientin in solchen Situationen die Person des Therapeuten als das gegenteilige Muster ihrer anorektogenen Mutter erlebt, gewissermaßen als sensibles und passendes Einschwingen auf ihre in dieser frühen Entwicklungsphase noch sehr an die körperlichen Rhythmen gebundenen Ängste und Bedürfnisse und dass diese Diskrepanzerfahrung als entscheidender Wirkfaktor auf der Schiene der kindlichen Neugier entsprechende Entwicklungsschritte ermöglicht.

Wir hatten die strukturellen Defekte des Körpererlebens in der Mittelphase der Therapie aufgedeckt und wenden uns nun auf der »zweiten Schiene« des therapeutischen Verlaufs der Frage zu, wie in Bezug auf die selbstzerstörerische Aggression unserer Anorexie-Patientinnen therapeutisch angesetzt werden muss, um eine Entwicklung in Richtung eines gesünderen Umgangs mit dieser Aggression zu bahnen. Hierzu blicken wir wieder zurück zu unserer Beispielspatientin. Sie hat jetzt in der Mittelphase der Therapie einen BMI von etwa 14 erreicht. Am Anfang einer Stunde der Körperpsychotherapie berichtet die Patientin, dass sie aufgeben und abreisen wolle, denn sie schaffe es ja sowieso nicht. Die Patientin wirkt dabei irgendwie gequält, kann aber ihre Befindlichkeit nicht differenzierter benennen. In der Körperwahrnehmung wird dann unter anderem mit der Vorstellung des eigenen Spiegelbildes gearbeitet und mit einer Zeichnung dieses vorgestellten Bildes abgeschlossen. Unsere Patientin zeichnet sich wie folgt:

Der Gruppe fällt sofort auf, dass sich die Patientin zum ersten Mal mit Gesicht gezeichnet hat. Die Patientin jedoch sagt sofort, dass sie ihren Körper unerträglich finde. Auf die Nachfrage, was sie denn an ihrem Körper so unerträglich finde, schildert die Patientin, ihr Bauch sei so eklig aufgebläht, auch ihre Wangen seien eklig und unerträglich und dies habe sie auch in ihrer Zeichnung darstellen wollen. Andere Gruppenmitglieder weisen noch einmal auf das Gesicht hin, das doch gar keinen so ekligen Eindruck mache, und der Therapeut ergänzt: »Ja, ein Gesicht mit Lebendigkeit!«

In der weiteren Bearbeitung durch die Gruppe wird der therapeutische Dialog auf folgenden zwei Ebenen gefördert:
➤ Zum einen wird die Patientin

Abbildung 13

immer wieder dazu ermuntert, konkret und differenziert zu schildern, was sie denn an ihrem Körper so eklig und unerträglich findet. Das Diffus-Unerträgliche wird konkret auf einen Körperbereich oder auf ein Körperteil bezogen, der Ekel wird schrittweise immer besser besprechbar, erhält dadurch sprachlich gewissermaßen ein konkretes Gesicht.

➤ Zum anderen kann dann auf die angesprochenen Körperbereiche im Einzelnen eingegangen werden. So sind z. B. dicke Wangen nichts Schlimmes, sondern gehören als Pausbäckchen zur gesunden Entwicklung eines Kindes. Aus dicken Wangen, die die Patientin eklig findet, werden so im Gruppenverlauf gesunde Pausbäckchen, über die die anderen Patientinnen teilweise sogar schon etwas neidisch sprechen können und über die sich der Gruppenleiter freut. Die Patientin reagiert im Gruppenverlauf zunehmend erstaunt und verwundert über die Einfälle von Gruppe und Gruppenleiter.

Wir sehen in dieser Beispielsstunde, wie die tiefsitzende Ablehnung des eigenen Körper unserer Patientin aufgedeckt, zur Sprache gebracht und damit der therapeutische Prozess der schrittweisen Selbstakzeptanz angestoßen bzw. forciert wird. Die geschilderte Beispielsstunde ist natürlich nur der erste Schritt auf diesem Weg, die Verunsicherung durch Erstaunen und Sich-Wundern ist hierzu der Einstieg. In der Regel brauchen die Patientinnen, vergleichbar mit der Überwindung der anorektischen Angst, eine Entwicklung bis zu einem Gewichtsniveau von mindestens BMI 16, um einen ersten Ansatz von »ekelfreier Wahrnehmung« des eigenen Körpers erreichen zu können, was sich dann am Ende der therapeutischen Mittelphase allmählich stabilisiert (siehe unten).

Der Weg der »therapeutischen Umarbeitung« von autodestruktivem Ekel und Selbsthass in eine progressiv-aggressiv zupackende Selbstbehauptung lässt sich am besten anhand von Beispielsträumen aufzeigen. Eine Patientin berichtet bei einem BMI von 14 ihren ersten Körpertraum:

»Ich arbeite in einer Fabrik und muss am Fließband Schaufensterpuppen Arme und Beine einsetzen.«

Dies ist ein kurzer Traum ohne viel Aktionen, aber sicher ein eindrucksvolles Bild dafür, welche Leblosigkeit zum Ausdruck kommt, wenn »sich ein anorektisches Ich an die Arbeit macht«: Es erscheinen leblose, unvollständige Figuren ohne Bewegungs- und Handlungsinstrumente und ein stumpfsinniges »Fließbandbemühen« der Träumerin. Diese Leblosigkeit ist natürlich als eine schwer pathologisch geprägte Selbstsicht einzuordnen, dennoch markiert sie bzw. die entsprechende Interaktionssequenz den Beginn des therapeutischen

Rekonstruktionsprozesses: Die Patientin setzt Körper zusammen, d.h. sie bildet in diesem Traum gewissermaßen den therapeutischen Weg ab, den die analytische Körperpsychotherapie entwickeln will, nämlich der Patientin zu helfen, sich ein neues, gesünderes Körperbild zu erarbeiten. In diesem Beispiel ist das selbstzerstörerische Aggressionspotential der Patientin noch hinter der Leblosigkeit des Traumbildes versteckt, zumeist kommt es jedoch in den ersten Körperträumen auf diesem Gewichtsniveau von etwa BMI 14 in Bildern zum Ausdruck, die in ihrer massiven, manchmal geradezu grellen Pathologie imponieren. Eine Patientin berichtet als Reaktion auf einen Therapiestunde, in der unter anderem mit der Vorstellung des eigenen Spiegelbildes gearbeitet wurde, folgenden Traum:

»Ein Schulkamerad und einige Bekannte versuchten vergebens, aus Schnee einen Schneemann zu bauen, der Schnee haftete nicht. Ich hatte keine Schwierigkeiten, und er verwandelte sich zu einem Frauenkopf. Ich erstarrte, denn was mich da anschaute, war ich selbst, aber alles in mir sträubte sich gegen das Gesicht: verhärmte Gesichtszüge, grell überschminkt, überhaupt viel Farbe, hellblondes, gefärbtes Haar, quasi alles unecht, eine Maske!«

Hier versucht die Träumerin, ein inneres Bild ihrer körperlichen Identität herzustellen. Es gelingt auch weitgehend, der Schnee hält zusammen, aber das Material ist leblos und kalt: ein Körper aus Schnee! Nur der Kopf als maskenhaftes Abbild verrät die Identität dieses Schneekopfs, nämlich das eigene Gesicht der Träumerin. Das Bemühen um die eigene körperliche Identität ergibt auch in diesem Beispiel ein erschreckendes Bild von Kälte, Leblosigkeit und maskenhafter Leere. Die selbstzerstörerische Pathologie der Magersucht, Ekel und Selbsthass, kommen darin in voller Wucht zum Ausdruck, aber auch hier können wir den gleichen therapeutischen Ansatz entdecken: Die Patientin reagiert auf die Wahrnehmungsaufgaben der Körpertherapie und versucht aktiv, einen Schneemann, d.h. eine ganzheitliche Vorstellung ihres eigenen Körper zu erstellen. Die Provokation ist also gelungen, diesen Ansatz gilt es nun im weiteren Verlauf auszubauen.

Körperwahrnehmung provoziert eine aktive Suchbewegung und diese wiederum fördert als Erstes, was naturgemäß nicht anders zu erwarten war, eine massive autodestruktive Pathologie zutage. Wie lässt sich nun die Entwicklung in Richtung einer gesunden Aggression bahnen und gestalten? Wir wollen dies anhand zweier Körperträume aufzeigen, die sich mit dem Thema der Hände beschäftigen. Mit unseren Händen können wir unter anderem auch schlagen, zupacken oder abwehren. Sie eignen sich also bestens für das Thema Aggression. Außerdem wissen wir, dass Anorexie-Patientinnen ihre Hände bei Zeichnungen ihres eigenen Körpers oftmals weglassen, sie manchmal gar nicht oder nicht zu ihrem Körper gehörig wahrnehmen (vgl. hierzu Downing 1996, S. 121f.). Hände sind deshalb auch in den Körperträumen der Anorexie-Patientinnen von besonderer Bedeutung. Eine Patientin bei einem BMI von etwas über 14, auch in der Mittelphase der Therapie, berichtet nach einer Stunde Wahrnehmungsarbeit mit Händen und Armen folgenden ersten Körpertraum:

»Ich sah meine beiden Hände und vor mir liegend nochmals meine rechte Hand. Aber ohne einen Tropfen Blut, schneeweiß, und ich war dabei, mit Messer und Gabel diese zu zerteilen, was ich aber nicht schaffte, weil das Messer nicht scharf genug war.«

Die Träumerin versucht, ihre rechte Hand mit Messer und Gabel zu zerschneiden, um sie offenbar auch zu essen. Positiv ist hier wiederum dieser aktive Impuls der Patientin zu werten, sich ihre eigene Hand gleichsam aneignen zu wollen, aber eben auf einem schwer pathologisch verzerrten Identifikationsniveau: Ein Teil des eigenen Körpers wird offenbar in plastisch-bildlicher Weise mit Nahrung gleichgesetzt, autodestruktiv zerstückelt, um dann im Rahmen einer kannibalistischen Inkorporationsfantasie einverleibt zu werden. Wir sehen, welche pathologischen Verformungen der Triebstruktur bzw. der Selbst- und Objektrepräsentanzen dem »Handerwerb« im Wege stehen und ihn in Richtung Selbstvernichtung bahnen. Etwa vier Wochen später ist die Patientin schon einen entscheidenden Schritt weiter gekommen. Auf einem Gewichtsniveau von BMI 16,5 träumt sie wieder von ihren Händen:

»Ich fühle mich einer Gruppe gegenüber, wahrscheinlich ist es meine Therapiegruppe. Ich sehe aber nur sehr viele Hände, die auf mich zukommen und mich bedrohen. Meine eigenen Hände habe ich dabei aber auf dem Rücken verknotet. Dann erfolgt ein Szenenwechsel im Traum: Schwester E. (eine ältere, mütterlich wirkende Schwester) spricht mit mir und zeigt mir einen Raum, in dem viele Hände wären. Ich gehe in diesen Raum, dort sind tatsächlich viele Hände ausgestellt: Hände von Erwachsenen, von Kindern, Frauenhände, Männerhände usw. und auch ein Paar Fäuste. Als ich das Paar Fäuste sehe, schreie ich voller Wut: ›Wem gehören diese Fäuste?‹ Ich verlasse dann wieder diesen Raum, ohne mir ein Paar Hände auszusuchen. Meine Hände sind dabei immer noch auf dem Rücken verknotet. Draußen spreche ich mit der Schwester: ›Ich nehme mir keine Hände, ich habe selber welche!‹ Darauf antwortet die Schwester: ›Ja, dann müssen Sie aber erst den Knoten lösen!‹ Dann wache ich auf.«

Die Patientin träumt von vielen Händen. Als Teil des eigenen Selbst sind sie auf ihrem Rücken verknotet, abgespalten außerhalb des eigenen Selbst werden sie in bedrohlicher Form der Therapiegruppe zugeschrieben oder gleichsam als Sortiment wahrgenommen, das ihr von einer Mutterfigur angeboten wird, wobei ein Paar Fäuste als aggressiv aufgeladenes Symbol aus dieser Auswahl besonders hervorsticht. Die Träumerin fragt voller Wut nach dem Besitzer dieser Fäuste, d. h. der emotionale Zug, gewissermaßen das Streben des Ichs in diesem Traum, geht eindeutig in Richtung einer aggressiv aufgeladenen Auseinandersetzung um den Erwerb und den Besitz dieser Teile des eigenen Selbst. Dieser integrative Zug wird besonders in der Beziehung der Träumerin zur Mutterfigur des Traumes sichtbar. In der Beziehung zur Mutter, aber auch gleichsam aggressiv-abgrenzend gegen die Mutter, schafft die Träumerin eine Identitätsdeklaration bzw. eine Art »Unabhängigkeitserklärung« im Sinne einer aggressiv-gesunden Selbstbehauptung: »Ich nehme mir keine Hände, ich habe selber welche!« Die aggressiv-identifikatorische Auseinandersetzung, in unserem Traumbeispiel projektiv auf eine Schwester übertragen, ist die Schiene, auf der die präödipalen Identifizierungsmuster, im Traumbeispiel als »autokannibalistische« Inkorporationsfantasie, schrittweise überwunden werden.

In behandlungstechnischer Hinsicht wird in der Mittelphase die Bandbreite der Interventionen schrittweise erweitert. So wird die Körperwahrnehmung in Ruhe durch Aufgabenstellungen ergänzt, die zunehmend Bewegung, Anstrengung und Kraft sowie schließlich auch die Interaktion mit anderen Gruppenmitgliedern mit einbeziehen. Dabei bleibt die Bearbeitung der Träume immer eng mit der jeweiligen Aufgabenstellung in der Körperwahrnehmung verzahnt. Die Hände bei der Bewegung des Öffnens und des Zusammenballens zu Fäusten zu spüren oder mit beiden Händen an einem Tau ziehen und sich so mit anderen Gruppenmitgliedern zu messen, wären zu den Handträumen gute Aufgabenbeispiele. Entscheidend bleibt jedoch die Handhabung der Übertragungs-Gegenübertragungsproblematik. Am Beispiel des Handtraumes mit den Fäusten hatten wir schon die Projektion einer Mutterübertragung auf eine Schwester dargestellt. Für den Umgang mit Projektionsmustern der Abhängigkeit gibt es in dieser therapeutischen Verlaufsphase keine besonderen Beschränkungen mehr. Bei der Bearbeitung der Autoaggression kommt es immer wieder zu äußerst schwierigen Konstellationen der Übertragung-Gegenübertragungsthematik: In der zweiten Therapiephase können Ekel und Selbsthass über weite Strecken des Verlaufs scheinbar sistieren, d. h. was auch immer den Patientinnen in der Körperpsychotherapie angeboten wird, alles wird – wenn überhaupt reagiert wird – als schlimm und ekelhaft wahrgenommen. Für den betreffenden Therapeuten wird dies dann als schier unerträglicher Projektionsdruck spürbar. Damit eröffnet sich aber die gleichsam »tiefstmögliche« Ebene des Gegenübertragungsproblems. Wir müssen als Projektionfiguren in solchen Situationen dazu bereit sein, Ekel und Selbsthass unserer Patientinnen, der zunächst diffus-ungerichtet erscheint, schrittweise immer strukturierter auf uns zu beziehen, als gezielt an uns gerichtet auf uns zu nehmen, und dennoch geduldig, einfühlsam, aber auch sehr konsequent in der therapeutischen Arbeit »am Körper unserer Patientinnen bleiben.« Dies ist für das Gelingen einer Magersuchtstherapie in dieser Verlaufsphase der entscheidende Punkt.

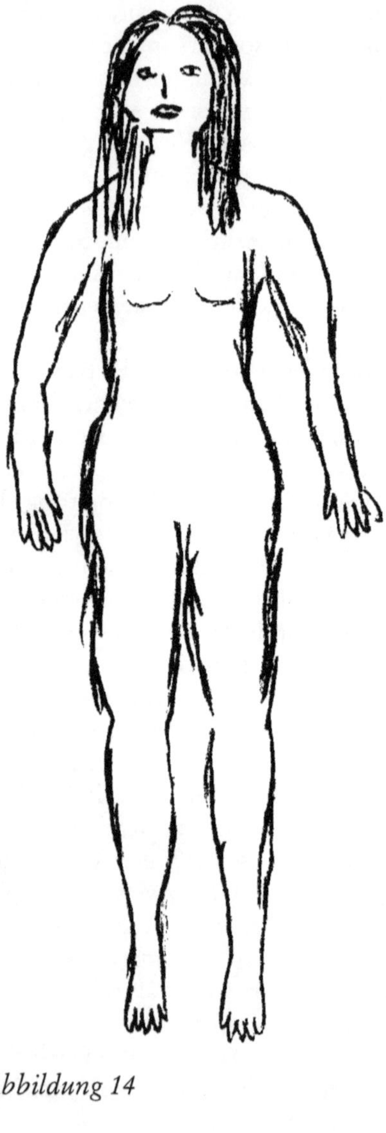

Wie sieht nun das Ergebnis dieser Therapiephase aus? Wir kehren zurück zu unserer Beispielspatientin. Bei einem BMI von etwas über 17 (im Vergleich zur »Pausbäckchen-Zeichnung« eine Gewichtszunahme von 8,6 kg) kommt sie mit einer neuen Frisur, mit einem Halskettchen und einem Armreif als Schmuck in die Gruppenstunde und zeichnet sich wie folgt:

»Es ist so schwer, sich an das Fühlen zu gewöhnen, schwerer als es dauernd zu bekämpfen!« sagt die Patientin sogleich zu ihrer Zeichnung. In der Besprechung reagiert die Gruppe dann sehr bestätigend auf diese Zeichnung. So wird festgestellt, dass die Zeichnung jetzt vollständig ist und dass man ganz klar den Körper einer jungen Frau erkennen kann. Die Patientin selbst bemerkt, dass ihre Arme und Hände und auch ihre Beine und Füße so einfach am Körper herunterhängen. Die Gruppe versteht dies dahingehend, dass Arme und Hände eben noch nicht

Abbildung 14

so an das Zupacken gewöhnt sind und erinnert die Patientin an verschiedene Aussagen über ihre Hände in früheren Gruppenstunden. Die Patientin hatte nämlich wiederholt berichtet, dass sie ihre Hände immer als »so dick« empfinde und dass sie sie noch nie gemocht habe. Der Gruppenleiter ergänzt: »Aber jetzt haben Sie Hände, das ist doch gut!« Zum Abschluss der Besprechung ihrer Zeichnung zögert die Patientin etwas und sagt dann noch, dass sie sich sehr habe anstrengen müssen, um ihrem Becken eine weibliche Form zu verleihen.

Die Zeichnung der Patientin ist vollständig, d.h. inhaltlich und formal ausreichend differenziert und integriert. Das Niveau von Chaos und Fragmentierung, von Angst und Selbstzerstörung, ist überwunden. Für den weiteren Verlauf ist von besonderer Bedeutung, dass die Patientin über ihre Schwierigkeiten spricht, ihr Becken zu zeichnen, was auch in der Strichführung der Zeichnung im Bereich des Beckens und der Oberschenkel zum Ausdruck kommt. Damit ergibt sich erstmals ein Ansatz, das Thema der eigenen Weiblichkeit weiterführend zu bearbeiten.

Dritte Therapiephase (BMI 17–22)

Die dritte Verlaufsphase zum Therapieabschluss ist die Phase der Beziehungsklärung, d.h. die Bearbeitung der intrafamiliären Beziehungskonflikte mit der Frage der psychosexuellen Identität wird jetzt zum zentralen Thema. Die verbalen Therapiemethoden einschließlich Familiengespräche gewinnen mehr an Bedeutung, insgesamt verändert sich so der Zusammenhang zwischen dem Therapieverlauf in der Körperpsychotherapie und der therapeutischen Entwicklung der Patientin, insbesondere unter der Einwirkung der anderen Therapiemethoden, in Richtung eines komplexen, breit gefächerten Therapieprozesses. In der Abschlussphase lässt sich deshalb der Verlauf in der Körperpsychotherapie nicht mehr im gleichen Maße wie in den vorhergehenden Phasen als eine einheitliche Linie, gewissermaßen als ein Strang der gesamten Therapie, herausarbeiten. Es gäbe im Gegenteil eine Vielzahl der verschiedensten therapeutischen Ansätze zu berichten, eine Auswahl bestimmter Themen ist deshalb unumgänglich. In diesem Sinne wird deshalb im Folgenden der zentrale Fokus der psychosexuellen Identität bzw. der zugrunde liegenden Identifizierungsmuster exemplarisch dargestellt.

An erster Stelle ist hier die weitere Bearbeitung der Mutterbeziehung zu nennen. Als Ergebnis der zweiten Therapiephase hatten wir den Ansatz einer identifikatorischen Auseinandersetzung mit der Mutterfigur (siehe 2. Handtraum) festgehalten. Diese Schiene wird nun im weiteren Verlauf differenziert ausgearbeitet. Unser nächstes Traumbeispiel zeigt diese »Annäherung« an die Mutterfigur sehr plastisch auf. Bei einem BMI von etwa 19 und in einer Situation der beginnenden offenen Auseinandersetzung in allen Gruppen träumt die Patientin:

»Ich bin mit meiner Mutter allein in der Kirche. Es kommt zu einem handgreiflichen Streit mit ihr, zu einem richtigen Ringkampf. Ich drücke meine Mutter auf eine Sitzbank nieder. Ich spüre dabei ganz deutlich die Wärme ihres Körpers. Während des Kampfes wache ich auf.«

Dieser Traum ist ein eindrückliches Beispiel dafür, wie es in der analytischen Körperpsychotherapie gelingen kann, den doch jetzt komplexer gewordenen therapeutischen Prozess gewissermaßen auf der Ebene des Körpererlebens zu verankern. So wird in diesem Traum die Auseinandersetzung mit der Mutter gleichsam hautnah-handgreiflich ausgetragen. Von anorektischer Leere oder Kälte ist nichts mehr zu spüren. Die Patientin fantasiert im Traumgeschehen die Körperwärme der Mutter, konstelliert in differenzierter Weise eine Situation, einerseits durch den Ringkampf aggressiv bestimmt, andererseits durch die Nähe der Körperwärme sehnsuchtsvoll aufgeladen. Mit einiger Berechtigung lässt sich aus diesen Aspekten ein ablaufender Identifizierungsprozess ablesen, der wie der Traum selbst gegenwärtig noch nicht abgeschlossen ist. Wie an dieser Stelle in der Körperpsychotherapie ein weiterer Entwicklungsschritt provoziert werden kann, zeigt unser nächstes Beispiel. Eine Patientin berichtet von einem Traum, bei dem sie mit ihrer Mutter in einem Auto gefahren sei. Sie habe das Auto gesteuert, die Mutter auf dem Beifahrersitz, und sie sei aus Wut über die Mutter besonders schnell und riskant gefahren. Die Mutter habe aber nicht reagiert, sondern nur »so leidend« dagesessen. Sie sei deshalb immer schneller gefahren, bis sie aus einer Kurve getragen worden und ins Meer gestürzt seien. Dabei sei sie dann aufgewacht. Auch hier haben wir das Bild einer aggressiv-identifikatorischen Auseinandersetzung mit der Mutter und zwar auf der gleichen Entwicklungsstufe wie der vorherige Traum und ebenso noch ohne Lösung. Nach etwa einer Woche, in der in der Gruppe einerseits mit interaktionellen Angeboten (ein anderes Gruppenmitglied gegen dessen körperlichen Widerstand durch den Raum ziehen oder schieben), andererseits mit Wahrnehmungsaufgaben der Körpergrenze und der eigenen Haut gearbeitet wurde, berichtet die Patientin, dass sich dieser Traum bis zu dieser Stelle fast gleich wiederholt hätte, dann habe sich jedoch ein zweiter Traumteil angeschlossen:

»Das Auto rollte diesmal rückwärts in das Wasser. Ich schrie, sie solle die Handbremse anziehen. Ich kriege eine Riesenwut, weil sie wie erstarrt dasitzt und nichts tut. Da ergreife ich die Initiative, ich befreie mich aus dem Auto und kann auch meine Mutter herausziehen. Ich lege sie am Strand nieder. Sie hat einen einteiligen Samtanzug an. Ich öffne den Reißverschluss, da merke ich plötzlich, das bin ich ja selber, der sich da aus der Haut pellt.«

Die aggressive Auseinandersetzung mit einer depressiv erlebten Mutter (leidend dasitzen und nichts tun) und die Rettung der bedrohten Mutterfigur durch eigenes Zupacken löst den Konflikt (Wut auf die depressive Mutter versus Sehnsucht nach einer stabilen Mutter) in einer Art »dialektischer Identifikationsfigur«: die Träumerin findet sich selbst in der Haut der Mutter. Es handelt sich hierbei zweifellos um ein Identifizierungsmuster auf differenziertem, strukturell hohem Niveau. Die Patientin hatte zu diesem Zeitpunkt bereits ein entsprechendes Gewichtsniveau von BMI 20 erreicht.

Die Akzeptanz der eigenen Weiblichkeit als besonderer Aspekt der Identifikation mit der Mutter kommt psychosomatisch im Wiedereinsetzen der Periodenblutung zum Ausdruck. In der Abschlussphase der stationären Therapie ist in Hinblick auf das erreichte Gewichtsniveau die Grundlage hierfür geschaffen. Auf der psychotherapeutischen Ebene muss der Konflikt zwischen dem Wunsch nach der Periode und Enttäuschung, Wut und Trauer, wenn sie noch auf sich warten lassen, intensiv bearbeitet werden. Auch hierzu kann die analytische Körperpsychotherapie beitragen, spezielle therapeutische Angebote und Interventionen, um die Periode »herbeizutherapieren« gibt es naturgemäß nicht. In manchen Fällen scheint dieses Thema im Hintergrund bestimmter Identifizierungsträume auf. So berichtet beispielsweise unsere Träumerin eine Woche später erneut über einen Traum:

»Ich fahre mit Vater und Mutter wieder im Auto. Wir suchen etwas, finden aber nicht den Weg, der endet immer auf einer Schotterstraße. Auf einmal sehen wir die Straße, die wir suchen. Wir sind aber von der Straße durch eine Brücke, eine wackelige Hängebrücke, getrennt. Mutter und Vater gehen hinüber. ›Seid vorsichtig!‹ rufe ich. Beide fallen ins Wasser, ich fische sie mit einer langen Stange heraus. Mutter versucht es noch einmal und fällt wieder hinein. Diesmal rette ich sie schwimmend. Dann suche ich gemeinsam mit Mutter am Ufer Steine: große, glasklare und rote Steine. Wir zeigen uns sie gegenseitig und freuen uns gemeinsam darüber. Dann wende ich mich ab und gehe über den Steg. Ich gehe ohne Ängste und Schwierigkeiten hinüber. Ich fühle mich wohl. Drüben ist eine schöne Landschaft, blühende Bäume, Frühling.«

In der Besprechung durch die Gruppe wird als erstes der eigenständige Schritt über Hindernisse als besonderer Fortschritt bestätigt. Zu den glasklaren Steinen fällt der Patientin selbst ein, dass man gewöhnlich von glasklaren Erkenntnissen spricht und erinnert sich dann sofort an ein kurz zuvor stattgefundenes Familiengespräch, in dem die Mutter diese sprachliche Formulierung benutzte. Im weiteren Gruppenverlauf wird zunächst dieses

Familiengespräch nachbearbeitet. Zum Abschluss nach den roten Steinen gefragt assoziiert die Patientin ihre erste Menstruationsblutung: »Blutig, klumpig, ich habe sie damals der Mutter gegenüber verheimlicht, aber ich habe mich eigentlich wohl gefühlt dabei, genauso wohl gefühlt wie am Schluss des Traumes.« Auf einem Gewichtniveau von etwas über BMI 21 kam es dann zwei Wochen später zum Wiedereinsetzen der Periodenblutung.

Neben der Identifikation mit der Mutter ist natürlich nach der Bedeutung der Vaterbeziehung zu fragen. Arbeitet man in der analytischen Körperpsychotherapie mit Träumen, so tritt der Vater in der Regel erst auf einem Gewichtsniveau von BMI 17 bis 18 zu Beginn der Abschlussphase als strukturierte Traumfigur in Erscheinung. Hierfür ein Beispiel:

»Im Traum bin ich auf unserem Hof daheim. Vater kommt mit ein paar Bierkästen und sagt, ich soll sie in den Keller tragen. Ich kann aber nicht, ich bin wie erstarrt, ich kann nichts tun und kann mich nicht bewegen. Ich kann aber auch nichts sagen. Mein Bruder kommt dazu. Ich frage, ob er mir helfen kann. Er tut es nicht und geht weg. Vater geht ihm nach und schlägt ihn. Das ist sehr schlimm für mich. Ich habe Angst und wache auf.«

Dies ist ohne Zweifel ein strukturiertes Traumbild, wobei offenbar Vater mit bedrohlicher Aggressivität gleichgesetzt wird. Nimmt man die Aufforderung des Vaters, Bierkästen in den Keller zu tragen, in ihrer libidinösen Bedeutung hinzu, so ist davon auszugehen, dass hier auf die Vaterfigur bezogene Fantasien und Wünsche abgewehrt werden, was sich schließlich in der erstarrten Körperhaltung der Träumerin manifestiert. Hierzu muss man als Zusatzinformation wissen, dass die Träumerin in diesem Traum eines ihrer Symptome darstellt, weswegen sie in die stationäre Behandlung gekommen war. Sie hatte nämlich seit ihrer Kindheit schon immer das Gefühl, sie könne nicht richtig laufen. In der Schule sei sie in Sport die Schlechteste gewesen. Beim Obststehlen sei sie oft als Einzigste erwischt worden, weil sie beim Weglaufen am langsamsten war. Sie fühle sich auch jetzt oftmals wie erstarrt, jede Geh- und Laufbewegung würde ihr Schmerzen bereiten. Wir sehen an diesem Beispiel, wie auf diesem Gewichtsniveau in der Körperpsychotherapie Träume evoziert werden, die den psychodynamischen Hintergrund aufzuklären helfen. In unserem Beispiel dient die körperliche Erstarrung als anorektische Körperempfindung offenbar der Abwehr aggressiver und sexueller Impulse. Dies lässt sich auch in unserem nächsten Traumbeispiel aufzeigen:

»Ich bin mit meinem Vater auf einem Flugplatz. Wir besichtigen ein Sportflugzeug. Mein Vater führt mich außen herum, erklärt mir alles und will mich zum Einsteigen bewegen. Erst nach längerem Zureden besteige ich mit meinem Vater das Flugzeug, und wir fliegen davon. Erst ist es ganz schön, aber dann wird es mir schlecht, und ich muss erbrechen«

Dieses Traumgeschehen spricht für sich; auch hier wird das anorektische Symptom in seiner psychodynamischen Bedeutung klar: Es geht um die Abwehr verführerisch-sexueller Aspekte der Vaterfigur, wobei wir die differenzierte Struktur der Traumfiguren einschließlich deren Verhalten als Beleg dafür werten können, dass wir jetzt in der dritten Phase der Therapie gewissermaßen »auf dem trianguläre-ödipalen Niveau« angelangt sind. Die Identifikation mit dem ödipalen Vater ist natürlich anders gelagert als die Auseinandersetzung mit der Mutter und dem damit untrennbar verbundenen Thema der eigenen Weiblichkeit. In der Körperpsychotherapie vollzieht sie sich eher im Hintergrund, insbesondere wenn eine Therapeutin die Körperpsychotherapie durchführt, tritt aber durchaus auch in körpernahen Aspekten in Erscheinung. Wir erinnern uns an unsere Beispielspatientin. Sie hatte ihre Hände nie gemocht, sie seien immer »so dick« gewesen. In einer ihrer letzten Stunden vor Abschluss der Therapie ging es wieder um das Erleben der eigenen Hände bzw. um die damit verknüpften Vorstellungen und Erinnerungen. Eine andere Patientin sprach über ihre Hände und dass diese so aussähen wie die Hände ihrer Mutter. Unsere Patientin reagierte daraufhin sehr angerührt bei der Betrachtung ihrer Hände: »Bei mir sind es die Hände meines Vaters, ich habe die Hände meines Vaters!« Sie konnte dann ausführlich über ihren Vater und dessen Hände sprechen. Wir sehen, wie in diesem Beispiel die Identifikation mit dem Vater über das Thema der Hände zur Sprache kommt. Das »körperliche Erbe« des Vaters wird hier aufgedeckt und psychotherapeutisch an der Annahme dieser Anteile gearbeitet.

In methodischer Hinsicht ergeben sich auf der Ebene von Übertragung und Gegenübertragung entscheidende Veränderungen. Mit der Bearbeitung von Themen der Latenzzeit und Pubertät (z. B. erste Menstruationsblutung) verschiebt sich der Bezugspunkt der therapeutischen Beziehungsmuster auf ein neues Entwicklungsniveau. Waren unsere Patientinnen zu Beginn der dritten Phase noch die kleinen Mädchen, die mit erwachender kindlicher Wut um die Anerkennung und die Liebe ihrer Eltern kämpften, so befinden sie sich jetzt, »ein paar Kilogramm später«, beispielsweise mit dem Thema der Menstruationsblutung mitten in der Pubertät, d. h. auf einer Gratwanderung zwischen Kindheit und Adoleszenz. Dementsprechend ist die Therapie der Pubertät ein Drahtseilakt, der eine Neueinstellung der Gegenübertragungsmuster im Koordinatensystem von Latenz, Pubertät und Adoleszenz erforderlich werden lässt. Einerseits ist zu gewährleisten, dass die infantilen Anteile in jeglicher Form zugelassen werden und in der therapeutischen Beziehung aufgehoben sind, andererseits muss auf dem Weg zum Erwachsen-werden ein klarer Rahmen zur Überwindung der Kindlichkeit zur Verfügung gestellt werden. Welcher Aspekt in der jeweilig konkreten klinischen Situation zur Geltung gebracht werden muss, erfordert einen hohen Grad an therapeutischer Flexibilität und Mut, die Übertragungs-Gegenübertragungsebene durchaus auch aktiv zu strukturieren, um in dieser Verlaufsphase möglichst optimale Entwicklungsanreize für unsere Patientinnen zu setzen. Wir müssen uns auch in der Körpertherapie spezifisch auf diese Entwicklungsphase einstellen. Die Patientinnen brauchen z.B. beim Thema Menstruationsblutung keine »präödipale Mutterfigur«, sondern Therapeuten, die als »gute Eltern der Pubertät« diese Entwicklungsphase mit ihnen nochmals und diesmal besser durchstehen, um dann ihre Kinder als junge Erwachsene »in das eigene Leben zu entlassen«.

Therapieabschluss

Wir kehren zurück zu unserer Beispielspatientin und einer Zeichnung des eigenen Körpers aus der Abschlussphase ihrer Therapie. Aus Gründen der Anschaulichkeit wurden noch einmal alle Zeichnungen der Patientin in einer Reihe nebeneinander gestellt. Die letzte Zeichnung (in der Reihe rechts) entstand zwei Wochen vor der Entlassung bei einem BMI von etwas über 19 im Anschluss an eine Gruppenstunde mit dem Thema »Wie erlebe ich jetzt meinen Körper?«.

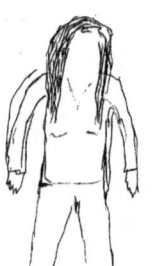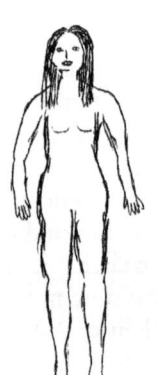

Abbildung 15: BMI = 11; Abbildung 16: BMI = 13; Abbildung 17: BMI = 14; Abbildung 18: BMI = 17; Abbildung 19: BMI = 19

Vergleicht man alle Zeichnungen in der Serie, so kann man als Ergebnis dreierlei festhalten:
➤ Die Abschlusszeichnung ist sowohl formal wie auch inhaltlich ausreichend strukturiert und differenziert, d. h. sie ist einerseits ganzheitlich vollständig und realitätsgerecht in ihren Proportionen, andererseits weist sie ein entsprechende Ausgestaltung der verschiedenen Körperbereiche auf, sodass insgesamt der Eindruck einer sexuellen Differenzierung mit jugendlich-weiblicher Ausstrahlung entsteht. In diesem Sinne wurde die in der Mittelphase erarbeitete Grundlage weiter ausgebaut.
➤ In der Abschlusszeichnung sind keine Anzeichen für Auflösung, Bedrohung, Selbstzerstörung oder andere autoaggressive Aspekte mehr aufzufinden. Auch unter diesem Gesichtspunkt erweist sich die Grundlage der Mittelphase als ausreichend stabil. Klinisch gesehen heißt das, wir haben keinen Anhalt mehr für anorektische Fantasien, Ängste und Mechanismen.
➤ Im Vergleich zur Zeichnung zum Abschluss der Mittelphase (unter BMI 17) hängen Schultern, Arme, Beine und Füße nicht mehr in der Luft, sondern die ganze Figur steht fest und ausdrucksvoll auf dem Boden. Wir werten die Zeichnung zum Therapieabschluss als Beleg, dass es der Patientin in dieser Phase gelungen ist, die anorektische Leblosigkeit entscheidend zu überwinden. In der Dynamik des Stehens kommen Energie und gewachsenes Selbstbewusstsein zum Ausdruck.

Im Abschlussgespräch wird der Patientin die ganze Serie vorgelegt und die gesamte Entwicklung besprochen. Da die Patientinnen dabei zumeist unter einer enormen Erwartungsspannung in Bezug auf die Situation daheim stehen, sind diese Gespräche im Sinne einer stabilisierenden Ausrichtung durchzuführen. Einzelheiten und große Zusammenhänge sind dabei nicht von großer Bedeutung. Entscheidend ist, ob es auf der Übertragungs-Gegenübertragungsebene gelingt, die Patientin wirklich loszulassen. In diesem Sinne ist es auch unerlässlich, die Patientinnen nochmals auf die ambulante Weiterbehandlung vorzubereiten. In der Praxis hat es sich als sinnvoll erwiesen, mit der Patientin klare Absprachen bezüglich der Weiterbehandlung zu treffen. Diese Vereinbarungen müssen natürlich mit den ambulanten Weiterbehandlern (einschließlich Hausarzt) abgesprochen bzw. kommuniziert werden. In diesem Rahmen wird eine Gewichtsgrenze vereinbart, die die relative Notwendigkeit der Wiedereinweisung für eine Art »refreshing« anzeigt, sowie eine zweite Gewichtsgrenze mitgegeben, die die absolute Notwendigkeit der Wiedereinweisung zur Verhinderung eines Rückfalls markiert. So kann im weiteren Verlauf in einem Zeitraum von drei bis fünf Jahren in einem abgesicherten Schwankungsbereich des Gewichts jeweils die stationäre oder ambulante Behandlung zum Einsatz gebracht werden und die Weiterbehandlung so individuell nach den Erfordernissen des einzelnen Falles gesteuert und ausgestaltet werden.

Literatur

Downing, G. (1996): Körper und Wort in der Psychotherapie. Kösel (München).
Downing, G. (2002): Zur Behandlung von Essstörungen. Psychoanalyse & Körper 1, 9–35.
Garner, D. M. (1995): Measurement of eating disorder psychopathology. In: Brownell, K. D. & Fairburn, C. G. (Hg.): Eating disorders and obesity: a comprehensive Handbook. New York (Guilford), S. 117–121.
Herzog, T. & Zeeck, A. (1997): Die stationäre psychodynamisch orientierte Therapie bei Bulimie und Anorexie. In: Reich, G. & Cierpka, M. (Hg.): Psychotherapie der Eßstörungen. Stuttgart (Thieme).
Jannsen, P. L. (2004): Berufsgruppen- und methodenintegrierende Teamarbeit in der stationären psychodynamischen Psychotherapie. Psychotherapeut 49, 217–226.
Kohut, H. (1979): Die Heilung des Selbst. Frankfurt/Main (Suhrkamp).
Maaser, R. (2007): Analytische Körperpsychotherapie der Anorexia Nervosa. In: Heisterkamp, G. & Geißler, P. (Hg.): Psychoanalyse der Lebensbewegungen, z. Zt. im Druck.
Maaser, R.; Besuden, F.; Bleichner, F. & Schütz, R. (1994): Theorie und Methode der körperbezogenen Psychotherapie. Stuttgart (Kohlhammer).
Reich, G. (1997): Psychodynamische Aspekte der Bulimie und Anorexie. In: Reich, G. & Cierpka, M. (Hg.): Psychotherapie der Essstörungen. Stuttgart (Thieme).
Rosen, J. C. (1996): Body image assessment and treatment in controlled studies of eating disorders. Int J Eating Disord 20, 331–343.
Sack, M.; Henninger, S. & Lamprecht, F. (2002): Veränderungen von Körperbild und Körpererleben bei essgestörten und nichtessgestörten Patienten im Verlauf einer stationären Psychotherapie. Psychother Psych Med 52, 64–69.
Thomä, H. (1961): Anorexia Nervosa. Geschichte, Klinik und Theorien der Pubertätsmagersucht. Stuttgart (Klett).
Zeeck, A.; Hartmann, A.; Wetzler-Burmeister, E. & Wirsching, M. (2006): Zum Vergleich stationärer und tagesklinischer Behandlung der Anorexie Nervosa. Z Psychosom Med Psychother 52, 190–203.

Funktionelle Entspannung bei Patientinnen mit Anorexia Nervosa

Angela von Arnim

Warum körperbezogene Psychotherapie bei Anorexie?

S. Krietsch schrieb in einer Publikation der Arbeitsgemeinschaft der Funktionellen Entspannung (A.F.E. intern 16–1993):
»Das Gefühl, Halt zu haben, entsteht über das Gehaltenwerden im Säuglingsalter. Je sicherer, liebevoller, wärmer ein Kind gehalten wird, umso selbstverständlicher wird das Gefühl von Halt verinnerlicht.«
Winnicott schreibt in seinem Aufsatz »Angst gepaart mit Unsicherheit«:
»Wir sind hier sehr wohl bekannten Beobachtungen nahe, dass die früheste Angst mit dem Gefühl zusammenhängt, unsicher gehalten zu werden.«
[...]
Wenn ich also in einem therapeutischen Prozess den Halt und die Haltung erarbeite, geht es nicht nur um den Halt von außen, den Boden, und um den Halt von innen, Wirbelsäule und das ganze Skelett, sondern auch um die Haut, die als Hülle den ganzen Körper zusammenhält.
Ich möchte hier nochmal ein Zitat von Winnicott bringen aus demselben Aufsatz »Angst gepaart mit Unsicherheit«:
»Wenn der Säugling krabbeln und später gehen lernt, übernimmt der Boden immer mehr die stützende Funktion der Mutter«.
Zur Begründung der Wirksamkeit der körperbezogenen Psychotherapie sei am Anfang dieses Beitrags kurz an die Ergebnisse der empirischen Säuglings- und Kleinkindforschung erinnert, da der Anteil innerhalb der Pathogenesefaktoren der Anorexie, der in den entgleisten frühen Dialogen begründet ist, heute deutlicher gesehen wird (s. Falldarstellung am Ende des Beitrags). Schon Freud hatte betont, das Ich sei zuerst und vor allem ein körperliches (1923). Die Säuglingsforschung hat empirisch belegt, wie eng die Verbindung von körperlichen und seelischen Vorgängen von Beginn des Lebens an ist.

Bewegungen, Haltungen, Berührungen sind im frühen Lebensalter nicht von der Haltung der Pflegeperson und der Beziehungen zu Mutter, Vater und später der weiteren Familie zu trennen.

Wir wissen durch die Untersuchungen der Säuglingsforscher heute viel über die rasch abgestimmte Folge von aufeinander abgestimmten Bewegungen, in denen sich die Beziehung zwischen Säugling und Pflegeperson äußert. Es ist eine Form von »Mikroaktivität« (Krause 1983), die Stern (1992) mit einem »Tanz« zwischen Mutter und Kind verglich, dessen »Choreografie« sich in Bruchteilen von Sekunden abspielt. Damit sind Bewegung, Berührung, Halten, Stützen sehr grundlegende, in die erste Beziehung eingebundene Phänomene, die in der ersten Lebensphase in einer für das Empfinden des Säuglings sehr langen Zeitspanne als basale Erlebnisspuren im Gedächtnis niedergelegt sind, noch bevor sie sprachlich benannt werden können.

Aber nicht nur diese frühen Erlebnisse beeinflussen das Körpererleben. Auch belastende emotionale Einflüsse, die sich häufig wiederholen, oder auch einmalige traumatische, reizüberflutende Eindrücke werden auch in der weiteren Entwicklung immer von körperlichen Veränderungen im vegetativen System und der willkürlichen Muskulatur begleitet. Passiv erlittene unlustbetonte Situationen führen zu negativen Erwartungen und in Zusammenhang damit zu häufig unbewussten entsprechenden Körperhaltungen oder auch körperlich-vegetativen Reaktionsbereitschaften. Diese körperlichen Haltungen tragen auch zum Weiterbestehen der psychischen Fehlhaltungen bei.

Die überwiegend in der präverbalen, d. h. vorsprachlichen Phase verursachten Dispositionen und Fehlhaltungen, die in ihrer Bedeutung für die Entstehung von Essstörungen zunehmend gewürdigt werden, legen nahe, über körperbezogene Psychotherapieverfahren einen Zugang zu noch nicht sprachlich codierten Erlebnissen zu finden, die damit dem sprachlichen Ausdruck und Austausch zugänglicher gemacht werden können.

Jede körperbezogene Psychotherapie bezieht daher das Erleben des eigenen Körpers aktiv in den psychotherapeutischen Prozess mit ein. Unter anderem durch Atmung, Bewegung, Berührung, Körperhaltung und verbalen Austausch können körperbezogene Methoden sowohl zu einer Art »Umstimmung« eingefahrener vegetativer und motorischer Fehlhaltungen führen, als auch die mit diesen Phänomenen eng verbundenen emotionalen und kognitiven Abläufe anregen und bewusster erleben lassen. Damit fördern sie, in Verbindung mit der Verbalisierung und innerhalb des Beziehungsfeldes zum Therapeuten, das Erleben, die Veränderung und Integration bisher unintegrierter Anteile der Persönlichkeit. Dadurch verändert sich auch allmählich das Bild vom eigenen Körper, wie Untersuchungen an der Universität Erlangen zum Körperbild, als Basis des eigenen Selbstbildes, zeigen (v. Arnim et al. 2002) – ein Thema, das für Patientinnen mit Essstörungen eine besonders wichtige Bedeutung hat.

Zur Methode Funktionelle Entspannung

Entwicklung der Methode

Die Funktionelle Entspannung (FE) kann zu den körperbezogenen Psychotherapiemethoden gezählt werden. Die Entwicklung der Methode ist eng mit dem Namen ihrer Begründerin, der heute fast 100-jährigen Bewegungstherapeutin Marianne Fuchs, verbunden. Sie schreibt dazu:

»*Im Mittelpunkt der Funktionellen Entspannung steht der Leib, mit dem der Mensch sich und die Welt erlebt und mit dem er sich in der Welt verhält. Am Atemrhythmus, in seinem Bewegtsein und Sich-Bewegen-Lassen stellt sich der Leib am deutlichsten dar. Dementsprechend ist die Entspannung des Zwerchfells, mit dem Ziel, den Eigenrhythmus zu finden, zu entwickeln und zu stärken, das zentrale Anliegen der Methode.*«

Die Wurzeln dieser Methode liegen u. a. in der Jugend-und Reformbewegung der 20er-Jahre. Fuchs:

»*Unser Menschenbild war früh bestimmt von der Suche nach Wahrheit im Sinne der Entsprechung von Gegensätzlichem.*«

1926 entschied sich Marianne Fuchs für eine Ausbildung zur Gymnastiklehrerin, heute am ehesten gleichzusetzen mit dem Beruf einer Bewegungstherapeutin mit heilpädagogischer Zusatzausbildung. Sie begann an der Güntherschule in München, die 1924 von der Gymnastiklehrerin Bess Mensendieck, mit Carl Orff als musikalischem Leiter, gegründet worden war. Gelehrt wurde eine physiologisch-funktionelle Gymnastik mit rhythmischen Elementen, wobei die Lehrerin von Marianne Fuchs, Thekla Malmberg, ebenso wie die Leiterin der Schule zu den Pionierinnen körperorientierter Ansätze gehörte, die eine Verbindung von physiologischer Funktion und körperlichem Ausdruck mit musikalischen Elementen bis hin zur sprachlichen Symbolisierung suchten. Einflüsse kamen auch aus der psychoanalytischen Bewegung. Fuchs:

»*Das Unbewusste gehörte zum stimmenden Ansatz der Bewegung. Wir wollten aus der Tiefendimension gestalten, wie Mary Wigman im Tanz.*«

Nach Abschluss ihrer Ausbildung ging M. Fuchs 1928 nach Marburg und arbeitete dort in eigener Praxis und als freie Mitarbeiterin der dortigen Universitätsklinik. 1936 zog sie mit ihrem Mann nach Heidelberg um, wo sie, nach der Geburt von drei Kindern, von 1946 an als Mitarbeiterin der Medizinischen Universitätsklinik (Leiter Prof. Siebeck) tätig war. Dort entwickelte sie, in enger Zusammenarbeit mit ihm und Viktor v. Weizsäcker, einem der Begründer der psychosomatischen Medizin in Deutschland, auf dem Hintergrund der dortigen anthropologischen Medizin, die Methode der Funktionellen Entspannung.

Theoretischer Hintergrund

Der theoretische Hintergrund des therapeutischen Zugangsweges der FE kann wie folgt beschrieben werden: Die Funktionelle Entspannung gehört zu den tiefenpsychologisch fundierten körperbezogenen Psychotherapiemethoden, d. h. sie bezieht das unbewusste körperlich–seelische Erleben ein. Sie bezieht sich dabei auf die anthropologische Medizin V. v. Weizsäckers, die Tiefenpsychologie, die psychoanalytische Säuglingsforschung und die Ergebnisse der Arbeitsgruppe »Subjektive Anatomie« (Uexküll et al. 1997).

In der anthropologischen Medizin wird in der Lehre vom Gestaltkreis die Einheit von Wahrnehmen und Bewegen betont, das bipersonale sowie das Kohärenzprinzip, was kompatibel ist zum Begriff der Übertragung und Gegenübertragung des tiefenpsychologischen Beziehungsmodells. Dies umfasst auch die Vorstellung vom Leib als der tiefsten Schicht des Unbewussten.

Die frühen, vorsprachlichen Lebenserfahrungen des Menschen, wie sie von den empirischen Säuglingsforschern beschrieben werden, können nach der Erfahrung der FE im Körpererleben wiederbelebt werden. Durch die therapeutische Arbeit an der körperlichen (propriozeptiven) Eigenwahrnehmung werden frühe Motivationssysteme (Lichtenberg 1991) anhand der Erlebnisse mit den verschiedenen Körpersystemen (s. u.) neu entdeckt und weiterentwickelt. Im Sinne von korrigierenden basalen Körpererfahrungen können frühe Selbstgefühle des Kernselbst (Stern 1985) wieder auftauchen und für die weitere Selbstentwicklung des Patienten genutzt werden.

Behandlungsablauf

Die Methode fokussiert die körperliche Eigenwahrnehmung des Patienten durch sog. »verbale Angebote« innerhalb des therapeutischen Dialogs, die

sich auf verschiedene *körperliche Bezugssysteme* erstrecken. Diese Systeme sind:
➤ der Bezug zum Boden als »äußerer Halt«,
➤ das Skelettsystem als »Gerüst« oder »innerer Halt«,
➤ die Haut als »Grenze«,
➤ die Körperhöhlen als »innere Räume«.

Als weiteres System ist der körpereigene *Rhythmus* zu sehen, der besonders am autonomen Atemrhythmus beim Vorgang des sog. »Loslassens«, d. h. eines begrenzten Entspannungsvorgangs, wahrnehmbar ist.

Diese Körpersysteme und -vorgänge werden in der FE als wieder zu entdeckende Ressourcen verstanden, die die vorherige ausschließliche Bezogenheit dieser Patienten auf ihre Beschwerden abmildern und neue Wahrnehmungsmöglichkeiten entwickeln helfen. Das Vorgehen in der FE ist lösungszentriert und ermöglicht in ständigem Wechsel zwischen Unbewusstem und Bewusstem ein individuelles und situationsspezifisches Zusammenwirken der somatischen, psychischen und sozialen Ebene.

Dazu tragen als zentrales methodisches Element die »Spielregeln der FE« bei, die den körperbezogenen Dialog des Patienten an den unbewussten Atemrhythmus koppeln helfen. Sie dienen außerdem der Ermöglichung eines kreativen »Spielraums (Winnicott), in dem der Patient im Sinne von »Alleinsein in Anwesenheit eines anderen« mit sich umzugehen lernt und das basale Selbstempfinden (Stern) eines »Körperselbst« gefördert wird.

Wirkungsweise

Obwohl Körpertherapie in etwa 50% und Körperpsychotherapie im engeren Sinne in etwa 10% der psychiatrischen und psychosomatischen Kliniken neben den etablierten Richtlinienverfahren, d. h. tiefenpsycholgisch oder verhaltenstherapeutisch orientierten Methoden, durchgeführt wird (Andritzky 1996) und auch im englischsprachigen Ausland eine relativ weite Verbreitung genießt – Boadella (1997) verweist auf 5 000 Kasuistiken –, ist die »Datenlage«, wenn man sich an dem derzeitigen Standard der Psychotherapieforschung orientiert, jedoch insgesamt noch als unzureichend einzustufen.

Die Methode der Funktionellen Entspannung wurde bisher in mehreren empirischen Therapiestudien an den Universitäten Erlangen und Regensburg (Sokoliuk/Loew 2003) mit Erfolg auf ihre Wirksamkeit hin überprüft. Generelle Wirksamkeitsnachweise eher physiologischer Art finden sich in den Untersuchungen (Loew et al. 1993) an der Universität Erlangen bzgl. der Änderung von mitarbeitsunabhängigen Lungenfunktions-Parametern bei der Behandlung von Asthmapatienten mit Funktioneller Entspannung.

Anwendungsbereiche

Die Indikationsgebiete für die Methode sind alle Krankheitsbilder, die u.a. mit einer körperlichen Symptomatik einhergehen, z.B. somatoforme Störungen, Erkrankungen mit Organschädigung, aber auch Angst und Depression sowie Essstörungen. Darüber hinaus ist die FE auch in der Prävention, z.B. in der Beratungstätigkeit oder Geburtsvorbereitung und im pädagogischen Bereich, anwendbar.

Körperbild-Behandlung der Anorexia Nervosa mit Funktioneller Entspannung

Untersuchungen zu Körperbildstörungen bei Essstörungen in der Psychosomatik

Körperbildstörungen sind bislang vor allem an Patienten mit Essstörungen gemessen und untersucht worden. Bei anderen psychosomatischen Erkrankungen liegen nur wenige Studien vor. Es besteht bei Essstörungen ein Zusammenhang zwischen der Real-Ideal-Selbst-Diskrepanz und dem negativen Selbstbild sowie dem daraus entstehenden negativen Körperbild (Cash/Deagle 1997). Dieses negative Selbstbild, und in Folge dessen eine negative Einstellung zum eigenen Körper, findet sich auch bei anderen Störungsbildern, z.B. bei chronischen Schmerzpatienten.

In einer Studie von Löwe & Clement (1998) konnte gezeigt werden, dass z.B. bei somatoformen Störungen eine mittelschwere Störung im Körperbild vorliegt. Die Autoren verglichen das Körperbild von Patienten mit somatoformen Schmerzstörungen

a) mit Patienten, die andere psychische Störungen mit Körperbildstörungen haben (Anorexia Nervosa, Transsexualismus),
b) mit Patienten, die andere psychische Störungen ohne primäre Körperbildstörungen haben (Angststörungen, depressive Störungen) und
c) mit einer nicht-klinischen Kontrollgruppe.

Es konnte gezeigt werden, dass Patienten mit einer somatoformen Schmerzstörung ein Körperbild haben, »das sich in seinen wertenden und dynamischen Aspekten einerseits deutlich von einem ungestörten Körpererleben und andererseits dem schwerer gestörten Körperbild von anorektischen Patienten unterscheidet und das am ehesten einem depressiven Körpererleben entspricht« (Löwe/Clement 1998).

Die **Körperwahrnehmungs-Forschung** wird vor allem beherrscht von der Diagnostik der Körperschemastörungen von Patientinnen mit Anorexia Nervosa. Sie erreichte von 1970 bis 1985 großes klinisches Interesse, in den 90er-Jahren erfolgte durch die Entwicklung von technischen Erhebungsinstrumenten eine Renaissance (Thompson/Smolak 2001). Die Akkuratheit der Körpermaße als Zielkriterium wurde angestoßen durch die Studien von Slade und Russell (1973) als eine der meisten untersuchten Körperbilddimensionen. Verschiedene Apparaturen wurden konstruiert, Videokonfrontationen mit verzerrten Aufnahmen des Körpers, visuelle Abstandsmessgeräte u. a.

Es wird bei den Wahrnehmungsuntersuchungen auch zwischen sensorischen Stimulationstechniken und Vorstellungstechniken unterschieden. Obwohl die Messungen präziser geworden sind, die Einflussfaktoren kontrollierbarer, blieb als Ergebnis, dass die zunächst als stabil angesehene Fehleinschätzung sich durch eine Vielzahl von Kontextfaktoren als beeinflussbar erwies. Es ergaben sich unterschiedliche Ergebnisse, ob der Proband gefragt wurde, wie er die Ausmaße eines Körperteils *fühlt* oder ob er nach der *Wahrnehmung* gefragt wurde. Die Variation der Messanordnung, der Kleider, der Instruktionen veränderten die Wahrnehmungsmessungen. Die Retestreliabilität war nicht sehr hoch. Die Messung der Region und Körperteile stand in geringem Zusammenhang mit der Messung des Gesamtbildes. Diese Faktoren schränkten die Ergebnisse der Wahrnehmungsmessungen ein. Weiterhin bleibt auch die Bedeutung der Wahrnehmungsstörung für die Therapie unklar, da sich auch bei günstigem Behandlungsverlauf der Anorexie die Wahrnehmungsverzerrungen meist kaum zurückbilden.

Projektive Verfahren zur Messung des Körperbildes

Mit projektiven Methoden können Motivation, Interessen und Bedürfnisse, die Aspekte der Persönlichkeit gemessen werden, die meist unbewusst sind. In der Klinik werden am häufigsten Zeichnungen des Körperbildes angefertigt oder eine Geschichte über ein bestimmtes Bild erzählt. Hierzu gehören die Human-Figure-Drawings (HFDs), und der TAT. Machover war der Erste, der Probanden eine Freihandzeichnung der eigenen Gestalt (1940) zeichnen ließ. Dabei werden strukturelle Aspekte der Zeichung, Größe und Form eingeschätzt. Dann werden bestimmte Konfliktbereriche reflektiert. Reliabilität und Validität sind bisher nicht untersucht.

Trotz der häufigen Verwendung z.B. des Rohrschachtests und Holtzman-Inkblot zur Messung der Selbst-Körpergrenzen (Fisher 1986) bleiben Reliabililtätsprobleme bei der Interpretation projektiver Verfahren. Durch die projektiven Verfahren öffnet sich eine klinische Evidenz, eine vielfältige interpretative Welt, Körpererfahrungen werden angestoßen und thematisiert und klinische Hypothesen gewonnen. Naturgemäß ist immer der Wert des Verfahrens proportional zu den Fertigkeiten, die ein erfahrener Kliniker einsetzen kann. In den letzten zehn Jahren wurden jedoch kaum Arbeiten über Untersuchungen mit projektiven Verfahren veröffentlicht, allerdings findet in dem Beitrag vom Maaser eine ausführliche und differenzierte Falldarstellung einer körperbezogenen Therapie der Anorexia Nervosa unter stationären Bedingungen, bei denen die Körperbilddiagnostik mithilfe von Körperzeichnungen vor, während und nach der Therapie als Verlaufsinstrument durchgeführt wird.

Der Körperbild-Skulptur-Test

Im Sinne eines projektiven Verfahrens haben wir seit ca. 20 Jahren im stationären und ambulanten Bereich den Körperbild-Skulptur-Test als ideografisches, intraindividuelles Verlaufsinstrument eingesetzt. In Zusammenarbeit mit Frau Wadepuhl (1994) wurde dabei ein Instrument entwickelt, welches die strukturell formale Analyse des Körperbild-Skulptur-Test quantitativ möglich machte und gleichzeitig die Kombination mit interpretativen Verfahren erlaubt. Durch die anschließende Besprechung der Körperbild-Skulptur wird ein zusätzliches narratives Element eingeführt. Einzelne Körperteile können mit eigenen Worten und subjektiven Erfahrungen verknüpft werden. Hierdurch kann Gespürtes, Wahrgenommenes in eigener Sprache symbolisiert werden.

Entwicklung und Methodik
Die Eutonie-Pädagogin Gerda Alexander wandte erstmals systematisch einen dreidimensionalen Körperbild-Test an. Sie ließ ihre »Schüler/innen« mit geschlossenen Augen – d.h. unter Ausschaltung der visuellen Kontrolle – »menschliche Gestalten« plastizieren (1978). Dabei machte sie die folgende

Entdeckung: Erst wenn Körperregionen und -teile in der Körperwahrnehmung und affektiv in das Körperbild integriert waren, wurden sie von den »Schülern« auch plastiziert – vorher, trotz mehrfacher Bemühungen, nicht. Neurobiologisch ist dieses Phänomen hochinteressant, im Sinne von Kants Ausspruch »Die Hand ist die Außenstelle des Gehirns«. In der Folge wurde diese Methode von Körpertherapeuten aller Schulen gern für diagnostische und therapeutische Zwecke mit dem Ziel eingesetzt, intuitiv Körpertherapieprozesse abzubilden. Als Skulptur-Test wurde das Verfahren von Wadepuhl (1994) operationalisiert und mithilfe eines Kodierungsbogens (der inzwischen überarbeitet wurde, Thiel 2003) nach formalen Aspekten ausgewertet. Sie benutzte dieses taktil-propriozeptive Evaluationsinstrument, »um das bewusste und unbewusste Körpererleben dreidimensional auszudrücken« (Wadepuhl 1994).

Im Körperbild-Skulptur-Test modelliert der Proband mit geschlossenen Augen aus Ton eine menschliche Figur. Er kann ohne Zeitdruck so lange formen, bis er subjektiv zu einem für ihn optimalen Ergebnis gekommen ist. So fließen in das freie, spontan geschaffene Werk Empfindungen und Konflikte unterschiedlicher Art wortlos ein. Durch das Verbinden der Augen ist es möglich, dass ein projektiver Raum geöffnet wird; hierdurch können unbewusste Anteile des Körpererlebens zum Ausdruck gebracht werden.

Die Bestandteile des Körperbild-Skulptur-Testes sind:
1. Plastizieren einer menschlichen Figur mit geschlossenen Augen
2. freie Gestaltung der Skulptur (Zeit, Materialmenge)
3. halbstrukturiertes Interview im Anschluss zum Selbstrating durch die Patientin
4. Auswertung von Figur und Interview durch Fremdrating

Untersuchungen zum Körperbild-Skulptur-Test
Sebastian (1996) untersuchte Körperbildskulpturen, die von Patienten mit verschiedenen Störungen und von Gesunden modelliert wurden. Die Dimensionen »Vollständigkeit«, »Verbundenheit« und »Proportionalität« wurden an Normstichproben überprüft und erwiesen sich auch bei Retests als reliabel. Sie können nach Sebastian (1996) als Maß für ein Strukturniveau eingesetzt werden. Die anderen Kategorien wie »Gestik«, »Haltung«, »Auffälligkeiten der Körperoberfläche« haben sich bei Retests als zu instabil erwiesen und konnten bisher nur im Einzelfall unter qualitativen Aspekten Bedeutung gewinnen (Sebastian, bisher unveröff. Diss. 1996).

Außerdem konnte gezeigt werden, dass die Verbundenheit und die Vollständigkeit der Figuren signifikant mit den gesundheitlichen Störungen sowie mit den Ergebnissen in der Körpertherapie korrelierten. Lauinger (bisher unveröff. Diss. 1997) fand in seiner Arbeit heraus, dass die Proportionen der Körperbildskulpturen nicht den Proportionen von Erwachsenen, sondern etwa denen dreijähriger Kinder entsprechen, indem er 91 Tonfiguren vermessen ließ. Er setzte die Länge, die Breite und den Umfang der einzelnen Körperteile zur Länge der gesamten Figur ins Verhältnis und verglich die Ergebnisse mit anthropologischen Tafeln.

Hoppe (bisher unveröff. Diss. 1999) bildete in eigenen Untersuchungen mit der Anwendung des Körperbild-Skulptur-Tests bei Patienten mit Essstörungen aus den Kategorien »Vollständigkeit«, »Dreidimensionalität«, »Verbundenheit«, »Symmetrie« und »Proportionen« ein Idealitätsmaß. Es ergaben sich keine signifikanten Korrelationen zwischen dem Idealitätsmaß und dem Schweregrad der Essstörung, jedoch signifikante Korrelationen zwischen dem Idealitätsmaß und dem Therapieverlauf. Die Figuren der Anorexiepatientinnen wiesen häufig »unbewusste Marker« im Bereich ihrer spezifischen Körperbildstörung auf: Der Bauch z.B. war meist überdimensional groß plastiziert worden.

Buchholz (2008) zitiert Joraschky (2007), dass das von den Patientinnen modellierte Körperbild zur »Landkarte der erlebten Traumatisierungen« werde, und er vertritt die Ansicht, »*dass hier klinisch feinfühlig eine genaue Methode entwickelt wird, das unsichtbare Bild, das ein beschädigter Körper von sich hat, dennoch sichtbar zu machen, und damit auch mitteilbar, teilbar, heilbar.*«

Funktionelle Entspannung als Arbeit am gestörten Körperbild und Bewegungsverhalten

Nach Lausberg (s. Kapitel Bewegungsanalyse in diesem Band) ist »bei der Anorexie sowohl das Körperbild und Körperschema (vgl. Bruch 1973; Meermann/Fichter 1982; Maaser 1982; Joraschky 1983; Feiereis 1989) als auch das Bewegungsverhalten gut erforscht«. Bei dieser Diagnosegruppe ist die Hyperaktivität in ICD–10 Klassifikation aufgeführte Störung des Bewegungsverhaltens. Hinsichtlich qualitativer Veränderungen belegen die von Lausberg angeführten vornehmlich aus dem Bereich der Tanztherapie stammenden Studien von Burn (1987), Shenton (1990), Gillberg et al. (1994) und Lausberg et al. (1996) übereinstimmend folgende Veränderungen des Bewegungsverhaltens (im Vergleich zu gesunden Kontrollpersonen):

➢ Gebundener Bewegungsfluss, geringer Gewichtseinsatz, eher isolierte,

periphere Körperbewegungen und geringe Einbeziehung des Unterkörpers. Die Bewegungsfläche wurde nur in einer Studie untersucht und war signifikant kleiner (Lausberg et al. 1996).
➢ Gebundener Bewegungsfluss ist dadurch gekennzeichnet, dass nicht nur der als Agonist wirkende Muskel, sondern auch der Antagonist relativ stark angespannt ist, so dass die durch den Agonisten bewirkte Bewegung jederzeit gestoppt werden kann.
➢ Geringer Gewichtseinsatz bedeutet, dass das Körpergewicht nicht – weder mit noch entgegen der Schwerkraft – eingesetzt wird.
➢ Bei isolierten Bewegungen werden nur einzelne Körperteile bewegt, im Gegensatz zu ganzkörperlicher Bewegung, bei der der gesamte Körper involviert ist.
➢ Mit peripheren Körperbewegungen werden Bewegungen der Arme und Beine bezeichnet, im Gegensatz zu zentralen Bewegungen der Körpermitte.
➢ Geringe Einbeziehung des Unterkörpers bedeutet, dass das Becken nicht in den Bewegungsfluss einbezogen wird.
➢ Bei kleiner Bewegungsfläche wird der zur Verfügung stehende Raum nicht ausgenutzt und die Bewegung findet vornehmlich am Platz statt.

Diese Ergebnisse zum Bewegungsverhalten lassen sich (nach Lausberg) gut mit den bei Anorexie auftretenden Körperschema- und Körperbildstörungen (vgl. Bruch 1973; Meermann/Fichter 1982; Maaser 1982; Joraschky 1983; Feiereis 1989; Stanton-Jones 1992) vereinbaren. Wichtige Aspekte dieser Störung sind eine

➢ Überschätzung der eigenen Körpermaße,
➢ das Erleben von Instabilität der eigenen Körpergrenzen und von körperlicher Desintegration,
➢ die *Ablehnung des Körpers* als Sitz bedrohlicher oraler und sexueller Triebe und die Ablehnung weiblicher Körperlichkeit.
➢ Der vorwiegend gebundene Bewegungsfluss der Anorektikerinnen entspricht ihrem *Kontrollbedürfnis*, das sich insbesondere auf den eigenen Körper, dessen Bedürfnisse und Funktionen bezieht (Feiereis 1989). Entsprechend ist das Auftreten von freiem Bewegungsfluss als Ausdruck von »Loslassen und dem Bewegungsfluss folgen« nur selten zu beobachten. Die Vermeidung eines Zustandes, in dem der Körper dem Bewegungsfluss folgend sich quasi selbst überlassen ist, wird vor dem Hintergrund von *Ängsten, amorph zu werden, die Grenzen der eigenen Gestalt zu verlieren* oder zu zerfließen, nachvollziehbar (Joraschky 1983).

➤ Die isolierte Bewegung einzelner Körperteile bei gleichzeitigem Fehlen ganzkörperlicher Bewegung könnte tendenziell auf einen *Zerfall des Körpererlebens*, bei dem einzelne Körperteile Eigenleben gewinnen, hinweisen (Maaser 1982). Ferner erleichtert isolierte Bewegung vornehmlich peripherer Körperteile die Körperkontrolle (vgl. auch klassisches Ballett). Dementsprechend wird ganzkörperliche Bewegung von den Anorektikerinnen vermieden, da sie zu Hingabe an die Bewegung und Kontrollverlust führen könnte. Die *Vermeidung ganzkörperlicher Bewegung* bedeutet auch, dass bestimmte Körperpartien vom Bewegungsfluss ausgeschlossen werden.

➤ *Durch Immobilität wird quasi bewegungsmäßig die Existenz eines Körperteils negiert.* Hintergrund ist die psychische Besetzung dieser Körperregion – oder die psychischen Prozesse, die durch die Bewegung dieses Körperteils in Gang gesetzt werden könnten. So bleibt der gesamte Mittelkörper, dessen Bewegung im oberen Bereich Emotionen, im unteren Bereich sexuelle Erregung auslösen kann, »unbewegt«.

➤ Die auffallende *Immobilität des Unterkörpers* entspricht der Ablehnung sexueller Identität bei Anorexie (Bruch 1973).

➤ Der geringere Einsatz von eigenem Körpergewicht könnte als bewegungsmäßige Manifestation der *Ablehnung des eigenen Gewichts* gedeutet werden und dem anorektischen Streben, leicht, ätherisch und schwerelos zu sein, entsprechen (Joraschky 1983; Feiereis 1989).

➤ *Die kleine Bewegungsfläche kann als Kompensation für die Überschätzung der eigenen Körperdimensionen* gewertet werden (Bruch 1973; Meermann 1982; Joraschky 1983). Aufgrund des quälenden Erlebens, zu voluminös zu sein, versuchen die Anorektikerinnen möglicherweise nicht noch zusätzlich durch ihre Bewegungen Raum einzunehmen.

Die Aufgabe körperbezogener Psychotherapie besteht nun darin, mit den Anorexiepatientinnen an den Körpersystemen zu arbeiten, die in ihren Bewegungen und in ihrem Erleben besonders wenig in das Körperbild integriert sind.

Vorrangig ist in der Funktionellen Entspannung die Arbeit mit der Beziehung zum Boden, also die Orientierung zum haltgebenden Objekt, zum Erfahren des eigenen Gewichtes und der Orientierung an der Schwerkraft. Die Erfahrung, dass der eigene Körper ein Gewicht haben darf und dass dieses Gewicht ein Gegengewicht durch die Unterlage erfährt, ist bei dieser Patientengruppe eine elementare Bedingung für jede weitere Arbeit am Körperbild. Die Ausrichtung nach unten, zum Halt gebenden Grund, wirkt der bisherigen Ausrichtung nach oben, durch die die Patientinnen sich ätherisch, leicht und ohne jedes Volumen erleben, entgegen. Zunächst jedoch werden in diese Richtung gehende Wahrnehmungs-Angebote häufig abgelehnt:

Eine Patientin von mir beantwortete z.B. das Angebot, einmal mit ihren Füßen den Boden wahrzunehmen, mit einem völligen Ineinanderverdrehen (Zusammenknoten) ihrer Unterschenkel, so dass die Unterschenkel sich zwar gegenseitig berührten, die Füße jedoch nur mit einer Zehenspitze Kontakt zum Boden hatten. Beide Füße nebeneinander zu stellen, das sei ihr viel zu langweilig, sagte sie als Kommentar, und so breitbeinig dasitzen, wer wolle das schon...

Hier arbeitet die Funktionelle Entspannung geduldig an der Entwicklung von vorsichtigem Interesse bei der Patientin für ihr körperliches Erleben, zum Beispiel für das Entdecken von Unterschieden: Wie verändert sich die Wahrnehmung meines eigenen Körpergewichts, je nachdem, ob ich mit beiden Fußsohlen Kontakt zum Boden aufnehme oder nur mit einem meiner Zehen des einen Fußes?

Neben dem Thema des Bezugs zum Halt gebenden Boden und der Erfahrung des eigenen Gewichtes ist bei der Behandlung der Anorexie das Thema Wahrnehmen der Körpergrenzen der zweite große Schwerpunkt der Therapie. Dies wird wesentlich durch die Erfahrung der Haut als äußere Grenze des Körpers eingeleitet.

Da Anorexiepatienten sich häufig nicht von jemand anderem berühren lassen können, ist hier z.B. die Arbeit mit Gegenständen, zum Beispiel Bällen oder Stäben, die entlang der Haut gerollt werden und damit die Hautwahrnehmung intensivieren, von Bedeutung.

Als drittes Thema ist das Arbeiten mit den inneren Räumen in der Anorexiebehandlung wichtig: Viele Patientinnen erfahren beispielsweise ihren Brustraum nicht als Volumen, da sie eine paradoxe Atmung haben, durch die sich in der Einatmungsphase der Brustraum nach oben hin zusammenzieht und verschmälert, verursacht durch eine unbewusste Angst vor jeglicher Ausdehnung des Körpers. Hier ist das allmähliche Wahrnehmen auch von horizontalen Richtungen – also der Ausdehnung nach außen und nach innen – in Bezug auf die Ein- und Ausatmung wesentlich, was angstfreier erst nach der Erfahrung von sicheren Körpergrenzen möglich ist.

Noch schwieriger ist die Erarbeitung des Bauchraumes, die bei Anorexiepatienten häufig schon dann Panik auslöst, wenn er sich zum Beispiel in der Einatempause physiologisch leicht nach außen verschiebt. Hier ist die Eigenwahrnehmungsblockade bzgl. ihrer Bauchregion bei Anorexiepatientinnen typisch, die mit der von Lausberg beschriebenen Immobilität das Unterkörpers einhergeht und mit der Abspaltung sexueller Wünsche und organismischer Bedürfnisse zusammenhängt. Darüber hinaus geht es hierbei um die Frage, ob die Anorexiepatientin ein eigenes Gewicht haben und vor allen Dingen auch Raum für sich einnehmen darf.

Von Weizsäcker sprach von den pathischen Kategorien des Dürfens und des Wollens anstelle von denen des Müssens und Sollens – dieses Thema, nämlich das Spüren des Eigenen, der eigenen Wünsche und Bedürfnisse, leitet sich aus dem Thema des eigenen Gewichtes und des eigenen Raumes ab, die Körperräume stehen für das grundlegende Motivationssystem nach Regulation physiologischer Bedürfnisse. Dieses Thema ist ein Ganzkörperliches, es korreliert mit der Frage der Fähigkeit zu ganzkörperlichen Bewegungen versus isolierten Teilbewegungen, wie Lausberg sie beschreibt.

Das Entwickeln von eigenen Bewegungen im Raum, eigener Initiative und eigener Richtungen, also das Motivationssystem Exploration, wäre der nächste Entwicklungsschritt, der sich mit dem Thema der geringen Bewegungsfläche von Anorexiepatientinnen auseinandersetzt. Hierbei geht es immer wieder um das Thema Autonomie versus Verunsicherung (Uexküll), die Erlaubnis zu einem eigenen Standpunkt im Raum als Voraussetzung für das Entwickeln von Selbstwert.

Klinische Erfahrungen in der FE- Behandlung der Anorexie

In den Veröffentlichungen der Arbeitsgemeinschaft Funktionelle Entspannung finden sich einige Falldarstellungen von Einzeltherapien bei Anorexiepatientinnen.

So beschreibt U. Scholz (1990) ihre Arbeit mit einer magersüchtigen Patientin, die bei jedem Versuch, mit geschlossenen Augen ihren Körper wahrzunehmen, mit heftiger Übelkeit und Schwindel reagierte, was sich als Korrelat von Ängsten vor sexuellen Begegnungen herauskristallisiert habe und zusammen mit der Magersuchtsymptomatik verschwunden sei, nachdem die 29-jährige Patientin unter dem Schutz der Therapie eine erste Liebesbeziehung gewagt hatte.

In A. F. E. intern 21–1996 beschreibt D. Sorge, dass ihre 25-jährige Anorexie-Patientin ihren Körper als böse – und vom Bauchnabel an als »absolut fremd« – beschrieben habe. Nur im Kopf fühle sie sich wohl. Allerdings säße dort auch ihre »innere Mutter«, die ihr häufig sage, das dürfe man nicht, wenn sie es sich einmal gemütlich machen wolle. Es sei der Patientin schwer gefallen, sich zum Beispiel auf einem Stuhl bequem hinzusetzen, da sie zunächst sich nicht getraut habe, sich zum Abpolstern ihres knochigen Rückens an der Stuhllehne ein Kissen zu nehmen.

Ihren Bauchraum habe sie anfänglich als schwer zu begrenzenden und toten Raum empfunden.

Mithilfe der eigenen Hände habe sie dann dort Grenzen und die Bewegung des Atemrhythmus erfahren können. »Der Raum lebt ja doch!« habe sie dann geäußert und das (die Bewegung des Bauchraums) sei hier ja »ein funktioneller Vorgang«! Langsam habe sie den Atemrhythmus entdeckt und geäußert: »Damit kann ich das Tempo aus der Zeit nehmen.«

Der basale Kontakt zum Boden sei wichtig, um ihn als Halt zu erleben. Erst auf dieser Grundlage habe die Patientin ihren bisher als eng erlebten Hals langsam weiter erleben können – sie habe dann auch die Verbindung zwischen Mundraum, als Raum, Bauchraum und der unteren Öffnung wahrnehmen können und damit den Weg der Nahrung nachvollziehen können: aufnehmen – durcharbeiten – ausscheiden.

Die Wahrnehmung der Haut sei ihr zum »notwendigen Umhang« gegen die Macht und Kontrolle der Eltern geworden. Allmählich habe sie ein Gespür für ihren Körper und ihre Bedürfnisse entwickeln und ab und zu einmal zulassen können, es sich gut gehen zu lassen.

U. Schröder beschreibt ihre Erfahrungen mit magersüchtigen Patientinnen (unveröffentlichte Mitteilung, 2008) so, dass das individuelle Vorgehen bei jeder Patientin im Vordergrund stehe und dass sie als Therapeutin der Patientin respektvoll, abwartend, eher etwas distanziert gegenüber trete, wissend, dass Anorexiepatientinnen sehr häufig Übergriffen ausgesetzt gewesen seien. Daher setze sie auf die Devise, dass die Patientinnen am besten selbst finden, was ihnen gut tut.

Sie habe die Erfahrung gemacht, dass als Einstieg in die Körperwahrnehmung Angebote gut geeignet seien, die der Patientin dazu verhelfen, das eigene Gewicht zu erleben.

Nach Uexküll sei die Krankheit der Magersüchtigen ein Versuch, die existenzielle Verunsicherung zu meistern. Ihr Nein zum Essen sei ein Schritt zur Individuation – nach dem Motto: »Ich kann nicht essen, wenn ich noch nicht immer schlucken kann.« Es fehle die Funktionslust (Bühler), die Freude am Funktionieren der eigenen Körperfunktionen.

Diese Funktionslust gelte es wiederzuentdecken.

Falldarstellung mit FE bei Anorexie

Es geht bei dieser Fallvignette um eine damals 18-jährige Patientin, die ich im Rahmen ihres stationären psychosomatischen Aufenthaltes an der Universität Erlangen mit Funktioneller Entspannung behandelt habe.

Der erste Eindruck war für mich damals der eines kleinen, dünnen Mädchens mit fettigen, aschblonden Haaren, großer Brille, einem alten Gesicht und intellektuell-maniriert wirkender Sprache. Sie trug eine geblümte kurze Hose, die die knochig-kachektischen, extrem muskulösen Beine sichtbar werden ließen.

Ihre kühlen Hände fühlten sich trocken an und waren blau-rot verfärbt. Sie drückte mir beim ersten Gespräch sehr fest die Hand und setzte sich »mit einer halben Pobacke«, d. h. ohne Gewicht abzugeben, auf die Kante des Stuhls. Bei sich trug sie, wie auch in den weiteren Stunden, einen kleinen, eng beschriebenen Zettel, auf dem sie alles notiert hatte, was sie unbedingt meinte ansprechen zu müssen. Außerdem hatte sie stets ein großes Glas Mineralwasser bei sich, aus denen sie in kleinen Schlucken ständig trank.

Mein Angebot, sich bequem auf den Stuhl zu setzen, schlug sie aus. Das ginge nicht, dann würde sie sofort müde werden und nicht mehr folgen können.

Nach Zielen für eine Behandlung gefragt, antwortete sie, sie wolle einen guten Zweier-Schnitt im Abiturzeugnis. Und sie wolle ihre innere Leere füllen, denn sie wisse nicht, was sie in ihrem Leben überhaupt tun wolle.

Angefangen habe alles während eines Urlaubs, indem sie sich nicht genügend unter Kontrolle gehabt habe. Ihr Gewicht sei damals von 56 auf 61 Kilo angestiegen. Von da an habe sie nur noch einen Gedanken gehabt: radikal abzunehmen. Sie sei jetzt schon bei 38 Kilo und habe sich täglich 15 Stunden strengster Bewegung verordnet, und wenn sie hier zunehmen müsse, dann setze sie sich eine Grenze von 45 Kilo.

Das Pflegeteam der Station berichtete oft über die Facetten der Symptomatik der Patientin, die von ihr in den Einzelgesprächen mit mir zunächst eher verleugnet oder bagatellisiert wurden:

➤ Sie versuchte ununterbrochen, sich durch Horten von riesigen Mengen Lebensmitteln eine sichere Umgebung zu schaffen.
➤ Sie konnte kaum über Gefühle kommunizieren, ihre Sprache erschien affektiv entleert. – Sie hatte bei ständiger Muskelanspannung eine massive Atemstörung.
➤ Sie aß fast nichts und trank im Übermaß Wasser oder Milch, später aß sie Unmengen von Süßigkeiten und erbrach alles wieder.

> Sie manipulierte die Ausscheidung durch Süßstoffmissbrauch und Essen von verfaulten oder verschimmelten Lebensmitteln.
> Sie wirkte ungewaschen und wechselte selten die Kleidung.
> Sie versuchte in extremer Weise, durch Unterkühlung ihre Körpertemperatur zu senken, zum Beispiel durch Barfußlaufen im Schnee – in kurzen Hosen und mit ärmellosem Hemd.
> Sie bewegte sich ununterbrochen suchtartig im Dauerlauf, z. B. durch Joggen im Treppenhaus.
> Sie konnte wegen Konzentrationsstörungen nicht arbeiten und wegen Kontaktschwierigkeiten kaum mit anderen Menschen zusammen sein.
> Sie wollte sich nicht als Frau fühlen, sondern wollte lieber »ein frecher Junge« sein.
> Sie schlief sehr wenig, weil sie bis weit nach Mitternacht mit Herumräumen und Ordnung schaffen beschäftigt war und sich ein strenges Zwangsregime verordnet hatte, bei dem sie jeden Morgen um 4:45 Uhr aufstehen musste, um Yoga oder Leistungssport durchzuführen.
> Sie fürchtete das Leben mehr als den Tod. Hände und Füße wiesen schwere Durchblutungsstörung auf und sahen wie abgestorben aus. Häufig waren ihre Kniegelenke schmerzhaft geschwollen.
> Zu ihrer Familie berichtete die Patientin, ihre Mutter sei die Berufstätige in der Familie, der Vater sei arbeitslos und Hausmann, der jüngere Bruder sei Liebling der Mutter und häufig außer Haus. Die von ihr geliebte (und mit ihrer Mutter zerstrittene) Oma sei, kurz bevor es mit der Magersucht angefangen habe, gestorben.

Die gespannte Atmosphäre in ihrer Familie stellte die Patientin in einem Bild, das den Esstisch mit allen Familienmitgliedern zeigt, dar (Abbildung 1).

Im Familiengespräch brachte der Vater der Patientin einen handgeschriebenen Zettel mit, auf dem er mit kleiner Schrift die von ihm seit der Geburt der Patienten durchgeführten monatlichen Gewichtswerte aufgezeichnet hatte – er klagte die Klinik an, dass sie nicht genauso exakt wie er das Gewicht seiner Tochter kontrolliere. Später berichtete die Patientin, die anfangs wiederholt von mir das Verordnen von Einläufen wegen ihrer Verstopfung gefordert hatte, der Vater habe bei ihr, so lange sie denken könne, mindestens einmal wöchentlich Darmeinläufe durchgeführt, um ihre Verdauung als »regelmäßig« auf seinem Zettel notieren zu können.

Die Mutter berichtete im Familiengespräch, ihre Tochter sei ihr schon lange vor der Geburt eine unendliche Last gewesen. Nach einer Totgeburt, die »die

Abbildung 1

Ärzte durch Pfusch verursacht« hätten, habe sie während der Schwangerschaft mit der Patientin liegen müssen, mit Bauchschmerzen und vorzeitigen Wehen. Als dann ihre Tochter auf die Welt gekommen sei, sei diese nicht brav, sondern von Anfang an »ein Dickkopf« gewesen, in dem vom ersten Tag an »das Böse« gesteckt habe. Sogar nach dem Stillen habe sie keine Ruhe geben wollen. Sie habe einfach nach der Mahlzeit nicht geschlafen; sie habe sich immer »unterhalten wollen«.

Da ihr Mann arbeitslos geworden sei, habe sie als Mutter in die Arbeit gemusst und dann auch nichts mehr von dem Kind mitbekommen. Sie selbst habe während ihres eigenen Studiums jahrelang gehungert, um von zuhause unabhängig zu sein und kein Geld mehr zu beanspruchen.

Am Ende dieses Familiengespräches resümierte die Patientin, sie habe immer gewusst, dass sie allein schuld sei am Unglück der Familie.

Später rief die Mutter der Patientin bei mir an und berichtete, es gehe ihr nicht gut, sie wolle einfach noch erzählen, sie selbst sei als Kind nach dem Tod ihres Vaters von der Mutter und dem Stiefvater abgelehnt worden. Ihre einzige Freude sei ihre kleine Schwester gewesen, die von ihr versorgt worden sei. Diese Schwester sei im Alter von sechs Jahren, kurz nachdem die Mutter meiner Patientin von zuhause ausgezogen war, vom Auto überfahren worden.

Ihre Tochter, d. h. meine Patientin, sei eben doch nicht so wie diese jüngere Schwester. Sie könne diese eben nicht ersetzen.

Sie habe dann versucht, ihrer Tochter die wichtigsten Lebensweisheiten mitzugeben: Werde nie eine Frau, dann geht es dir schlecht. Und: Wenn man unabhängig sein will, muss man auch hungern können.

Offensichtlich wies die Mutter der Patientin selbst eine Essstörung auf dem Boden einer traumatischen Kindheit auf. Meine Patientin war demnach ein Stellvertreterkind für die verstorbene Schwester ihrer Mutter und das verstorbene erste Kind.

Die Schwangerschaftskomplikationen ihrer Mutter mit vorzeitigen Wehen kann man auch als eine nicht sichere pränatale Umwelt für diese Patientin interpretieren. So wurde es verständlicher, dass die Patientin auf der psychosomatischen Station verzweifelt versuchte, sich, z. B. durch Zwangsrituale und Horten von Essen, eine sichere Umgebung zu schaffen.

In einer Zeichnung der ersten Therapiestunde sah sie sich in einem schwarzen Kokon, während draußen Himmel und Wolken ihre Wünsche nach Licht und Luft darstellen sollten (Abbildung 1).

Die Patientin drückte in ihrer Bewegungsstörung aus, dass sie um ihr Leben läuft. Ruhe bedeutete für sie Grabesruhe. Ausruhen war gleichzusetzen mit Sterben.

In der ersten Stunde mit Funktioneller Entspannung fertigte die Patienten eine Zeichnung an, wie sie sich mit ihrer Atmung wahrnahm. Sie zeichnete scharfe Pfeile in Richtung Brustkorb, diese sollten aufzeigen, wie porös der Brustkorb sei und dass er durch die Einatmung platzen könnte, was für sie den Tod bedeuten könne. Wenn Sie dagegen ausatme, würde der Brustkorb zu einem kleinen schwarzen Klumpen, das bedeute ebenfalls den Tod (Abbildung 2 und 3).

 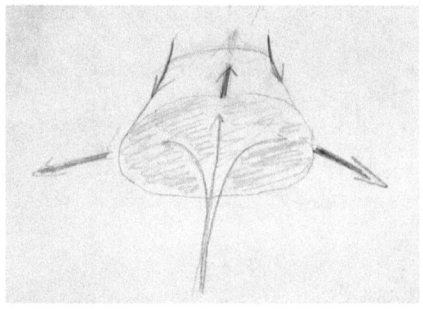

Abbildung 2 *Abbildung 3*

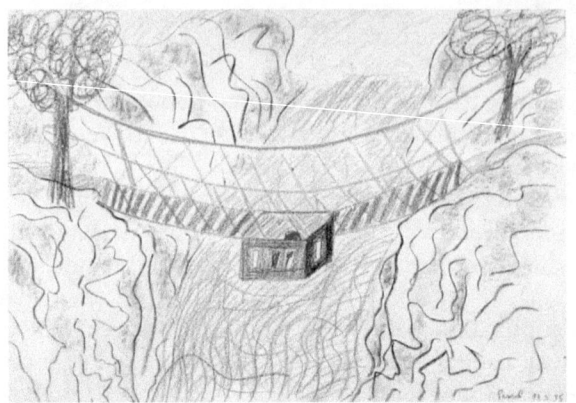

Auch auf der psychosomatischen Station fühlte sich die Patientin nicht sicher. Sie drückte dies in einem Bild aus: die Zugbrücke. Sie sei in einem Korb versteckt, die Brücke schwebe über dem Abgrund und sei nicht befestigt (Abbildung 4).

Abbildung 4

Die Kehrseite der Verlassensängste der Patienten waren Befürchtungen, verfolgt zu werden. Einmal sah ich sie wieder heimlich joggen im Treppenhaus, und als sie mich sah, versteckte sie sich zunächst, dann äußerte sie mit Panik im Gesicht: »Ich habe mich mit jemand auf der Station gestritten. Jetzt muss ich flüchten!«

So erlebte sie das psychosomatische stationäre Setting als verfolgend und vernichtend, sie fühlte sich mit einem Sack voller Probleme auf dem Rücken alleingelassen und aber eingesperrt und vom – in ihren Augen autoritären – Leiter der Abteilung in ihren Wünschen und Bedürfnissen zertreten (Abbildung 5 und 6).

Abbildung 5   *Abbildung 6*

So gespalten wie sie ihre familiäre Welt erlebte, gespalten in gute Objekte, die sie alle verlassen oder verstoßen, und böse, die sie verfolgen, so gespalten nahm sie auch ihren Körper wahr: der Oberkörper sei »halbwegs in Ordnung«, wenn nicht zu viel Busen da wäre. Bauch und Beine, besonders die Oberschenkel, wurden dagegen massiv abgelehnt. Genauso in der vertikalen Ebene: eine Seite wurde von ihr als die schlechte und eine als die gute dargestellt; dies zeigte sie in einem Bild von einem knorrigen, gespaltenen Baum (Abbildung 7).

In der Arbeit mit der Funktionellen Entspannung konnte die Patientin anfangs ihren Körper nur entgrenzt zu ihrer Umwelt wahrnehmen, was sie einmal, als ihre geschundenen Knie sich wieder einmal nach unmäßigem Joggen heiß anfühlten und schmerzten, in dem Bild eines offenen, entzündeten Gelenkes ausdrückte (Abbildung 8). So grenzenlos, wie hier ihr Gelenk war, so grenzenlos fühlte sie sich auch in ihren Wünschen nach Gehalten werden.

Abbildung 7

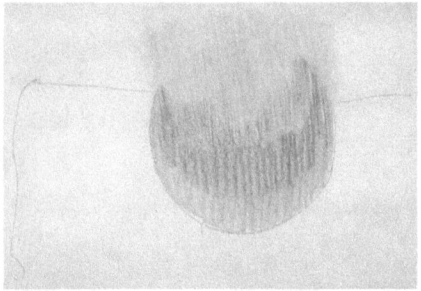

Abbildung 8

Sie schämte sich oft wegen ihrer Wünsche und stellte sich als die Fischersfrau im Märchen vom *Fischer und seiner Frau* dar, die, weil sie so unmäßige Wünsche geäußert hatte und nie zufrieden gewesen sei, am Ende leer ausging (Abbildung 9).

Erst in einer späteren Phase der Behandlung, nachdem es ihr gelungen war, ihre Aufmerksamkeit mehr auf die ruhigeren Eigenwahrnehmungsangebote zu fokussieren, konnte sie Teile ihres Körpers auch einmal ohne Schmerz spüren und sogar ein wenig mögen.

Abbildung 9

Ihren jetzt bewusster werdenden Wunsch nach einer tragenden, Halt gebenden Umwelt konnte sie in einem weiteren Bild, jenem vom kleinen Affenbaby, das vom großen Affen durch den gefährlichen Urwald getragen wird, ausdrücken (Abbildung 10).

Abbildung 10

Bei dieser Patientin war noch ein langer Weg mit einer Reihe von Rückschlägen notwendig, um mehr Stabilität und Vertrauen zu ihrem Körpererleben zu bekommen. Ihre Stärke war die Fähigkeit zu bildlicher Symbolisierung:

In ihren vielen ausdrucksstarken Bildern konnte sie mir oft mehr sagen als durch Worte.

Zusammenfassung

FE bei Anorexie, das heißt Umgang mit frühen Anteilen der Störung, die sich im Körperbild niedergeschlagen haben. Die wesentlichen Themen sind die Erfahrung von Halt und vom eigenen Gewicht sowie das Erleben von Grenzen und den Körper-Innen-Räumen mit ihren eigenen Rhythmen, was die Voraussetzung ist für Heilungsprozesse, die in dieser Methode auch durch das die Eigenständigkeit fördernde »Üben ohne Übungen« im Alltag stabilisiert werden.

So berichten Janz und Sorge (1993) von einer Anorexiepatientin, die sich von Menschen, zu denen sie Vertrauen hatte, z. B. von ihrem Großvater, wenn sie ihn besuchte, erinnern ließ, dass sie, wenn sie wieder einmal »ihren Körper verloren« hatte, »etwas für sich tut«., d. h. dass sie für sich allein die Körperwahrnehmung intensiviert und sich er-innert an in den Therapiestunden Wahrgenommenes, was sie sich auf diese Weise wieder – holen kann. Sie tritt dann in einen Dialog mit ihrem Körper ein bzw. sie belauscht den Dialog des Körpers mit sich selbst (v. Arnim 1997) und kann damit ihre Selbstheilungskräfte stärken, durch Erkennen von Bedeutungen ihrer Wahrnehmungen und daraus resultierende lösungsorientierte Veränderungen im Umgang mit sich und anderen.

Diese Patientin äußerte einmal dazu:
»*Die FE ist wie ein Schlüssel, mit dem ich mich, wenn ich verriegelt bin, wieder aufschließen kann.*«

Oder eine anderen Patientin, deren Äußerung am Ende ihrer Behandlung von Krietsch (1993, a. a. O.) zitiert wird:
»*Ich bin mit der Unterlage verbunden. Aber es kommen auch Bewegungsbedürfnisse – ich kann mich in dieser Verbindung rühren und bewegen.*«

>»Habe ich meinen Körper verloren,
>so habe ich mich selbst verloren.
>Finde ich meinen Körper,
>so finde ich mich selbst.
>Bewege ich mich, so lebe ich
>und bewege die Welt.«
>Wladimir Iljine, Paris 1965

Literatur

Arnim, A. von; Joraschky, P. & Lausberg, H. (2007): Körperbilddiagnostik. In: Geißler, P. & Heisterkamp, J. (Hg): Psychoanalyse der Lebensbewegungen Berlin (Springer).
Arnim, A. von (1993): Die Entstehungsgeschichte der subjektiven Anatomie. Fundamenta Psychiatrica 7, 64–71.
Arnim, A. von (1994): Funktionelle Entspannung. Fundamenta Psychiatrica 8, 196–203.
Arnim, A. von (1998): Funktionelle Entspannung bei Autodestruktion. In: Wiesse, J. & Joraschky, P. (Hg.): Psychoanalyse und Körper. Göttingen (Vandenhoeck und Rupprecht), S. 27–51.
Arnim, A. von & Wronn, B. (1999): Funktionelle Entspannung nach Marianne Fuchs in der Behandlung des Fibromyalgiesyndroms. Funktionelle Entspannung, Beiträge zu Theorie und Praxis 27.
Arnim, A. von & Joraschky, P. (2000) Körperbezogene Psychotherapieverfahren. In: Egle, U.T.; Hoffmann, S.O. & Joraschky, P. (Hg.): Sexueller Missbrauch, Misshandlung, Vernachlässigung. Stuttgart (Schattauer).
Arnim, A. von (2001): Frühes Trauma und körperbezogene Psychotherapie
(am Beispiel der Arbeit mit Funktioneller Entspannung). In: Milch, W. & Wirth, H.-J. (Hg.): Psychosomatik und Kleinkindforschung. Gießen (Psychosozial), S. 199–216.
Arnim, A. von; Müller, A.; Fell, A.; Graap, H.; Student, S. & Pöhlmann, K. (2002): Kognitivverhaltenstherapeutische vs. Körpertherapeutische Behandlung von Patientinnen mit Fibromyalgiesyndrom: Erste Ergebnisse einer Vergleichsstudie. Vortrag im Rahmen der 53. DKPM-Jahrestagung, 6.–9.3.02, Ulm, Abstracts in: PPmP 52, 72–121.
Arnim A. von; Bonay-Märki, A.; Dürr-Pehl, I.; Grap, P. & Gudden, C. (2002): Die Arbeit mit der Körperbildskulptur in störungsspezifischen Therapiegruppen mit Funktioneller Entspannung. In: Mattke, D. (Hg.): Störungsspezifische Konzepte und Behandlung in der Psychosomatik. Frankfurt/Main (VAS), S. 417–425.
Arnim, A. von (2002): Integrierte Medizin und körperbezogene Therapieansätze. In: Uexküll, T. von; Geigges, W. & Plassmann, R. (Hg.): Integrierte Medizin. Modell und klinische Praxis. Stuttgart (Schattauer), S. 257–289.
Buchholz, M.B. (2007): Von Leib und Seele. Psychonewsletter 61.
Dietrich, S. (1993): Atemrhythmus und Psychotherapie, Dissertation, Bonn.
Downing, G. (1994): Körper und Wort in der Psychotherapie (Leitlinie für die Praxis). München (Kösel).
Egle, U.T.; Hoffmann, S.O. & Steffens, M. (1997): Psychosoziale Risiko- und Schutzfaktoren in Kindheit und Jugend als Prädisposition für psychische Störungen im Erwachsenenalter. Gegenwärtiger Stand der Forschung. Nervenarzt 68, 683–695.
Fuchs, M. (1997): Funktionelle Entspannung (6. Aufl.). Stuttgart (Hippokrates).
Fuchs, M. (Hg.) (1997): Funktionelle Entspannung in der Kinderpsychotherapie (2. Aufl.). München (Reinhardt).
Fuchs, M. (1984): Funktionelle Entspannung: Theorie und Praxis einer organismischen Entspannung über den rhythmisierten Atem. (3. überarb. u. erw. Aufl.). Stuttgart (Hippokrates).
Gudden, C. (2004): Die Veränderung von Körperbildskulpturen im Therapieprozess mit Funktioneller Entspannung. Zwei Einzelfallberichte von Patientinnen im Rahmen einer fibromyalgiespezifischen integrierten Behandlungsstudie (FIBS) in der Abteilung für psychosomatische Medizin der Friedrich-Alexander-Universität Erlangen-Nürnberg. Unveröffentlichte schriftliche Arbeit für die Diplom-Hauptprüfung, Institut für Psychologie I an der Friedrich-Alexander-Universität Erlangen.
Hoppe, C. (1999): Die Messung des Körperbildes bei Essgestörten im Querschnitt und im Verlauf

einer Gruppentherapie unter Verwendung einer blind plastizierten Tonfigur. Unveröffentlichte Dissertation, Medizinische Fakultät der Universität Erlangen-Nürnberg.
Janz, G. & Sorge, D. (1993): Hilfe für das Alleine-Tun mit FE.
Joraschky, P.; Sebastian, S. & Riera R. (1998): Der Körperbild-Skulptur-Test. In: Röhricht, F. & Priebe, S. (Hg.): Körpererleben in der Schizophrenie. Göttingen (Hogrefe), S. 121–135.
Joraschky, P. (1986): Das Körperschema und das Körper-Selbst. In: Brähler, E. (Hg.): Körpererleben. Berlin (Springer), S. 34–49.
Joraschky, P.; Arnim, A. v.; Loew, T. & Tritt, K. (2002): Körperpsychotherapie bei somatoformen Störungen. In: Strauß, B. (Hg.): Psychotherapie bei körperlichen Erkrankungen. Jahrbuch der Medizinischen Psychologie 21. Göttingen (Hogrefe), S. 81–95.
Kolowos, S. (2001): Diagnose somatoformer Störungen nach DSM-IV und ICD–10 anhand eines integrierten strukturierten Interviews bei der chronischen Schmerzerkrankung. Unveröffentliche Diplomarbeit, Institut für Psychologie I, Lehrstuhl II, Friedrich-Alexander-Universität Erlangen-Nürnberg.
Krietsch, S. (1993): FE bei Psychosen. afe intern 16.
Krietsch, S. & Heuer, D. (1997): Schritte zur Ganzheit. Lübeck (Gustav Fischer).
Leibing, L. E.; Rüger, U. & Schüßler G. (1999): Biografische Risikofaktoren und psychische Störungen bei Patienten mit Fibromyalgie-Syndrom. Z. f. psychsom. Med. 45, 142–156.
Lichtenberg, J. D. (1991): Psychoanalyse und Säuglingsforschung. Berlin (Springer).
Löwe, B. & Clement, U. (1999): Der Fragebogen zum Körperbild (FKB–20) – Literaturüberblick, Beschreibung und Prüfung eines Meßinstrumentes. Diagnostica 42, 352–376.
Moscovici, H. K. (1993): Vor Freude tanzen, vor Jammer halb in Stücke gehen. München (Luchterhand).
Müller-Braunschweig, H. (1975): Die Wirkung der frühen Erfahrung. Stuttgart (Klett-Cotta).
Müller-Braunschweig, H. (1994): Wirkfaktoren der verbalen und der körperbezogenen Psychotherapie. In: Uexküll, T. v.; Fuchs, M.; Müller-Braunschweig, H. & Johnen, R.: Subjektive Anatomie. Stuttgart (Schattauer), S. 171–184.
Piaget, J. (1975): Der Aufbau der Wirklichkeit beim Kinde. Stuttgart (Klett-Cotta).
Plassmann, R. (1993): Organwelten: Grundriss einer analytischen Körperpsychologie. Psyche 47, 261–280.
Schroeder, U. (2008): FE bei Anorexia nervosa. Unveröffentl. Mitteilung.
Stern, D. (1992): Die Lebenserfahrung des Säuglings (The Interpersonal World of the Infant). Stuttgart (Klett-Cotta).
Stern, D. (1998): Die Mutterschaftskonstellation (The Motherhood Constellation). Stuttgart (Klett-Cotta).
Sacks, O. (1987): Der Mann, der seine Frau mit einem Hut verwechselte. Reinbek (Rowohlt).
Sacks, O. (1989): Der Tag, an dem mein Bein fortging. Reinbek (Rowohlt).
Sherrington, C. S. (1906): The integrative action of the nervous systems. New Haven (Yale University Press).
Sorge, D. (1996): Falldarstellung einer Patientin mit Anorexia nervosa. afe intern 21, S. 13.
Thiel, K. (2003): Die Veränderung des Körperbildes bei Fibromyalgiepatientinnen – eine Therapievergleichsstudie; Unveröffentlicht Diplomarbeit im Fach Psychologie, Institut für Psychologie III, Lehrstuhl Entwicklungspsychologie/Pädagogische Psychologie, Friedrich-Alexander-Universität Erlangen-Nürnberg.
Uexküll, T. von (Hg.) (2000): Psychosomatische Medizin. (6. Aufl.). München (Urban & Schwarzenberg).
Uexküll, T. von; Fuchs, M.; Müller-Braunschweig, H. & Johnen, R. (Hg.) (1997): Subjektive Anatomie: Theorie und Praxis körperbezogener Psychotherapie. Stuttgart (Schattauer).
Weizsäcker, V. von (1947): Der Gestaltkreis. (3. Aufl.). Stuttgart (Thieme).

Wunderlich, U. (2005): Körperbildskulpturtest und Bewegungsanalyse im Vergleich im Rahmen einer Körpertherapeutischen Behandlungsstudie mit Tanztherapie bei Fibromyalgiepatientinnen. Unveröffentlichte Diplomarbeit zum Abschluss der Ausbildung zur systemischen Tanztherapeutin.

Praxis einer körper- und traumaorientierten Psychotherapie unter Berücksichtigung besonderer Settings für Anorexia-Nervosa-Patienten

Ralf Vogt

Einführung

Das Syndrom der Anorexia Nervosa wird in der heutigen Fachliteratur diagnostisch sehr multikausal dargestellt und therapeutisch überwiegend methodenintegrativ angegangen (vgl. Lausberg et al. 1996; Steinhausen 2005; Vocks/Legenbauer 2005; Maaser 2006 u. v. a.). Bereits seit Gull 1868 (zit. in Peters 1985, S. 38) ist das Krankheitsbild als psychisch bedingte Störung bekannt. In der frühen Psychoanalyse finden sich dazu spärliche Notizen wie die von Ferenczi (1919, in Ferenczi 2004, S. 268). Interessant ist jedoch, dass hier das Beziehungsproblem zwischen Mutter und Kind eine erste ernstzunehmende Deutung erfährt.

In der heutigen Fachdiskussion wird meiner Kenntnis nach dieses Krankheitsbild sehr von verhaltenstherapeutischen Diagnostikkriterien und Therapiekonzepten dominiert (vgl. Vocks/Legenbauer 2005; Steinhausen 2005). Das dürfte meines Erachtens daran liegen, dass es sich um eine verhaltensseitig sehr genau zu beobachtende Störung der Nahrungsaufnahme bzw. der Nahrungsverweigerung handelt und dass diese Patienten durch sehr fixierte Selbstwert- und Körperbildstörungen imponieren, deren Abweichungen von gesünderen Selbstreflexionen anderer Menschen explorativ leicht auszumachen sind. Dennoch beklagen Röhricht (2006) sowie Lausberg (2006) einmütig, dass es an wissenschaftlichen Studien mit hohem Standard fehlt, obwohl wissenschaftliche Beobachtungskriterien verfügbar wären.

Einen Grund dafür sehe ich darin, dass universitäre Forschung und Therapiepraxis heute insgesamt noch ungenügend kooperieren, um das multikausale Krankheitssyndrom systematisch erforschen zu können. Eine andere Ursache der Misere glaube ich darin zu erkennen, dass Psychodiagnostiker und Psychotherapeuten verschiedener Prägungen leider nicht gemeinsam ergänzend an ein- und demselben Krankheitsbild integrativ-vernetzt arbeiten. Im Falle der Anorexia Nervosa bin ich deshalb der Ansicht, dass hier gerade neue Erkenntnisse der Psychotraumatologie, der Bindungsforschung sowie der modernen Körperpsychotherapie Berücksichtigung finden müssten, weil dadurch wichtige Teilergebnisse der Verhaltenstherapie und Psychoanalyse fruchtbar miteinander verknüpft werden können.

Steinhausen (2005) beschreibt als Psychiater und Neurologe nach ICD-10 und DSM IV bspw. Symptome bei Anorexia-Nervosa-Patienten wie Körperschemastörungen, rigide Gefühls- und Denkmuster, Folgestörungen nach sexuellem Missbrauch und gestörte innerfamiliäre Beziehungsstrukturen (vgl. ebd., S. 1–23) ohne dem psychogenetischen Zusammenhang auf den »erlebensseitigen Grund« zu gehen. Hier werden meines Erachtens zu schnell Ansatzpunkte verworfen, weil es noch keine gesicherten Studien zur Hypothese gebe (ebd., S. 12) oder es wird wegen der Multikausalität gerade kognitive Verhaltenstherapie als Erfolg versprechend empfohlen (ebd., S. 13 ff.) und anderes nicht.

Vocks und Legenbauer (2005) verstehen sich von vornherein als kognitive Verhaltenstherapeuten, beschreiben aber mehr Zusammenhänge aus der individuellen Lerngeschichte der Patienten mit Modelllernkontexten, Beziehungsabwertungsstrukturen in den Familien, sexuellen Traumatisierungserfahrungen u. ä. und lassen diese Empirie letztlich wieder fallen, indem sie feststellen, dass aufgrund der uneinheitlichen Befundlage z.B. die Rolle sexueller Traumatisierungen und daraus resultierender Körperbildstörungen offen bleiben muss (ebd., S. 21–23). Der daraus resultierende Therapieplan ist demzufolge ausschließlich auf die Beseitigung der kranken Kognitionen gerichtet, indem mit zahlreichen Varianten positive Denkmodelle konfrontierend eingeübt werden. So nützlich diese supportiven Gespräche und Umbewertungsübungen auch wirklich sein mögen, so sparen sie doch weiterhin die Untersuchung des Psychotraumaaspektes im Detail aus, arbeiten nicht zielgerichtet zu den zwischenmenschlichen Dimensionen von Bindung und Beziehung und schaffen leider auch keine körperpsychotherapeutische Abhilfe für körperliche Mangelerfahrungen.

Als Praktiker sehe ich den Ausweg aus der vorschnellen Kapitulation vor der Komplexität einer Störung nur in der ganzheitlichen Betrachtung von Einzelfällen, die erst nach der individuellen Analyse zu Clustern zusammengefasst werden sollten, um daraus dann später eventuell Großgruppenanalysen abzuleiten. In der signifikanzorientierten Forschung beobachte ich zumeist den umgekehrten Weg, dass Großgruppenresultate zu widersprüchlichen Ergebnissen führen, weil immer noch nach gut messbaren eindimensionalen (wissenschaftlichen) Kriterien gesucht wird, die im klinischen Praxisalltag so niemals vorkommen. Wenn ich also für eine ergänzende trauma-, bindungs- und körperorientierte Diagnostik im Falle der Anorexia Nervosa plädiere, so halte ich dies für eine überfällige Vereinfachung des bisherigen Problems. Nur Patienten, die ihre Ätiopathogenese gut genug verstehen und die aktuellen Störungssysteme erhaltenden Bedingungen hinreichend erkennen, haben ein festes Motiv für den anstrengenden Weg einer Persönlichkeitsmodifikation, für welchen sie uns als kooperative Fachleute dringend brauchen.

Ausschnitte aus einem multimodalen, handlungsaktiven Therapieansatz (SPIM-20-KT)

Der spezifische SPIM-20-KT-Ansatz (Somatisch-Psychologisch-Interaktives Modell in der Standard-20-Version zur psychotherapeutischen Behandlung von Komplex-Traumatisierten u. a. Störungsgruppen) ist ein Entwicklungsresultat unserer jahrelangen Praxisforschung auf dem Gebiet der multimodalen Therapieansätze im Einzel- und Gruppentherapiesetting in der ambulanten Anwendung für Erwachsene und Kinder (Vogt 2004; Vogt 2007, Vogt 2008). Exemplarisch soll hier nur auf einige wichtige Therapiekonzepte verwiesen werden, die in diesen Ansatz eingeflossen sind oder für dieses komplexe Therapiekonzept durch uns weiterentwickelt wurden und die letztlich auch gerade für Anorexia-Nervosa-Patienten von großer Bedeutung sind. Essgestörte Patienten weisen zweifelsfrei immer eine Störung ihrer existenziellen Selbstwahrnehmung und Selbstregulation bzgl. der Nahrungsaufnahme auf. In der Entwicklungsgeschichte des Menschen sind diese Regulationsformen von intrapsychischer und interpersoneller Art besonders für Säuglinge und Kleinstkinder typisch. Wenn es also demnach um ein »stehen bleiben oder ein zurückfallen« auf diese Art Gefühlsregulation über den Bauch kommt, so sind die Erkenntnisse der Bindungs- und Säuglingsforschung sehr nützlich (Ainsworth 1978; Lichtenberg 1991; Stern 1991; Bowlby 1995; Brisch/Hellbrügge 2003).

Diese frühen Interaktionsstörungen müssen, sofern sie bewusstseinsfähig sind, explorativ ergründet und, sofern sie nicht bewusstseinsfähig sind, experimentell durch handlungsaktive Diagnostikschemata untersucht werden. Nach unserer klinischen Erfahrung zeigen Anorexia Nervosa-Patienten überzufällig große Bindungsängste in der körpertherapeutischen Bewegungsdiagnostik. Außerdem reagieren sie schnell verunsichert und depressiv-desorganisiert, wenn sie bei therapeutischen Übungen »allein gelassen« werden. Im Gegensatz dazu erleben wir z. B. Bulimie-Patienten kontaktinteressierter und in gewissen Tendenzen übergriffig, was körperliche Näheangebote angeht. Insgesamt sind beide Gruppen aber in den Bewegungs- und Beziehungsformen sehr kontrolliert, eher steif und in der Beobachtung eher argwöhnisch auf die Therapeuten ausgerichtet. Neurobiologen wie Damasio (2002) oder Hüther (2004a, 2004b) beschrieben in den letzten Jahren eindrucksvoll, dass diese basalen gefühlsgelenkten Interaktionsprozesse frühe neurobiologische Korrelate besitzen bzw. dass eine zeitige Bahnung solcher Informationsverarbeitungsprozesse auch hirnorganische Benutzungsspuren hinterlassen kann. Die stärksten neurophysiologischen Langzeitauswirkungen hinterlassen insbesondere Psychotraumaerfahrungen wie durch die sprunghaft boomende Forschung der letzten Jahre vielfach belegt werden konnte (vgl. van der Kolk 2000; Damasio 2002; Hüther 2004a, 2004b; Bauer 2005 u. v. a.). Psychotraumata und insbesondere solche negativen Prägungen, die im Zusammenhang mit nahestehenden familiären Bezugspersonen entstanden und über lange Zeit eingewirkt haben, sind grundsätzlich als Ursache für schwere psychopathologische Syndrome und Entwicklungsdefizite anzusehen (vgl. Egle/Hoffmann/Joraschky 2005 sowie Joraschky/Pöhlmann, ebd.). Die Entstehung einer Anorexia Nervosa oder Bulimie ist zwar nicht die zwingende Folge einer Psychotraumatisierung, die klinische Erfahrung unserer Gemeinschaftspraxis zeigte jedoch, dass sich bei allen Patienten mit Anorexia Nervosa in unserem Klientel mittelgradige bis schwere Psychotraumatisierungen finden ließen. Bei 60% der Patienten lag ein sexueller Missbrauch vor, wobei diese Vorfälle jedoch zunächst bei ca. 50% der Fälle am Beginn einer mindestens zweijährigen Psychotherapie durch die Patienten zunächst nicht mehr erinnerbar waren, weil die ganze Kraft der Patienten für die Verdrängung und Dissoziation dieser Ereignisse aufgewendet wurde.

Von Ekelerlebnissen bei Berührungen, sexuellen Belästigungen oder Prüderien in den Herkunftsfamilien sowie Ängsten vor Körperkontakt und verbaler wie körperlicher Gewalt berichteten dagegen alle Anorexia Nervosa-Patienten, die meine Frau und ich in der Praxis betreut haben meistens von Beginn an bzw. bereits in den ersten Monaten.

Den allgemeinen Interaktionsformen kommt nach Ansicht der Säuglingsforschung (vgl. Lichtenberg 1991; Stern 1991) ohnehin eine früher oft unterschätzte Bedeutung zu, da Säuglinge die Beziehungsatmosphäre der Hauptbetreuungspersonen diffizil in Kommunikationssymptomen speichern (vgl. obige Autoren, ebd.). Neben diesen Konzepten der frühen eingefrorenen Interaktionszirkel weist die Theorie der Spiegelneurone (vgl. Bauer 2005) darauf hin, dass auch unbewusste Nachahmungseffekte in der kommunikativen Wechselwirkung zwischen Betreuungsperson und Kind eine einschneidende Bedeutung haben. In der Psychoanalyse wurden diese Mechanismen der unbewussten Verinnerlichung von schädigendem Verhalten der beeinflussenden betreuenden Personen des Kindes zum Teil mit dem Begriff der Introjektion (Ferenczi 1912) beschrieben. Kohut (1982) skizziert in seinem Theoriemodell der Selbstpsychologie, wie aus defizitären Beziehungsstilen zwischen Eltern und Kind psychische Störungsmodelle werden, die das sich später selbstorganisierende Selbstbild bzw. die Selbstregulation der Patienten schwer deformieren können. Analytische Körperpsychotherapeuten wie Moser (2002) und Heisterkamp (1993) weisen mit ihren Arbeiten ebenfalls auf die Bedeutung der frühesten Kommunikationsmuster zwischen Kind und Betreuungsperson hin und plädieren bei diesen Patienten für einen aktiven körperpsychotherapeutischen Ersatz in einer Phase der Psychotherapie.

Meine eigenen konzeptionellen Überlegungen und psychotherapeutischen Vorgehensweisen gehen seit ca. zehn Jahren in dieselbe Richtung (Vogt 2002a, 2002b, 2004, 2007). Ergänzend zu den Theorie- und Praxisbausteinen o. g. Autoren habe ich mich besonders damit beschäftigt, wie die konkrete Bindungs- und Beziehungsgestaltung bei solchen früh gestörten bzw. traumatisierten Patienten aussehen kann. Bei der Operationalisierung einer erlebnis- und handlungsaktiven Therapieatmosphäre helfen mir besonders spezielle Symbolisierungsmedien, die ich aus früheren Behandlungsmedien modifiziert oder eigens für die Psychotherapie neu entworfen und kreiert habe (vgl. Vogt, ebd.). Diese »beseelbaren Therapieobjekte« sind für die Behandlung eine diagnostische und therapeutische Bereicherung, weil sie die Interaktionsräume zwischen Patient und Therapeut gestalttherapeutisch sichtbar machen und symbolische Wahrnehmungsräume in Handlungen schaffen, anhand derer sowohl negative als auch positive emotionale Übertragungsinszenierungen dosiert handhabbar werden. Da Anorexia-Nervosa-Patienten in der emotionalen Sprachfähigkeit erhebliche Defizite aufweisen und in der Regel auch direkte körperliche Berührungen aversiv oft ablehnen, sind diese »erlebnisöffnenden Distanzierungsmittel« Grundlage einer alternativen Behandlungsmethode. In einer begonnenen Langzeitstudie mit Prä-, Post- und Katamneseerhebungen (vgl. Vogt 2004, 2007) an insgesamt 76 Patienten konnte zum derzeitigen Erhebungszeitpunkt nachgewiesen werden, dass Psychotraumapatienten, wo ich anamnestisch unsere Anorexia-Nervosa-Patienten klar einordnen konnte, dieses beziehungsspannungsarme Vorgehen gut annehmen und therapeutisch nutzen können. Einerseits tragen die spielerischen und durch Objekte verfremdeten Diagnostikmethoden sehr zur bindungsseitigen Aufklärung der frühen Beziehungserfahrungen bei, die oft nicht sehr bewusst reflektiert werden, andererseits bieten die Medien auch dialogische, aggressive und nachnährende Entwicklungsräume für die Psychotherapie, wie sie ohne handlungsaktives Vorgehen sonst schwer organisiert werden können (vgl. Fallbeispiel unten).

Essstörungen sind nach meiner klinischen Lesart, das was sie in der heutigen Erscheinungsform hypothetisch eben sein können: *Fixierte Interaktionsbilder einer früheren Lebenszeit*, die sich in ihrer Destruktivität heute immer noch gegen das reinszenierende Subjekt richten! Säuglinge verweigern bei starkem psychischen Unwohlsein und Stress die Nahrungsaufnahme, weil sie psychophysisch nicht verdauen können und um ggf. die Versorgungsperson zur Beseitigung der Störungsursachen indirekt aufzurufen. Das systemische Problem sehe ich darin, dass dieses Signalverhalten damals keine Verbesserung der Atmosphäre bewirken konnte, weil die betreffenden Betreuungspersonen nicht die emotionale Kompetenz besaßen, um diese Missstände bzw. das Mangelmilieu subjektiv oder objektiv abzuwenden. Das spätere systemische Problem der heutigen Therapiezeit erkenne ich u. a. darin, dass das selbstdestruktive Verhalten paradoxe Ausmaße angenommen und sich von der damaligen Ursache entfernt hat. Es bestünde zumindest in der Psychotherapie die Möglichkeit interaktional die erlittenen Defizite symbolisch in gewissen Relationen auszugleichen, die Anorexia-Nervosa-Patienten sind aber kaum in der Lage, emotionale Lösungen durch andere Personen anzunehmen.

Der chronifizierte Rückzug auf sich selbst, die (zumindest unbewusst) verweigernde Beziehungsübertragung und die Introjektion der emotional übergehenden Kommunikationsbarrieren haben im Selbst der Patienten einen zerstörerischen autonomen Regelkreislauf entwickelt, der Veränderungen und wirkliche nachträgliche Entwicklung nahezu unmöglich macht.

Die Lösung kann nach meiner Behandlungshypothese bei Essstörungen demnach besonders in der »emotionalen Nachnährung« gefunden werden. Das emotionale Wachstum setzt dann ein, wenn die emotionalen Schlüssel der Verursachung erkannt, erste positive Bindungs- und Beziehungserfahrungen feinfühlig gemacht und neue Formen der gesünderen Selbstregulation nachhaltig umgelernt und trainiert sind. Dann ist die gesunde Ernährung und Selbstpflege (wieder) das natürliche Bedürfnis der Selbstregulation. Das trifft meiner klinischen Erfahrung nach grundsätzlich sowohl auf Anorexia Nervosa- als auch auf Bulimia Nervosa-Patienten zu. Der Unterschied ist gewissermaßen, dass im ersteren Falle mehr psychodynamische Konfliktkonstellationen des Aufnehmens und im zweiten Fall mehr Konstellationen der adäquaten Abgrenzung bewusstzumachen und zu bearbeiten sind, wenn es um den erlernten Sinn der Symptomatik geht. Über das Herangehen im einzel- und gruppentherapeutischen handlungsaktiven Setting des SPIM–20-KT ließen sich noch umfangreiche Erläuterungen theoretischer und empirischer Art anfügen; hier soll im Hinblick auf den Überblickscharakter der Beiträge ein einzelnes Fallbeispiel als Ausschnitt genügen.

Fallbeispiel

Nach Vogt (2007) sollen die Therapiephasen des nachfolgenden Fallbeispiels in drei Phasen unterschieden werden. Hierzu werden jeweils Ausschnitte aus der Anamnese, die dem jeweiligen Kenntnisstand der Patientin entsprechen, Einschätzungen zu jeweiligen therapeutischen Beziehungsqualitäten und wichtige Teile der therapeutischen Interventionen erläutert.

Therapiephase I: Psychoedukations- und Stabilisierungsphase von Patientin S.

Frau S. kam mit Mitte 20 ursprünglich wegen depressiv-ängstlicher Symptome zur Psychotherapie. Sie befürchtete, ihr Studium nicht zu schaffen, die Partnerschaft wegen sexueller Erlebensschwierigkeiten nicht aufrechterhalten zu können und von ihrer Primärfamilie nicht loszukommen, weil die Mutter unsäglich klammerte. Losgelöst von diesen Symptomen berichtete sie von aggressiven sozialen Feldern mit politischer Betätigung in einer linken Studentenbewegung, die provokante Aktionen gegen rechte Studentengruppierungen plante und zum Teil effektvoll durchführte, wie ich auch durch andere Quellen an der Universität erfuhr.

Von dem Syndrom der Anorexia Nervosa erfuhr ich als Therapeut »nur so nebenbei«, als ich aufgrund der abgemagerten äußeren Erscheinung nach dem aktuellen Körpergewicht und dem Essverhalten fragte. Frau S. kam auf knapp 80% des BMI-Körpergewichtes ihrer Geschlechts- und Altersklasse. Sie kaschierte die gezügelte Nahrungszufuhr durch »gesundheitsbewusste« Ernährung. Das Ausbleiben der Menopause interpretierte sie lediglich als Auswirkung der sexuellen Unlust und des aktuellen Partnerkonfliktes sowie allgemeiner Sparmaßnahmen in ihrem Lebensmittelbudget als Studentin. Von einer Anorexia-Nervosa-Diagnose wollte sie eigentlich nichts wissen, da sie sich ziemlich auf ihr persönliches Krankheitskonzept (s. o.) festgelegt hatte.

Ich öffnete als Therapeut diese diagnostische Einengung mit der Vereinbarung, dass wir alle parallelen Arbeitsdiagnosen beachten wollten und später sehen würden, wie wir diese in der Psychotherapie sukzessive verwenden oder verwerfen könnten.

Aus der Familienanamnese war mir aufgrund umfangreicher Beispiele bekannt, dass Frau S. als Kleinkind keine wohltuenden und zärtlichen körperlichen Berührungen durch die Mutter kennengelernt hatte. Sie hat die Mutter sehr formal versorgend und relativ grob erlebt. Beim Vater hätte es mehr positive Berührungen gegeben, diese seien aber manchmal beschämend gewesen, weil nach ihrem Gefühl Grenzen der Nacktheit für sie als heranwachsendes Mädchen überschritten worden waren.

Zentrale Bedeutung hatte diesbezüglich eine Wirbelsäulenoperation im fünften Lebensjahr, in dem das Kind aufgrund des langsamen Heilungs- und Rehabilitationsprozesses Monate im Gipskorsett und Liegemollen verbringen musste, wo sie notgedrungen sehr auf die Hilfe der Eltern angewiesen war. So mussten die Genitalien und der Afterbereich durch die Eltern gesäubert werden, was dem Mädchen höchst unangenehm war, weil diese Maßnahmen durch die Eltern auch nicht sehr feinfühlig begleitet worden waren.

Nachdem wichtige aufklärende und verhandelnde Gespräche über den Zweck, die Methoden und die Ziele der derzeitigen Psychotherapie erfolgreich gelaufen waren, hatten Frau S. und ich uns auf eine bestimmte Anzahl von körperpsychotherapeutischen Sitzungen geeinigt, um das ihr bekannte Beziehungsmisstrauen und die Selbstisolation in handlungsaktive Bilder zu transformieren. Das vereinbarte Teilziel bestand in der Therapiephase I darin, diagnostische Wahrnehmungen für diese Fokusse zu vertiefen und eine arbeitsfähige Basis für unsere therapeutische Arbeit zu suchen. Das Thema der Anorexia Nervosa war damals in den Augen der Patientin zweitrangig; sie hatte aber zugestimmt, über ihr Körpergewicht regelmäßig Buch zu führen und wahrheitsgemäß zu berichten.

Die erste Übung mit den Kontaktstäben fand in der 15. Therapiesitzung statt (vgl. Abb. 1). Hier konnte Frau S. ihren »Sicherheitsabstand« halten und zugleich durch die drei verschiedenen Instruktionen (Führen, führen lassen, spontan folgen – vgl.

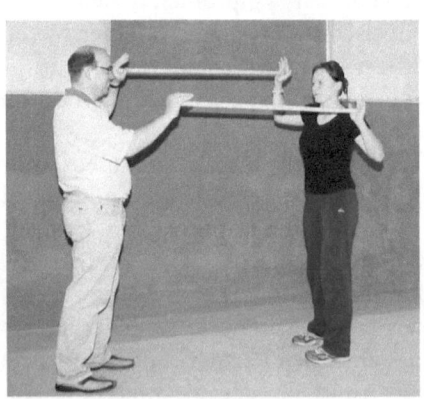

Abbildung 1: Nachgestelltes Foto zum Behandlungsfall der Anorexia-Nervosa-Patientin Frau S. (Therapiefoto 1)

Vogt 2007) erste Beziehungserfahrungen auf der gemeinsamen Bewegungsebene machen.

Frau S. spürte zunächst, dass es ihr gut tat, wenn ich ihr in den Bewegungen folgte und sie meine Anpassung wie eine wohlwollende Bestätigung erlebte. In der Phase des Führenlassens bekam sie sofort negative Gefühle mir gegenüber, weil sie sich schnell »zu etwas gezwungen« fühlte. Bei der dritten Instruktion erlebte ich eine gewisse Tendenz zur aggressiven Auseinandersetzung mit Frau S., die sie aber nur als »freudigen Spaß« bezeichnete. Wichtig war auf jeden Fall, dass Frau S. die unterschiedlichen Wahrnehmungsergebnisse einer identifizierbaren Übertragung zuordnen konnte, welche hier in der konkreten Reihenfolge der Übungen mit den Stäben in ihrem Erleben positive Mutterübertragung, negative Mutterübertragung und ambivalente Vaterübertragung bedeutet haben.

Im Rahmen einer zweiten Bewegungsinszenierung mit der Rückenmatte (vgl. Abb. 2) waren wir in der 22. Therapiesitzung zum Thema Beziehungshalt erleben und Beziehungsvertrauen erleben vorgedrungen. Auch hier gibt es drei Instruktionen mit Haltannehmen, Haltgeben und Haltaustrarieren (vgl. Vogt 2007).

Frau S. reagierte auch hier unterschiedlich. Beim Anlehnen an mich empfand sie zunächst Angst, dann aber Sicherheit. Bei der Anlehnung meinerseits über die Matte gab es wieder die negativen Übertragungen der Unterdrückung und Fremdbestimmung wie bei den Kontaktstäben. Die auszutarierende Rückenmatte gestaltete Frau S. feinfühlig und sorgsam. Bei der Tauwippenstruktur (vgl. Abb. 3) wurden in den drei Gestaltungssettings (vgl. Vogt 2007)

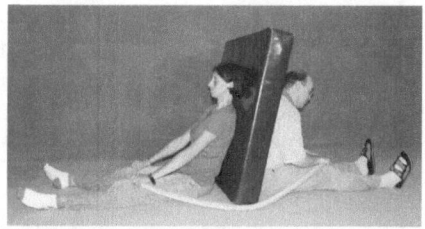

Abbildung 2: Nachgestelltes Foto zum Behandlungsfall der Anorexia-Nervosa-Patientin Frau S. (Therapiefoto 2)

ebenfalls das gemeinsame Suchen nach dem Gleichgewicht und die Möglichkeit der vertrauensvollen gegenseitigen Überantwortung als besonders positiv erlebt.

Die handlungsaktiven Therapiestrukturen mit großer Beziehungssymbolisierungskraft bewirkten insgesamt eine gute diagnostische Veranschau-

Abbildung 3: Nachgestelltes Foto zum Behandlungsfall der Anorexia-Nervosa-Patientin Frau S. (Therapiefoto 3)

lichung der früheren Kind-Eltern-Erfahrungen und andererseits eben auch die dosierten Modifikationen der früheren negativen Eindrücke mit kindgemäßen Gestaltungsmethoden. Erst durch die verbesserte Beispielbeziehung zu mir als Therapeuten konnten einige Behandlungswiderstände veringert und tiefere Assoziationsfelder für Frau S. erschlossen werden. Das Essverhalten der Patientin änderte sich etwas, so dass sie nach ihren Berichten jetzt ca. 85% des BMI-Vergleichswert vorlag.

Eine weitere positive Auswirkung der ersten Körperpsychotherapiesettings war auch, dass Frau S. Interesse äußerte, erstmals an einer ambulanten Kursgruppentherapie von zwei Tagen teilnehmen zu wollen (vgl. Vogt 2007). Das erste Ziel einer solchen Teilnahme war die Überwindung der Selbstisolation und der Kontakt zu therapieerfahreneren Mitklienten, was ich auch als ersten Hinweis einer neuen »familiären Öffnung mit Geschwistern« interpretierte. In dieser Gruppentherapie hielt sie aber meist schüchtern Abstand zu den Mitpatienten; sie genoss jedoch die gemeinsamen Gruppenspielszenen, die sich im Verlauf der Gruppenübungen ergaben. Diese Fortschritte in der Einzel- und Gruppentherapie mündeten nach ca. 50 Therapiestunden in die zweite Therapiephase.

Therapiephase II: Psychotraumaexposition und psychodynamisches Durcharbeiten mit Frau S.

Die erfolgreiche Beziehungsvertiefung in den Körperpsychotherapiestrukturen hatte als Begleiteffekt der verbesserten Arbeitsatmosphäre zwischen Frau S. und mir bewirkt, dass sich die Patientin jetzt selbst mehr für ihre Psychodiagnostik und Psychotherapie interessierte, weil die negative Behandlerübertragung gemindert war. Damit schmolz auch der selbstdestruktive Sinn der Übertragungsvergeltung an Dritten und die Selbstzerstörungsintrojektion der Fortsetzung der alten Beziehungsszene. Frau S. brachte alte Fotos der Familie mit zur Sitzung, malte mehr Bilder, berichtete über mehr Träume und stöberte in ihren alten Schulaufzeichnungen herum. Letztlich erinnerte sie bereits dadurch mehr negative bisher unvollständig verarbeitete Kindheitserlebnisse als jemals zuvor. Hierin waren lieblose Berührungserfahrungen durch Mutter und Vater als auch sexuelle Belästigungen durch beide Eltern eingeschlossen. Einerseits gab man sich in der Familie prüde und schamhaft verklemmt – andererseits war man bei ihr als Kind, besonders unter dem »Berührungsalibi« der Wirbelsäulenoperation, sehr übergriffig. Paradoxerweise waren die Eltern aber auch ungehemmt forsch und abwertend bagatellisierend, wenn es um die Verletzung ihrer kindlichen Schamgrenzen ging. Viele Situationen hatte das Kind mit angespannter Ohnmacht ertragen, so dass hieraus Dissoziationsphänomene mit Depersonalisations- und Derealisationscharakter entstanden. Bei den Expositionssitzungen im traumaorientierten Setting arbeitete Frau S. meistens im Sitzen mit Screentechniken unter meiner Affektregulationshilfe nach Huber (2003).

Die schwierigsten psychotraumatischen Belastungen stellten danach Erlebnisse im Zusammenhang mit der durch die Wirbelsäulenoperation hervorgerufene Bewegungsunfähigkeit im fünften Lebensjahr ebenso dar, wie die Krankenhausaufenthalte mit großer Vereinsamung und Verlassenheit, sowie die quälende Selbstkontrolle, die dem Kind durch das lange Anlegen des Gipskorsetts und das Liegen in der Gipsmolle zugemutet worden waren.

Hier arbeiteten wir im Traumaexpositionssetting auch mit dem EMDR-Verfahren nach Hofmann (1999) sowie Konzentrierten-Strukturierten-Handlungsinszenierungen zur Psychotraumaexposition (KSHP – nach Vogt 2007). Insgesamt wurden zu den verschiedenen Verfahren über ca. zehn Wochen nahezu 16 Sitzungen durchgeführt zzgl. der notwendigen Vor- und Nachbereitungssitzungen. Diese Therapieinterventionen festigten unser Therapiebündnis deutlich, und Frau S. machte weitere Fortschritte in der Gewichtszunahme um nahezu 10%, so dass ihr Körpergewicht fast nur noch 5% unter dem BMI-Wert der Vergleichspopulation lag. Ihr Essverhalten war aber noch sehr störanfällig und noch nicht grundsätzlich gefestigt. Depressive Krisen führten immer wieder schnell zur Einstellung der Nahrungszufuhr.

Ich suchte mit Frau S. demzufolge nach weiteren Settings, die einerseits Stabilisierung als auch einen gewissen Ausgleich für diese Krisen bringen konnten. Eine wichtige Ergänzung in diesem Zusammenhang stellte für die Patientin sehr bald die Integration in eine Langzeittherapiegruppe dar (vgl. 2-Jahres-Konzept in Vogt 2007). Hier bekam die Patientin wichtige Unterstützung im Sinne der altersgemäßen Bestätigung ihrer schwierigen Gefühlsbearbeitungsprozesse und des begonnenen Veränderungsweges. Andererseits profitierte sie auch von Vergleichen mit anderen Störungsbildern und dem Umgang mit dem Therapeutenpaar durch andere Gruppenmitglieder.

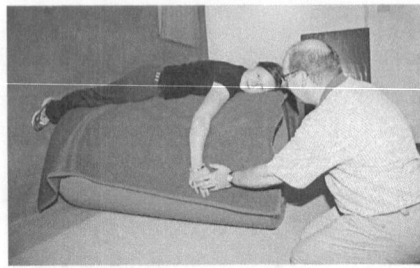

Abbildung 4

Abbildung 5

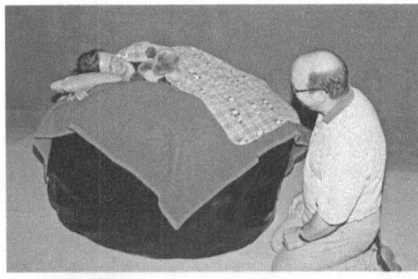

Abbildung 6
Nachgestellte Fotos zum Behandlungsfall der Anorexia-Nervosa-Patientin Frau S. (Therapiefotos 4–6)

Eine weitere wichtige Settingergänzung im Rahmen der vielen Psychotraumasitzungen waren dann die trostspendenden kindgemäßen Settings am Ende einiger Traumasitzungen sowie die Kreation von vollständigen Nachnährungssettings ab der Mitte der zweiten Psychotherapiephase (vgl. Abb. 4, 5 und 6).

Das Bedürfnis Trost spielt meiner Erfahrung nach je nach Tiefe und Umfang der vorangegangenen Psychotraumaexposition der Patienten eine unterschiedliche, aber stets große Rolle. Wenn die bearbeitete Traumasituation mit einer punktuellen Altersregression der Patienten bis zum zehnten Lebensjahr einhergeht, sind die Trostbedürfnisse natürlicherweise oft groß. Hier ist es meiner klinischen Erfahrung nach sinnvoll und heilsam die letzten fünf Minuten einer Traumaexpositionssitzung zum »regressiven Ausklingen« unter mütterlicher Umsorgung durch den Therapeuten zu gestalten. Manchmal genügt schon ein Rollen im Tonnenbauch, ein kurzes Schaukeln auf dem Klammerpferd oder ein einfaches Haltgeben mit einer Rückenmatte und Handkontakt des Therapeuten und tiefe Annahmegefühle für den kindlichen (wie erwachsenen) Anteil des Klienten entstehen. Ein guter Blick und leichte tröstende Worte bewirken ein Übriges an haltgebendem Verständnis. Nach diesen oft kurzen Gesten mutueller Verbundenheit setzt in der Regel sehr schnell wieder Progression ein und der (nach wie vor) erwachsene – jetzt aber gefestigte – Patient kann die Therapiestunde in »orientierter Berührtheit« verlassen. Die Expositionssitzungen bei Frau S. wurden sehr häufig wirkungsvoll mit Tonnenbauchrollen, Schaukeln jeder Art sowie Handhaben durch den Therapeuten beim Tonnenbauchliegen der Patientin beendet.

Therapiephase III: Integration und Differenzierung bei Frau S.

Nach ca. einem halben Therapiejahr begannen bei Patientin S. Behandlungsstunden mit breiterem Integrations- und Differenzierungscharakter, was in Stunden ausgedrückt bereits ca. mit der 60. Behandlungsstunde Schritt für Schritt umgesetzt wurde, weil die Therapiephasen sich bekanntermaßen überlappen (vgl. Vogt 2007). Diese dritte Therapiephase ist dadurch gekennzeichnet, dass Patienten sehr bewusst den Verlauf der aktuellen Therapiestunden im Sinne einer besseren Effizienz mitplanen. Probleme von Übertragung und Gegenübertragung zwischen Patient und Therapeut sind soweit bearbeitet und in modellhaften Interaktionsszenen gelöst worden, dass in der Mehrzahl der Therapiestunden positive Übertragungsräume von beiden Seiten wahrgenommen werden.

Gegenüber Psychotraumabearbeitungen existieren nicht mehr grundsätzliche Vermeidungshaltungen in der notwendigen sukzessiven Behandlung. Da schwierige Szenen in der Regel erfolgreich bearbeitet sind, gibt es ein zumeist optimistisches und solidarisches Beziehungsklima. Dieses wiederum ist Voraussetzung, sodass komplexere systemische Verknüpfungen der bearbeiteten Themen im Bereich der Herkunftsfamilie, Partnerschaft, Arbeitswelt usw. jetzt in den Fokus der Behandlung geraten. Darüber hinaus sind psychoprophylaktische Themen der Selbstentwicklung ein wichtiges Ziel der Patienten in dieser dritten Behandlungsphase.

Frau S. zeigte hier eine hohe Selbstständigkeit in der fortschreitenden Bearbeitung ihrer Entwicklungsthematiken. Zum einen führte sie eine Reihe von kritischen Interviews und Gesprächen mit ihren Eltern, die im Grunde bis heute das psychische Defiziterleben ihrer Tochter nicht teilen können bzw. sich nach Angaben von Frau S. auch vehement weigern, eine Mitverantwortung und Mitschuld am frühen Geschehen anzuerkennen. Hier war eine betrauernde Abgrenzung durch die Patientin vonnöten. Ihr Freund reagierte positiver auf die psychischen Veränderungen seiner Partnerin und lernte, die »falsche klein machende Fürsorge« für seine Freundin aufzugeben. Nach einem Paargespräch in unserer Praxis entschloss er sich ebenfalls, eine eigene Psychotherapie zur Selbsterfahrung in Angriff zu nehmen. Im Studium gelang der Patientin endlich der Abschluss ihrer Diplomarbeit mit realistischerem Anspruch und Aufgabe anerzogener Leistungszwänge. Das Körpergewicht bewegte sich bereits in dieser Zeit im Normbereich. Über Fragen der gesunden Ernährung musste gar nicht weiter diskutiert werden. Die Patientin hatte prinzipiell verstanden, dass der Hintergrund ihrer Selbstdestruktivität so weit verzweigte Ursachen hatte.

Zu den besten Settings ihrer (jetzt selbstauferlegten) Nachnährung gehörten der Tonnenbauch, das Klammerpferd und der Nestsack (vgl. obige Fotos 4, 5, 6). Den Tonnenbauch führte sie nach meiner Beobachtung am intensivsten aus: hier lag sie am längsten, weinte oder kuschelte zufrieden über viele Minuten. Beim »zweitplatzierten« Klammerpferd überwog der Trosteffekt des Schaukelns. Den Nestsack suchte Frau S. ganze drei Mal auf. Beim ersten Mal musste ich die Nachnährungsregression deutlich beenden, weil die Patientin Raum und Zeit verloren hatte. In der zweiten Durchführung sprach ich deshalb mehr, so dass »verlierende regressive Dissoziationen« nicht mehr auftraten. Zum Abschluss der zweiten Nestsackarbeit wollte Frau S. in der kindlichen Anteilsverfassung durch meine Hände »am Köpfchen« gehalten werden, was zunächst regressive Berührtheit auslöste und danach einen Körperstreckvorgang bewirkte, der mich bildlich an einen intuitiven Geburtsvorgang erinnerte. Die Patientin hatte ein gutes Co-Bewusstsein für diesen Prozess und beurteilte diese Szene als »psychischen Neubeginn im fortgeschrittenen Alter«.

Nach meiner Ansicht konnten die o. g. Nachnährungssettings den ressourcenorientierten Wachstumsprozess der Patientin so gut stimulieren, weil die vorausgegangenen Therapieetappen die Entwicklungsstruktur dafür geöffnet hatten und weil Frau S. sich inhaltlich mit dieser Therapiezielstellung gut identifiziert hatte. Somit hatte sie in aufopferungsvoller und schmerzlicher Arbeit gelernt, selbst Regie in ihrer Gefühls- und Gedankenregulation auszuüben.

Resümee

Dieser kurze Fallbericht einer Anorexia Nervosa-Patientin sollte zeigen, dass ein multimodales diagnostisches und therapeutisches Vorgehen komplex und aufwändig – aber auch Erfolg versprechend sein kann. Kernpunkt ist ein ganzheitliches Krankheitsverständnis, wo somatische, neurophysiologische, psychodynamische, gestalttherapeutische, systemische u.v.a. Aspekte des betroffenen Menschen und dessen Interaktionen prinzipiell erfasst und für den psychotherapeutischen Auftrag operationalisiert werden.

Im Mittelpunkt steht hier ein Behandlungskonzept, das SPIM–20-KT, welches vielfältige fallbezogene Akzentuierungen zulässt, je nachdem auf welchen Diagnostik- und Therapiekanal gute Wechselwirkungen zwischen Patient und Therapeut zu bemerken sind. Kern ist dabei ein Stufenprogramm der Beziehungsgestaltung, in welchem viele symbolische Kommunikationsformen zwischen Klient und Behandler kreiert werden, die eine mutuelle Lösungssuche durch beide Interaktionspartner erforscht und möglich macht. Die Therapiesettings entsprechen dabei den gemeinsam vereinbarten Untersuchungs- und Veränderungsstrukturen. Sie eröffnen durch verfremdende handlungsorientierte Aspekte aber auch Raum für neue experimentelle Eindrücke und Schlussfolgerungen, ohne die eine neue Verhaltenswahrnehmung und Symptomlösung einfach nicht möglich sind.

Im o.g. Fall hat die Patientin zunächst ein neues Krankheitsverständnis erarbeiten müssen, bevor sie auf die unbewussten Entwicklungsdefizite stoßen konnte und ehe sie auf die natürlichen Wachstumslösungen für ihr Problemverhalten einschwenken konnte. Erst durch die *Veränderung und Nachreifung der gesamten Selbstregulation* konnte die Symptomträgerin die inneren Fremdbestimmungskräfte ihrer Störung entscheidend schwächen und abbauen. Ihre psychische Nachentwicklung mithilfe der Symbolkräfte konnte schließlich das innerpsychische Suchtproblem zentral behandeln.

Literatur

Ainsworth, M.D.S.; Blehar, M.C.; Waters, E. & Wall, S. (1978): Patterns of Attachment: A psychological study of the strange Situation. Hillsdale, NJ (Lawrence Erlbaum).
Bauer, J. (2005): Warum ich fühle, was du fühlst. Intuitive Kommunikation und das Geheimnis der Spiegelneurone. Hamburg (Hoffmann und Campe).
Bowlby, J. (1995): Elternbindung und Persönlichkeitsentwicklung. Heidelberg (Dexter).
Brisch, K.H. & Hellbrügge, T. (2003): Bindung und Trauma. Stuttgart (Klett-Cotta).
Damasio, A. (2002): Ich fühle, also bin ich. Die Entschlüsselung des Bewusstseins. München (List).
Egle, U.T.; Hoffmann, S.O. & Joraschky, P. (Hg.) (2005): Sexueller Missbrauch, Misshandlung, Vernachlässigung (3. Aufl.). Stuttgart (Schattauer).
Ferenczi, S. (1912): Zur Begriffsbestimmung der Introjektion. In: Ferenczi, S. (2004): Schriften zur Psychoanalyse I. (Hg.: M. Balint) Gießen (Psychosozial-Verlag), S. 100–102.
Ferenczi, S. (1919): Ekel vor dem Frühstück. In: Ferenczi, S. (2004): Schriften zur Psychoanalyse I (Hg: Balint, M.). Gießen (Psychosozial-Verlag), S. 268.
Heisterkamp, G. (1993): Heilsame Berührungen. München (Pfeiffer).

Hofmann, A. (1999): EMDR in der Therapie psychotraumatischer Belastungssyndrome. Stuttgart (Thieme).
Huber, M. (2003): Trauma und die Folgen. Bd. I, und Wege der Traumabehandlung. Bd. II, Paderborn (Junfermann).
Hüther, G. (2004 a): Die Strukturierung des kindlichen Gehirns durch Erziehung und Sozialisation. Vortrag, Zukunft für Kinder, Köln, 25.–27.06.2004, Müllheim: Auditorium Netzwerk, DVD, 590D.
Hüther, G. (2004 b): ADHS und Gehirnentwicklung. Vortrag, Ent-Bindung, Trauma und soziale Gewalt, 03.-05.12.2004, Müllheim: Auditorium Netzwerk, DVD, SFI04-05D.
Joraschky, P. & Pöhlmann, K. (2005): Die Auswirkungen von Vernachlässigung, Misshandlung, Missbrauch auf Selbstwert und Körperbild. In: Egle, U.T.; Hoffmann, S.O. & Joraschky, P. (Hg.): Sexueller Missbrauch, Misshandlung, Vernachlässigung (3. Aufl.). Stuttgart (Schattauer), S. 194–210.
Kohut, H. (1982): Vier Grundbegriffe der Selbstpsychologie. In: Psychoanalyse 3 (2–3), S. 181–205.
van der Kolk, B.A.; Mc Farlane, A.C. & Weisaeth, L. (2000): Traumatic Stress. Paderborn (Junfermann).
Lausberg, H.; von Wietersheim J. & Feiereis, H. (1996): Movement Behaviour of Patients with Eating Disorders and Inflammatory Bowel Disease. A Controlled Study. Psychotherapy and Psychosomatics 65 (6), S. 272–276.
Lausberg, H. (2006): Bewegungsanalyse in der Körperbilddiagnostik bei Patientinnen mit Essstörungen. Unveröff. Vortrag auf der 7. Dresdner Körperbildwerkstatt, 17./18.11.2006, Dresden.
Lichtenberg, J.D. (1991): Psychoanalyse und Säuglingsforschung. Berlin (Springer).
Maaser, R. (2006): Analytische Körperpsychotherapie der Anorexia Nervosa. Unveröff. Vortrag auf der 7. Dresdner Körperbildwerkstatt, 17./18.11.2006, Dresden.
Moser, T. (2002): Fleischfressende Pflanze und Stierkampf: Zwei Handlungs-Formen aus der analytischen Körperpsychotherapie. Zeitschrift Psychoanalyse und Körper 1 (1), S. 105–118.
Peters, U.H. (1985): Psychiatrie und medizinische Psychologie von A–Z. (3. Aufl.). München (Urban & Schwarzenberg).
Röhricht, F. (2006): Klinisches Management und Psychotherapie bei Anorexia Nervosa: Evidence base. Unveröff. Vortrag auf der 7. Dresdner Körperbildwerkstatt, 17./18.11.2006, Dresden.
Steinhausen, H.-C. (2005): Anorexia Nervosa – Leitfaden für die Kinder- und Jugendpsychotherapie. Göttingen (Hogrefe).
Stern, D.N. (1991): Tagebuch eines Babys. München (Piper).
Vocks, S. & Legenbauer, T. (2005): Körperbildtherapie bei Anorexia und Bulimia Nervosa. Göttingen (Hogrefe).
Vogt, R. (2002 a): Beseelte Spielräume durch Übergangs-Übertragungs-Objekte. In: Trautmann-Voigt, S. & Voigt, B. (Hg.): Verspieltheit als Entwicklungschance. Gießen (Psychosozial-Verlag), S. 173–208.
Vogt, R. (2002 b): Veränderung und Lösung von Übertragungsbarrieren in der analytischen Körperpsychotherapie durch den Einsatz von Übergangs-Übertragungs-Objekten. Z. Psychotherapie Forum 10, S. 22–37.
Vogt, R. (2004): Beseelbare Therapieobjekte. Strukturelle Handlungsinszenierungen in einer körper- und traumaorientierten Psychotherapie. Gießen (Psychosozial-Verlag).
Vogt, R. (2007): Psychotrauma, State, Setting. Gießen (Psychosozial-Verlag).
Vogt, R. (2008): Körperpotenziale in der trauma-orientierten Psychotherapie. Gießen (Psychosozial-Verlag).

Die Rolle körperorientierter Strategien in der verhaltenstherapeutischen Behandlung bulimischer Patientinnen

Martina de Zwaan & Tanja Legenbauer

Einleitung

Neben dem pathologischen Essverhalten stellt das negative Körperbild ein zentrales Symptom nicht nur der Anorexia Nervosa, sondern auch der Bulimia Nervosa dar, weshalb dessen Behandlung ein wichtiger Bestandteil der Therapie ist. Die verzerrte Wahrnehmung des Körperbildes bulimischer Patientinnen wird dementsprechend auch in den diagnostischen Kriterien der Bulimia Nervosa sowohl im ICD 10 als auch im DSM IV abgebildet: »Krankhafte Furcht davor, dick zu werden; die Patientin setzt sich eine scharf definierte Gewichtsgrenze, deutlich unter dem prämorbiden, vom Arzt als optimal und gesund betrachteten Gewicht« (ICD–10). »Figur und Körperbewertung haben einen übermäßigen Einfluss auf die Selbstbewertung« (DSM-IV).

Obwohl Einigkeit über das Bestehen einer verzerrten Körperwahrnehmung bei Essstörungspatienten besteht, gibt es vor allem im deutschsprachigen Raum wenig Einstimmigkeit darüber, wie diese bezeichnet werden sollte. Die verschiedenen Begriffe, welche im Zusammenhang mit der verzerrten Körperwahrnehmung benutzt werden (z.B. Körperwahrnehmung, Körpererleben, Körper-Ich, Körper-Selbst, Körperfantasie, Körperkonzept, Körperakzeptanz) sind kaum klar definiert. Da im englischen Sprachraum der Begriff »body image« relativ konstant verwendet wird, wird im Folgenden als äquivalent dazu der Begriff »Körperbild« definiert als variables, von vielen Faktoren beeinflussbares Vorstellungsbild des eigenen Körpers, Anwendung finden.

Es gibt zahlreiche Untersuchungen, die belegen, dass ein negatives Körperbild eine wichtige Rolle bei der Entstehung und Aufrechterhaltung von Essstörungen spielt und einen Risikofaktor für Rückfälle nach der Therapie darstellt: 1.) Körperunzufriedenheit bei weiblichen Jugendlichen sagt den Beginn von restriktivem Essverhalten voraus (Thompson et al. 1995), 2.) Körperunzufriedenheit moderiert die Beziehung zwischen verschiedenen Risikofaktoren (negativer Selbstwert, negativer Affekt, sozialer Druck dünn zu sein) und der Essstörungssymptomatik und 3.) ein negatives Körperbild hat einen hohen Stellenwert in der Aufrechterhaltung der Essstörungen (Meta-Analyse, Stice 2002). Darüber hinaus zeigte sich, dass Patientinnen, die zwar ihr Essverhalten normalisieren, aber weiterhin eine negative Einstellung gegenüber ihrem körperlichen Erscheinungsbild zeigen, ein höheres Rückfallrisiko aufweisen (Keel et al. 2005).

Insgesamt wird davon ausgegangen, dass die Überbetonung von Essen, Figur und Gewicht für die Selbstbewertung eine zentrale Rolle in der Aufrechterhaltung der Essstörung spielt. Das kognitiv-behaviorale Modell der Bulimia Nervosa, wie es von Fairburn et al. 1993 formuliert wurde, berücksichtigt genau diesen zentralen Punkt (Abbildung 1): Während die meisten Menschen ihre Selbstbewertung von Faktoren aus unterschiedlichen Lebensbereichen (Beziehungen, Arbeit, Rolle als Eltern, Fähigkeiten) abhängig machen, hängt die Selbstbeurteilung bulimischer Mädchen und Frauen fast ausschließlich von ihrem Essverhalten, ihrem Gewicht und ihrer Figur und von der Kontrolle ab, die sie über Essen, Figur und Gewicht erleben. Die anderen klinischen Symptome können direkt von diesem zentralen psychopathologischen Merkmal abgeleitet werden. Das restriktive Essverhalten, strenge Diätregeln und das beständige Streben nach kontrollierter Nahrungsaufnahme dienen direkt der Kontrolle von Essen, Gewicht und Figur, erhöhen aber gleichzeitig die Vulnerabilität für das Auftreten von Essanfällen. Diese müssen wiederum durch kompensatorische Maßnahmen wie selbst-induziertes Erbrechen u. a. ausgeglichen werden. Essanfälle erhöhen jedoch wieder die Sorge um Gewicht und Figur, und so entsteht ein Teufelskreis auf der Verhaltensebene.

Abbildung 1: Kognitiv-behaviorale Theorie der Aufrechterhaltung der Bulimia Nervosa (Fairburn et al. 2003)

Ein gestörtes Körperbild kann unterschiedliche Bereiche betreffen und zwar die Wahrnehmung des Körpers, die Einstellung zum Körper, das Körpergefühl und die mit dem Körper verbundenen Verhaltensweisen. Man spricht hier von vier Komponenten der Körperbildstörung. Die *perzeptive* Komponente bezieht sich auf eine Fehleinschätzung der eigenen Körperdimensionen und zwar eine Überschätzung. Dies ist durch viele Studien belegt (Cash/Deagle 1997). Man geht allerdings heute davon aus, dass diese Fehleinschätzung der eigenen Körperdimensionen weniger auf ein sensorisches Defizit zurückzuführen ist, sondern vielmehr ein kognitives Phänomen darstellt. Die *kognitive* Komponente beinhaltet die negative Bewertung des eigenen Körpers (kognitive Verzerrung), welche bei Bulimia Nervosa stärker ausgeprägt zu sein scheint als bei Anorexia Nervosa (Cash/Deagle 1997). Dies wird auf die stärkere Abweichung von der Idealfigur bulimischer Patienten im Vergleich mit anorektischen Patienten zurückgeführt. Die *affektive* Störung des Körperbildes zeigt sich bspw. darin, dass Patientinnen mit Essstörungen bei der Konfrontation mit ihrem Körper vorwiegend negative Emotionen wie Scham, Ekel, Angst, Wut, Traurigkeit oder Unsicherheit erleben (Tuschen-Caffier et al. 2003; Vocks et al. 2005). Darüber hinaus geben die Patientinnen an, sich häufig »fett zu fühlen«, was als falsche Interpretation emotionaler Zustände angesehen werden kann. Viertens kann eine Störung des Körperbildes auch *behaviorale* Merkmale betreffen. So zeigen essgestörte Patientinnen häufig ein körperbezogenes Vermeidungs- und Kontrollverhalten sowie eine Vernachlässigung positiver körperbezogener Aktivitäten (Tabelle 1). Das Kontrollverhalten (»body checking«) meint das Betrachten des eigenen Körpers im Spiegel oder in Schaufenstern, das häufige Wiegen oder Messen von Körperumfängen, das Vergleichen mit anderen Personen und das Rückversicherungsverhalten durch Nachfragen. Das Vermeidungsverhalten (»body avoidance«) schließt körperliche Aktivitäten, Orte, an denen der Körper sichtbarer wird (z.B. Schwimmbad) und soziale Aktivitäten ein. Die Patientinnen kümmern sich weniger um die Körperpflege, da diese mit der Beschäftigung mit dem eigenen Körper einhergeht, sie vermeiden bestimmte Körperpositionen, die ihnen das Gefühl geben »dick zu sein« (z.B. beide Oberschenkel auf die Sitzfläche legen) und tragen häufig Kleidung, die die Körperform nicht betonen. Diese Kontroll- und Vermeidungsstrategien sind oft sehr subtil, und das wahre Ausmaß der Häufigkeit dieser Strategien ist meist weder den Patientinnen selbst noch den Therapeutinnen bewusst. Da es sich bei Kontroll- und Vermeidungsstrategien aber um aufrechterhaltende Verhaltensweisen handelt, ist eine genaue Diagnostik unumgänglich.

Tätigkeiten	Tanzen, Sport, Sexualität
Orte	Fitness-Center, Schwimmbad, Sauna, Räume mit Spiegeln oder mit viel Licht
Soziale Aktivitäten	Mit Leuten zusammen sein, die schlanker sind
Kleidung	Keine figurbetonte Kleidung, immer perfektes Outfit, aufwendige Fassade
Körperpflege	Nie ungeschminkt das Haus verlassen, sich nicht eincremen, um gewisse Körperteile nicht zu berühren
Körperposition	Immer übereinander geschlagene Beine, Sitzen am Stuhlrand, damit die Oberschenkel nicht flach aufliegen; Bauch einziehen oder Po zusammenkneifen
Figur-Gewichtskontrolle	Häufig Wiegen, Umfänge messen, Hautfalten kneifen, Abstände zwischen Fingern oder Oberschenkeln kontrollieren, bestimmte Kleidungsstücke anziehen, um Gewicht zu kontrollieren.
Rückversicherung	Nachfragen bei Partner oder Freunden, Eltern, wie man aussieht oder ev. auf subtile Art: »Ich bin wieder dicker geworden«
Vergleiche	Überprüfen, ob man genauso schlank ist wie die Kollegin, oft aufwärtsgerichtete (»unfaire«) Vergleiche

Tabelle 1: Körperbezogenes Vermeidungs- und Kontrollverhalten (erweitert nach Vocks/Legenbauer 2005)

Diagnostik

Es existiert eine Vielzahl von Selbst- und Fremdbeurteilungsinstrumenten zur Erfassung unterschiedlicher Aspekte des Köperbildes. Interessierte Leserinnen werden auf das Buch von Vocks und Legenbauer (2005) verwiesen, in dem die derzeit bekannten Instrumente detailliert zusammengefasst sind.

Darüber hinaus gibt es die Möglichkeit, über die Technik des Selbstprotokollierens das Ausmaß der kognitiven, affektiven und behavioralen Aspekte des gestörten Körperbildes bei Patientinnen mit Bulimia Nervosa zu erfassen (Vocks/Legenbauer 2005; Fairburn 2006). Der Einsatz von Selbstprotokollen bietet zum einen die Möglichkeit, die Angaben diagnostisch zu nutzen, zum anderen stellt es die Basis für die Planung therapeutischer Interventionen dar.

Vocks und Legenbauer (2005) beschreiben in ihrem Buch *Körperbildtherapie bei Anorexia und Bulimia Nervosa. Ein kognitiv-verhaltenstherapeutisches Behandlungsprogramm* eine Protokollierungstechnik für dysfunktionale, körperbezogene Kognitionen. Fairburn (2006) schlägt vor, Zeitpunkte notieren zu lassen, an denen sich die Patientin besonders »fett fühlt«. Zugleich soll versucht werden, andere Gefühle zu identifizieren, die zur selben Zeit gespürt wurden (z.B. deprimiert, gelangweilt, müde). Ziel ist die direkte Auseinandersetzung mit diesen Auslösern zu fördern. Darüber hinaus kann ein bestimmter Zeitrahmen (bspw. 24 Std.) bestimmt werden, während welchem die Patientin ihre (körperbezogenen) Aktivitäten beschreibt und so mögliches dysfunktionales Kontrollieren (»checking«) oder Vermeiden (»avoidance«) des Körpers bewusst gemacht wird. Dadurch könnte aufgedeckt werden, welche Methoden die Patientin verwendet. Eine Patientin, die beispielsweise ihr Aussehen häufig vor Spiegeln kontrolliert, könnte durch die Selbstprotokolltechnik detaillierter darüber Auskunft geben, wann und wo sie sich im Spiegel betrachtet (Ort), wie häufig dies über den Tag verteilt auftritt (Häufigkeit) und was genau sie tut, wenn sie sich im Spiegel betrachtet (Tätigkeit). In der Therapie sollte anhand der Protokolle erarbeitet werden, ob sie mit dem Überprüfen des Körpers im Spiegel erreicht hat, was sie erhoffte. Darüber hinaus sollte über sokratische Gesprächsführung erarbeitet werden, welchen Sinn diese Verhaltensweise hat und inwiefern diese mit der Aufrechterhaltung der Körperbild-/Essstörung in Zusammenhang steht. Als Hilfe kann dabei beispielsweise darauf eingegangen werden, dass eine verzerrte Wahrnehmung typisch und damit das Risiko einer »falschen« Information im Sinne einer selbst erfüllenden Prophezeiung sehr groß ist (»Wenn man nach Fett sucht, wird man es finden«).

Körperorientierte therapeutische Interventionen in der Verhaltenstherapie

Allgemeine Grundlagen der Körperbildtherapie

Trotz der großen Bedeutung des negativen Körperbildes für Entstehung, Aufrechterhaltung und Rückfall bei Essstörungen, werden Interventionen, die direkt am Körperbild ansetzen, in der Praxis häufig vernachlässigt. In der KVT werden zwei Methoden eingesetzt: kognitive Ansätze und Körperexposition, also ein konfrontativ-behaviorales Verfahren.

Körperorientierte Interventionen in Form von Körperexpositionen sind Teil vieler KVT Programme für Essstörungen (z. B. Fairburn 2006), rein körperorientierte Interventionen wurden nur wenige entwickelt und empirisch überprüft. Im deutschsprachigen Raum wurden körperorientierte Verfahren z. B. von Böse (2002) sowie Vocks und Legenbauer (2005) vorgestellt, wobei die Körperbildtherapie jeweils einen ergänzenden Baustein der regulären Essstörungsbehandlung darstellen. Die Körperbildtherapie hat sich dabei sowohl als Einzel- wie auch als Gruppenformat bewährt. Die Körpertherapie besteht in der Regel aus mehreren Modulen, wie sie exemplarisch mit dem Programm von Vocks und Legenbauer (2005) dargestellt werden soll:

➤ Erarbeiten eines Störungsmodells
➤ Herausarbeiten der vier Komponenten des negativen Körperbildes
➤ Aufrechterhaltende Bedingungen (konditioniertes Vermeidungsverhalten)
➤ Erkennung und Modifikation negativer körperbezogener Kognitionen, Grundannahmen, Schemata
➤ Körperkonfrontation (Video, Spiegel)
➤ Abbau von körperbezogenem Vermeidungs- und Kontrollverhalten
➤ Aufbau positiver körperbezogener Aktivitäten
➤ Rückfallprophylaxe

Neben der Konfrontationstherapie werden in der KVT auch immer mehr affektiv-erlebnisorientierte Ansätze angewandt, um die Sensibilität gegenüber inneren und äußeren Reizen im Umgang mit dem Körper zu erhöhen. In diese Kategorie fallen beispielsweise körperbezogene interaktionelle Übungen, die durch den Verhaltensaspekt und durch Rückmeldungen von anderen Patienten leichter zu einer Veränderung der Einstellung führen, da hier gezielt neue Erfahrungen gemacht und neue emotionale Zustände ausgelöst werden.

Beispiele für diese Art von Übungen sind körperbezogene Entspannungs- und Besinnungsübungen, Imaginationsverfahren und Körperwahrnehmungsübungen wie Abtast- und Modellierübungen.

Im Folgenden werden die einzelnen Behandlungsbausteine der Körperbildtherapie in Anlehnung an das Programm von Vocks und Legenbauer (2005) im Einzelnen erläutert.

Kognitive Therapie

Neben dem Bewusstmachen und Hinterfragen der kognitiven, affektiven und behavioralen Aspekte des gestörten Körperbildes (siehe auch Absatz

Diagnostik) gehört das Hinterfragen der Überbewertung von Essen, Gewicht und Figur für die Selbstbewertung im weitesten Sinne zur körperorientierten Therapie.

In diesem Zusammenhang hat es sich als hilfreich erwiesen, eine Tortengrafik zu erstellen, in der alle Bereiche, die für die Selbstbewertung herangezogen werden, dargestellt werden (Fairburn et al. 2003; Abbildung 2). Diese Grafik wird herangezogen, um mit den Patientinnen zu erarbeiten, dass die Anzahl der Bereiche, die für die Selbstbewertung herangezogen werden (Arbeit, Familie, Freunde, etc.) zu gering ist und der dominante Bereich zumeist die Kontrolle über Essen, Gewicht und Figur ist. Den Patientinnen wird so vermittelt, dass es problematisch und riskant ist, die Selbstbewertung von so wenigen Bereichen abhängig zu machen.

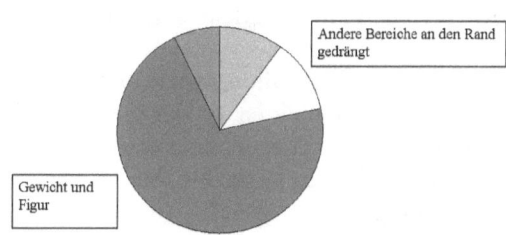

Abbildung 2: Lebensbereiche, die für die Selbstbewertung herangezogen werden

Körperkonfrontation

Körperkonfrontationsübungen stellen einen zentralen Baustein in der Behandlung von Körperbildstörungen dar. Diese Übungen können durch das Auslösen körperschemarelevanter Gedanken und Gefühle (»emotionales Priming«) für die Patientin sehr belastend sein und sollten nur nach ausreichender Vorbereitung, mit Einverständnis der Patientin und niemals überraschend durchgeführt werden.

Ziele der Körperkonfrontation können nach Vocks und Legenbauer (2005) und Vocks (in Druck) sein:
1. die Korrektur des verzerrten Körperbildes durch korrigierendes Feedback
2. die Bewältigung negativer körperbezogener Gefühle durch Reizkonfrontation und Habituation mit Rückgang der negativen Gefühle
3. die Überwindung des körperbezogenen Vermeidungsverhaltens
4. eine Sensibilisierung für positive Aspekte des eigenen Körpers,

Gerade der letzte Punkt scheint von besonderer Relevanz, da im Gegensatz zu essgestörten Patientinnen gesunde Kontrollpersonen bei sich selbst stärker auf positive Körperteile fokussieren, bei anderen aber stärker auf negative Körperteile achten. Zudem weisen neuere Studien darauf hin, dass essgestörte Patienten körperliche Makel bei anderen Personen schlechter wahrnehmen als gesunde Kontrollpersonen und dadurch beim sozialen Vergleich auch schlechter abschneiden, da das Gegenüber attraktiver eingeschätzt wird, als es tatsächlich ist (Legenbauer et al., 2008).

Wie bei allen Expositionsübungen ist darauf zu achten, dass die Patientin die Übung nicht vorzeitig abbricht oder andere subtilere Vermeidungsstrategien, wie z.B. gedankliche Ablenkung, anwendet. Experimentelle Untersuchungen (Vocks et al. 2005) konnten zeigen, dass es im Verlauf einer 40-minütigen Körperkonfrontationsübung tatsächlich zu einer signifikanten Abnahme verschiedener negativer Emotionen kam. Gedanken und Gefühle müssen während der Konfrontation von der Therapeutin regelmäßig erfragt werden, um einerseits kognitives Vermeidungsverhalten zu unterbinden und andererseits den Verlauf negativer Gedanken und Gefühle regelmäßig zu überprüfen.

Bei Bedarf kann ein graduiertes Vorgehen gewählt werden, wobei zum Vergleich zwischen Körperbild und Realumriss mit Seilübungen und Körperumrisszeichnungen in Zweiergruppen begonnen werden kann, bevor sich die Patientinnen per Spiegel oder Video mit ihrem Körper auseinandersetzen. Während die Videokonfrontation eine partielle Distanzierung erlaubt, stellt die Spiegelexposition die direkteste Form der Konfrontation dar. Bewährt hat sich das Vorgehen mittels eines Leitfadens und bei Videoaufnahmen mittels eines »Drehbuchs« (Böse 2002; Tuschen-Caffier/Florin 2002; Vocks/Legenbauer 2005), wobei die Konfrontation sowohl mit dem statischen als auch dem dynamischen (in Bewegung) Körperbild erfolgen sollte. Die Anweisungen unterscheiden sich je nachdem welches der oben genannten Ziele vorrangig verfolgt wird. In der Regel wird mit einer Betrachtung des gesamten Körpers begonnen, bevor die einzelnen Körperteile nacheinander fokussiert werden. Um eine neutrale Beschreibung zu ermöglichen, geben Tuschen-Caffier und Florin (2002) die Instruktion, sich vorzustellen, den Körper einem blinden Menschen, einer anderen Person am Telefon oder einem »Außerirdischen« zu beschreiben. Begriffe wie »dick« oder »dünn« sollten vermieden werden. Die Körperkonfrontation kann zuerst in eng anliegender Gymnastikkleidung begonnen werden; um die Konfrontation mit allen »Problemzonen« zu ermöglichen, sollte sie letztendlich im Bikini durchgeführt werden. Die Konfrontation sollte zuerst therapeutinnen-unterstützt stattfinden, bevor sie, um den Lerneffekt zu vertiefen, als Hausaufgabe in die Verantwortung der Patientin übergeben werden kann.

Abbau des körperbezogenen Vermeidungs- und Kontrollverhaltens

Tabelle 1 fasst beispielhaft körperbezogene Vermeidungs- und Kontrollverhaltensweisen zusammen. Nach deren Identifikation sollte eine schrittweise Konfrontation mit Situationen, die vermieden werden und ein schrittweiser Abbau von Strategien zur Kontrolle von Gewicht und Figur begonnen werden.

Zusammenfassung

Einem gestörten Körperbild kommt eine zentrale Bedeutung in der Entstehung und Aufrechterhaltung von Essstörungen zu. Behandlungsmaßnahmen zur gezielten Verbesserung des Körperbildes werden in der Behandlung der Essstörungen allerdings meist nur unzureichend eingesetzt. Kognitiv-verhaltenstherapeutische Programme, die auf das gestörte Körperbild fokussieren, haben den empirischen Wirkungsnachweis erbracht. Die alleinige Körpertherapie greift in der Behandlung bulimischer Patientinnen jedoch sicherlich zu kurz. Körperkonfrontationsverfahren stellen eine zentralen Baustein dar, dürfen jedoch erst nach ausreichender Planung und mit Einverständnis der Patientin durchgeführt werden.

»Don't weigh your self-esteem, it's what's inside that counts!«

Literatur

American Psychiatric Association (APA) (1997): Diagnostisches und Statistisches Manual Psychischer Störungen DSM-IV. Übersetzt nach der vierten Auflage des Diagnostic and Statistical Manual of Mental Disorders der America Psychiatric Association. Göttingen (Hogrefe).

Böse, R. (2002): Body-Image Therapie bei Anorexia Nervosa. Regensburg (Roderer).

Cash, T. F. & Deagle, E. A. (1997): The nature and extent of body image disturbances in anorexia nervosa and bulimia nervosa: A meta-analysis. Int J Eat Disord 22, 107–125.

Fairburn, C.; Cooper, Z. & Shafran, R. (2003): Cognitive behaviour therapy for eating disorders: a »transdiagnostic« theory and treatment. Behav Res Ther 41, 509–528.

Keel, P.K.; Dorer, D.J.; Franko, D.L.; Jackson, S.C. & Herzog, S.B. (2005): Postremission predictors of relapse in women with eating disorders. Am J Psychiatry 162, 2263–2268.

Legenbauer, T.; Kleinstäuber, M.; Müller, T. & Stangier, U. (2008): Are Individuals with an Eating Disorder Less Sensitive to Aesthetic Flaws than Healthy Controls? J Psychosom Res. in Druck.

Stice, E. (2002): Risk and maintenance factors for eating pathology: a meta-analytic review. Psychol Bull 128, 825–848.

Thompson, J.K.; Coovert, M.D.; Richards, K.J.; Johnson, S. & Cattarin, J. (1995): Development of body image, eating disturbance, and general psychological functioning in female adolescents: covariance structure modeling and longitudinal investigations. Int J Eat Disord 18, 221–236.

Tuschen-Caffier, B. & Florin, I. (2002): Teufelskreis Bulimie. Göttingen (Hogrefe).

Tuschen-Caffier, B.; Vögele, C.; Bracht, S. & Hilbert, A. (2003): Psychological responses to body shape exposure in patients with bulimia nervosa. Behav Res Ther 41, 573–586.

Vocks, S. (2008): Die Behandlung von Körperbildstörungen. In: Herpertz, S.; de Zwaan, M. & Zipfel, S. (Hg.): Handbuch der Essstörungen. Berlin (Springer), in Druck.

Vocks, S. & Legenbauer, T. (2005): Körperbildtherapie bei Anorexia und Bulimia Nervosa. Ein kognitiv-verhaltenstherapeutisches Behandlungsprogramm. Göttingen (Hogrefe).

Vocks, S.; Legenbauer, T.; Wächter, A.; Wucherer, M. & Kosfelder, J. (2007): What happens in the course of body exposure? Emotional, cognitive, and physiological reactions to mirror confrontation in eating disorders. J Psychosom Res 62, 231–239.

Weltgesundheitsorganisation (WHO) (2000): Internationale Klassifikation psychischer Störungen, ICD-10. Übers. und hrsg. In: Dilling, H.; Mombour, W. & Schmidt, M.H. (4. Aufl.) Bern (Hans Huber), S. 199–203.

Die multimodale, körperorientierte Psychotherapie (KPT) der Essstörungen – theoretische und erfahrungsbezogene Ansätze für eine Manualisierung

Frank Röhricht

Einleitung

Angesichts der unzureichenden »evidence base« hinsichtlich der Effizienz und Effektivität umschriebener Interventionsstrategien und aufgrund der klinischen Komplexität der Essstörungen (insbesondere der Anorexia Nervosa (AN)) wird im Allgemeinen ein multimodales therapeutisches Vorgehen empfohlen (siehe z. B. Matusevich et al. 2002; Pfeiffer at al. 2005).

Sowohl theoretisch-phänomenologische als auch klinisch-praktische Erwägungen und Erfahrungen legen dabei nahe, der körperorientierten Psychotherapie (KPT) einen besonderen Stellenwert einzuräumen. Insbesondere von der Beschreibung des in spezifischer Weise gestörten Körpererlebens anorektischer Patientinnen gehen wesentliche Impulse für eine störungsspezifische Interventionsstrategie aus. Dabei steht die Körperbildarbeit ganz im Mittelpunkt der Bemühungen. Immer wieder wird betont, wie wichtig es für die essgestörten Patientinnen sei, den eigenen Körper kennen und lieben zu lernen. Themenschwerpunkte der therapeutischen Arbeit sind daher Prozesse zur Förderung körperbezogener Bewertungskriterien des Selbstrespekts. Die Patientinnen werden unterstützt, ihre Bedürfnisse wahrnehmen und ausdrücken zu können, sowie eigene Grenzen zu spüren und zu setzen, letztendlich dann auch einen gesunden Umgang mit der eigenen Weiblichkeit anzubahnen. Es wird mittlerweile unter erfahrenen Therapeuten davon ausgegangen, dass Langzeiterfolge erst dann eintreten können, wenn die Patientinnen gelernt haben, ihren Körper zu akzeptieren und real einzuschätzen; innovative, multimodale und körperorientierte Behandlungskonzepte sind insofern erforderlich. Probst (2004) fasst ein solches Konzept wie folgt zusammen: »Die Veränderung dieses Körpererlebens muss als ein wichtiges Ziel in der Therapie von Patientinnen betrachtet werden. Ausgehend von spezifischen

Verhaltensmustern bei Essstörungen gibt es drei mögliche Angriffspunkte: die gestörte Körpererfahrung, die Hyperaktivität/Passivität und die Furcht vor Verlust der Selbstbeherrschung. [...] Die körperorientierte Therapie ist ein wesentlicher Bestandteil des multimodalen Behandlungsprogramms. [...] In der Therapie wird durch Konfrontation mit dem eigenen Körper und dem Bewusstwerden des eigenen Körpers erreicht, dass die Patientinnen das negative Körpererleben in eine akzeptierende positive Handlung umwandeln können.« Marlock und Götz-Kühne werden im Deutschen Ärzteblatt (2004) in ähnlicher Weise zitiert: »Marlock nannte ein Beispiel: Bei Essstörungen stellt die Körperpsychotherapie das am weitesten verbreitete Verfahren neben der Tiefenpsychologie dar. Die von Essstörungen Betroffenen haben überwiegend den positiven Zugang zu ihrem Körper verloren. Die Wahrnehmung der eigenen Körpergrenzen ist oft verzerrt, einerseits bezüglich des realen Körperumfangs, andererseits bezüglich der physischen Leistungsfähigkeit. Signale von Hunger und Sättigung werden kaum wahrgenommen, so Cornelia Götz-Kühne, Vorsitzende des Bundesfachverbands Essstörungen, Kassel«. Die Einbeziehung des Körpers sei in der Behandlung dieser Patientinnen besonders wichtig. Hinzu kommen die relative Therapieresistenz mit einer insgesamt recht unbefriedigenden Erfolgsquote derzeit praktizierter Psychotherapie sowie die hohen Rückfallraten, so dass die Entwicklung neuer Therapien bzw. die Weiterentwicklung der körperpsychotherapeutischen Ansätze dringend geboten erscheint.

Körpererleben bei Essstörungen

Die wichtigsten phänomenologisch-deskriptiven Befunde sollen hier nur kurz als Referenzpunkte für die im folgenden beschriebenen, auf diese Symptomebene bezogenen Interventionsstrategien aufgelistet werden, für eine detailiertere Beschreibung des Körpererlebens bei Essstörungen sei auf die anderen Kapitel dieses Sammelbandes verwiesen. Die hier getroffene Unterscheidung zwischen affektiven, perzeptiven, kognitiven und psychomotorisch-behavioralen Aspekten des Körpererlebens folgt der terminologisch-konzeptionellen Unterscheidung eines kürzlich publizierten Konsensuspapiers (Röhricht et al. 2005):

> ➤ Allgemeine Unzufriedenheit und negative Bewertungen, insbesondere im Hinblick auf das Körpergewicht, die Körperproportionen und im weiteren Sinne der Figur, einhergehend mit Verunsicherungen im Selbsterleben und trauriger Verstimmung sowie in der Konfronta-

tion mit dem eigenen Körper auch Wut- und Ekelgefühle; lähmendes Gefühl der eigenen – körperlichen – Unzulänglichkeit (affektiver, die Körper-Kathexis betreffender Aspekt des Körpererlebens).
➤ Anorexia Nervosa- (AN) und auch Bulimia Nervosa- (BN) Patientinnen überschätzen zumeist ihre Körperdimensionen, insbesondere die Körperbreiten. Es kommt zu bizarren, verzerrten und instabilen Körpergrößeneinschätzungen und zu einer Unsicherheit bzgl. der Ausmaße des eigenen Körpers (perzeptive, d. h. das Körperschema betreffender Aspekt des Körpererlebens, teils jedoch überlagert und/oder dominiert von kognitiven Einflüssen im Sinne einer Informationsverarbeitungs-Störung, siehe Williamson et al. 2002).
➤ Der Körper wird als fremd, passiv leblos wahrgenommen, häufig resultierend in einer somatopsychischen Depersonalisation. Es kommt zu einer obsessiven gedanklichen Beschäftigung mit dem Körpergewicht und einer Fokussierung auf als negativ erlebte und beurteilte Körperteile (kognitiver, d. h. das Körperbild betreffender Aspekt des Körpererlebens, die Konzepte, Gedanken, Fantasien und Einstellungen zum eigenen Körper betreffend).
➤ Der Körper erscheint unberechenbar und wird daher verstärkter Kontrolle unterworfen; es zeigt sich ein ausgeprägtes körperbezogenes Vermeidungsverhalten, sichtbar insbesondere im Sinne einer obsessiv betriebenen Gewichtskontrolle aber auch z. B. im Umgang mit Hygiene und Körperpflege, Kleidung, im Sozial- und Sexualverhalten und im exzessivem Ausdauertraining (psychomotorisch-behavioraler Aspekt des Körpererlebens).

Modelle multimodaler körperorientierter Psychotherapie der Essstörungen

Im Folgenden sollen einige in der Literatur beschriebene integrativ-multimodale Konzepte zusammengefasst dargestellt werden; die Beschreibung der jeweiligen Interventionsstrategien ist insbesondere hinsichtlich der körperpsychotherapeutischen Elemente zur Korrektur der oben dargestellten Aspekte des gestörten Körpererlebens in hohem Maße kongruent. Darüber hinaus sind zumeist sowohl verhaltenstherapeutische, psychodynamische als auch systemische Konzepte in das therapeutische Programm integriert, wogegen einzelne Ansätze (s. Vocks/Legenbauer 2005) explizit kognitiv-verhaltenstherapeutisch konzipiert sind.

Das integrative Modell einer stationären körperbezogenen Psychotherapie der Universitätsklinik Halle-Wittenberge (Konzag et al. 2006)

Obwohl kaum eine »evidence base« für eine stationäre Psychotherapie anorektischer Störungen besteht, werden insbesondere in Deutschland komplex ausgeprägte und zumeist mit körperlichen Komplikationen einhergehende Zustandsbilder stationär behandelt. Konzag et al. (2006, S. 36) definieren als Zielsetzung der Therapie, »Körperbildstörungen und mit ihnen verbundene strukturelle Defizite [...] abzubauen, um die Symbolisierungsfähigkeit zu verbessern und dadurch günstigere Voraussetzungen für die Effektivität verbaler Therapieformen zu schaffen«. In kombinierter Einzel- und Gruppentherapie kommen in einem Phasen-Modell sowohl psychodynamische, kognitiv-behaviorale und körperorientierte Interventionen zum Einsatz, wobei die Komponenten jeweils voneinander getrennt in unterschiedlichen Gruppen angeboten werden. Die KPT wird dabei als Kombination aus Körperwahrnehmungstherapie, Entspannungstherapie und kommunikativer Bewegungstherapie beschrieben. Die Interventionen umfassen die vergleichende Arbeit mit subjektiven und objektiven Körpermaßen, geleitete Selbstexploration – anfangs häufig unter Einsatz von Objekten, sowie zunächst auf jene Körperteile bezogen die »am wenigsten angst- oder schambesetzt sind«. Eine »empathische Kontaktaufnahme« zum eigenen Körper wird angestrebt, das Auftreten körperbezogener traumatischer Erfahrungen ist nicht intendiert, wird dann ggf. jedoch mittels Förderung der selbstregulativen Potentiale bearbeitet. Ein weiterer Schwerpunkt in dieser integrativen KPT ist die wiederum selbstregulativ konzipierte »Arbeit an den frühkindlichen körperlichen Grundbedürfnissen«, die benannt werden als: Geborgenheit, Schutz, Wärme, Körperkontakt, Bewegung, Rhythmus und Atmung. Die »kommunikative Bewegungstherapie« wird als ein gruppendynamischer Ansatz verstanden und fördert die körperliche Ausdrucksfähigkeit, regt die Beobachtungs- und Einstellungsfähigkeit auf andere an und bietet schließlich Übungen zur Verbesserung der Entscheidungs- und Auseinandersetzungsfähigkeit an. Innerhalb der Gruppe werden in einem späteren Stadium auch quasi psychodramatische Komponenten eingeführt, indem emotionale, interaktionelle Prozesse nonverbal dargestellt und entsprechend therapeutisch bearbeitet werden.

Das 4-Phasen-Therapiemodell am Therapiezentrum für Essstörungen, Max-Planck-Institut für Psychiatrie in München (Forster 2002)

Auf der Grundlage einer empirischen Vergleichsstudie beschreibt Forster ein multimodales, körpertherapeutisches Behandlungskonzept tagesklinischer Therapie bei Essstörungen. Im Rahmen eines primär kognitiv-verhaltenstherapeutisch, multimodal angelegten Therapieprogramms werden dabei körperliche Aspekte der Erkrankungen explizit im Rahmen einer speziell entwickelten Körpertherapie behandelt und mit einer nicht-klinischen Gruppe bzgl. der erzielten Körperzufriedenheit verglichen. Die Studie kommt zu dem Ergebnis, dass sowohl die anorektischen als auch die bulimischen Patientinnen ihren Körper im Laufe der Behandlung mehr und mehr akzeptieren.

Das Körpertherapiemodul (acht Wochenstunden über einen Zeitraum von zwölf bis 24 Monaten) setzt sich aus Elementen der konzentrativen Bewegungstherapie, Tanztherapie sowie Entspannungstechniken zusammen. Die Körpertherapie beinhaltet Interventionen zur Verbesserung der Körperwahrnehmung (z. B. Spiegelkonfrontationen, Arbeit mit sensuellen Materialien und behutsamen Körperberührungen, taktile Selbstexploration) und des Selbstausdruckes (z. B. improvisierte, freie Bewegungssequenzen im Tanz). Die Erarbeitung einer Symptomliste körperfeindlicher Verhaltensweisen mit anschließender Schulung zur Anbahnung eines ergonomischen gesunden Umgangs mit z. B. Bewegung/Sport, Entspannungsübungen (z. B. progressive Muskelrelaxation nach Jacobsen), gezielte Interventionen zur Verbesserung der Körperakzeptanz und der Körperpflege werden ebenfalls eingesetzt. Darüber hinaus beinhaltet die Körpertherapie auch Übungen zur Kontaktaufnahme und der Nähe-Distanz-Regulierung (z. B. Bewegungsspiele) und der Auseinandersetzung mit der eigenen Weiblichkeit und Sexualität (z. B. Becken-/Hüftübungen, Tänze, vergleichende Konfrontationen mit Körperbildern, Formen von Körperskulpturen). Schließlich wird auch die Wichtigkeit einer ressourcenorientierten Körperarbeit betont.

Ein integratives Therapie-Konzept zur Behandlung der Bulimie (Götz-Kühne 1997)

Das Konzept von Götz-Kühne (1997) wird skizziert vor dem Hintergrund eines psychodynamisch-systemischen Erklärungsansatzes der intrapsychischen Dynamik bei Patientinnen mit »Ess-Brechsucht«. Theoretischer

Ausgangspunkt des Konzeptes ist eine Betonung der leistungsbezogenen, idealtypischen Körperbilder der Patientinnen (gesellschaftliches Schönheitsideal), sowie die verzerrte Wahrnehmung der eigenen Körpergrenzen. Zudem werden biografische Hintergründe, wie die frühe Deprivation (Mangelbeziehung) zwischen Mutter und Kind und ein daraus resultierender primärer Narzissmus mit Selbstwert- und Beziehungsproblematiken und destruktiv gegen das eigene Selbst gerichteter Wut betont. Insofern fokussiert die therapeutische Arbeit auf eine Selbstwert- und Beziehungsproblematik. Das Behandlungskonzept wird ressourcenorientiert und flexibel auf die jeweiligen Patientinnen abgestimmt und kann Elemente aus der psychotherapeutischen Einzel-, Gruppen- und Familientherapie mit einbeziehen. Götz-Kühne betont, wie wichtig es sei, den Patientinnen zunächst deutlich zu machen, »[...] dass die Ess-Brechanfälle bisher stabilisierend oder gar lebenserhaltend waren«. Die körpertherapeutische Arbeit geht von einer Spaltung zwischen Kopf (Geist) und Körper aus und bemüht sich zunächst, ein besseres Selbstbewusstsein auf der Ebene des Körperbewusstseins aufzubauen. Wie auch in den bereits vorgestellten Modellen stehen Körperwahrnehmungsübungen dabei im Vordergrund, Spiegelübungen und Videoaufnahmen kommen zum Einsatz. Direkte Körperberührungen werden anfangs aufgrund der Gefahr der Retraumatisierung vermieden, wobei dennoch laut Götz-Kühne bei einem großen Teil der Betroffenen grenzüberschreitende Erfahrungen aus ihrem Beziehungsumfeld oder sexuelle Traumatisierungen zum Vorschein kommen. Insofern spielen auch in diesem Konzept Entspannungsübungen mit gerichteter Aufmerksamkeits-Verschiebung auf bestimmte Körperareale eine große Rolle. Zusätzlich werden die Patientinnen zu gemeinsamen Essübungen und Fantasiereisen angeleitet. Im weiteren Therapieverlauf werden psychodramatische Körperinszenierungen in die Therapie aufgenommen, z. B. die nonverbale Darstellung der eigenen Essstörung, auch »hierbei geht es darum, sich genau zu beobachten und zu merken, was jeweils gedacht bzw. gefühlt wurde« (Götz-Kühne 1997, S. 141). Wahrnehmungsübungen werden dann ausgeweitet und – unterstützt von Grounding-Techniken – auf das Aufspüren der eigenen Körperausmaße fokussiert, kombiniert mit geleiteten Körperfantasien zur Ausdehnung und Verringerung der eigenen Körpermaße. In späteren Phasen der Therapie werden dann auch sogenannte biodynamische Massage-Techniken eingesetzt (mit Kleidung durchgeführt, Hauptelemente sind Klopfmassagen von Rücken, Kopf und Extremitäten). Schließlich werden die gemachten Erfahrungen jeweils verbalisiert und weiterhin im Gespräch therapeutisch bearbeitet.

Das multimodale Konzept bei Downing (1999, 2002)

Downing (1999, 2002) führt in seiner Arbeit zunächst die seiner Meinung nach wichtigen Rahmenbedingungen für die Genese der Essstörungen ein. Er beschreibt den Vorgang des Essens als intimsten Akt, eine grundlegende Akzeptanz des in den Körper Aufgenommenem muss erfolgen, die Speise »verbleibt«. Die aufgenommen Speisen nehmen im Weiteren ihren eigenen kontinuierlichen Weg der Verarbeitung im Körper.

»Es wird verdaut, transformiert, in Abfall überführt oder es wird zu unserem eigenen Fleisch...Es hat eine okkulte Bedeutung in uns und als Teil von uns« (Downing 2002). Dieser einfache alltägliche Vorgang ist laut Downing implizit kompliziert, denn wir umgeben das Essen mit kulturellen Ritualen, Verboten, »falschen« oder »richtigen« Bedürfnissen, Obsessionen. Essen kann sogar eine eigene indirekte Sprache mit dramaturgisch ausgestalteten Metaphern entwickeln. Der psychosoziale Kontext wird von Downing dann unter dem Stichwort »theory of embodiment« unter Bezugnahme auf Foucault eingeführt: Die sozialen Faktoren, die unser Verhältnis zum Körper regeln, haben vielfältige destruktive Konsequenzen, machtvolle Netzwerke verstärken diese Faktoren in repliziter Weise, systematische Beziehungen der Geschlechter sind besonders einflussreich. Downing zitiert an dieser Stelle aus einem Beitrag von Susan Bordo (Unbearable Weight: Feminism, Western Culture, and the Body, 1993): »Der weibliche Körper könne niemals dünn, sauber, geruchsfrei und elegant genug sein, wird suggeriert. Im Gegensatz zu den Körpern von Männern und Kindern sollte der Körper einer Frau etwas Nährendes vermitteln...Zu ihrem eigenen Körper sollte eine Frau hingegen eine Beziehung chronischer Unzufriedenheit aufrechterhalten« (Downing 2002, S. 13–14). Als nächste Rahmenbedingung weist Downing auf die zentrale Bedeutung des familiären Kontext hin, Familien seien typischerweise mit Oberflächlichkeiten beschäftigt, zugleich isoliert, was Downing (2002, S. 15) als »rigide Hyperkonventionalität« bezeichnet. »Sie wollen die Modell-Familie sein, ein Archetyp«. Im Hinblick auf das gestörte Körperbild ergänzt Downing die Befunde phänomenologischer Forschung mit seinen eigenen, psychodynamisch konzipierten Beobachtungen. Er betont, dass eine erhöhte Aufmerksamkeit für das eigene Selbst (als ein von außen betrachtetes) sowie eine Obsession mit dem Spiegelbild (wie genau, um diese Zeit, erscheint mein Körper von außen) bestehe. Des Weiteren beschreibt er sogenannte gestörte Körper-Mikroprozesse, d. h. prozedurale Programme des Körpers, die (a) unsere affektiven Erfahrungen und (b) unser Gefühl für Nähe und Distanz zu anderen Personen strukturieren. Nach Downing wirken diese als affektmotorische Schemata bezeichneten Prozesse steuernd auf die autonome Wachregulierung und die Affekte ein.

Für sein therapeutisches Konzept ist wichtig, dass die Patientinnen ihr Selbstbild nicht autonom und unabhängig entwickelt haben, damit kommt es zu einer Auflockerung des Gefühls eigenständiger Körper-Subjekte (z. B. Wahrnehmung der Extremitäten als schwach, unnütz, als ob zu anderen gehörig). Es bestehen ausgeprägte Schwierigkeiten im Bereich Empfangen und Vermitteln emotionaler Inhalte.

Das therapeutische Modell bei Downing ist multimodal konzipiert, jedoch basierend auf einer Theorie relationaler psychodynamischer Psychotherapie, es beinhaltet eine ausgeprägte Nutzbarmachung körperorientierter Interventions-Techniken. Die Grundannahme wird wie folgt formuliert: Essstörungen basieren fundamental auf einer Störung des Verhältnisses zum eigenen Körper-Selbst. Dementsprechend ist der Zweck der körperorientierten Interventionen zunächst darauf fokussiert, die Erfahrung des eigenen Körpers mehr und explizit in den Vordergrund therapeutischer Bemühungen zu rücken, sowie den Patientinnen dazu zu verhelfen, präziser wahrzunehmen, wie der eigene Körper sich anfühlt und eingesetzt wird. Es geht Downing hierbei darum zu helfen, eine neue Sprache zu finden, diese Wahrnehmungen auch ausdrücken zu können und (im Bewegungs-Verhalten) Veränderungs-Strategien zu identifizieren und die Entdeckung unerwarteter aber machbarer alternativer körperlicher Beziehungsaufnahme mit der Welt zu explorieren. Downing geht explizit auf das Problem der unmotivierten Patienten ein und empfiehlt, zu Beginn der Therapie, die dem Patienten eigenen unmittelbaren Ziele zu identifizieren und akzeptieren (der Therapeut gibt temporär die therapieimmanenten Ziele auf) und von Beginn an die Interventionen auf eine Ressourcen-Aktivierung im Körper des Patienten auszurichten (dies im Sinne der eingangs definierten Zielsetzungen). Zum Einsatz kommen dabei erlebnisorientierte Interventionen und sogenannte innere Körpertechniken. Anhand eines Fallbeispiels skizziert Downing das Vorgehen, beginnend mit Beobachtungen der Körperebene (Reaktionen in einer Konfliktsituation) und dem Vergleich der affektregulierenden Kompetenzen des Körpers in ähnlichen Situationen. Das Erkennen des Körpererlebens als Ressource hilft dann im Weiteren im Sinne einer kontrastierten Neubewertung des Körpers in der Fokussierung auf das Essverhalten und auf als feindlich und negativ erlebte Aspekte der Körperlichkeit. Mittels einer doppelgleisig verfolgten Strategie (Aufmerksamkeit auf das Essverhalten mittels kognitiv-verhaltens-therapeutischer Techniken bzw. körperorientierte Wahrnehmungsübungen und gleichzeitige psychodynamische Exploration) lernen die Patientinnen – so

Downing – zwischen Emotionen und nicht-affektiven, reinen Körperempfindungen zu differenzieren und das Körpergewicht stabiler zu regulieren. Dabei entsteht ein Raum, in dem die Patientinnen allmählich auf eine Bearbeitung der traumatischen Biografien und der verinnerlichten soziokulturell geprägten Leitbilder vorbereitet bzw. an diese herangeführt werden können. »Defizitäre affektmotorische Schemata können sich neu entwickeln. Die Sexualität kann bearbeitet werden. Der Austausch von Emotionen im interpersonellen Kontext – »Aussenden« und »Empfangen« – kann sich besser entwickeln (Downing 2002, S. 32). Zu betonen bleibt, dass bzgl. jeder Art selbstschädigenden Verhaltens folgende Grundregel der KPT gilt: Jegliche Erhöhung der Aufmerksamkeit auf den Körper muss sehr langsam und graduell in vorsichtiger und einfühlsamer Weise erfolgen. Erst im weiteren Verlauf können dann Techniken eingeführt und integriert werden, die das Muster muskulärer Spannung, die Atmung und den Emotions-Ausdruck verändern.

Behandlung von Essstörungen mit Konzentrativer Bewegungstherapie (Kluck-Puttendörfer 2006)

Kluck-Puttendörfer (2006, S. 205) definiert den Schwerpunkt der Konzentrativen Bewegungstherapie (KBT) als »Nachholen, Wiederholen defizitärer früher Selbsterfahrung«. Wie auch Downing stellt sie fest, dass es zunächst nicht darum gehe, die intrapsychischen Konflikte zu bearbeiten, stattdessen sollte u. a. »das zugrunde liegende Gefühl der Unfähigkeit, die tief greifende Körperwahrnehmungsstörung« (ebd., S. 205) verstanden und verändert werden.

Ähnlich wie Downing verweist Kluck-Puttendörfer auf die mangelnde Motivation zur Therapie insbesondere bei anorektischen Patientinnen und fordert, die Therapieziele gemeinsam zu definieren und das Familiensystem mit in die Therapieplanung einzubeziehen. Sie definiert dann Grundzüge des therapeutischen Vorgehens, wobei folgende Störungen in den Mittelpunkt gestellt werden: die Unfähigkeit, körperliche Empfindungen zu identifizieren, die Schwierigkeit, Gefühlstönungen genau wahrzunehmen, das Erkennen der Beziehungen zu anderen, das ständige Gefühl der Einsamkeit und das mangelnde Bewusstsein von sich selbst.

Anhand eines Fallbeispiels werden vier Phasen der Therapie herausgearbeitet, die wie folgt skizziert werden können:

1. Phase Vertrauen aufbauen: Patientinnen werden angeleitet, ihre Symptome körperlich-psychodramatisch unter Zuhilfenahme von Objekten

darzustellen. Dabei werden explizit Ressourcen gewürdigt; es inszenieren sich vor den Augen des Therapeuten die zugrundeliegenden Konflikte (z. B. Autonomie- und Abhängigkeitswünsche) sowie die Rolle, die der Körper (z. B. als »Kampffeld« des Konfliktes) spielt. Erste, aus den Körperpotentialen abgeleitete, kreative Angebote für ein Alternativverhalten werden gleichzeitig aufgezeigt;

2. Phase Veränderung: Weitere Aufmerksamkeitsfokussierung auf den Körper mittels Körperbild-Fragebogen und gerichteten Wahrnehmungsübungen zum Aufspüren von Polaritäten, damit Realisierung der Schwierigkeiten im Spüren/Empfinden, was echte Betroffenheit anbahnen hilft; Körperbildskulpturen (z. B. mit Seilen am Boden) und anderen Interventionen zur Erfassung von Körpergrenzen, sowie weiteres körperbezogenes Inszenieren der Konflikte.

3. Phase Kontrolle aufgeben: spielerisch-körperlicher Umgang mit Kontroll-Loslassen-Übungen.

4. Phase Selbstbehauptung, Aggression und Trennung: Bearbeitung psychodynamischer Konflikte und beginnender Ablösungsprozesse im körperpsychotherapeutischen Setting und unter zunehmendem Ausdruck affektiver Erlebnisinhalte. Das detaillierte therapeutische Vorgehen in der KBT bei Essstörungen beschreibt die Autorin anhand thematischer Schwerpunkte:

➢ Störungen des Körpererlebens: Arbeit an Körpergrenzen mit Selbst- und Fremdberührung, Bewegen – Bewegtwerden, Üben sinnlicher Wahrnehmung sowie Arbeit mit Rhythmus/Zeit/Raum, Körperbild-Gestaltungen (Materialien), Spiegelübungen
➢ Beziehungsstörung: Rollenspiele mit (psycho)dramatischer Inszenierung (z. B. eigenen Platz einrichten, Halt geben/erleben), Partnerarbeit, Familienskulptur
➢ Störungen im Selbstausdruck: themenbezogene Erweiterung der Symbolisierungs- und Ausdrucksfähigkeit unter Einbeziehung von Gegenständen/Objekten
➢ Angst vor Veränderung: therapeutisches Milieu verändern (unter Zuhilfenahme von Materialien), etwas Äußeres an sich verändern, Übergänge in Körperprozessen aufspüren
➢ Schwierigkeiten, Körpersignale und Bedürfnisse wahrzunehmen: individuell ausgerichteter Einsatz eines weiten Spektrums körperbezogener Interventionen zum Ausprobieren und/oder Verstärken entsprechender innerer Signale, Körperdialoge, Atemübungen, auch (vorsichtige, geleitete) Fremdberührungen
➢ Störungen in der Entwicklung der eigenen Identität: Interventionen

mit Stimme (z.B. eigenen Namen rufen, eigene Stimme »erheben«), psychodramatische Inszenierung von »Standort einnehmen«, »meinen Platz nehmen«, »sich für etwas einsetzen«, »führen und folgen«

Abschließend bleibt festzustellen, dass die in den jeweiligen angebotenen körperorientierten Interventionen angesprochenen Erlebnisinhalte verbal reflektiert und integriert werden.

Kognitiv-verhaltenstherapeutische Körperbildtherapie bei Anorexia Nervosa und Bulimia Nervosa (Vocks/Legenbauer 2005)

Die Körperbildtherapie wird konzipiert vor dem Hintergrund einer zunächst detaillierten Beschreibung der Störungen des Körpererlebens bei essgestörten Patientinnen. Vocks und Legenbauer (2005) verweisen darauf, dass das Therapiemanual in einer Kohortenstudie bei 19 Patientinnen evaluiert wurde und sich in dieser Stichprobe erste Hinweise auf eine gute Wirksamkeit der Methode hinsichtlich einer Verbesserung perzeptiver, kognitiv-affektiver und auch behavioraler Körperbildkomponenten zeigte; es kam in der Studie zu einer signifikanten Abnahme des körperbezogenen Vermeidungs- und Kontrollverhaltens, dies sowohl unmittelbar nach Abschluss der Therapie als auch zum dreimonatigen Katamnese-Zeitpunkt.

Die ausführliche Beschreibung des Therapiemanuals verweist auf eine Interventionsstrategie, die explizit im Rahmen und vor dem Hintergrund kognitiv-verhaltenstherapeutischer Techniken entwickelt wurde (initiale Definition der Therapieziele, Motivations-Klärung, Psychoedukation, Selbstbeobachtungsprotokolle, Interventionen zur Normalisierung des Ess- und Gewichtsverhaltens, kognitive Techniken, Rückfallprophylaxe). Dementsprechend folgt das Therapie-Manual dieser Körperbildtherapie einem strikten modularen Leitfaden über insgesamt zehn Sitzungen von jeweils 90 Minuten (über einen Zeitraum von ca. drei Monaten) wie folgt:
1. Erarbeitung eines individuellen, körperbezogenen Störungsmodells
2. Analyse der Entstehungsbedingungen des negativen Körperbildes (Auseinandersetzung mit sowohl kulturellem Schlankheitsideal als auch der individuellen Körpergeschichte)
3. Einführen der vier körperbezogenen Hauptkomponenten (Wahrnehmung, Gedanken, Gefühle, Verhalten) und deren Interaktionen

4. Analyse der Bedingungen, die die negativen Körperbilder aufrechterhalten (einschließlich der Analyse der Modifikationen und der dysfunktionalen Kognitionen)
5. Körperkonfrontationsübungen per Spiegel und Videoaufnahmen (angstbesetzte negative und auch positive Aspekte)
6. Weitere Übungen zum Abbau des körperbezogenen Vermeidungs- und Kontrollverhaltens
7. positive körperliche Aktivitäten identifizieren und durchführen
8. Übungen zur Rückfallprophylaxe

Angestrebt wird hierbei primär eine Einstellungsänderung hinsichtlich der verschiedenen Aspekte der Körpererfahrung. Die Autoren betonen die zentrale Bedeutung der Körperkonfrontationsübungen und wie wichtig es ist, diese zeitlich nicht zu früh im Verlaufe der Therapie zu platzieren, da eine vertrauensvolle therapeutische Beziehung hierfür dringend erforderlich sei. Die statischen (Einzelbilder) und dynamischen (Bewegungssequenzen) Körperkonfrontationsübungen funktionieren nach allgemeinen Prinzipien der Lerntheorie/Konditionierung (Exposition, Habituation mit affektiver Modulation, kognitive Prozesse), dies im Zusammenhang einer ebenfalls stattfindenden Sensibilisierung bzw. Aufmerksamkeitsverschiebung für und auf die positiven Aspekte des eigenen Körpers.

Zusammenfassung

Für eine Manualisierung einer integrativen, körperorientierten Psychotherapie in der Behandlung von Essstörungen bietet sich vor dem Hintergrund der hier vorgestellten Literatur und unter Bezugnahme auf das vorhandene klinische Erfahrungswissen eine stufenweise und modular konzipierte Interventionsstrategie an:
1. Basale und als Leitlinie die Therapie untermauernde Definition therapeutischer Zielsetzungen, d.h. explizite Fokussierung auf die von den Patientinnen jeweils vorgegebenen motivationalen Antriebe
2. Empathische, wertschätzende und ressourcenorientierte Kontaktaufnahme zum eigenen Körper und sukzessive Reduktion körperfeindlicher Aktivität
3. Verbesserung der Körper(selbst)wahrnehmung in Richtung auf eine realitätsnahe, an den eigenen Bedürfnissen orientierte und die Körpergrenzen betonende Körperwahrnehmung

4. Förderung der körperlichen (Selbst-)Ausdrucksfähigkeit und Abbau des körperbezogenen Vermeidungs- und Kontrollverhaltens
5. Umstrukturierung der interaktionellen Kompetenzen mit Verbesserung der Nähe-Distanz-Regulation
6. Schließlich: Bearbeitung der intrapsychischen Konflikte, der defizitären und traumatischen Biografie und der verinnerlichten soziokulturell geprägten Leitbilder

Literatur

Dlubis-Mertens, K. (2004): Körperpsychotherapie: Unbewusste Erinnerungen des Körpers, Deutsches Ärzteblatt PP 3, 38.
Downing, G. (1999): The treatment of eating disorders. Published in Italian translation in: Molfino, F. & Zanardi, C. (Eds.): Sintomi Corpo Femminilita: Da'llisteria alla bulimia. Bologna (CLUEB), pp. 249–274.
Downing, G. (2002): Zur Behandlung von Essstörungen. Psychoanalyse und Körper 1, 9–35.
Forster, J. (2002): Körperzufriedenheit und Körpertherapie bei essgestörten Frauen. Eine empirische Vergleichsstudie und die Darstellung eines körpertherapeutischen Behandlungskonzeptes bei Essstörungen. Herbolzheim (Centaurus Verlag).
Götz-Kühne, C. (1997): Frauen mit Essstörungen. Ein Ausdruck von weiblichem Narzissmus? In: Verein für integrative Biodynamik (Hg.): Narzissmus – Körperpsychotherapie zwischen Energie und Beziehung. Berlin (Simon und Leutner), pp. 135–143.
Kluck-Puttendörfer, B. (2006): Behandlung von Essstörungen mit KBT. In: Schmidt, E. (Hg.): Lehrbuch der Konzentrativen Bewegungstherapie. Stuttgart (Schattauer), pp. 196–218.
Konzag, T. A.; Klose, S.; Bandemer-Greulich, U.; Fikentscher, E. & Bahrke, U. (2006): Stationäre körperbezogene Psychotherapie bei Anorexia und Bulimia Nervosa. Psychotherapeut 51, 35–42.
Matusevich, D.; Garcia, A.; Gutt, S.; de la Parra, I. & Finkelsztein, C. (2002): Hospitalization of patients with anorexia nervosa: a therapeutic proposal. Eating Weight Disorder 7, 196–201.
Pfeiffer, E.; Hansen, B.; Korte, A. & Lehmkuhl, U. (2005): Treatment of eating disorders in adolescents – the view of a child and adolescence psychiatric hospital. Praxis Kinderpsychologie Kinderpsychiatrie 54, 268–285.
Probst, M. (2004): Abstract 12. Internationaler Kongress Essstörungen, Tirol.
Röhricht, F.; Seidler, K.-P.; Joraschky, P.; Borkenhagen, A.; Lausberg, H.; Lemche, E.; Loew, T.; Porsch, U.; Schreiber-Willnow, K. & Tritt K. (2005): Konsensuspapier zur terminologischen Abgrenzung von Teilaspekten des Körpererlebens in Forschung und Praxis. Psychotherapie Psychosomatik Medizinische Psychologie 55, 183–190.
Vocks, S. & Legenbauer, T. (2005): Körperbildtherapie bei Anorexia und Bulimia Nervosa. Ein kognitiv-verhaltenstherapeutisches Behandlungsprogramm. Göttingen (Hogrefe).
Williamson, D. A.; Stewart, T. M.; White, M. A. & York-Crow, E. (2002): An information-processing perspective on body image. In: Cash, T. F. & Pruzinsky, T. (Eds.): Body image: a handbook of theory, research and clinical practice. New York (Guilford Press), pp. 47–54.

2008 · 509 Seiten · gebunden
ISBN 978-3-89806-473-6

2003 · 351 Seiten · gebunden
ISBN 978-3-89806-090-5

Anthony W. Bateman und Peter Fonagy dokumentieren in ihrem ersten gemeinsamen Buch die aktuelle interdisziplinäre Erforschung der sogenannten Borderline-Persönlichkeitsstörung und beschreiben ein therapeutisches Verfahren, das sie in den vergangenen Jahren entwickelt haben. Das Krankheitsbild, das (mit steigender Tendenz) ca. 2% der Bevölkerung aufweist, ist durch Impulsivität, Identitätsstörungen, Suizidalität, Selbstverletzungen, Gefühle innerer Leere sowie durch Beziehungen charakterisiert, die extrem affektintensiv und gleichermaßen instabil sind. Die Autoren haben eine psychoanalytisch orientierte Behandlung entwickelt, die sie als »mentalisierungsgestützte Therapie« bezeichnen, und in randomisierten kontrollierten Studien nachgewiesen, dass diese Methode anderen therapeutischen Verfahren deutlich überlegen ist.

Peter Fonagy ist einer der wichtigsten zeitgenössischen Vertreter der Psychoanalyse in Großbritannien. Er verknüpft in seinen Arbeiten drei bedeutende Theorien der klinischen Psychologie: Bindungstheorie, Psychoanalyse und Neurowissenschaften (Neuropsychoanalyse).

Dieser Band liefert in Form übersichtlicher Artikel einen Ein-/Überblick in die Arbeiten der Gruppe um Peter Fonagy. Praxisnahes Wissen wird vor dem Hintergrund theoretischer Bezüge vermittelt, das macht das Buch für Praktiker (z. B. praktizierende Therapeuten) ebenso interessant wie für Wissenschaftler.

P🕮V
Psychosozial-Verlag

Goethestr. 29 · 35390 Gießen · Tel. 0641/9716903 · Fax 77742
bestellung@psychosozial-verlag.de
www.psychosozial-verlag.de

2008 · 300 Seiten · Broschur
ISBN 978-3-89806-752-2

2008 · 603 Seiten · Broschur
ISBN 978-3-89806-741-6

Suizidalität ist ein Geschehen, das von Beziehungen beeinflusst ist und auf Beziehungen zurückwirkt. In ihrer Untersuchung der umstrittenen Suizidforen im Internet arbeitet Soheila Pourshirazi heraus, in welcher Weise sich die suizidale Beziehungsproblematik dort ausdrückt. Mithilfe einer psychoanalytisch orientierten Textthermeneutik zeichnet sie zentrale Beziehungsdynamiken in den Foren nach, deren Verständnis nicht nur den klinisch-psychoanalytischen Diskurs erweitert, sondern auch eine Neueinschätzung der Suizidforen ermöglicht. Die aktuelle psychoanalytische Debatte um die neuen intersubjektiven Ansätze wird dabei vor dem Hintergrund eines dialogphilosophischen Diskurses über den Anderen kritisch reflektiert.

Das Rätsel des Masochismus ist mehrschichtig. Da ist das oberflächliche und relativ leicht zu beantwortende Rätsel, warum jemand Befriedigung und sogar sexuelle Lust aus Schmerz und Leid, aus Erniedrigung und Scham ziehen kann und deshalb sogar dieses Leiden aufsucht. Schon schwieriger zu beantworten ist die Frage: Wie kann der Schmerzsüchtige sich selbst achten?

Dieses Buch richtet sich vornehmlich an Therapeuten und zeigt Wege auf, wie man einem derart Schmerzsüchtigen helfen kann. Durch die therapeutische Erfahrung wie auch die umfassende Bildung von Léon Wurmser ist dieses Buch nicht nur für therapeutisch mit dem Problem befasste Leser eine Bereicherung.

P🕮V
Psychosozial-Verlag

Goethestr. 29 · 35390 Gießen · Tel. 0641/9716903 · Fax 77742
bestellung@psychosozial-verlag.de
www.psychosozial-verlag.de

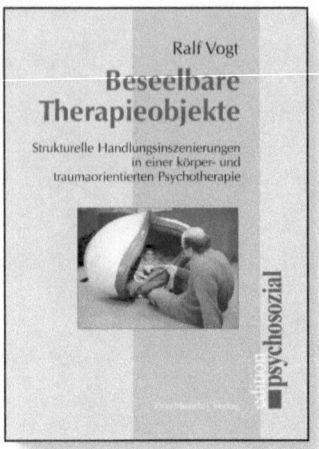

2005 · 304 Seiten · Broschur
ISBN 978-3-89806-357-9

2005 · 414 Seiten · Bruschur
ISBN 978-3-89806-350-0

Ralf Vogt stellt eine neue Form der Körpertherapie vor, die als Einzel- und Gruppenpsychotherapie anwendbar ist. Kernstück des Konzeptes sind »beseel-bare Objekte«, mit deren Hilfe typische Konfliktsituationen inszeniert und Problemlösungen spielerisch erprobt werden können. Dabei werden Objekte – beispielsweise eine kuschelige Höhle, in die man hineinkriechen kann – verwendet, die der Autor eigens entworfen hat. Diese »beseelbaren Therapie-Objekte« stellen insbesondere in der Arbeit mit traumatisierten und mit psychosomatisch gestörten Patienten ein wichtiges Hilfsmittel dar, um zu den verschütteten Affekten Zugang zu bekommen.

Die nonverbale Interaktion bestimmt den therapeutischen Prozess ganz entscheidend. In diesem Buch stellen verschiedene Therapeuten übersichtsartig ihre Forschungsergebnisse aus der videogestützten Analyse der nonverbalen Interaktion (Mikroperspektive) dar und diskutieren diese im Hinblick auf ihre therapeutische Relevanz und den tatsächlichen therapeutischen Prozess (Makroperspektive).

P🕮V
Psychosozial-Verlag

Goethestr. 29 · 35390 Gießen · Tel. 0641/9716903 · Fax 77742
bestellung@psychosozial-verlag.de
www.psychosozial-verlag.de

www.ingramcontent.com/pod-product-compliance
Lightning Source LLC
LaVergne TN
LVHW041657060526
838201LV00043B/473